Le livre noir du sport

Patrick Karam et Magali Lacroze

Le livre noir du sport

*Violences sexuelles, homophobie,
paris truqués, racisme, radicalisation…
Tout ce qu'on ne dit jamais*

PLON
www.plon.fr

© Éditions Plon, un département de Place des Éditeurs, 2020
92, avenue de France
75013 Paris
Tél. : 01 44 16 09 00
Fax : 01 44 16 09 01
www.plon.fr
www.lisez.com

Dépôt légal : septembre 2020
ISBN : 978-2-259-27846-1
Mise en pages : Graphic Hainaut

Le Code de la propriété intellectuelle interdit les copies ou reproductions destinées à une utilisation collective. Toute représentation ou reproduction intégrale ou partielle faite par quelque procédé que ce soit, sans le consentement de l'auteur ou de ses ayants cause, est illicite et constitue une contrefaçon sanctionnée par les articles L. 335-2 et suivants du Code de la propriété intellectuelle.

Prologue

Un soir de printemps. Une ville moyenne de l'ouest de la France[1]. Un adolescent en tenue de sport dévale à toute vitesse les rues du centre-ville. Derrière lui, au pas de course, un groupe de quatre garçons, en baskets et survêtement. Ils ont tous le même âge : 14 ou 15 ans. Ils ont l'air de jouer à se faire peur. De loin, on dirait des enfants.

Quelques minutes plus tôt, ils partageaient le parquet du gymnase, le même vestiaire, équipe de handball. Les quatre garçons se rapprochent. Ils crient : « Sale pédé, arrête-toi ! » Ce n'est pas un jeu. L'adolescent pourchassé a peur. Une peur qui décuple ses forces. Physiques. Mentales. Le plan de la ville dans sa tête. Tourner à gauche. Tout droit. Prendre à droite dans l'allée. Les autres sont hors de sa vue. Semés. Il court de plus en plus vite. Ne respire plus. Il court. La frousse dans les jambes. La honte dans la tête.

— Oui allô, STOP Homophobie bonsoir !

— Bonsoir... Je suis bien à (se met à chuchoter) STOP Homophobie ?

« Il avait une voix éteinte quand il nous a contactés, il a mis du temps à parler, il était terrorisé », se souvient Terrence Katchadourian[2], fondateur de l'association. « Il nous a expliqué qu'il avait été agressé par des garçons de son club de handball. Que cela faisait longtemps qu'ils se moquaient de lui. Que son entraîneur, devant l'équipe, le traitait de "Parisienne" – alors qu'il venait comme les autres du même village de l'ouest de la France. »

Julien ne ressemble pas aux garçons de son équipe. Il a grandi plus vite. Il est très mince. Blond.

— Ils disent que j'ai des manières. Ils pensent que je suis homosexuel. Mais je ne suis pas homosexuel !

Julien a la voix timide. Rappelle le lendemain. Et le jour d'après.

— Julien, tu es mineur, il faut que tu préviennes tes parents. Raconte-leur ton agression. Il faut que tu leur parles. Et dis-leur de me contacter.

— Mais je ne veux pas qu'ils pensent que je suis homosexuel ! Qu'est-ce que je peux faire pour que ça s'arrête ?

Cela ne s'est pas arrêté. Julien est ensuite harcelé. Sur les réseaux sociaux et au collège. Les mêmes insultes. La même image. « Ils disent que je suis maniéré. Que je suis efféminé. »

— Je ne suis pas homosexuel ! Pourquoi ils font ça ?

Julien abandonne le handball. Les copains du club. Les sorties. Il se renferme. « Il avait donné l'image du garçon fluet, fragile, qui ne collait pas à la virilité revendiquée des autres garçons », décrypte Terrence, la voix triste.

La mère de Julien contacte l'association, essaie de comprendre. Les insultes continuent. Julien va mal. Très mal. Alors la famille déménage. Une autre ville. Une autre vie. Et, peut-être, l'espoir d'oublier. Terrence a rencontré l'ancien entraîneur de Julien. L'a confronté. « Il a tout nié en bloc. Les moqueries, l'agression et les insultes homophobes – rien... Ce n'était pour lui qu'une querelle d'adolescents censée endurcir Julien. »

« Il n'était pas homosexuel, vous savez. Il était juste un peu trop fin. Un peu trop blond. »

Il avait juste 14 ans.

Le sport hiérarchise, catégorise, enlève tout espoir aux perdants. Couvre d'or les vainqueurs. La rigueur exigée par la performance ajoutée aux contraintes d'âge, de handicap, de nationalité, fait de la compétition sportive le paradoxe d'un monde qui se voudrait égalitariste.

Pourtant, ce sont bien le talent et le travail qui imposent les meilleurs, et non l'origine sociale, la religion, la couleur de peau ou l'orientation sexuelle. En ce sens, le sport et ses valeurs constituent un formidable levier pédagogique pour l'enseignement de la citoyenneté. Il apparaît même comme le véritable creuset de la lutte contre le sexisme, le racisme, l'homophobie, toutes les discriminations sociétales et leurs dérives.

Prologue

L'idéal du sport, inscrit dans sa charte olympique, prohibe «toute forme de discrimination à l'égard d'un pays ou d'une personne qu'elle soit pour des raisons raciales, religieuses, politiques, de sexe ou autres» comme «incompatible avec l'appartenance au mouvement olympique».

Le sport est au cœur de notre société et au carrefour d'une multitude de politiques publiques dont il est l'outil, notamment pour la santé, l'éducation, la citoyenneté ou la politique de la ville. D'un point de vue économique, il pèse environ 12 milliards d'euros pour le seul mouvement organisé[3] et près de 37 milliards au total en 2017, soit 1,73 % du PIB[4].

C'est aussi une arme de prestige sur la scène internationale. Tout pays peut défier les nations les plus puissantes et obtenir une reconnaissance planétaire grâce aux prouesses de ses athlètes. Le législateur français l'a d'ailleurs salué comme participant au rayonnement national, et permettant à notre pays, qui compte 1 % de la population mondiale, de se situer entre le 2e et le 6e rang des nations, selon les classements effectués.

Prenant la mesure de cet outil, la France a construit un modèle spécifique de gouvernance partagé avec le mouvement sportif et les collectivités territoriales – et dans une moindre proportion avec le monde économique –, plaçant l'État au centre du dispositif pour en coordonner les différents acteurs.

L'État dispose dans ce cadre d'une compétence générale, couvrant tous les champs, du «sport pour tous» au plus haut niveau, afin de répondre aux objectifs d'intérêt général, assignés à la pratique sportive. Il lui appartient d'orienter et de répartir les moyens financiers mais aussi humains, notamment par l'affectation d'environ 1 600 fonctionnaires, les «CTS» (Conseiller Techniques Sportifs) auprès des fédérations.

Les collectivités territoriales sont également des acteurs essentiels. Elles ont utilisé la clause générale de compétence instituée par les lois de 1982 et de 1983, elles apportent 30 % de la dépense sportive nationale, 74 % du financement public et sont propriétaires de 90 % du patrimoine sportif. Des chiffres néanmoins sujets à caution et, surtout, en baisse, selon un rapport parlementaire qui pointe les difficultés à trouver des éléments fiables[5]. La Direction générale des collectivités locales (DGCL) a publié en 2019 les données financières des communes (et non celles des intercommunalités) pour 2017, montrant que celles-ci consacrent chaque année au sport entre 52 euros et 90 euros par habitant selon leur taille. Cela représente 4,35 % du budget de fonctionnement et 8,99 % de celui d'investissement.

Au-delà des considérations budgétaires, les relations entre les collectivités et les clubs de sport évoluent, de simples utilisateurs de moyens publics (équipements et subventions) à partenaires de missions d'intérêt général, formalisées dans des conventions bilatérales. Les liens de terrain tissés avec les acteurs locaux et l'expertise d'expériences développées les rendent désormais incontournables.

À ce mille-feuille des acteurs du sport s'ajoutent des entreprises, dont le poids est grandissant, ainsi qu'une entité récente, l'Agence nationale du sport (ANS), à qui l'État a transféré une partie de ses compétences et de ses moyens pour financer et organiser le sport mais dont il reste à démontrer la pertinence et l'efficacité.

Dans une société désormais fracturée, où les structures traditionnelles – qui fabriquaient une ambition collective et tenaient le rôle de creuset social et de partages à travers le service militaire obligatoire, l'école, les églises, les syndicats, les mouvements de jeunesse et d'éducation populaire – tendent à disparaître, perdent leur influence ou leur autorité, le sport encadré demeure l'un des derniers instruments capables d'étendre son influence sur le territoire, auprès de chacune et de chacun.

Le sport est pratiqué par près de 26 millions de personnes, doté de 162 000 clubs qui accueillent 18,4 millions de licenciés (si l'on intègre les pratiques ponctuelles ou de courte durée) et 3,5 millions de bénévoles[6], regroupés dans les fédérations unisport (olympiques ou non) et les fédérations multisports et affinitaires. Quel autre réseau peut aligner une telle densité de maillage et de membres ?

C'est bien le sport, avec ses éducateurs, qui structure et construit l'homme, le citoyen. Il est l'un des derniers espaces dont les valeurs favorisent le vivre-ensemble et la mixité, parfois de genre, mais plus souvent sociale, raciale, générationnelle.

La diversité des sportives et des sportifs permet en effet une transmission de l'engagement, des valeurs, et forge auprès des futurs citoyens la confiance dans un modèle intégrateur, avec le goût de l'effort et de la solidarité. Finalement, une pratique sportive régulière encadrée par des éducateurs (souvent bénévoles) et des agents de l'État (dévoués), peut, d'une certaine manière, raviver la confiance en l'État, renouer les liens et réparer le tissu social qui se délite.

La discipline la plus populaire, le football, par son recrutement socialement très élargi, par sa faculté à façonner la mémoire collective, par ses rebondissements *de fougue et de théâtre* qui marquent les spectateurs, porte plus que n'importe quelle autre l'espérance du sport comme moteur d'intégration individuelle, mais aussi de cohésion sociale. L'extrême visibilité médiatique des joueurs issus de l'immigration ou des outre-mer, érigés en véritables héros, que l'on adore aimer ou détester (selon leurs performances), valorise l'autre et les valeurs d'égalité.

Tout du moins, c'est ce que l'on dit et veut voir. Car il faut se garder de donner trop de corps à l'image d'athlètes porteurs d'identification sociale, d'histoire et d'environnement culturel différents, assez facilement colportée par les médias et les politiques en mal de symboles réunificateurs, dans un pays déchiré par les tensions, confronté aux questions d'intégration et d'immigration et déstabilisé par une crise morale, intellectuelle, sociale et économique.

Les victoires masculines de 1998, et dans une moindre mesure celles de 2018, ont montré l'impact sociétal très éphémère de ces performances exceptionnelles. En revanche, la Coupe du monde féminine de football à l'été 2019 en France a ouvert, un peu plus, la porte du fair-play et de la mixité dans le sport et dans la société.

L'impératif d'exemplarité qui pèse sur les joueuses et les joueurs leur impose d'assumer un symbole, et ses représentations, auxquels rien ne les a préparés et les expose aux critiques les plus virulentes, au moindre dérapage qui mobilisera de manière excessive l'opinion publique, les médias et les politiques.

La philosophe Isabelle Queval rappelle que le sport ne véhicule aucune valeur spécifique et n'est que l'expression de celles de la société dans laquelle il évolue. Selon elle, le sport est avant tout un espace au milieu des vies et de la société. Marqué par la société. Par ses maux, ses dérives. Il n'est pas hermétique aux phénomènes de racisme, de discrimination, d'homophobie, de sexisme, de communautarisme, de violences, de manipulations, d'atteintes aux valeurs de la République ni à la laïcité ni encore à la radicalisation, qui touchent aussi bien les sportifs que les supporters, les cadres que les arbitres, les bénévoles que les dirigeants. Et ce, contrairement à ce que l'opinion, les édiles, les médias souvent croient, professent et colportent.

Car le sport, parfois, se donne en spectacle, et la scène est dramatique, espace de relais d'insultes à connotation raciste, de slogans sexistes ou de chants homophobes, d'incivilités caractérisées, de menaces, d'agressions, de jets de banane et de cris de singe à l'encontre des joueurs de couleur dans les stades. Des dérapages qui s'étalent de plus en plus au vu et au su de tous, sous l'œil des caméras et d'un public impuissant devenu, à la longue, indifférent ou blasé.

Les signaux se multiplient pourtant et montrent une certaine banalisation du racisme, du sexisme et de l'homophobie dans le sport actuel, comme si l'inacceptable perdait de sa violence quand il se répète, comme s'il fallait avant tout protéger le sport avant ceux qui le font, et ne pas entacher cette image immaculée pure et fantasmée.

Bien évidemment, le sport le plus populaire, le football, qui compte plus de 2,1 millions de licenciés[7] en 2018 et se voit bien installé dans les quartiers populaires, est en première ligne de ces dérives.

Les sifflets contre la *Marseillaise*, le 6 octobre 2001, le 17 novembre 2007 et le 14 octobre 2008, au Stade de France, à l'occasion de matchs amicaux entre les Bleus et les sélections d'Algérie, du Maroc et de Tunisie, vécus comme une insulte à la France et un rejet du pays d'adoption, ont interrogé l'identité française, mettant en émoi l'opinion publique et la classe politique. Oubliée, la victoire des Bleus en 1998, où les commentateurs idéalisaient la France Black, Blanc, Beur, et le rassemblement patriotique qui suivit la Coupe du monde de 1998, ces dernières manifestations sont apparues pour l'opinion publique comme le révélateur d'une fracture ethnique et de la panne du mouvement intégrateur français.

Les pratiques de dopage, dont la détection a progressé, et qui ont secoué le landerneau sportif, renvoient, elles, l'image de sportifs cultivant la performance à tout prix au détriment de l'exemplarité attendue des champions.

La corruption et les paris truqués, la course aux salaires exorbitants rendue possible depuis le fameux arrêt Bosman de la Cour de justice de l'Union européenne[8] ont aussi abîmé le sport, jetant l'opprobre sur un milieu jusque-là intouchable, celui des grands champions.

Coup de tonnerre dans le milieu sportif, la Commission européenne[9] a ajouté le football professionnel à la liste des 47 produits et services « potentiellement vulnérables » au blanchiment d'argent ou au financement du terrorisme au sein du marché unique, au même rang que les ports francs, ou les systèmes de visas «dorés». Le sport business a été démasqué. Les attendus de la décision européenne ont été édifiants : «Bien qu'il reste un sport populaire, le football professionnel a fait l'objet d'une évaluation car il représente aussi une industrie mondiale avec un impact économique significatif.» Et d'assener : «L'organisation complexe du football professionnel et le manque de transparence ont créé un terrain fertile à l'utilisation de ressources illégales. Des sommes d'argent douteuses sont investies dans ce sport, sans gains financiers apparents ou explicables.»

La Commission européenne a imposé en conséquence aux États membres de considérer «quels acteurs devraient être concernés par l'obligation de rapporter les transactions suspectes et quelles exigences devraient s'appliquer au contrôle et à l'enregistrement de l'origine des détenteurs de compte et des bénéficiaires de l'argent».

Sans doute aura joué dans ce classement la médiatisation de certaines affaires, notamment celles qui ont conduit, fin 2018, le parquet fédéral belge à lancer une enquête mettant en cause des joueurs professionnels, dont un agent qui aurait manipulé des transferts pour accroître ses commissions, avec un volet retentissant, notamment dans le tennis français, sur de multiples matchs truqués.

Dans la foulée, la deuxième banque néerlandaise, Rabobank, craignant d'être salie par des affaires de blanchiment d'argent ou de fraude, a décidé de ne plus financer de nouveaux clubs (tout en conservant les anciens!). D'autres banques devraient suivre cette logique. A-t-on signé le grand divorce du sport et des mouvements d'argents? Ces affaires vont-elles, au contraire, ramener l'intégrité au centre du jeu et des terrains?

La contradiction paradoxale entre les idéaux du sport et la médiatisation de ses maux permet à certains d'accuser le sport d'être le vecteur de ses déviances alors qu'il n'en est qu'un simple réceptacle.

L'esprit de compétition dévoyé est en fait très préoccupant. Les problèmes se cristallisent autour des sportifs, les décisions de l'arbitrage sont trop souvent contestées, et lorsqu'un joueur se permet de menacer, de violenter un arbitre, les sanctions ne sont pas suffisamment dissuasives. Autour du terrain, certains accompagnateurs, spectateurs, parents de joueurs posent eux aussi un problème. La vaste question de l'environnement sportif et des actions éducatives est soulevée. Et plus largement, la conception du «sport performance» doit être interrogée.

Dans le domaine du football, les Espagnols et les Allemands protègent mieux leurs enfants. En Espagne, au Pays basque, il n'y a pas de licence avant l'âge de 12 ans. En Allemagne, on dissocie la licence pour faire de la compétition et la cotisation pour les clubs. Mais en France, les licences dispensées par la fédération de football sont toutes destinées à la compétition. Or, les équipes ne sélectionnent que les meilleurs joueurs. Certains, malgré leur licence, ne pourront jamais disputer un match, participer à une compétition, ce qui engendre tension et frustration.

Concernant la performance même, les stéréotypes ethniques ont la vie dure. Le joueur noir serait grand et fort physiquement, le joueur blanc serait plus technique et plus intelligent. La question du rapport entre les qualités physiques et la technicité est une vraie question *sportive*, mais dès lors que s'y greffent des considérations sur la couleur de peau ou sur la religion, la limite est franchie.

Un autre phénomène lié aux évolutions de la société a bouleversé la conception même du sport et de la vie du club. Depuis une quinzaine d'années, les éducateurs sont confrontés à un problème nouveau: une grande partie des jeunes ne se douchent plus systématiquement en sortant de l'entraînement. La crainte de la pédophilie et la question religieuse sont avancées par les éducateurs et les parents. Des objections fondées auxquelles il faut être attentif, qui propagent néanmoins l'idée, parfois, qu'il n'est plus question de «licence» sportive, et donc de droits et de devoirs, mais de consommation et de service. Pour certains, le sport remplacerait la garderie. Le club ne serait qu'un prestataire, que l'on utilise par commodité, puisqu'il est peu onéreux par rapport aux autres modes de garde.

Le sport a cet objectif de la performance, mais il accueille des licenciés, des spectateurs et des supporters et a donc une responsabilité sociale. Doit-il régler des questions qui dépassent ses capacités d'intervention?

Il est important de relativiser et de contextualiser ces phénomènes, car en définitive le travail des dirigeants de club, la mobilisation de l'encadrement, et de centaines de milliers de bénévoles permettent d'éviter le pire et de maintenir une certaine stabilité sociale et sociétale. Tous ces sports qui contribuent à stabiliser des zones fragiles, en déshérence, remplissent des missions qui ne sont pas les leurs, mais celles de

Prologue

la société. Avec les comités territoriaux, les clubs créent des actions locales dynamiques. Toutes ces actions engagées ne sont pas liées au nombre de licenciés attendus. Mais un club ne peut s'installer dans une commune ou sur un territoire sans assumer sa part des difficultés de celui-ci. Le sport a donc cette responsabilité-là, même si des présidents de clubs y ont parfois renoncé. « On ne peut pas tout faire ! » confient certains d'entre eux, accusés de laxisme parce qu'ils ont baissé les bras ou fermé les yeux face aux dérives dans leurs clubs.

Les conséquences de cette multiplication des charges sont évidemment lourdes à gérer pour les dirigeants sportifs qui, faut-il le rappeler, sont bénévoles, et auxquels on demande de développer des profils de salariés pour assumer des missions de cohésion sociale, ce qui a un coût financier.

L'État, quant à lui, continue de fixer toujours plus d'objectifs au mouvement sportif, au risque de perdre de vue ses priorités. Mais par les moyens financiers engagés, et les emplois mis à leur disposition, les fédérations doivent s'inscrire dans la réalité de la vie des citoyens, qui financent l'ensemble par le biais de leurs impôts.

Le football, par ses actions de proximité et la multiplicité de ses clubs, a un vrai rôle social et sociétal à jouer aussi bien dans le monde rural et urbain que dans les quartiers difficiles. Et les dirigeants commencent à prendre conscience de la nécessité de faire évoluer leur mission.

Les fédérations sont d'ailleurs, aujourd'hui, en plein débat sur ces sujets avec le ministère chargé des Sports : sont-elles des fédérations sportives ou doivent-elles répondre aux maux de la société, remplir des missions délaissées par les autres institutions ? Faire du sport ou du social ? Faire vivre le haut niveau ou prioriser la cohésion sociale ? Et quel modèle pour les clubs ? Doivent-ils être consommateurs de compétition ou investir d'autres champs ?

Les responsables de fédérations considèrent que les conventions d'objectifs données par le ministère sont lourdes, trop administratives et peu fonctionnelles. Trop de possibilités, pas assez d'actions claires, de caps arbitrés. Les moyens de peser dans le débat sont réduits, notamment pour certaines fédérations aux budgets faibles. Il y a bien quelques moyens humains mis à leur disposition (les fameux CTS), mais lorsque l'on pèse moins de 0,5 % du budget fédéral comme pour le football et le tennis, quelle peut être l'action de l'État ou ses moyens de pression ? Bien sûr, il s'agit de cas très particuliers, et une grande partie des fédérations ne sauraient se passer de ce soutien, mais toutes peuvent s'interroger sur leur feuille de route. Certains considèrent que le message est brouillé dans la convention d'objectif et que chacun y fait son marché.

Avec la création d'une agence nationale, qui récupère les moyens financiers et la compétence du ministère, aussi bien en ce qui concerne le sport pour tous que le haut niveau, et les 1 600 fonctionnaires CTS qui ne répondront qu'à l'autorité des fédérations, appelées à devenir leurs employeurs, de quels leviers disposera le ministère pour mettre en place des politiques publiques et veiller, au sein des structures fédérales, à l'intégrité et à la probité de la pratique sportive ? Ajoutées à la réduction des effectifs de la direction des sports et des structures territoriales, et à la fusion de ces dernières avec les services déconcentrés de l'éducation nationale, ces mesures pourraient bien faire du ministère une sorte de coquille vide sans pouvoir d'impulsion ni grand moyen de contrôle au quotidien sur les dérives.

Face à tous ces objectifs, une nouvelle appréhension des phénomènes et des réponses adaptées sont souhaitables afin de permettre au modèle sportif français de remplir ses missions qui dépassent, et de très loin, on le voit déjà, le seul enjeu compétitif.

Il faut repenser le club de demain. Dès aujourd'hui. Ce club du futur valorise tout autant le loisir que la compétition, développe un projet sportif en même temps qu'un projet éducatif. Les collectivités devraient également susciter un nouveau projet de club en créant du loisir en échange des subventions.

Le sociologue et historien Marcel Gauchet[10] montre que, dans nos sociétés occidentales, la fin des religions a pour conséquence celle de l'unité entre les membres de la société, ce qui conduit à rechercher d'autres modes de cohésion. Et pour le sociologue des loisirs Paul Yonnet, le sport-spectacle est un moyen de « reconstitution du lien social », « une tentative de ressouder des groupes, là où la division et l'atomisation menacent[11] ».

Dans le sud de l'Europe, l'Italie, l'Espagne ou encore les pays d'Europe centrale et orientale, les phénomènes à connotations discriminatoires sont de vrais défis pour les autorités. Or ils trouvent à s'exprimer ouvertement dans le sport, et dans le football notamment. Dans les anciens pays du bloc soviétique, comme la Russie ou l'Ukraine, le nationalisme engendre dans les stades des dérives qui confinent au racisme, à l'antisémitisme, voire à l'homophobie, souvent instrumentalisées et parfois institutionnalisées.

S'agissant de la Grande-Bretagne, le racisme trouve moins à s'exprimer en raison des mesures prises pour lutter contre le hooliganisme, mais aussi du prix des places, onéreux, et donc prohibitif pour une grande partie de la population et surtout les milieux très populaires, en raison aussi des milliers d'interdictions de stade. La composition sociologique du public, venant surtout en famille, n'est pas la même qu'en France, et l'engouement non plus, si l'on compare les deux capitales.

Chez nous, la banalisation des violences ainsi que des propos et attitudes ouvertement homophobes, sexistes ou racistes ont fini par choquer l'opinion et par imposer un début de réaction salutaire, tardive certes, mais qui s'est amplifiée au gré des scandales.

Nouveau pavé dans la mare, la position ferme de la ministre des Sports face aux chants homophobes conduit à des interruptions de matchs de championnat en août 2019, alerte le grand public et suscite de multiples réactions.

La conscience de la souffrance engendrée par les actes ou propos ostensiblement discriminants, recensés régulièrement lors des manifestations sportives, a transformé l'indifférence générale – ou la gêne coupable – en nécessité impérieuse d'une politique publique sans concession.

Dès lors, le monde sportif a dû s'investir dans des actions de sensibilisation, de prévention et de répression, avec un rythme lié à l'actualité et à la pression politique.

Étant les premières concernées, les autorités internationales du football se sont emparées de la question. Ainsi, la FIFA, les 6 et 7 juillet 2001, lors de son congrès de Buenos Aires, a pris l'engagement de lutter contre le racisme en utilisant le football pour sensibiliser l'opinion publique. La conférence «Unis contre le racisme», tenue à Barcelone début 2006 par l'UEFA (Union des associations européennes de football), le réseau FARE (Football Against Racism in Europe) et l'EGLSF (European Gay and Lesbian Sport Federation) a organisé un groupe de travail sur l'homophobie, première reconnaissance du problème dans le football.

Dans l'Hexagone, la Fédération française de football (FFF), qui subit de plein fouet les incivilités, les violences et autres attitudes à caractère discriminatoire, a créé un Observatoire des comportements. Les règlements qu'elle édicte ont intégré à la fin des années 2000 des sanctions contre les joueurs, dirigeants ou officiels, liées aux discriminations et aux actes à caractère raciste. Dans ce cadre, les arbitres peuvent, s'ils le jugent nécessaire, interrompre temporairement ou définitivement une rencontre. Ces mesures étaient en avance sur la position des instances internationales. Lesquelles ont édicté, par la suite, des dispositifs plus contraignants. D'abord l'UEFA, en mai 2013, pour les compétitions qu'elle organise, puis dans la foulée la FIFA (Fédération Internationale de Football Association), sur fond de concurrence entre les présidents de ces deux institutions. Encore faut-il que les mentalités, elles, évoluent... voire ne régressent pas.

La réponse aux dérives émerge progressivement au gré de la sensibilité de l'opinion ou de dirigeants plus engagés que d'autres. Elle est globale, s'adresse à tous les secteurs de la société, et se décline particulièrement dans le sport.

L'Europe – et la France n'y a pas fait exception – a été très tôt confrontée à la montée en puissance des agressions dans les stades à l'occasion essentiellement des matchs de football professionnel. Mais il a fallu une tragédie pour que de premières mesures se mettent en place de manière coordonnée et globale : les 39 morts et 600 blessés du stade du Heysel, en mai 1985, à l'occasion de la finale de la Coupe d'Europe des clubs champions. Le réveil a été douloureux pour les pouvoirs publics jusque-là défaillants ou inconscients : la lutte contre le hooliganisme s'est placée ensuite au centre des préoccupations et a mobilisé différentes institutions européennes et nationales. De fait, tout en respectant les textes européens[12] et constitutionnels[13], il devenait nécessaire d'édicter des règles pour tenter de juguler un phénomène qui mettait en péril la sécurité des biens et des personnes, et bafouait les valeurs du sport.

C'est là l'ambition de la convention européenne sur les débordements de supporters lors des manifestations sportives du 19 août 1985, à laquelle la France a adhéré en 1987. Cette Convention comprend 17 articles d'origine, auxquels se sont greffées, par la suite, une trentaine de recommandations du Comité des ministres aux États membres visant à compléter ou à préciser les dispositions existantes.

La convention prévoit des mesures préventives[14] telle que la séparation efficace des supporters rivaux, notamment au moment de la vente de billets. Elle préconise aussi la mise en place d'un volet socio-éducatif développé autour de la notion de fair-play relayé par des campagnes d'information.

Cette Convention couvre toutes les disciplines sportives comme l'indique son article 1er, dès lors que « des débordements sont à craindre ». En revanche, seules sont visées les violences physiques provenant des spectateurs des matchs sportifs ainsi que la lutte contre les discriminations. La dissolution d'associations sportives est possible à condition d'observer le principe de proportionnalité entre le respect de l'ordre public et celui de la liberté.

L'ampleur du phénomène, différencié suivant la discipline et la pratique (professionnelle ou amateur), exigeait d'autres séries de réponses que la France s'est attachée à apporter entre 2006 et 2011. Dès 1993, notre pays s'est doté d'un véritable arsenal de répression construit autour des problématiques sécuritaires[15].

L'architecture normative, européenne et nationale contre les discriminations s'est construite progressivement, y compris dans le sport.

La recommandation du 18 juillet 2001 du Comité des ministres aux États membres, rattachée à la Convention européenne de 1985, a abordé les problématiques de la lutte contre les discriminations, en particulier raciales et ethniques.

En 2003, la Résolution 1092 de l'Assemblée parlementaire du Conseil de l'Europe a condamné les discriminations dans le sport à l'égard des femmes comme contraire à la Convention européenne des droits de l'homme et à son Protocole n° 12, article 1 sur l'interdiction générale de la discrimination.

Cette même résolution place la lutte contre l'homophobie dans le sport, chez les participants comme dans leurs rapports avec les spectateurs, sur le même plan que celle contre le racisme et les autres formes de discrimination.

L'Union européenne s'est engagée également à une réflexion sur la question dans le Livre blanc sur le sport de 2007. Des orientations et des pistes de travail ont été proposées, mais dont les préconisations n'ont pas de valeur normative.

En France, l'administration des sports s'implique à son tour dans la lutte contre ce phénomène qui discrédite l'essence du sport, le vivre-ensemble, les valeurs éthiques et son rôle éducatif comme sociétal essentiel, et s'engage suivant des calendriers et des priorités évolutives sur les questions de racisme et d'homophobie, de supportérisme, de handicap, de féminisation et de sexisme. Son approche s'est montrée variée : conventions d'objectifs, enquêtes, rapports, guides thématiques, Pôles ressources, chartes, textes normatifs, Comité interministériel. Ont été créées aussi des structures comme le Comité national de lutte contre les discriminations qui est remplacé en 2013 par une instance consultative, le Conseil national du sport (CNS).

Mais les services déconcentrés de l'État, s'investissant sur ces problématiques, l'ont fait en ordre dispersé, de manière empirique et inégale et sans concertation entre eux. Sur le terrain, l'articulation des dispositifs « politique de la ville » et sports a été quasiment inexistante en raison des cultures professionnelles très différentes.

La prise de conscience a quand même fini par déboucher sur un plan national interministériel de lutte contre le racisme qui traitait aussi de la lutte contre les discriminations de manière générale. Des institutions ont été créées : défenseur des droits, qui regroupe différentes institutions dont la HALDE (Haute Autorité de Lutte contre la Discrimination et pour l'Égalité), commissariat à la diversité, délégué interministériel pour l'égalité des chances des Français d'outre-mer, délégué interministériel de lutte contre les discriminations, délégué interministériel contre le racisme, l'antisémitisme et l'homophobie.

Quant à l'architecture normative, elle s'est construite dans le temps, par réaction à un événement ou à la suite de prises de conscience collectives. Plusieurs textes sont opérants[16] : la loi du 5 juillet 2006 permet de dissoudre des associations de supporters dont les membres ont commis en réunion des actes de violence sur les personnes ou d'incitation à la haine ou à la discrimination raciale.

Celle du 1er mars 2017[17] prolonge ces dispositifs avec un cadre relatif à l'éthique, à la parité, en créant une Conférence permanente, instance consultative chargée de promouvoir la connaissance des pratiques sportives féminine et de les encourager[18].

Cette loi prévoit également la rédaction de chartes de déontologie par les fédérations qui bénéficient d'une délégation de l'État, c'est-à-dire d'un monopole pour organiser les compétitions qui délivrent des titres reconnus par celui-ci.

Figurent encore la lutte contre les tricheries en matière sportive, la France interdisant aux acteurs des compétitions sportives de parier, dans l'ensemble des compétitions de leur discipline, et la maîtrise des flux financiers.

Prologue

Toutefois, les détournements de la législation sur les paris sportifs illégaux existent, rendus possibles par Internet, et il faudrait, afin de protéger l'intégrité sportive et les joueurs, des sanctions de justice plus lourdes à l'encontre des corrupteurs et de leurs complices, et une régulation internationale, européenne *a minima*. À l'échelle des fédérations, le contrôle du fair-play financier ne saurait être uniquement national, à l'image du dispositif mis en place par l'UEFA qui a créé un organe de contrôle financier des clubs, à l'image de ce qui existe déjà pour le dopage.

En France deux ordonnances mettent notre dispositif de lutte contre le dopage en conformité avec le code mondial antidopage[19]. Même si tout cela est purement déclaratif, les contraintes normatives ou les recommandations européennes pourraient permettre une harmonisation des législations internes en faveur d'un sport où les valeurs positives et l'intégrité sont des objectifs prioritaires.

Tous ces dispositifs servent le sport, veillent au bon déroulement des rencontres et visent à décider de sanctions à la hauteur des enjeux. D'autant que les plus grands événements sportifs qui se déroulent sur le sol national sont retransmis dans le monde entier. Et au moment où Paris se prépare à accueillir les Jeux olympiques et paralympiques, notre pays se doit d'être irréprochable.

Mais très vite, d'autres menaces, d'autres dérives, ont commencé à peser, d'abord insidieusement puis de manière plus ouverte, plus agressive, voyant des dirigeants médusés, tétanisés, dépassés, n'ayant plus les clefs pour répondre à cette nouvelle problématique.

Les tentatives de noyautage de clubs ou d'organisations de supporters par des mouvements religieux, politiques, sectaires, l'existence de regroupements communautaires, les phénomènes de radicalisation, tout cela est apparu et a laissé le milieu sportif muet. Ne rien voir, ne rien entendre. Et surtout ne rien dire. La crainte d'être accusé d'islamophobie, la culpabilité à l'idée de perdre le contrôle, le sentiment d'impuissance, la volonté d'éviter de stigmatiser sa discipline ou son club ont entraîné une omerta généralisée où chacun a attendu que le problème se règle seul.

Le ministère de l'Intérieur s'est néanmoins emparé du sujet, mais seulement après les attentats de 2015, et suite au profilage des terroristes qu'on a vus tous passer par un club, faisant de celui-ci leur terrain de chasse privilégié. Le ministère des Sports, lui, s'est tu. Là encore sa posture s'apparentait à un refus d'obstacle, préférant laisser la main plutôt que de s'engager frontalement sur ces sujets. Alors que son corps de contrôle avait identifié le phénomène et ne cessait de tirer les sonnettes d'alarme depuis 2014, aucune mission n'a été, à l'époque, diligentée par les ministres sur les atteintes aux valeurs de la République et à la laïcité, ou encore sur les phénomènes de radicalisation, malgré les nettes marques d'inquiétude.

Il faudra la fuite dans la presse d'une note confidentielle des services de renseignement pour que les médias commencent à traiter plus nombreux ce thème, et à mener l'enquête. Avec l'initiative en 2017 de la région Île-de-France, qui avait pris à bras-le-corps le sujet et qui tentait d'apporter des réponses avec la mise en place de lanceurs d'alerte dans les comités et dans les ligues régionales on découvrit, médusé, ces phénomènes qui s'ajoutaient aux dérives sociétales et qui ternissaient l'image du sport en nuisant à son développement.

Car le sport n'est pas épargné par les dérives qui agitent la société française. Les incivilités, les replis communautaires, le racisme s'y expriment, parfois avec moins de véhémence qu'ailleurs, mais les violences sexuelles et sexistes et l'homophobie y trouvent un terrain privilégié d'expression, notamment dans les disciplines qui cultivent la virilité en valeur première. Cependant comment le savoir, quand ces phénomènes ne sont ni quantifiés par le ministère des Sports, ni remontés par les fédérations, lesquelles en ignorent l'ampleur ? Or, il est nécessaire de ne pas les taire, de les surveiller et d'y apporter des réponses. Ce que ce livre vise aussi à faire.

S'agissant des phénomènes de déviances liés à l'intrusion de la religion et à la radicalisation islamiste, on s'est aperçu que les valeurs du sport et de la laïcité étaient largement bafouées à l'occasion de quelques affaires de terrorisme retentissantes. Or il s'agissait de la partie émergée de l'iceberg, le phénomène s'étant déjà diffusé dans les clubs, chez les encadrants éducateurs notamment, dont le rôle et le poids auprès des enfants sont souvent supérieurs à celui des enseignants ou des parents.

C'est cette histoire, celle de la face cachée du sport, que cet ouvrage va raconter.

Une histoire qui commence par un silence, celui de bien des victimes. À cause de l'omerta, commune à toutes les dérives et que les personnes que nous avons rencontrées ont subie de plein fouet. Une histoire qui passe par le courage de ceux qui ont accepté de témoigner.

Première partie

LE SEXISME

1

« Une femme chez les hommes »

Cécile : arrêt de jeu

Depuis le siège arrière de la voiture de son père, des murmures vagues lui parviennent.

Des éclats de voix, le bruit sourd du ballon qui s'écrase contre le pied.

« Passe ! Mais passe ! »

Le mois de juin s'achève dans le Finistère Sud. L'air est lourd et chaud. Tout est inhabituel, cet été. La voiture est garée devant le club de football. Cécile essaie de ne pas regarder au travers de la vitre. *Je sais qu'ils sont tous là. Ils ont le droit d'être là.* Un peu plus loin, autour de la buvette improvisée, les parents des jeunes sportifs trinquent aux « champions », ses coéquipiers, qui jouent encore, inlassablement. Le foot, à l'inconditionnel. Les passes, les dribbles, la course infatigable, même après l'entraînement, même au milieu des parents qui célèbrent la fin de saison.

Ce soir, le président fermera le club et les vacances débuteront, avant de se retrouver pour un premier « décrassage » de rentrée. Un soir de début d'été.

Par la vitre de la voiture, une petite fille regarde ses coéquipiers. Il y a quelques minutes, elle jouait encore avec eux, sur le terrain. Pour la dernière fois. Parce qu'elle est une fille, parce qu'ils sont des garçons. À la fin de l'entraînement, elle est entrée dans la voiture. Elle a gardé sa tenue, son maillot, sa peine et ses crampons. La sueur perle à son front. Dans ses mains posées sur ses genoux, les gouttes tombent, une à une.

Il y a cette image-là. Et ce qu'elle en a fait.

Des années plus tard, en 2012 à Paris, Cécile Chartrain[20] cofonde Les Dégommeuses, une association et une équipe de football visant à lutter contre le sexisme et la lesbophobie en milieu sportif.

Tout a commencé par une photo, et une brève dans *Le Télégramme*, l'année de ses 7 ans.

«Regarde, Cécile, tu es dans le journal!!!»

«Ta fille est dans le journal!»

Sur la table de la salle à manger, le journal local, ouvert à la section des sports. Et la photo d'une enfant. Avec pour légende : «Cécile, 7 ans, entourée de ses camarades de l'AS-Rédéné».

En maillot du club, avec ses coéquipiers. Cécile est au premier rang. *La même taille et le même maillot que les garçons, mais mes cheveux sont plus longs. J'ai un ballon au pied. J'ai toujours un ballon au pied!*

Elle regarde l'objectif. Son jeune voisin aussi.

Une fille chez les garçons

Première licenciée de la fédération française de football dans son département, Cécile Chartrain attire vite les regards et les reproches des habitants du village. «C'était mal vu de faire du foot pour les filles», se souvient-elle. Les premiers entraînements se déroulent bien, elle est intégrée dans l'équipe *comme un garçon, comme les autres garçons*.

«Je ne me rappelle pas de questions spécifiques abordées avec mon entraîneur, personne ne s'est demandé quel effet ça pourrait avoir dans le groupe» d'accueillir une fille. «Je suis arrivée et les éducateurs ont fait avec, j'étais régulière, ils se sont habitués à moi, on faisait des entraînements tous les mercredis, des matchs tous les samedis, et toutes les deux semaines, on avait des rencontres à l'extérieur. Mais c'est là que ça devenait plus compliqué.»

«Dans la voiture qui nous conduit au centre d'entraînement de nos adversaires, nous, AS-Rédéné, sommes intenables. Sept ans, et tous soudés comme un seul homme [!], sûrs de notre force, avec l'envie de jouer qui brûle le ventre. C'est ici. Maintenant. Juste avant d'arriver, un certain silence, et quelques regards d'enfants.»

Les portières s'ouvrent, Cécile et les garçons sautent de la voiture. L'équipe hôte, déjà sur place, dévisage ses adversaires. «Au moment où je referme la portière, un éclat de rire général secoue tous les membres de l'équipe adverse. Je voyais les gamins qui me regardaient avec des grands yeux, qui me pointaient du doigt, qui rigolaient entre eux en disant : ON VA LEUR METTRE UNE PÂTÉE ILS ONT UNE FILLE DANS LEUR ÉQUIPE OUH ILS ONT UNE FILLE HAHAHA !».

« Et les garçons de votre équipe, qu'ont-ils répondu à ce moment-là en entendant ces mots ? lui demandons-nous.

— Personne n'a rien dit.

— *Vos jeunes adversaires vous ont mis "la pâtée" ?*

— … Oui. »

Soupir d'hier, et d'aujourd'hui.

« Ça a été le premier domaine de ma vie où je me suis rendu compte qu'être une fille, c'était différent, qu'il n'y avait pas les mêmes attentes sociales et qu'il allait falloir que j'en fasse deux fois plus que les garçons pour avoir ma place dans l'équipe. »

La prise de conscience est immédiate. Être une fille, et, aux yeux des autres coupable de l'être.

Ensuite, les épisodes se répètent.

Un samedi, elle devait avoir 10-11 ans, lors d'un match extérieur de nouveau.

Quelque chose a changé, autour d'elle.

Depuis quelques semaines, la jeune Cécile marque régulièrement des buts. Elle prend confiance. Ce jour-là encore. Les muscles chauffent, elle accélère la course. Et marque. Deux buts. C'est gagné. Jubilation.

Fier, son sourire. Le football décidément. Sans condition.

Le match est terminé. Un homme s'approche.

Elle reconstruit aujourd'hui leur échange à la virgule près. « Il entraînait l'équipe adverse, il n'était pas tout jeune, hein, il vient vers moi, me demande "Comment tu t'appelles ? — Cécile. — Ah, c'est joli, Cécile, c'est le prénom de ma femme, c'est un prénom pour faire de la danse, pour faire quelque chose de gracieux, ce n'est pas beau le foot pour une Cécile !" » Autour d'elle, personne. Cécile Chartrain ne répond rien. Elle ne raconte rien. La confiance est fissurée. Quelque chose dedans aussi. « J'étais de plus en plus isolée. Je n'arrivais pas à mettre les mots sur ce que je ressentais, c'était une question que personne ne se posait à l'époque », analyse-t-elle aujourd'hui.

« Le plus dur à supporter, c'était la répétition. »

La voiture. Les portières. Sortir de la voiture. Affronter les rires. Le regard mauvais des enfants. Et à chaque rencontre extérieure, ça recommençait.

« Je n'y pouvais rien, j'étais physiquement différente des garçons et ça suscitait des réflexions, des moqueries. J'ai continué le foot jusqu'à 12 ans, jusqu'à mon adolescence…

— *Vous partagiez encore les mêmes vestiaires que les garçons à cet âge-là ?*

— Non. Un jour, je suis arrivée dans les vestiaires, et on m'a dit : "Non, toi, tu vas te changer ailleurs maintenant Cécile !" »

Elle rebrousse chemin, laisse ses coéquipiers se retrouver, tous ensemble, or il n'y a pas d'autre vestiaire que celui des garçons, pas d'autre espace que le leur. « Il ne restait plus que le placard où on rangeait les ballons et les balais. Je me suis changée comme ça, entre deux portes, le plus rapidement possible. »

Cécile a grandi.

« Mon corps évoluait, et ça se voyait, je n'y pouvais rien. » La sanction tombe sans explication : l'exclusion. « On m'a fait comprendre qu'il fallait que j'arrête le foot sans me dire vraiment pourquoi. » Être une fille, et coupable de l'être.

Cette année-là, elle croise une autre fille, lors d'un tournoi. Plus âgée. Celle-ci parle à Cécile des équipes de filles, et lui propose de les rejoindre.

« Cela ne vous a pas intéressée à l'époque, alors qu'on vous faisait sentir qu'on ne voulait plus de vous chez les garçons ?

— J'avais tellement intégré le sexisme que je me disais que j'allais sûrement régresser et qu'il était humiliant de me retrouver dans une équipe de filles après avoir joué dans une équipe de garçons. »

Peu de clubs ont des sections féminines. Les grandes villes étant loin, c'est trop de contraintes pour les parents de Cécile. Quant aux rumeurs rapportées sur la mauvaise influence que ces équipes féminines pourraient avoir sur leur fille – « il n'y a que des lesbiennes ! »… –, elles n'arrangent pas les choses.

« Ça n'a pas été le premier critère mais personne ne m'a poussée à continuer. »

Nous y sommes. Le dernier jour, le dernier match de la dernière saison : sur la banquette arrière de la voiture familiale, une gamine pleure.

« J'avais l'impression que j'allais être coupée de ma passion, j'avais un sentiment d'exclusion. »

À quelques mètres d'elle, les garçons de son ancienne équipe jouent, le cœur léger, l'avenir et la passion du foot plein les yeux.

Jade : (sur une) moitié de terrain

« Il est 22 heures. Les voyageurs descendent du métro, un flot continu, le ressac, comme la mer qui descend et remonte. Je suis assise dans le wagon de tête. Les filles de l'équipe sont déjà descendues. Il y a du monde ce soir-là dans la rame, je suis obligée de me lever. Certains regards s'arrêtent sur moi. Je n'y fais pas attention. Insistent. Dans la porte-vitrée, le reflet d'une femme. C'est moi ? C'est moi. Jade Vergnes[21]. Vingt-et-un ans. Étudiante en anthropologie. Joueuse de rugby. Joueuse, et fière, au féminin. Les chaussettes hautes et sales, le short, le maillot de l'équipe, la boue sur les genoux. L'effort du jeu qui lance les muscles des épaules. Sourire. Jade sourit, *On a bien joué les filles ce soir !* Fatigue légère. J'ouvre les yeux. D'autres voyageurs montent, descendent. Toujours les mêmes regards. Qui fixent mes jambes. Mon short. Court, le short, c'est la tenue réglementaire de la Fédération française de rugby. Comme les garçons, exactement pareil que pour les garçons. »

« Toi, va mettre un pantalon ! »

Jade se retourne. C'est un homme. « Ce n'est pas une tenue pour les filles, dans le métro ! » Devant tout le monde. Jade hésite, les yeux sur son short, dans la porte vitrée. L'homme a le regard mauvais.

« Je suis en short de rugby avec de la boue sur les genoux je n'ai pas l'impression que ce soit le summum de la provocation », nous confie la jeune étudiante.

Mais Jade se souvient des sentiments que l'homme du métro lui a laissés : le mépris pour ses jambes de sportive. Un peu de honte, puis l'incompréhension et très vite la colère.

« Depuis ce jour, je continue de rentrer en short, parce que cela m'énerverait de devoir mettre un pantalon à cause de sa réflexion », martèle-t-elle.

Dans la rue, dans les transports publics, n'importe où, tout le temps, jamais aucun répit : Jade Vergnes et ses coéquipières du rugby essuient les mauvais regards et les clichés de genre. En maillot de sport, crampons sous les pieds, elles provoquent les remarques et s'attaquent aux critiques.

« La légitimité à pratiquer son sport est sans cesse remise en question. Je pense qu'on ne peut pas être joueuse de rugby sans être un peu féministe, sans lutter constamment pour cette égalité, parce qu'on passe notre temps à essuyer des remarques, à devoir faire de la sensibilisation dans les transports en commun ; chaque fois qu'on croise quelqu'un qui ne connaît pas le rugby féminin, il faut revendiquer le fait d'être une femme. » Femme et sportive. Sportive et féminine.

Comprendre que l'image d'une femme en tenue de sport, cette image-là, peut choquer les hommes et certaines femmes aussi. Pour Jade Vergnes, ce n'est que le début d'une longue mêlée. Inlassablement il faut expliquer, encore et toujours. S'habiller en robe, se maquiller et… parler de son équipe de rugby universitaire :

« Quoi ? Toi, tu fais du rugby ? Mais tu es tellement féminine pourtant ! »

« Je me souviens d'un tournoi qui m'avait vraiment marquée, raconte Jade. Mon rôle sur le terrain, c'est de diriger le jeu, donc de rester très calme… C'est la seule fois je crois où j'ai été énervée sur le terrain ! » Elle soupire.

« Une joueuse fait un *en avant*, c'est une faute basique en rugby, cela arrive à tout le monde ! Mais j'entends un supporter crier : "Vous voyez que ce n'est pas un sport pour les filles !" »

Puisqu'il y a faute…

Jade s'arrête, lance un regard noir au supporter qui ne semble pas tellement en soutien, et reprend sa course. La rage au ventre. « J'étais énervée, parce que si un garçon fait cette faute-là, on lui dit : "Va t'acheter une passe !", ou alors, "Sors tes mains !", les remarques classiques des supporters en rugby. À un garçon qui commet une faute, on ne dit pas que ce sport n'est pas fait pour lui. »

L'égalité. Des femmes « chez » les hommes. « Invitées » dans « leur » monde.

Pour Jade et les filles de l'équipe de rugby universitaire, le combat commence d'abord sur le terrain.

Enfin… le demi-terrain…

Explication :

« Dans la catégorie féminine des écoles et des universités on fait du huit[22] sur un demi-terrain. Ce n'est pas le rugby conventionnel de la FFR d'ailleurs, mais la grande blague des équipes de rugby masculines universitaires est de dire que l'on ne joue pas au vrai rugby, que l'on fait du béret, parce que les garçons en universitaire jouent, eux, à quinze, et sur un terrain normal. »

L'inégalité sportive entre filles et garçons dans le rugby universitaire semble fabriquée, dès le départ. Comment faire le poids, quand ni les règles, ni les chances ne sont les mêmes ?

« Les hommes vous critiquent parce qu'ils sont plus performants à quinze ?

— Non ! Dans mon équipe, les filles ont un meilleur niveau que les garçons, du coup on gagne, et eux, non… Pourtant, ils continuent de nous faire des remarques ! »

Puisque les équipes féminines n'utilisent qu'une moitié de terrain (la symbolique est grande !), leurs espaces réservés sont en périphérie de leur université et mal équipés.

« À Paris, on n'a pas assez de terrains pour toutes les équipes de rugby, alors on a toujours les pourris, même pas des terrains de rugby, ce sont des terrains de foot qu'on transforme comme on peut, avec des vieux poteaux ! Il faut lutter pour avoir des espaces et des créneaux horaires – toujours pris par les garçons parce que leurs clubs sont implantés depuis plus longtemps… »

À force d'insister, parfois les portes s'ouvrent et la force physique décuple la force mentale. C'est au cours d'un voyage universitaire en Colombie que Jade décide de s'unir avec les joueuses de rugby de Bogota. Et de fonder l'association Passe au Large. Donner à d'autres femmes l'envie et la force d'organiser des tournois féminins dans leur propre pays, une façon pour Jade d'occuper le terrain en France.

Pascale : pour les filles

Occuper le terrain…

Pascale Choquet[23], la coach du neuf-quatre, s'en est fait une règle de vie. Partout où elle passe, elle s'impose. « Et s'ils râlent, c'est pareil. » À la tête d'une section féminine du Thiais Football Club dans le Val-de-Marne, elle mène « ses » filles à la baguette.

Elle y tient, à ses filles… La rigueur et le travail, répète-t-elle, pour camper le décor. Avant le match, en coulisses, après les entraînements, il y a des heures et des années de combat. « On me dit féministe. » Elle pouffe. Elle a la voix claire et des yeux qui vous fixent droit devant. « Si je fais tout ça, c'est parce que, à leur âge, j'aurais bien aimé trouver quelqu'un pour m'aider. » Pascale Choquet ne s'arrête jamais de lutter. Et tout commence souvent par la fin de saison. Il faut préparer le planning d'entraînement de l'année suivante, et l'officialiser auprès du service des sports de la mairie.

« Chaque fois, c'est la même histoire, je prends des créneaux dont personne ne veut, le mercredi de 14 à 16 heures, par exemple, il n'y a jamais d'entraînement de garçons alors que quatre demi-terrains sont libres ! Je choisis expressément ceux-là, mais soudain, on me dit : "Ah mais si, en fait, justement tiens, j'aurais bien pris ce créneau pour mes garçons !" Un moment donné, il faut arrêter de laisser passer ces choses-là, alors oui c'est la lutte permanente : il faut que je me batte pour défendre mes créneaux, pour que les filles aient un terrain. Et chaque année on revient dessus parce que la priorité est accordée aux garçons. » Mais elle est plutôt du genre à insister, Pascale. Il y a quelques années, c'est elle qui a monté la section foot des filles.

« Tout est bien plus simple chez les garçons, les coachs ouvrent la porte en criant : "Début de saison !" et les gamins affluent de partout, sans qu'il y ait rien à faire ! Nous, il faut qu'on aille les chercher les filles, une par une. Pour la plupart, elles sont issues de la cité d'à côté, et il faut convaincre les parents, expliquer à tout le monde que le football est aussi pour elles… Résultat, cette année on en a une qui rentre à l'INSEP (Institut National du Sport, de l'Expertise et de la Performance), c'est prestigieux quand même ! Quand vous pensez qu'il y a cinq ans, à son arrivée, elle n'avait jamais touché un ballon de sa vie, c'est pas rien ! »

Fierté de la coach : ses « filles » et les victoires obtenues à l'arraché.

À l'époque, explique Pascale Choquet avec son franc-parler, le président du club ne s'intéresse pas tellement au foot féminin : « C'est simple, dit-elle, nous avons eu zéro aide du club, et personne pour nous épauler ! Je me suis retrouvée seule avec mon fils pour développer la section, bon bah voilà, on l'a fait, on a bossé. »

Diplômes techniques en poche, Pascale installe peu à peu ses équipes féminines dans le paysage du Val-de-Marne. « Au départ, les éducateurs masculins sont venus voir ce qu'on faisait (ça les intriguait), mais ils passaient l'entraînement à me critiquer, à me surveiller. Je vous laisse imaginer l'ambiance… »

Parmi les observateurs de cette nouvelle section féminine, il y a ceux qui tentent d'interférer dans l'arbitrage de la coach. « D'un seul coup, le foot des filles les passionne, ils expliquent tout sur tout », raille-t-elle. D'autres, en revanche, n'hésitent pas à faire des remarques sexistes, glaçantes, et ne prennent même pas la peine de s'adresser à elle, invectivant leurs semblables : « Mais qu'est-ce que tu fais, pourquoi tu vas lui parler, c'est une femme, elle n'y connaît rien ! » Soupir sans sourire. Continuer.

Pour asseoir son succès naissant avec les féminines de son club, Pascale Choquet veut décrocher le label de la Fédération française de football. Elle en obtient trois, et le podium en prime !

« On a eu le label or la 3ᵉ année, on était les seules féminines à avoir eu trois labels[24] en trois ans en France. Vous vous rendez compte, si ça avait été chez les garçons, ils en auraient fait un pataquès mais, pour nous, ça passe inaperçu. Tant pis, on avance. »

Un bon bilan sportif dans un club ne passe jamais complètement inaperçu… et fait surtout beaucoup d'envieux. L'année suivante, malgré les bons résultats obtenus ou arrachés, c'est selon, par Pascale, un «jeune homme de 25 ans» se voit propulsé à la tête des équipes de filles, fraîchement embauché par le club, «malgré les candidatures de femmes à diplôme égal et sans jamais s'appuyer sur nos expériences», glisse-t-elle. «Il y a une culture omniprésente dans le sport qui ne favorise pas l'accès des femmes à des postes de responsabilité…» Écartée pour un temps de la direction de la section féminine, Pascale reste néanmoins présente et continue de suivre celles qu'elle avait recrutées.

Labellisée par la FFF, elle impose ses règles chez les filles «comme à la maison» : les plus turbulentes sont chargées d'aider les plus jeunes. «J'en avais une, c'était le voyou du quartier, les responsabilités l'ont canalisée.» Pascale Choquet raconte avec passion l'histoire de ses équipes, de son club au féminin, le temps passé avec les jeunes joueuses, la vie de cité, et surtout ce que veut dire le combat d'une femme pour les femmes.

« Plus on me met des barrières, plus j'apprends à sauter haut, je suis engagée pour la cause féminine parce qu'il faut dépasser toutes ces injustices, parce qu'il faut se battre avec les parents qui ne veulent pas que leurs filles fassent du foot. Il faut lutter pour trouver des accompagnants qui emmènent les filles à l'entraînement… Il faut trouver des solutions. »

Béatrice : « C'est eux ou vous »

Le téléphone a sonné. Les mots sont posés, là, sur l'écran de son smartphone. Messages de condoléances. L'appareil sonne encore. Les SMS défilent. « Tout ce sexisme. » Les images d'hier. Je suis encore là-bas, au club, avec eux, je m'efforce de tenir, raconte la présidente. «Béa, tu ne le mérites pas.» «Ce sont mes joueurs qui m'écrivent.» Que s'est-il passé hier soir? Des bribes de conversations, de rires. Éteindre le téléphone. Reprendre sa vie, la vie normale, la vie sociale, là où on l'a laissée, six saisons plus tôt. Mais dans le ventre, la déchirure ne s'en va pas. Elle n'y avait pas prêté attention. Elle se disait que cela passerait.

«Je n'ai pas été reconduite.

«Je n'irai plus au club. Je n'ai plus d'équipes. Plus de joueurs, plus de championnat. Plus de combat.

«Il faut que je me repose.

Je suis malade.»

Béatrice Barbusse[25] n'est plus présidente du club de handball d'Ivry. Première présidente élue d'un club de handball, elle est, ce matin-là, la première démise !

«À la grande surprise de tout le monde, on est devenus champions de France de handball dès ma première année de présidence.» Première femme à la tête d'un club professionnel masculin, présidente d'une équipe de handball masculine pendant six saisons, Béatrice s'entend bien avec les joueurs. Le handball est un monde qu'elle connaît par cœur, une passion pratiquée pendant plus de vingt ans.

Elle arrête de jouer à 30 ans, se consacre à ses travaux de recherches sociologiques sur le management professionnel des sportifs de haut niveau, revient au sport, au hand, se fait élire présidente.

«Les deux premières années, tout s'est bien passé, grâce à ce succès aux championnats de France de hand. C'est après que ça s'est gâté. Je commençais à m'affirmer, et sans m'en rendre compte, j'ai fait de l'ombre à cinq ou six hommes qui étaient des historiques du club et qui ont tout fait pour me savonner la planche et me faire craquer.»

«Un jour, j'ai le nez dans mon assiette, je suis assise à la table, le staff arrive peu à peu dans la salle qui nous sert de réfectoire, raconte-t-elle. L'ambiance est pesante, hostile même. L'élection à la présidence du club approche. Tous les jours, on me rapporte des coups bas des uns et des autres. On me dit qu'ils préparent quelque chose, qu'Untel complote. Que ce sont des amis proches, avec qui j'ai l'habitude de partir en vacances, en famille, qui œuvrent. Celui-là même intriguerait pour me faire virer. Et quand on vous apporte la preuve que vos amis vous trahissent, ce n'est pas un coup de couteau que vous prenez dans le dos, mais plusieurs.» Elle poursuit : «J'ai mal au ventre. Depuis des jours. Ils sont entrés par petits groupes dans la salle, remplissent leurs assiettes, les pieds des chaises raclent le sol. Je prends la parole. Ils discutent entre eux. Peut-être ne m'ont-ils pas entendue. Je reprends la parole. Je crois rêver. Je leur demande à quoi ils jouent. Silence général. Je saisis mon portable, déclenche la caméra pour immortaliser ce moment indécent. Car vous êtes assise à une table, à une collation d'avant-match, et le staff devant vous, composé uniquement d'hommes, vous tourne le dos. Littéralement. C'est-à-dire que leurs chaises sont tournées, et qu'ils vous tournent tous le dos ostensiblement. Ils tournent le dos à la présidente du club.

« Le soir, j'ai montré la vidéo à mes proches. "Je rêve ou je ne rêve pas ?" "Non, tu ne rêves pas, Béa."

« Ça m'a fait mal.

« Là, on était dans du sexisme hostile. Ils disaient globalement : "Dégagez." Quand vous ajoutez du sexisme ordinaire au quotidien, ça fait péter les plombs.

— *Quel était le sexisme ordinaire que vous constatiez ?*

— Quand on vous appelle les "vagins", les "touffes", quand on vous bouscule dans le couloir… Quand vous voulez faire avancer la féminisation, que vous dites avoir besoin de leur soutien pour améliorer la place des femmes et que les hommes en face de vous rigolent et répondent : – Ah, moi, je suis votre premier souteneur ! Moi, je sais ce que veut dire souteneur et de quoi il me traite ! Ce qui me fatiguait, c'était de ne jamais, jamais, être prise au sérieux. Parfois je me demandais : "Mais qu'est-ce qu'il faut faire pour être prise au sérieux quand on est une femme ?" »

L'élection a eu lieu. Et Béatrice Barbusse n'a pas été reconduite dans ses fonctions de présidente du club de handball. Un soir, elle a relu les notes qu'elle avait l'habitude de prendre dans un carnet. « Je me suis dit que ce n'était pas normal », que le sexisme n'était pas un concept, mais là, dans les lignes du carnet, dans le ventre qui faisait mal dès qu'elle franchissait la porte du club.

Un an plus tard, elle a rejoint la Fédération française de handball en tant que secrétaire générale, où elle s'occupe notamment de la féminisation de sa discipline. « Le problème majeur, c'est que les hommes ne sont pas prêts à laisser leur place, c'est eux ou vous. Les infrastructures ne sont pas adaptées à la pratique des filles, les équipements ne vont pas, 80 % des budgets sont destinés aux garçons… »

Autre souvenir. « Un soir de septembre, à Créteil. Le maire est là, au milieu de plusieurs représentants d'association. Il fait encore doux, dans les arbres les feuilles s'accrochent aux branches, les enfants jouent dehors, la rentrée des classes approche. La mienne est passée, depuis la fin de l'été, je suis à la Fédération française de handball. » Oubliées, les histoires du club d'Ivry ? Non, le combat continue. Le maire discute. « Je m'intègre dans la conversation, lui demande :

— Monsieur le maire, ce serait bien qu'il y ait des filles au foot et au hand, dans les fêtes de quartier, elles me le demandent toutes !

Rires hasardeux. Béatrice regarde l'édile droit dans les yeux.

« Si on dit aux Noirs : "Non, désolé, vous ne pouvez pas vous inscrire à Créteil", c'est de la discrimination ? »

Silence gêné. Elle soutient le regard.

« Et nous, les filles, on est de la merde, alors ? »

Détresse dans le regard du maire. Qui cherche un appui, un soutien, quelqu'un ?

Personne ne dit rien.

D'un coup, le silence. Béatrice Barbusse, elle, continue de le fixer avec ses yeux qui ne lâchent pas l'objectif, le panier, le ballon, la main qui jette le ballon vers la cible. Concentrée sur la cible. Le maire prend la parole. « Bon, l'année prochaine, je veux du foot et du hand pour les filles ! »

« Trois ans plus tard, j'ai cent filles au foot, cent filles au hand et, dans cette dernière discipline, on est championnes départementales. On a fait faire du sport à des filles de quartier qui n'en faisaient pas, voilà, point à la ligne. Et croyez-moi, le maire a trouvé les moyens financiers et les créneaux... Vous vous rendez compte que, chaque fois, on est obligées d'en passer par là ? C'est épuisant. Notre demande est légitime, non ? Les gamines, elles ont le droit de jouer au foot et au hand, non ? Il y a un véritable déni, sur le sexisme. »

Marie-Françoise : « Vous êtes la femme de l'entraîneur ? »

La route. Contre le vent, l'averse, le givre blanc d'hiver, le soleil de midi, l'été, les mains tendues et, dans les jambes, l'intense poids de l'effort.

Sous les chevilles, le bitume. Tourner au flanc des montagnes. Grimper la côte. Les yeux loin devant. Tout autour, la vie, les brumes. Le peloton se rapproche. Tremblements des jambes, quand la douleur s'installe. Dépasser. Casser les talons. Ce moment où les jambes ne s'arrêtent plus. D'acier. Elle attaque du pied et avance. Attaque encore. La solitude collective. L'individuel en commun. Vitesse et voltige. Marie-Françoise Potereau[26] est jeune. Petite. Silhouette alouette. Cheveux très courts et très blonds.

Marie-Françoise est une femme. Une femme «coureur» cycliste de très haut niveau. Il n'y a pas d'autre terme. Il y a peu d'autres femmes. Ah, si, il y a cette femme, aussi connue qu'un homme! Jeannie L. *Meilleure* que les hommes. «C'est vraiment une époque où, je m'en rends compte, on a déplacé des montagnes», dit-elle.

Elle a la voix légère. De tête. Quand elle raconte, elle est encore là-bas, sur son vélo. Marie-Françoise Potereau se souvient : «Jeannie Longo a bousculé les règles. Puisqu'elle était si performante, elle a été bien plus titrée que les garçons, hein, et parce qu'ils voulaient bien de ses médailles, les filles ont été autorisées à courir avec les garçons. Un tas de règles ont volé en éclats, grâce à elle! Pourquoi? Parce qu'elle était très, très performante, bien plus qu'un Laurent Fignon, par exemple, eh oui! Sur le coup, on ne se rend pas vraiment compte de ce qu'il se passe : on est dans la bataille, et moi, je voulais le gagner, ce combat, et ensuite je me suis rendue compte que ça pouvait, en plus, avoir un impact sur la société, auprès des jeunes filles qui désiraient faire du vélo…»

Un combat à l'attaque des contre-la-montre et des clichés. Marie-Françoise Potereau fait cinq fois le Tour de France, aux côtés de Jeannie Longo, donc. Un jour, elle décide d'arrêter la compétition. «Je voulais devenir entraîneure.» Elle s'inscrit au concours d'État. La suite, elle la raconte avec la même intensité, exactement comme elle l'a vécue.

«Une grande enveloppe.» Légère.

Le cœur s'agite. Ce doit être la convocation pour le concours.

Dès les premières lignes, un sourire immense et fier, si fier. Elle lit sans lire les lignes, puis elle lit, relit. Une fois encore. Les mains glacées. Ah! Elle crie. Elle relit encore. Les larmes de rage inondent le document qu'elle jette à terre.

«Refus du ministère.»

«Le concours n'était pas ouvert aux femmes. Je n'ai pas eu le droit de le passer. Nous étions en 1992 quand même, hein! En 1992! Eh bien, j'ai dû attendre jusqu'en 1996, et je l'ai passé!»

1996.

Un après-midi.

Les jeunes espoirs du cyclisme s'échauffent. Les bras, les jambes. Marie-Françoise leur donne des bouteilles d'eau. L'impatience et la jeunesse dans leurs gestes brusques. Les rires nerveux. Il est encore tôt ce matin-là, mais déjà, l'air est lourd. Elle pense à la course. « Ils vont manquer d'air, je sais ce que c'est ! » Marie-Françoise Potereau s'avance vers sa petite troupe. L'audace des débuts, mais le silence se fait quand elle arrive. « L'athlète. » Dernières recommandations. « Hydratez-vous, les enfants, il va faire très chaud, si la tête tourne, vous êtes battus. » Les « enfants » écoutent. Hochent la tête. Quelques longues minutes encore avant la course. Sur la ligne de départ, les bicyclettes accrochent le soleil. Marie-Françoise sourit. Elle est encore parmi eux. Là, devant, sur la gauche. Plus rien n'existe avant les courses. Elle est là, comme eux, elle converse vivement avec les autres entraîneurs, mais dedans, ça commence. Une concentration immense. Et très paisible.

L'homme doit être là depuis un moment. Quand elle revient à elle, à la course, ses yeux noirs sont rivés sur elle. Bras croisés sur la poitrine, l'air embêté, il lui souffle :

« Eh bah, bravo ! »

C'est l'entraîneur des juniors du club, un collègue.

Marie-Françoise scrute son interlocuteur. Plisse les yeux. Lève le menton. Voix fluette, ton surpris, elle étouffe un rire :

« Mais on n'a même pas commencé les épreuves. Les titres, on les a pas encore ! »

Elle encadre les jeunes, ce jour-là. Ne comprend rien à ce que le type lui dit.

Il insiste :

« Je ne parle pas de ça.

— Ah ! Mais de quoi tu parles ?

— Le concours... (pause) (elle écarquille les yeux). Il reprend : « Tu as réussi le concours... »

Sûre de son échec, elle n'avait pas consulté les résultats.

Quatre ans après le refus du ministère, son diplôme d'État de professeur de sport était obtenu et validé.

Espérance nouvelle. Le combat retrouvé, ranimé, sur les routes, dans les jambes, à la force de l'attaque. Elle court à sa fédé annoncer l'information.

« J'ai eu le concours ! »

Dans le bureau de la présidence, un sourire immense.

« Est-ce que je peux prétendre à un poste de conseiller technique, maintenant ?

Requête refusée. Elle repense aux pentes sinueuses, aux côtes rocailleuses, la rage qu'il fallait puiser, retrouver, ranimer sans cesse. Ainsi, le combat ne cessera jamais. Elle se souvient aussi des conseils de la ministre des Sports, Marie-George Buffet : « Ne baissez pas les bras. »

Elle n'accède pas au poste de conseiller technique, mais son nouveau diplôme lui permet également d'intégrer un service territorial. « Je file à Lyon, et je leur casse les pieds tous les mois pour obtenir le poste que je veux », rapporte-t-elle. À l'occasion d'un échange avec sa ministre de tutelle, Marie-George Buffet, elle lui confie le refus de sa fédération. « Moi, je voudrais être entraîneure comme les gars, je ne vois pas pourquoi je n'aurais pas le poste alors que j'ai eu le concours ! » Marie-George Buffet intervient sans succès. « Ce serait trop tôt. Ce ne serait pas un métier de femme. Qu'est-ce que j'ai pu entendre au cours de ma carrière ! »

Et puis, un jour, une porte s'ouvre. « Un jeune président de la région Rhône-Alpes se lance : "Je tente le pari de prendre Marie-Françoise Potereau comme cadre en région." Et c'est ainsi que j'ai mis le pied à l'étrier. Comme ça s'est bien passé, deux ans plus tard je me retrouve à la fédération comme directrice technique nationale adjointe : les mêmes qui ne voulaient pas de moi me récupèrent. Voilà !

– *Comment vous êtes-vous sentie en revenant à la fédération ?*

– Je me suis dit que, vraiment, il ne fallait rien lâcher, qu'il faut toujours oser, oser, oser ! Par contre, je suis tombée dans le syndrome de la surexigence. Comme j'avais pris le poste, je voulais montrer que j'étais parfaite. »

Prouver aux hommes que cette place-là n'est pas volée, mais légitime. Malgré le chemin parcouru, Marie-Françoise Potereau est en terrain miné. « J'ai mis un lit de camp dans la fédé, je travaillais le soir et le week-end pour que mes dossiers soient nickel… Fatigue, surmenage, j'ai tout eu. Et d'un coup, quand vous voulez réglementer les choses qui ne sont pas légales, vous devenez la méchante qui tape sur doigts », souffle-t-elle.

Des mois plus tard, à la fin du cycle sportif, le directeur technique national quitte son poste.

« Je candidate naturellement, puisque je suis son adjointe ! Et je ne suis pas retenue. »

La colère. Le désespoir. L'injustice. La fatigue.

Ras-le-bol.

« Je claque la porte. »

« Au ministère, un conseiller m'interpelle. "Vous vous rendez compte de ce que vous faites ? Vous avez mis un pied dedans déjà. Il faut être patiente enfin ! – Oui. Mais ça fait quatre ans que je suis patiente. C'était à moi de prendre le poste ! – Eh bien, débrouillez-vous pour trouver une fédération." C'est ainsi que ça s'est passé. Cash ! »

À cette époque, sur les 77 fédérations sportives, une seule femme occupait le poste de directrice technique nationale. Avec son bâton de pèlerin, Marie-Françoise Potereau se met en route et les démarche une à une. « À la fédération de hockey sur glace, ils n'avaient jamais pris de femme non plus, mais le président, qui était canadien, n'avait pas vu la différence entre les postes exercés par les hommes et les femmes au Canada, donc il m'a prise et j'y suis restée quatre ans. »

Marie-Françoise coureur cycliste de haut niveau. Marie-Françoise entraîneure. Marie-Françoise Directrice technique nationale. À l'attaque des pentes les plus raides. La victoire à la fin. Sans pour autant se débarrasser de l'image insolite, incroyable (!), que donne une femme dans un monde d'hommes.

« Sur les épreuves, les compétitions, quelles que soient les années, ça ne rate jamais, il y a toujours quelqu'un qui vient me voir et qui me dit : "Vous êtes la femme de l'entraîneur ?" Parce que je suis petite, menue et blonde, vous comprenez… Des clichés comme ça, je les ai vécus pendant des années. J'ai toujours eu cette colère et cette tristesse, un sentiment d'injustice qui fait que je me suis battue en permanence, il faut toujours lever la main et dire "Et nous ?" Je m'en souviens encore, Marie-George Buffet m'a dit un jour : "Ce ne sera jamais gagné. Une règle peut être abolie, soyez vigilante…" Actuellement, on est dans le trop peu et le pas assez, on avance mais il y a encore beaucoup d'écart entre les femmes et les hommes. On doit encore faire plus. »

Première femme entraîneure de sa discipline, Marie-Françoise Potereau est désormais vice-présidente de la Fédération française de cyclisme, et conseillère interfédérale au ministère des Sports, chargée de la féminisation des fédérations sportives.

Patricia : « J'ai dû tuer le père de la fédé »

« Allô ? Mais non, vous ne me dérangez pas je suis à la retraite maintenant ! »

Elle a la voix pressée, le débit si rapide qu'il est difficile de l'interrompre. Sa diction a pris le rythme de sa vie, toujours en mouvement, celle des femmes (et des hommes) qui ne s'arrêtent pas. À peine le temps d'enclencher le dictaphone que Patricia Costantini[27] a déjà enchaîné sur son curriculum vitae.

« Professeure d'EPS pendant cinq ans. Je quitte l'enseignement, j'entraîne en volley, je suis directrice technique nationale à l'UNSS [Union Nationale du Sport Scolaire], puis à la fédération de triathlon, puis d'haltérophilie, puis de hockey sur glace. À partir des années 1998-2000, je m'intéresse de très près au sport féminin et je m'engage pour défendre cette cause. Je vous rassure, il reste encore beaucoup à faire ! »

Parmi ses différentes vies professionnelles, son passage à l'UNSS l'a particulièrement marquée. Elle s'en souvient comme d'un moment charnière. Elle y a été engagée en tant que DTN adjointe, à 35 ans, c'est l'un de ses premiers postes à responsabilité de cadre d'État. Elle est jeune et dynamique, bien plus jeune que tous ses collègues. Quelque chose de nouveau est arrivé dans sa vie personnelle. Quelques semaines plus tard, l'*information* est confirmée. Patricia décide de prévenir, sans tarder, le directeur de l'UNSS. Un matin, tôt, elle frappe à sa porte. M. est à sa table de travail.

« Il faut que je te parle, tu as un moment ?
— Patricia ? Entre, qu'est-ce qu'il se passe ?
— Je suis enceinte, j'attends mon deuxième enfant !
— Félicitations, Patricia ! »

Quelques jours plus tard, dans sa boîte aux lettres, un courrier surprenant ne laisse aucune place au doute. L'en-tête la fait frémir. « Pourquoi M. m'écrit-il ? »

Le directeur de l'UNSS l'informe que son contrat ne sera pas reconduit du fait de sa situation familiale.

« Il fallait que je cherche un autre job, quoi ! Le truc le plus sidérant, c'est que lorsque je parle à mes collègues de bureau féminines de cette lettre, elles me disent : "Mais oui, Patricia, réfléchis bien : est-ce que tu vas pouvoir continuer à faire ce boulot ? On est sans cesse en déplacement !" Même auprès d'elles, je n'ai pas trouvé de soutien. »

Patricia Costantini hoche la tête, les yeux dans les souvenirs.

Elle se dit que, aujourd'hui, elle aurait agi différemment, qu'elle n'aurait pas gardé le silence, qu'elle n'aurait pas suivi les conseils orientés de son directeur, qu'elle aurait attaqué sa direction en justice et fait valoir ses droits. À mesure qu'elle raconte cet épisode du début de sa vie professionnelle, puis un autre, et un nouveau, elle décrypte sa situation d'alors : cible de ses supérieurs ou de cadres, simplement parce qu'elle est une femme. Les souvenirs reviennent – et, comme toujours avec Patricia –, le rythme du récit s'emballe !

« Le sexisme... je l'ai vécu à la pelle ! Dès que vous commencez à prendre des responsabilités, à être numéro deux... et moi, j'ai longtemps été numéro deux... »

Une fin d'année, réunion de direction nationale. L'heure de dresser les bilans de l'année écoulée. Satisfecit, arbitrages ou... châtiment.

« À l'époque j'étais, entre autres, chargée de la communication. »

La sentence tombe :

« Patricia, on te retire la communication l'année prochaine.

— Ah. Pourquoi ?

— Parce que je décide de la donner à quelqu'un d'autre ! »

Les pleins pouvoirs. Incontestés.

« Vous savez, la Reine, dans *Alice au pays des merveilles* : "Qu'on lui coupe la tête !" À l'époque, quand j'ai commencé à travailler dans le sport, je pensais que c'était un monde éthique. Mais quand j'ai découvert cette face cachée, je me suis dit : c'est comme partout, il y a des enjeux de pouvoir, d'argent, de perversion... »

Pour comprendre les situations que Patricia Costantini raconte, il faut revenir à l'histoire du sport, insiste-t-elle. Créé par les hommes, dirigé par les hommes, organisé pour les hommes et pratiqué par les hommes...

« Dans les fédérations, les dirigeants sont des personnes assez âgées, qui portent un peu l'histoire des années 1950-1960. Je peux d'autant plus en parler que je suis vieille, moi aussi ! Lorsqu'on voit les têtes blanches qui dirigent le sport français, on a envie de rajeunir tout ça ! Pour trouver sa place quand on est une femme, soit on se comporte comme un mec, soit on n'est pas comme ça, plutôt dans un courant novateur, et on rencontre des difficultés à s'imposer. Les mentalités commencent à évoluer, mais c'est un travail de très longue haleine. »

Sa vie professionnelle, elle l'a passée entourée d'hommes, et dans des disciplines particulièrement prisées, pratiquées et revendiquées par les hommes : haltérophilie, hockey sur glace, triathlon... et au poste redouté et jalousé de directrice technique nationale, « qui est la technicienne de très haut niveau dans sa spécialité sportive, responsable de son sport et de sa mise en place au niveau national, sous la double autorité du ministère chargé des sports et de sa fédération ».

En somme, Patricia Costantini définit la politique sportive de sa discipline, puis évalue sa mise en place. Entraîneure et, chaque fois dans une équipe nouvelle, elle est garante de la bonne gestion de la fédération et doit s'imposer aux équipes en place. À l'écouter, on imagine aisément le manque d'enthousiasme que son arrivée provoquait au sein des fédérations. Plus qu'un témoignage individuel, on va d'ailleurs voir, au fil des entretiens réalisés pour ce livre, se dessiner les dessous d'un système, où les situations se ressemblent, se répètent, dans la carrière de Patricia comme dans beaucoup d'autres. Il y a toujours un moment, en effet, où tout est fait pour empêcher une femme de mener à bien la tâche pour laquelle elle a été embauchée, ou alors pour l'évincer. « Ne cherchez pas d'explication, il n'y en a pas. » Très souvent, un homme ou plusieurs sont à la manœuvre.

À trop occuper le terrain, elle finit par être exclue. « À la fédération de triathlon, je me suis rendu compte qu'il y avait un système complètement despotique autour d'un homme, l'entraîneur national, qui jouait un rôle clé, imposait ses idées, suivies par les autres cadres comme lui mais qui n'avaient aucune voix au chapitre. Je l'appelais le "père despote" ! J'ai interrogé les cadres individuellement sur leurs projets, leurs avis… J'ai dû tuer le père pour que les fils prennent leur place et que l'équipe se mette à fonctionner.

— *Quelles relations entreteniez-vous avec lui ?*

— Il m'a fait suer pendant quatre ans ! Et le président l'avait instrumentalisé pour m'empêcher d'avancer…

— *Et avec la présidence, quels étaient vos liens ?*

— J'ai été DTN pendant quatre ans. À l'époque, j'avais été choisie parmi 17 candidats, suite à plusieurs échelons d'entretiens avec différentes responsables au ministère des Sports ! La première année, tout s'est très bien passé avec le président, mais peu à peu, il m'a demandé de faire des débriefings seule avec lui, le soir. Je lui disais que ce n'était pas possible, je proposais de le voir le midi, parce que le soir je m'occupais de ma famille ! Et j'ai dû lui expliquer que les promotions canapé ne m'intéressaient pas. À partir de là, les choses ont changé radicalement. Ce n'était pas la raison principale, mais si j'avais accepté ça aurait été différent !

— *Aviez-vous rapporté cette situation ?*

— C'étaient des choses très banalisées, je me serais mal vue en parler à mes collègues DTN en poste dans les autres fédérations. Cela ne m'était même pas venu à l'esprit, ils auraient dit : « Oui, oui. Bah, oui, écoute, hein... » On ne se sentait pas soutenues, il n'y avait pas d'espace institutionnalisé de confiance où l'on pouvait parler de ces choses-là. C'est pour cela que les associations ont un rôle primordial, parce que c'est encore très difficile de se faire entendre au sein de sa propre famille fédérale. J'ai cherché un appui du ministère. Je n'en ai pas trouvé.

— *Avez-vous été entendue ?*

— Cette personne est toujours en place aujourd'hui. »

Le président, toujours en fonction aujourd'hui, conteste vigoureusement le témoignage de son ancienne DTN. « Je vous le déclare avec la plus grande force et la plus grande fermeté, j'infirme totalement les hypothèses avancées. Les relations professionnelles avec l'ensemble des DTN [deux femmes et deux hommes ont occupé ce poste] ainsi qu'avec l'ensemble des personnels ont toujours été entretenues dans le plus strict cadre professionnel. À aucun moment des interférences d'ordre personnel n'ont eu lieu[28].

Après quatre années à la fédération de triathlon, très souvent en opposition directe avec le président, Patricia Costantini se retrouve à la Fédération française d'haltérophilie-musculation. « Ils cherchaient un directeur pour organiser les championnats du monde à Paris. J'ai été prise, ça s'est très bien passé la première année, je m'entendais très bien avec l'équipe de cadres, un peu moins avec le DTN. »

Un après-midi, à la fédération d'haltérophilie, ce dernier semble vouloir lui demander conseil. Il n'est pas très à l'aise, ne la regarde pas dans les yeux.

« Patricia, je ne suis pas un bon manager...

— Pourquoi tu dis ça ?

— Ça ne va pas, il va falloir que je retire tous les titres que j'ai donnés au directeur de l'équipe de France...

— Tu sais, les titres, je pense que ça ne change rien, on est manager ici, c'est ce qui compte.

— Du coup, tu sais, si je retire tous les titres, c'est pour toi aussi, tu ne seras plus directrice des championnats du monde !

— Ah, mais alors je fais quoi, moi ?

— Bah, tu continues à organiser les championnats du monde mais tu ne seras plus directrice... »

Patricia Costantini éclate de rire. « C'est dément, cette histoire non ?

— *Que s'est-il passé ? Avec le titre ?*

— Je voulais garder le titre pour conserver ma souplesse de fonctionnement et mon pouvoir d'organisation sur cet événement. Lorsque le président a décidé du contraire, j'ai démissionné. Le ministère, auquel j'ai expliqué tout ça, n'a rien fait pour me soutenir. On trouve très peu de soutien de la part de l'Administration dès l'instant où des présidents sont en jeu… »

Comment dénouer les faits, savoir ce qu'il s'est réellement passé, des années plus tard ? En l'absence de plaintes, cela est impossible.

2

Sexisme d'hier et d'aujourd'hui

Cécile Chartrain, Jade Vergnes, Pascale Choquet, Béatrice Barbusse, Marie-Françoise Potereau, Patricia Costantini : chacune, avec ses mots et ses expériences singulières, témoigne d'un schéma systématique d'exclusion, de mise à l'écart, parfois d'humiliation.

Leur combat, pour défendre le droit d'en être et d'exister au même titre que leurs homologues masculins, ne peut être résumé à un effort de guerre. Il rappelle aussi, et peut-être d'abord, l'essence sociétale du sport, d'ouverture aux autres et de partage, avant l'enjeu de la force, de la gagne et de la compétition.

À 20 ans, 35 ans, 43 ans, 54 ans, 61 ans, ces parcours d'exception et de ténacité, en coulisses ou sur les podiums, ont, comme d'autres avant, lentement, ouvert la voie. Mais, après avoir écouté, rencontré, échangé pendant des mois avec les pionnières, les amatrices, les nouvelles venues, les observatrices, les observateurs, les décisionnaires, le constat est clair : fléchir l'entre-soi masculin du monde sportif s'apparente à un parcours d'obstacles permanent.

Dévalorisation, comportements misogynes au sein de fédérations majoritairement masculines, freins à la féminisation des pratiques sportives, accès limité aux postes clés de gouvernance dans le sport, stéréotypes de genre, développement de nouvelles limites culturelles et religieuses qui stigmatisent la pratique féminine du sport, la liste est longue, le combat incessant.

Et pourtant, il y a à peine un siècle, les femmes n'avaient pas du tout de place. Il leur a fallu l'inventer, cette légitimité, bousculer les clichés qui les excluaient de la pratique sportive, par la morale, la science et une certaine idée politique. Prendre place et «ne rien lâcher», parole d'athlète au mental d'acier.

Qu'auraient-elles pensé, ces pionnières du monde d'hier, de la Coupe du monde féminine de football du début de l'été 2019 ? Comment auraient-elles perçu cette fièvre caniculaire, soudaine et passionnée, pour les footballeuses du monde qui s'affrontaient sur les terrains français ? Ces matchs, retransmis en direct à la télévision, la médiatisation planétaire des Bleues, qui ont donné à rêver, à penser que le combat pour la place des femmes dans le sport, lentement, avançait ? Quelques mois plus tôt, Marinette Pichon[29], première joueuse de football professionnelle française, sacrée meilleure buteuse de l'histoire de l'équipe de France, esquissait cette fierté-là, pleine de souvenirs. « J'aurais aimé jouer dans cette équipe de France, je me serais régalée. Cette génération a tout pour réussir. Il y a une qualité technique exceptionnelle. Je n'aurais même pas eu besoin de bouger pour marquer. J'aimerais être à leur place pour vivre ça et dire : Regardez tout le chemin parcouru. Ces joueuses sont nos ambassadrices aujourd'hui. »

Dans les tribunes, cet été-là, elle a vécu les matchs des Bleues avec la même intensité, la même force que celle qu'elle mettait sur le terrain.

Où en sommes-nous, aujourd'hui ?

Toutes ces femmes que nous avons rencontrées, qui se sont confiées, toutes les études, les rapports, les enquêtes racontent en fait la même histoire : les femmes passent encore, et souvent, après les hommes.

Pour féminiser le monde du sport et pousser les vocations, peut-être faudrait-il en finir avec les exceptions féminines. Seulement 34,8 % des instances dirigeantes dans l'ensemble des fédérations sportives agréées sont aujourd'hui occupées par des femmes[30] ! L'emprise masculine reste bel et bien une réalité.

Elle est même très vive, notamment dans des disciplines où les femmes sont peu présentes. Si certaines brillent en haut des podiums, leur pratique est, bien souvent, jugée folklorique et suscite des commentaires aussi ouvertement sexistes qu'inacceptables. Les horaires d'ouverture des clubs sont parfois difficilement compatibles avec les contraintes de vies professionnelles et familiales. L'utilisation des meilleurs équipements aux meilleurs créneaux est attribuée en priorité aux garçons, et le matériel d'entraînement n'est pas prêté aux filles.

En équitation par exemple, alors même que les femmes sont plus nombreuses, les travaux de Fanny Le Mancq[31] montrent que les hommes disposent des meilleurs chevaux à mesure que l'on progresse dans le niveau de la compétition. Pourtant, ces indices de sexisme s'énoncent rarement publiquement. Comment lutter contre une dérive que l'on nie ?

Les inégalités constatées entre les femmes et les hommes dans le sport résultent aussi d'une discrimination sexuée dans les commentaires médiatiques, notamment, pendant la Coupe du monde féminine de football en France, où le jeu des Bleues a été comparé à « une activité de tricot », où la presse a pu être accusée de médiatiser les équipes féminines pour être « politiquement correcte ».

Et que dire de ces dirigeants sportifs qui tentent de mettre en avant une image de la sportive qui répondrait aux critères masculins ? Ont-ils conscience de ce sexisme ? De ce que cela signifie ?

Chaque fois, néanmoins, les polémiques sont suivies par les excuses des auteurs des propos sexistes, ce qui laisse supposer que la société change, lentement, et qu'une tolérance zéro serait désormais de mise sur certains sujets.

Pour autant, comment faire reculer, ou dans l'idéal mettre fin à ces inégalités ? S'agissant de certains sports pratiqués surtout par les hommes, les dirigeants privilégient les hommes. Et les femmes passent après eux.

Le sport, une histoire entre hommes

Il faut dire que le sport féminin revient de loin. Aujourd'hui, les déclarations du baron Pierre de Coubertin, président du Comité olympique au début du XXe siècle, ne seraient plus admises officiellement : « Le véritable héros olympique est à mes yeux l'adulte mâle individuel. Les Jeux olympiques doivent être réservés aux hommes, le rôle des femmes devrait être avant tout de couronner les vainqueurs. […] Une olympiade femelle serait impratique, inintéressante, inesthétique et incorrecte. »

Pourquoi rappeler ces propos d'un autre âge, particulièrement discriminants ? Parce qu'ils ont façonné, bercé le sport d'hier, et contribué à l'idée que l'on s'en fait aujourd'hui.

À l'époque, quand le mouvement sportif moderne se développe avec la popularisation de la pratique, des clubs, des compétitions, et la tenue des premiers Jeux olympiques en 1896, on y célèbre la virilité et l'alliance « du muscle et du cerveau », jugées propres aux hommes.

Les autorités sportives et politiques d'alors s'appuient sur un pseudo-discours scientifique et invoquent des raisons biologiques et médicales – corps féminins trop frêles, santé fragile, dangers supposés liés aux pratiques intensives pour justifier l'interdiction de compétitions olympiques aux femmes –, arguments qui relèvent de la morale conservatrice de l'époque. Ainsi le journaliste Henri Desgranges, qui a créé le Tour de France, n'hésitait pas à déclarer au début du XXe siècle : « Que les jeunes filles fassent du sport entre elles, dans un terrain rigoureusement clos, inaccessible au public : oui, d'accord. Mais qu'elles se donnent en spectacle, à certains jours de fête, où sera convié le public, qu'elles osent même courir après un ballon dans une prairie qui n'est pas entourée de murs épais, voilà qui est intolérable. » Et en 1922, le Dr Maurice Boigey, médecin-chef de l'École de gymnastique de Joinville, sonnait le glas par ces mots : « La femme n'est pas faite pour lutter mais pour procréer[32]. »

C'est bel et bien ainsi que l'histoire du sport s'est construite, avec toujours la volonté de former les sportifs à la masculinité, à la virilité, afin d'en faire de « vrais hommes ». Et avec des différences notamment morphologiques présentées comme la preuve d'une infériorité par nature, justifiant la représentation des femmes comme le « sexe faible ». Les organisateurs ne se posent donc pas la question de la féminisation et, naturellement, les premiers Jeux olympiques d'Athènes, en 1896, sont interdits aux femmes.

En France pourtant, l'activité physique leur était ouverte depuis longtemps. Qui se souvient qu'au XIIe siècle les femmes pouvaient s'entraîner aux armes? Les livres de Régine Pernoud[33], historienne médiéviste, relatent les témoignages d'historiens musulmans qui, suivant Saladin, signalaient des cadavres féminins sous les armures franques, à la suite de déroutes des armées croisées, par ces mots : « Certaines n'hésitent pas à revêtir la cotte de mailles, à coiffer le casque et à manier l'épée, comme les épouses des Normands de Sicile ou la margravine Ida d'Autriche qui partira pour la Palestine. » Qui sait que, à l'époque carolingienne, l'équitation était pratiquée par les femmes de la noblesse, propriétaires de chevaux de sport, leur permettant d'accompagner les hommes dans les activités de chasse et de fauconnerie? Que, au XVe siècle, des championnes au jeu de paume ont marqué leur époque, telle Margot la Hennuyère? Que, au XVIIe siècle, certains établissements féminins d'éducation, comme la Maison royale de Saint-Louis fondée en 1684 à la demande de

Mme de Maintenon pour les filles de la noblesse pauvre, prévoient des jeux et des exercices à leur programme ? Que la Maison d'éducation de la Légion d'honneur, créée après la Révolution, autorise également l'activité physique pour les filles, maintenue sous la Restauration et le second Empire ? Que, sous la IIIe République, le développement de la gymnastique féminine est autorisé pour « donner aux hommes républicains des compagnes républicaines[34] » ? Que, à partir de 1882, l'accès des femmes à la pratique sportive est garanti par la loi, ce qui permet à des générations de jeunes filles en école primaire de découvrir la pratique physique et sportive ?

Pour autant, la loi de 1882, ce texte à l'origine de cette révolution sociétale, qui agira comme un véritable vecteur de l'émancipation des filles, est incroyablement misogyne. Ainsi, un article disposait que : « L'école primaire peut et doit faire aux exercices du corps une part suffisante pour préparer et prédisposer […] les garçons aux futurs travaux de l'ouvrier et du soldat, les jeunes filles aux soins du ménage et aux ouvrages des femmes. » Malgré la répartition sexuée des tâches et le contingentement des femmes à des rôles domestiques, ne pas les exclure de l'activité physique a été un véritable progrès pour des millions de filles auxquelles il a été permis de découvrir leur corps dans l'effort.

Aux Olympiades de Paris, en 1900, une partie des Jeux s'ouvre à la pratique féminine. Les disciplines choisies, jugées par les hommes « compatibles » avec leur représentation genrée de la femme « fragile », sont celles déjà pratiquées en loisir autrefois par l'aristocratie : le tennis, la voile, le croquet, l'équitation, le patinage artistique, lesquels ne mettent pas, officiellement, en péril la fécondité et la féminité, à condition toutefois de respecter les bonnes mœurs et la décence, c'est-à-dire de porter des jupes à mi-mollet et d'éviter tout effort violent et continu, ce qui est contradictoire avec les exigences du haut niveau ! Notons qu'en 2019 ce sujet est toujours à vif, comme certains commentaires malheureux et publics le prouvent. Quand un philosophe tel qu'Alain Finkielkraut, à la veille de la Coupe du monde féminine de football à Paris, avoue, à contre-courant des avancées modernes contre les stéréotypes, ne pas avoir envie de voir des femmes sur un terrain de football, cela atteste que la bataille des acceptations est, décidément, loin d'être gagnée !

Sexisme d'hier et d'aujourd'hui

Une représentation à consolider au sein des instances officielles

Si la presse, au long de ces dernières années, a salué bien des sportives, si les instances officielles ont pris conscience de l'enjeu et ont œuvré pour assurer une gouvernance du sport un peu moins unisexuée, comme l'a préconisé le CIO (Comité International Olympique) en fixant des objectifs minimaux, qu'en est-il réellement au sein de ces organismes ? Si, jusqu'en 1981, le Comité olympique, longtemps marqué par le préjugé de genre, était uniquement composé d'hommes, seuls arbitres de l'excellence du sport, qu'en est-il aujourd'hui ?

En janvier 2019, le CIO comptait un tiers de femmes parmi ses membres[35]. Elles sont un peu plus nombreuses au sein des instances dirigeantes du Comité olympique[36], et représentent un bon tiers aux postes stratégiques de la commission exécutive olympique[37] (qui compte 4 femmes et 11 hommes). La première élue au sein de celle-ci, sacro-saint organe décisionnaire de l'olympisme international, est vénézuélienne, et s'appelle Flor Isava Fonseca. C'était en 1990. Vingt-six ans plus tard, l'athlète devenue journaliste et écrivaine a raconté son élection au comité exécutif, ainsi que le long combat individuel et collectif en ces termes : « Personne[38] n'imaginait qu'une femme pourrait y siéger ! J'ai passé neuf ans à apprendre des autres membres du Comité olympique (au sein de commissions). Puis, j'ai pensé que puisque nous étions parvenues à ouvrir la porte du Comité international aux femmes, il fallait peut-être pousser celle du comité exécutif. J'ai pris mon rôle très au sérieux, l'objectif final étant de voir davantage de femmes impliquées dans les Jeux olympiques. Progressivement, d'autres nous ont rejointes. Dans la victoire ou la défaite, nous avons acquis de l'expérience et développé notre vision des choses. Cela n'a pas été facile, mais les femmes ont refusé d'abandonner ce rêve et nous n'étions pas seules. Il s'est trouvé parmi nous des hommes pour soutenir notre cause. »

De fait, sept ans plus tard, la vice-présidence du Comité est occupée par une femme, Anita L. DeFrantz. Peu à peu la féminisation a aussi gagné du terrain[39] et, en trois ans, la proportion des femmes dirigeantes au sein de l'organe du Comité a progressé, passant de 19 % en 2016 à 29 % en 2018. Reste que, sur le terrain, la transmission de la performance, l'entraînement et l'encadrement des athlètes aux Jeux olympiques demeurent, eux, une affaire d'hommes.

La même tendance s'observe au sein des mouvements olympiques nationaux, les Comités nationaux olympiques (CNO) qui dans chaque pays représentent le mouvement sportif. En 2018, 13 d'entre eux étaient présidés par des femmes et 33 avaient des femmes secrétaires générales[40].

Une féminisation des épreuves arrachée de haute lutte

Dans la pratique, sur le terrain de la compétition, les progrès enregistrés tout au long du XXe siècle se poursuivent, mais les inégalités perdurent, particulièrement dans certaines disciplines qui entretiennent des préjugés genrés sans forcément le reconnaître. Un attrait pour l'entre-soi, une exclusion des femmes défendue par certains hommes ou groupes, au nom d'une prétendue protection de l'entité sportive et de la pratique sportive, mais qui sont surtout un outil de pouvoir et de domination, propice aux dérives, aux abus, à l'étroitesse d'un espace autogéré et sans surveillance. Car l'entre-soi abîme le sport.

« Lorsque les femmes sont absentes ou très minoritaires dans un conseil d'administration, l'aspect féminin est systématiquement très peu pris en compte. Les femmes apportent également une autre vision, une écoute particulière. C'est reconnu dans le monde de l'entreprise », explique Marie-Françoise Potereau, en charge de programmes de féminisation du sport pour le ministère des Sports.

Voilà pourquoi les chiffres comptent. Et pourquoi il faut ouvrir, voire forcer la porte, puisqu'elle reste inlassablement fermée ! La parité chiffrée dans le sport, comme dans la société, est nécessaire et imposée pour rendre visible la place et l'accès des femmes à la pratique sportive et aux postes de direction. Mais elle est indissociable d'une réflexion collective sur la mixité, sur les différentes attentes des uns et des autres, et sur la représentation systématique d'un monde sportif majoritairement genré, catégorisé en « sports de femmes » et « sports d'hommes », « pratiques de femmes » et « pratiques d'hommes ». Faut-il calquer les pratiques sportives des hommes et des femmes ? Des femmes et des hommes ? Quelles séparations ? Quelles mixités ? Quelles adaptations des pratiques des unes et des autres ?

Le cas K

Pour nourrir cette réflexion collective, certaines créent un choc et forcent le destin collectif. Jusqu'en 1973, les compétitions de course à pied étaient interdites aux femmes, en dehors des pistes d'athlétisme, mais, quelques années plus tôt, un séisme avait réveillé les consciences.

Le 19 avril 1967, à Boston, la jeune Kathrine Switzer, âgée de 20 ans, endosse le numéro 261. Son entraîneur de cross-country l'a inscrite au marathon de la ville qu'il a, lui, l'habitude de pratiquer. Et pour ne pas éveiller les soupçons, il a juste mentionné l'initiale de son prénom, « K. Switzer ».

Le jour de la course, la jeune femme ne se cache pas. En tenue de jogging, le teint pâle, les cheveux épais et noirs ramenés en arrière par un bandeau, elle s'est maquillée pour l'occasion. Derrière les barrières, elle est encouragée par quelques amis, bien renseignés. Sur la ligne de départ du marathon, elle est encadrée par son entraîneur, Arnie Briggs, et son compagnon de l'époque, Tom Miller, un athlète lanceur de marteau.

Top départ! Kathrine s'avance, son entraîneur la surveille du coin de l'œil et reste à sa hauteur. Ils évoluent dans le peloton arrière de la course. Au sixième kilomètre, soudain, un organisateur s'élance vers la jeune femme, tente de la repousser physiquement hors de la course et de lui arracher son dossard. « Tirez-vous de ma course et donnez-moi ces numéros! », hurle-t-il. Et, parce que ce moment devait être un instant d'anthologie, à la seconde près, son geste est immortalisé par l'objectif d'un appareil photographique de la presse, puis un deuxième, puis un autre (le bon endroit, le bon moment). L'entraîneur se jette sur l'organisateur et, d'un coup d'épaule solide, le fait basculer hors du champ de courses, permettant à Kathrine Switzer, un peu secouée, de poursuivre son parcours, plus déterminée que jamais, et d'achever cette course *interdite*.

Son nom est alors sur toutes les lèvres. Mais, dès le lendemain, le verdict tombe : l'athlète est disqualifiée du marathon et suspendue par la fédération américaine d'athlétisme. Trop tard! Le podium de Switzer est fait de manchettes de presse, les récits de « la fille qui défie les organisateurs du marathon », et les photographies capturées sur le vif de la bousculade font le tour du monde.

La force de l'image et l'incarnation d'un combat contribueront à une prise de conscience générale et à l'intégration progressive des femmes dans les compétitions sportives. Kathrine Switzer remportera d'ailleurs la victoire féminine au marathon de New York sept ans plus tard[41] !

La bataille continue

Mais certaines compétitions restent longtemps interdites à la pratique féminine. Ainsi, le monopole masculin de la lutte gréco-romaine tient jusqu'à la fin des JOP (Jeux Olympiques et Paralympiques) de Rio en 2016, où les épreuves sont exclusivement réservées aux hommes. Les premiers tournois de golf féminins datent, eux, des années 1990, et ce n'est qu'en 1998 que la pratique de la boxe s'ouvre aux femmes. Elle est intégrée au programme des Jeux olympiques pour la première fois à Londres en 2012. Avec des effets sur la pratique féminine si immédiats qu'on se demande pourquoi avoir attendu si longtemps. À cause des raisons avancées qui, sans originalité, reprenaient l'éternelle menace sur la procréation. En 2009, la science s'en mêle, et l'Association médicale britannique va jusqu'à regretter publiquement l'ouverture des JO à la boxe, mais surtout à la boxe féminine en raison de sa « dangerosité ». Peine perdue, donc !

Certaines idées reçues sur la maternité et le sport restant encore ancrées dans les mœurs, des athlètes n'hésitent plus à médiatiser les entraînements se déroulant pendant leur grossesse. Ainsi Estelle Mossely, première boxeuse française championne olympique en 2016 et adepte des « coups de poing contre le sexisme », annonça à deux reprises sur les réseaux sociaux sa première puis sa deuxième grossesse. En prenant la pose lors d'une séance, en tenue de sport et le ventre arrondi. « Bien entendu, ma préparation et mes objectifs sportifs ne sont pas remis en cause pour autant, ils sont simplement aménagés pour tenir compte de ma grossesse. Je prépare d'ailleurs un projet pour tous ceux qui doutent de la capacité physique des femmes et pour toutes celles qui voudraient savoir comment rester actives en étant enceintes », écrit-elle en légende de cette photo fin 2019. Là encore pour bousculer les réticences et prouver que la normalité devrait être partout.

Pour trancher ce débat qui divise, le CIO a commandé une étude en Suisse à Lausanne et l'a publiée en 2016, résumée ainsi par son co-auteur Kari Bø de l'École norvégienne des sciences du sport : « La pratique sportive ne nuit ni au fœtus, ni à la mère », propos appuyés par les professionnels de santé qui recommandent même de continuer à pratiquer une activité physique au cours de la grossesse.

3

Le corps au centre du jeu

Pour autant, certains secteurs semblent sourds aux évolutions du monde. Dans le Tour cycliste, longtemps le rôle des femmes a consisté à couronner les vainqueurs ou à les encourager tout au long de leurs efforts depuis la caravane du Tour, fidèlement à la vision du baron de Coubertin. Pour bousculer les règles et les mentalités, il a fallu l'audace et la performance de Jeannie Longo, la ténacité de Marie-Françoise Potereau, qui nous a confié : « Nous militons comme des dingues pour un nouveau Tour de France féminin, j'espère en 2021. Cela fait des années que le dernier jour des Tours de France [masculins] je mets mille femmes à vélo sur les Champs-Élysées pour montrer que c'est possible ! Il faut semer, semer, semer, et puis cela va pousser ! »

Dans la compétition automobile, et en particulier de la Formule 1, les femmes pilotes sont rares et l'image de la pratique mécanique réservée à l'homme. Les réticences des écuries et des sponsors, la méfiance des pilotes masculins (imaginez un pilote battu par une femme...) freinent toute envie des femmes de se faire une place dans ce monde. L'argument éculé, maintes fois répété, d'un manque de résistance physique et d'endurance ne tient pas, particulièrement dans une discipline où la réussite dépend de la préparation et des qualités techniques.

Derrière tout cela se joue, en fait, le récurrent procès en illégitimité de la performance sportive des femmes. Et de leur corps.

Procès en illégitimité

Les stéréotypes de genre ayant la vie dure, le corps des athlètes femmes est régulièrement la cible de commentaires malveillants, de moqueries, d'insultes. On a tôt fait d'entendre des propos en déficit de féminité sur les seuls soupçons liés à l'apparence physique. Après avoir gagné leur place sur le terrain, forçant toutes les réticences et à mesure que leur intégration se précise, les athlètes féminines sont confrontées à une redéfinition des normes par une logique de différenciation des sexes poussée à l'extrême.

Pour être «acceptée» par leurs homologues masculins, il leur faudrait en effet «faire très femme», et surtout ne pas modifier physiquement, par la pratique et l'effort, un contour de hanche, la taille d'une cuisse ou le muscle d'un bras, histoire de ne pas gêner, semble-t-il, l'appréciation de l'image de la femme avant celle de la sportive.

Souvenons-nous que les normes sportives sont définies, naturellement, par les hommes, qu'il existe une «police du sexe» créée au début du siècle dernier, et des tests dits scientifiques qui intègrent l'examen visuel du sexe, par exemple, et des certificats d'authenticité féminine. Et que, pour les sportives jugées trop «virilisées», le couperet tombe : elles se voient exclues et interdites de compétition, accusées d'être des «hommes déguisés». Si la femme musclée, active, est présentée en modèle de forme physique et de séduction, les championnes, elles, doivent justifier et prouver (aux hommes) leur féminité, notamment dans des disciplines où elles sont peu nombreuses, comme la boxe, le cyclisme, le football, le rugby, l'haltérophilie, certains sports de combat.

Dans les années 1960, les «contrôles de féminité» à partir du «doute visuel», c'est-à-dire de la morphologie de l'athlète engagée dans un concours international, faisaient, sans aucun doute, la part belle aux discriminations puisque seules quelques variations de forme et de morphologie étaient admises, contrairement aux hommes pour lesquels ne se posait aucune question. Avec les progrès scientifiques et techniques, un pas supplémentaire a ensuite été franchi, une fois encore pour tenter de mettre les sportives «hors jeu». Les connaissances biologiques ont, de fait, été utilisées pour compléter ces tests de féminité et justifier «scientifiquement» les identités sexuelles des sportives. En clair, mais sans l'avouer, la performance féminine a été considérée comme suspecte et devant disparaître des champs compétitifs.

Selon la thèse de la socio-historienne Anaïs Bohuon[42], les contrôles médicaux de genre imposés aux sportives depuis 1966 – oui, oui, insistons : cela existe – constituent un dispositif de domination. Instaurés dans le but d'empêcher les hommes de concourir dans les compétitions féminines, ils sont aussi devenus un moyen de séparation. Et de souligner que «l'histoire du test de féminité est celle d'une procédure inventée pour justifier des exclusions, sans que jamais les autorités médicales et sportives interrogent le bien-fondé des représentations de la féminité».

Trafiquer le corps

La Sud-Africaine Mokgadi Caster Semenya, double championne olympique et triple championne du monde sur le 800 mètres, en a fait l'amère expérience. A-t-on alors idée de l'impact que ces tests médicaux humiliants et discriminatoires déconnectés des réalités biologiques destinés à mesurer sa féminité ont eu sur elle, dans sa vie, dans le regard des autres et pour la société, alors même que le CIO les avait supprimés dans les années 2000 ?

Tout cela parce qu'elle avait un procès en hyperandrogénie, désormais réglementée[43] (à grand prix!), puisque l'on impose aujourd'hui aux sportives concernées la prise de médicaments destinés à faire baisser leur taux de testostérone, substance pourtant produite naturellement par le corps. Sous couvert de recherche d'égalité de traitement, il est en fait question de normes corporelles et biologiques féminines édictées par les hommes pour éviter tout empiétement sur la virilité masculine.

Il n'était pas reproché à l'athlète sud-africaine de tricher, mais bien d'être ce qu'elle est, une femme avec un taux de testostérone jugé incompatible avec la norme biologique décrétée arbitrairement, et en dehors de toute rationalité scientifique, par les instances internationales.

Afin de pouvoir concourir, on demanda à cette sportive d'accepter une modification corporelle et biologique, l'objectif recherché étant bien de faire baisser la performance féminine puisqu'un tel traitement lui faisait perdre 7 secondes sur 800 mètres, selon le scientifique Ross Tucker.

Mais la championne contre-attaqua. Devant le Tribunal arbitral du sport (TAS), elle invoqua la discrimination. Dans son mémoire de défense, l'IAAF (International Association of Athletics Federations) estima cependant que Semenya était «biologiquement un homme». Malgré la résolution du 21 mars 2019 du Conseil des droits de l'homme des Nations unies condamnant la position de l'IAAF sur l'hyperandrogénie, le TAS donna malgré tout raison à l'IAAF le 1er mai 2019 et autorisa, sous conditions, le dosage de testostérone. Caster Semenya envisagea alors d'arrêter la compétition. Puis se ravisa. Et s'inscrivit pour la Doha Diamond League, qui se déroula le 3 mai 2019, juste avant l'obligation de prise de médicaments fixée au 7 mai, où elle triompha haut la main en battant son propre record.

Le 30 juillet 2019, une décision de la Cour suprême suisse leva la suspension du règlement de l'IAAF sur les athlètes hyperandrogènes. La partie était donc perdue. La championne renonça à participer aux Championnats du monde d'athlétisme prévus pour septembre 2019 à Doha (Qatar).

Aux JO, les discriminations perdurent

Par ailleurs, pourquoi les épreuves olympiques ouvertes aux femmes ont-elles été pendant longtemps moins nombreuses, et donc plus rapidement terminées ? Pourquoi le canoë-kayak comptait-il 11 épreuves pour les hommes et 5 pour les femmes, le tir 9 épreuves masculines contre 6 pour les féminines ?

Aux JO de Londres de 2012, dans 26 disciplines, on décomptait 162 épreuves hommes, 132 femmes et 8 mixtes. En 2016, à Rio, on dénombre : 54 % d'épreuves masculines, 44 % féminines (et 2 % mixtes), soit 145 épreuves féminines sur 306 proposées. Et les athlètes masculins affichaient 1 000 participants de plus que les femmes !

Les Jeux d'hiver, eux, progressent vers la parité depuis ceux de Sotchi en 2014, en comptant les épreuves mixtes. Seule exception, le combiné nordique, introduit en 1924, encore exclusivement masculin.

En revanche, les disparités se retrouvent dans le nombre de médailles escomptées : 165 médailles d'or étaient prévues aux JO de Pékin pour les hommes contre 127 pour les femmes. À Londres, les premiers pouvaient obtenir 30 récompenses de plus que les secondes.

Afin d'éviter les errements de ce passé sportif international, une nouvelle règle voit le jour en 1991 : désormais, tout nouveau sport candidat à la compétition olympique doit comporter des épreuves féminines.

Un argument peut accélérer la marche vers la parité olympique : la participation féminine se fait stratégique quand certains pays misent sur leurs athlètes femmes pour leur rapporter des médailles. On a ainsi vu à Londres les 205 délégations nationales présenter des athlètes féminines, y compris l'Arabie Saoudite qui n'avait jamais fait mystère de son hostilité sur le sujet. Mais c'était uniquement pour gagner et flatter un certain patriotisme de compétition.

Aurait-on atteint l'égalité réelle de genre à l'international ? Hélas, on en est encore loin ! Car la faible couverture médiatique des sportives montre l'écart qui demeure. Cet enjeu de visibilité, donc de légitimité et du niveau de rémunération qui en dépend, est essentiel pour les sportives de haut niveau, souvent confinées à une place marginale dans l'espace public, comme d'ailleurs les femmes exerçant dans d'autres domaines, qu'elles soient élues, cheffes d'entreprise, intellectuelles ou militantes associatives.

Ainsi, aux JO de Londres, les femmes représentaient, certes, 44 % des athlètes en compétition, mais elles n'ont pas vraiment les mêmes souvenirs de voyage que les équipes masculines. De fait, les basketteuses australiennes[44] et les footballeuses japonaises[45] installées en deuxième classe dans l'avion qui les emmenait en Angleterre n'ont pu goûter au même repos que leurs compatriotes masculins qui, eux, étaient confortablement installés en classe business[46]... Qui trouverait cela normal ? Comment accepter de telles différences de traitement entre athlètes ?

Et quand Gabby Douglas, première Noire américaine à être médaillée en gymnastique, a découvert que ses cheveux suscitaient des commentaires, elle n'en revint pas[47]. L'haltérophile Zoe Smith, elle, répondit sur son blog aux accusations selon lesquelles elle n'aurait pas été assez sexy lors de son épreuve : « On ne soulève pas des poids pour être sexy, spécialement pour des mecs comme ça [qui lui reprochent son manque de glamour] [48]. » Des remarques capillaires adressées à la gymnaste et le manque de glamour reproché à l'haltérophile qui ramènent des années en arrière, au temps des premières compétitions internationales, en 1919, quand la presse se gaussait de la « longue robe de velours noir égayée d'un col blanc » de la patineuse suédoise Magda Julin au lieu de commenter sa médaille d'or.

Les commentaires sexistes des présentateurs ont contribué, du reste, à alourdir le climat de Londres. On a entendu parler d'athlètes combatives, performantes, mais restant « féminines », « gracieuses », sexy », comme s'il y avait incompatibilité. De telles formules étaient-elles utilisées pour commenter la performance masculine ? Jamais, évidemment.

Lutter contre les stéréotypes

Ces stéréotypes continuent à peser dans le trébuchet médiatique et à faire des femmes une catégorie à part dans le sport, comme si le talent, l'entraînement et la technicité étaient marginaux face au genre. Certains hommes ont-ils une difficulté particulière à évoquer le corps des femmes ? Pourquoi ramener en permanence leurs courbes au centre des débats sportifs ?

Le sport de haut niveau a des conséquences sur l'apparence. Chaque discipline sollicite des groupes musculaires spécifiques et entraîne leur hypertrophie. Les footballeuses ont les jambes et les cuisses très musclées, les nageuses et les judokates les épaules carrées, les lanceuses de poids ou les haltérophiles un physique massif. Le sport d'excellence porte une représentation du corps féminin musclé, transpirant, puissant, qui se « virilise », selon certains idéologues désireux de cantonner le corps des femmes dans la seule séduction et considérant l'activité sportive comme dégradante.

Comment comprendre le paradoxe sociétal qui impose au corps le diktat d'être sain, c'est-à-dire musclé et sans graisse, celui affiché sur les réseaux sociaux, mais qui renvoie les championnes de haut niveau aux stéréotypes de genre, accuse leurs courbes musclées d'être trop masculines et bannit l'image de leurs pratiques pendant l'effort ? Ce hiatus freine le développement de la pratique féminine en empêchant l'identification aux championnes. Quelle menace représentent les sportives de haut niveau et la représentation de leur excellence, pour ceux qui les dénoncent ?

La violence des injonctions médiatiques

Certaines athlètes répondent aux critères de séduction ou aux injonctions marketing des sponsors. Des championnes qui, sous la pression de leur fédération ou spontanément, en viennent à afficher l'image féminine retenue par les critères masculins de la séduction. Qui contournent les stéréotypes sexistes traditionnels en portant des tenues moulantes, des jupettes, en étant coiffées de queue-de-cheval, maquillées, les ongles vernis, et parfois, comme l'attaquante brésilienne Marta lors du match contre la France en huitième de finale, en dessinant leurs lèvres d'un rouge vif bien visible. À qui profite cette mise en scène ? se demandent certains. Si pour certaines sans doute naturel, l'est-ce pour toutes ? En vérité, rares sont celles qui, comme l'haltérophile Zoe Smith, osent monter au créneau et s'exprimer sans fard sur le sujet, toujours sur son blog : « Qu'est-ce qui leur fait penser que nous voulons qu'ils nous trouvent attirantes ? Qu'est-ce que vous voulez qu'on fasse ? Qu'on arrête de soulever des poids, qu'on change notre régime pour nous débarrasser de nos muscles "masculins" et qu'on devienne des femmes au foyer dans l'espoir qu'un jour vous nous remarquiez et peut-être qu'on aura notre chance avec vous ? Parce que, clairement, vous êtes le type d'homme le plus gentil et attirant qui ait jamais marché sur terre[49]. »

Dans ce propos, on lit le cri et la colère des femmes. La violence qui les rattrape, l'abrupt des mots à vif qui dénoncent les commentaires incessants, insupportables et blessants. Ce que l'on devine aussi entre les lignes, c'est la lassitude : « Arrêtez ce cirque et avancez avec nous. » La plupart de celles qui osent parler de sexisme dans le sport racontent cet épuisement. « La lutte est permanente », confient-elles. « Parfois, je me demande si j'ai envie de continuer. Qui lit mes livres ? Qui m'écoute ? À quoi ça sert de répéter, répéter, répéter sans cesse les mêmes choses qu'ils ignorent ? » soupire Béatrice Barbusse[50], première femme présidente d'un club de handball, et auteure de l'ouvrage *Du sexisme dans le sport*[51].

4
La marche est longue, mais des pas sont franchis

Pour autant, à longue échelle, la féminisation est en marche. Une marche lente, trop lente, mais réelle. En une trentaine d'années, la présence des femmes a ainsi évolué radicalement dans les sports d'hiver. En 1988, aux Jeux de Calgary les femmes représentaient 21,2 % des athlètes : leur nombre a doublé en moins de trente ans, passant à 40,3 % aux JO de Sotchi en 2014.

À ceux de Pyeongchang en Corée (2018), quatre-vingt-seize ans après la première médaille olympique obtenue en duo par Helen Engelmann et Alfred Berge en patinage artistique (1924), la mixité a gagné du terrain avec le curling et le ski alpin qui s'ajoutent au biathlon et à la luge. Le nombre d'épreuves mixtes, qui accueillent dans la même équipe hommes et femmes, est alors inédit avec 8 épreuves sur 102 : bien sûr, cela comprend le patinage artistique (couple et danse), mais aussi le biathlon, le curling, la luge et le ski alpin. De même, 44 épreuves y sont ouvertes aux femmes contre 50 aux hommes, le saut à ski ayant rejoint les JOP quatre ans auparavant. Si le combiné nordique, qui allie saut à ski et ski de fond, fait exception, cette épreuve est mixte à Lausanne en 2020, aux Jeux olympiques de la jeunesse !

Certes, dans les deux épreuves ouvertes à la mixité, l'une, le bobsleigh, depuis Pyeongchang, l'autre, la luge double, depuis 1994, aucun couple mixte n'a accédé aux qualifications. Et le CIO attribuera cet échec, dans les pages de *L'Équipe*, à « la connotation sexuelle » de tels duos, où le plus léger s'allonge sur son partenaire de course. Comme quoi, décidément, dès qu'une athlète prend part à une compétition, la dimension sportive devient subitement secondaire... Mais, à plus large échelle de temps, bien des progrès ont été faits.

Les Jeux d'été évoluent également

Aux Jeux d'été de Séoul, en 1988, les femmes représentaient seulement 26,1 % des athlètes contre 44,2 % ensuite à Londres et 45,6 % à Rio[52]. La France ne se distinguait pas particulièrement puisque la part des sportives était proche de la moyenne mondiale (43 %), et même, pour la première fois, en léger reflux.

En 2020, à Tokyo – si les JO sont maintenus, malgré la pandémie de Covid-19 –, le CIO prévoit 321 épreuves (contre 306 précédemment), 285 athlètes de moins qu'à Rio malgré 15 nouvelles épreuves, et une participation féminine accrue. Quatre fédérations internationales engageront pour la première fois un nombre identique d'épreuves masculines et féminines ainsi que d'hommes et de femmes : le canoë, l'aviron, l'haltérophilie, le tir. Autre première, le judo et la voile auront le même nombre d'hommes et de femmes, comme le BMX Race Mountain Bike.

Le record de Rio sera largement dépassé, avec deux fois plus d'épreuves mixtes, soit 18 épreuves contre 9 en 2016, et pour la première fois en triathlon, en judo, en tennis de table, en tir à l'arc, en relais, en athlétisme et en natation avec le relais 4 fois 100 mètres. La participation féminine devrait atteindre 48,8 % des athlètes, un record dans l'histoire olympique.

Pour la dernière journée d'épreuves, le CIO mettra même à l'honneur le sport féminin, ainsi représenté à égalité avec le masculin, contrairement aux deux éditions précédentes qui n'avaient compté aucune athlète féminine.

Le CIO se réveille-t-il ?

De fait, il était grand temps que le CIO assume ses responsabilités et combatte les clichés qui stigmatisent les femmes et le haut niveau féminin dans bien des pays. L'Occident n'est certes pas exempt de tout reproche, mais, une fois n'est pas coutume, ce message d'égalité est porteur d'espoir et donne à voir l'image des femmes, aux côtés des hommes, comme un modèle à suivre et donc dénonce ceux qui les marginalisent. La promotion et la visibilité des athlètes dont l'engagement, la préparation physique, sportive, psychique sont les mêmes que pour les hommes doivent désormais figurer en tête de son agenda[53].

Toutefois, restons vigilants, car des régressions peuvent encore survenir, comme on l'a vu en hockey sur glace avec la décision de la fédération internationale de supprimer les tournois féminins de niveau continental, soit le Championnat d'Europe en 1997 et la Coupe d'Europe des clubs champions en 2015, ce qui a réduit pour les femmes les possibilités de pratique à haut niveau.

La France aussi change

En France, pour garantir la place des femmes dans le sport, et forcer l'égalité, la loi du 6 juillet 2000, article 5, conditionne l'agrément des fédérations sportives à l'existence de dispositions statutaires garantissant «l'égal accès des femmes et des hommes à leurs instances dirigeantes» (article L. 121-4 du code du sport[54]), en conformité avec l'article L 131-8 du code du sport qui prévoit «qu'un agrément peut être délivré aux fédérations sportives qui ont adopté des statuts comportant certaines dispositions obligatoires».

L'article R. 121-3 du code du sport point 3 reprend le dispositif de la loi en prévoyant que les associations sportives ne peuvent obtenir l'agrément que si leur statut comporte «des dispositions relatives à l'égal accès des femmes et des hommes à ses instances dirigeantes». Mais cet article lui donne un contenu plus précis en indiquant : «Les statuts prévoient que la composition du conseil d'administration doit refléter la composition de l'assemblée générale[55].» L'annexe I-5 du code du sport garantit la représentation des femmes dans les instances dirigeantes par l'instauration d'un quota de sièges proportionnel au nombre de licenciées éligibles[56].

Concrètement, ces dispositions suffisent-elles à en assurer l'application? Notons d'abord le caractère flou de l'obligation énoncée dans l'article R.121-3. Le terme «reflète» n'est pas une notion juridique mais plutôt un concept politique! Ce «reflet», donc, ne s'appuie pas sur la composition des licenciés mais sur celle de l'assemblée générale qui, elle, ne «reflète» pas réellement la diversité de genres des licenciés… Ce flou juridique peut-il impacter l'évolution de la féminisation pourtant affichée? Plus précise, l'Annexe 1-5. 2.2.2.2.1 prévoit un quota proportionnel faisant référence au «nombre de licenciées éligibles » : le filtre du passage en assemblée générale est écarté, mais, dans les faits, la composition effective des instances dirigeantes n'est pas transformée.

S'il faut reconnaître les progrès intervenus dans la gouvernance des fédérations sportives, ces dispositions légales manquent, dans la réalité, cruellement d'efficacité et parfois même ont un effet négatif, notamment pour les fédérations très majoritairement composées d'hommes où la règle est, dès lors, facile à atteindre ! À l'inverse, dans les fédérations majoritairement composées de femmes, la loi constitue un frein à la mixité, puisque la présence d'hommes doit rester proportionnelle à leur taux de licences, sauf à obtenir une dérogation[57]. Logique, non ?

Enfin, l'article L. 121-4 du code du sport conditionne l'aide de l'État aux associations sportives à l'existence de cet agrément. Sans mention faite des aides attribuées par les collectivités locales, même si en pratique une collectivité pourrait, en théorie, financer une association sportive qui ne bénéficie d'aucun agrément, notamment en raison de l'absence de tel dispositif dans ses statuts. Il apparaît ainsi possible, et facile, de court-circuiter les dispositions légales obtenues ! Le diable se niche décidément dans les détails. Comme quoi, le combat n'est jamais terminé.

5

L'impact des politiques

Dans le domaine du sport, la ministre Marie-George Buffet (1997-2000) a fait de cette question un marqueur de son ministère des Sports et de sa politique. Mais vingt-trois ans plus tard, il reste encore beaucoup à faire, confie-t-elle[58].

« On progresse aujourd'hui parce que l'on a gagné en visibilité dans les médias pour les grands événements, mais le problème d'égalité de la pratique sportive des femmes et des hommes n'est pas réglé, loin de là. Il y a toujours autant de jeunes filles qui sortent des clubs à 13-14 ans à cause d'un encadrement sportif incapable de les aider. Et pourquoi a-t-on toujours autant de mal à accompagner les jeunes femmes qui travaillent à pratiquer régulièrement un sport ? s'interroge cette figure du gouvernement Jospin. Les évolutions sociétales sont lentes, le sport est le reflet de la société. Il faut améliorer la visibilité du sport féminin, encourager les médias à le diffuser et peut-être aller plus loin dans l'obligation de féminiser les fédérations, et pas seulement au sein des conseils d'administration ; l'obligation crée le mouvement, c'est de la politique : à partir du moment où l'on crée l'obligation, on s'aperçoit qu'il y a des tas de femmes disponibles et compétentes. Bref, il faut continuer de porter le dossier », résume Marie-George Buffet, ce qu'elle n'a pas cessé de faire à la tête du ministère.

Des assises essentielles

À travers, notamment, les « Assises nationales des femmes » organisées les 29 et 30 mai 1999, qui ont donné le ton et entériné un certain nombre de mesures encadrant et imposant la féminisation du sport, insufflant un vent nouveau et permettant à la société civile de s'organiser. En 2000, est aussi née l'association Femix'Sports[59], qui regroupe des dirigeants, cadres, éducateurs, chercheurs, sportifs, pour promouvoir et défendre la représentativité des femmes, favoriser leur accès à toutes les disciplines et lutter contre les discriminations. « Plus les femmes seront nombreuses dans les instances dirigeantes, plus les instances se préoccuperont de sport féminin », explique de son côté Marie-Françoise Potereau, à la présidence de Femix'Sports. À la Fédération française de cyclisme, dont elle est aussi vice-présidente, l'ancienne championne met en pratique l'« esprit de réseau », véritable marchepied à la féminisation des instances, insiste-t-elle.

« Dès l'instant où j'ai été appelée à la fédération au poste de vice-présidente, j'ai demandé à avoir une jeune femme à mes côtés pour la former, afin que je puisse lui transmettre directement les responsabilités qu'on m'a données. Elle a deux enfants, elle habite Toulouse, nous nous organisons, avec des visioconférences, on s'adapte facilement ! On a vraiment besoin de travailler en réseau de femmes, de partager nos expériences, ensemble. Plus on sera nombreuses, plus on se mobilisera ! » assure cette pionnière des « coureurs » cyclistes féminines.

L'engagement comme seconde nature

Le 16 octobre 2003, la vice-présidente de la Fédération française de judo, Brigitte Deydier, a formé un groupe de travail sur l'accès des femmes aux fonctions dirigeantes et sur la pratique féminine dans les quartiers. Dans un rapport intitulé « Femmes et sports », elle a tiré la sonnette d'alarme. Qui devrait aujourd'hui encore retentir, car il y a trop peu de femmes aux postes de direction, et trop de jeunes filles qui désertent la pratique du sport dans les quartiers sensibles.

« C'est toujours frustrant de se rendre compte que, quinze ans après, rien n'a changé, explique Brigitte Deydier[60]. On l'avait signalé, et les rapports servent à ça, à faire prendre conscience. Hélas, les femmes et les jeunes filles, aujourd'hui, demeurent toujours aussi transparentes dans la pratique sportive des quartiers sensibles. À l'adolescence, on ne leur propose pas grand-chose, sinon des disciplines qui ne sont pas toujours dans leurs goûts. Sans oublier, dans certains quartiers, une pression communautaire qui complique l'accès à la pratique », analyse cette ancienne championne mondiale de judo, pour qui la première nécessité est de recruter et de développer les postes d'éducatrices dans les quartiers. « Des professeures de sport, des entraîneures de football de basket... il faut des femmes sur les terrains, qui encadrent » et qui donnent un modèle à imiter.

Pour féminiser les postes de direction, Brigitte Deydier estime qu'il convient de repenser totalement ce qu'on en attend. « Aujourd'hui, on est face à des bénévoles retraités qui ont tout leur temps et qui le donnent aux fédérations. Les femmes, ayant plusieurs vies, ne veulent pas passer des journées entières en réunion, il faut simplifier cela. » Et travailler « en réseaux de femmes ».

L'accélération

La parité est devenue un objectif politique. Au moment des renouvellements post-Jeux olympiques à l'automne 2012, le ministère des Sports envisagea un temps d'imposer aux fédérations 14 femmes DTN. La moitié seulement sera nommée, le pouvoir cédant face à la levée de boucliers du mouvement sportif et à la difficulté de trouver des volontaires.

L'association Femix'Sports revendiqua alors une approche consensuelle et préconisa une meilleure préparation des femmes à cet exercice pour éviter les rapports de force néfastes à la féminisation des postes de gouvernance sportive. Mais le temps politique pressait et le mouvement sportif fut sommé d'envoyer des signaux forts.

Le 2 mars 2013, le directeur des sports adressa un courrier aux présidents des fédérations sportives. Et la féminisation fut placée au centre des négociations des conventions d'objectifs[61]. Financièrement et politiquement sollicitées, les fédérations durent s'aligner sur la volonté du ministère des Sports.

Quelques années plus tard, la Conférence permanente du sport féminin, instituée par la loi du 1er mars 2017 sur l'éthique du sport, vise encore et toujours à faire progresser la parité, au gré de recommandations faites aux acteurs du monde sportif et de rapports présentés au gouvernement[62]. Comme quoi...

Les objectifs ambitieux fixés dans le cadre des JOP : augmenter de 3 millions les personnes pratiquant une activité physique et sportive en 2022, ne seront atteints que si la pratique féminine progresse substantiellement.

Le sexisme

Une réalité contrastée dans le foot

Hasard des calendriers, la finale de l'Euro de basket féminin tombe le jour de la présentation en Conseil de ministres du projet de loi pour l'égalité entre les femmes et les hommes. La veille, dans une tribune du *Journal du dimanche*, les signataires – parmi lesquelles figurent les Braqueuses surnom de l'équipe de France féminine de basket – dénoncent les inégalités entre les femmes et les hommes qui «nuisent au développement du sport en France tout autant qu'elles renvoient une image archaïque de notre société», et adressent un avertissement clair : «Ce mépris est insupportable. Nous ne resterons pas les bras croisés.»

Depuis quelque temps, les équipes féminines enchaînent les performances et les bons résultats. En football, en basket, en handball, les sportives imposent, par la victoire et par l'effort, l'idée que, finalement oui, les femmes sont des compétitrices susceptibles de faire la fierté d'une nation. Sur les podiums, les femmes s'affirment, elles aussi, comme des modèles de réussite et des exemples à suivre! Mais rien n'est encore acquis. L'histoire de la conquête des droits des femmes dans le sport reflète, selon l'historienne Laurence Prudhomme, le rapport de force entre les sexes, et la domination des hommes, qui, constamment, cherchent à féminiser, en vitrine, la pratique sportive des femmes, tout en la discréditant tout aussi officiellement, afin d'en diminuer l'éclat, et de la reléguer en arrière-ligne afin d'éviter toute porosité avec la pratique masculine et tout mélange des genres sur le terrain. Le sociologue Xavier Breuil enfonce le clou, et accuse les instances dirigeantes d'avoir fait obstacle délibérément à l'essor du football féminin.

L'ancienne sportive devenue psychanalyste, Annie Fortems, pionnière du football féminin, dévoile, elle, une souffrance, longtemps intériorisée, un système de maltraitance façonné par les institutions, fondé sur le manque de considération, la peur du déclassement et de représailles qui a conduit les joueuses à ne rien dénoncer, à ne pas briser l'omerta jusqu'au début des années 2000.

6

Des pratiques et représentations encore trop différentes

Si, malgré ces freins, en moins de cinquante ans, le nombre de pratiquantes licenciées a été multiplié par 4, si les chiffres progressent – en 2003, selon l'INSEE, 64 % des femmes déclaraient avoir pratiqué au moins une activité sportive au cours de l'année écoulée[63], et en 2010 87 % d'entre elles pratiquaient une activité physique ou sportive (91 % des hommes) et 40 %, contre 46 % des hommes, de manière intensive[64] –, deux ans plus tard, une nouvelle enquête de l'INSEE[65] affirmait que « faire du sport restait une activité essentiellement masculine ». « Les hommes y consacrent 16 minutes par jour, les femmes 7 minutes », et celles qui pratiquent une activité physique s'entraînent moins longtemps (32 minutes d'écart). Évolution il y a, mais lente, si lente. À quoi cela tient-elle ?

Déjà dans l'enfance

Les différences de pratiques sportives entre les femmes et les hommes s'observent dès l'adolescence. Les abandons du sport, les dispenses de cours d'EPS, en particulier de natation, sont plus fréquents chez les jeunes filles. Une fois de plus, c'est le rapport du corps au sport qui bouleverse la donne. Le regard des autres, et le sien, devant ce corps nouveau, qui change et prend des courbes, la nudité affichée, les complexes, la pudeur ou la honte, et un certain éloge de la minceur incitent davantage les filles que les garçons à délaisser une discipline et à fuir les vestiaires collectifs.

Selon un rapport d'information sénatoriale de 2003, on peut ajouter qu'au fur et à mesure de leur avancée dans le cursus scolaire, « les filles abandonnent l'activité sportive. Ce déséquilibre s'accentuerait dans les milieux défavorisés[66] ».

Jusqu'à l'âge de 11 ans, les garçons et les filles ont quasiment la même pratique. C'est au début de l'adolescence (11-12 ans) que les premières décrochent plus facilement. Elles sont 69 % à pratiquer un sport entre 6 et 11 ans, mais seulement 53 % entre 12 et 17 ans.

Outre un emploi du temps surchargé, les adolescentes évoquent le modèle de « sport-performance » sur lequel sont construits les clubs et qui ne répondraient pas à leurs aspirations du moment – l'appréciation ici généralisatrice ne vaut que comme moyenne et ne s'applique pas à toutes celles qui plébiscitent plutôt des activités de bien-être, d'entretien du corps et de bonne forme musculaire.

Les équipements accentuent l'écart

Des études portant sur deux villes, Bordeaux en 2015 et Genève l'année suivante, confirment les inégalités criantes d'accès des femmes et des hommes, et visent les politiques publiques. Dans ces deux collectivités, plus de deux tiers (70 %) des moyens financiers sont consacrés à la pratique sportive des hommes, entravant ainsi celle des femmes et engendrant une autre inégalité devant l'impôt, puisque les citoyennes sont redevables, à égalité des hommes cette fois, de celui sur le revenu qui permet de financer des infrastructures dont elles ne peuvent profiter.

Et s'agissant des équipements sportifs, le constat est tout aussi accablant. Certes, quelques-uns sont mixtes (piscines), ou majoritairement dédiés à la pratique féminine (salles de danse et de gymnastique), mais la plupart de ceux mis à la disposition des associations et des clubs, qu'il s'agisse de stades, de salles, ou les espaces en accès libre comme les skateparks ou les citystades sont utilisés quasi exclusivement par les hommes.

Un recensement des équipements des collectivités et surtout de leur utilisation pourrait utilement permettre de mettre en place des politiques publiques rectificatives.

Des centres d'intérêt sportif différents

Une étude récente[67] démontre que plus de la moitié des sondées se disent amatrices de sport, en ce qu'elles s'intéressent aux grandes compétitions (56 %). En revanche, moins 1 femme sur 10 (9 %) se passionne pour cette activité contre 3 hommes sur 10 (27 %). Un tiers des Françaises est allergique au sport dans les médias contre 18 % des hommes.

L'INSEE, dans une étude diffusée en novembre 2017, relève que 45 % des femmes de 16 ans ou plus ont déclaré avoir pratiqué une activité physique ou sportive en 2015, soit 5 points de plus qu'en 2009, mais contre 50 % chez les hommes.

Chez les 16-24 ans, les femmes sont bien moins nombreuses à pratiquer : 50 % contre 63 %. En revanche, entre 40 et 50 ans, elles consacrent autant de temps au sport que les hommes et, à partir de 50 ans, sont plus nombreuses à pratiquer. Si la comparaison avec l'étude de l'INSEE n'est pas strictement pertinente, car les résultats varient en fonction de la formulation des questions, l'étude Kantar de 2018 témoigne d'une évolution significative puisque les femmes pratiquent quasiment autant que les hommes, mais toujours de manière moins intensive et plus sédentaire (c'est-à-dire à leur domicile).

Le niveau social joue enfin un rôle important dans une telle évolution : une femme diplômée à bac +2 a trois fois plus de chance d'être sportive qu'une non-diplômée, selon l'INSEE[68]. Les trois quarts des femmes n'ayant aucune activité physique sont faiblement ou non diplômées.

Sport, filles et quartiers

Un autre phénomène doit être relevé : la faible pratique sportive des jeunes filles issues des quartiers populaires, comme le montre l'enquête du Sénat[69]. Si le poids de la tradition et des résistances culturelles ne permet pas au sport de jouer son rôle social et intégrateur, il ne peut, à lui seul, expliquer une telle inégalité entre filles et garçons. « Seulement 32 % des filles en zone d'éducation prioritaire (ZEP) pratiquent un sport en club, alors que, dans les classes moyennes et supérieures, ce taux est de 80 % », dénoncent les sénateurs pour qui la responsabilité est politique. « Depuis le début des années 1990, les ministères de la Ville et des Sports travaillent de concert pour redynamiser et pacifier les banlieues, notamment en multipliant les animations et les rencontres sportives, ou en ouvrant les gymnases en soirée. Or, ces actions volontaristes ont eu pour effet involontaire d'exclure les filles, les garçons se réservant le football de rue et l'usage des playgrounds», disent-ils.

Oubliées, les filles des quartiers... «Il fallait occuper les garçons, tout en leur inculquant les règles de la citoyenneté», confirment William Gasparini et Clotilde Talleu dans leur étude collective *Sport et discrimination en Europe*[70]. Aujourd'hui, cependant, «les filles des quartiers populaires sont de plus en plus attirées par le football», ajoute Charlotte Parmentier, doctorante au laboratoire sports, politique et transformations sociales (STAPS) à Paris-Sud-Orsay. «Mais plus la pratique du sport est esthétisée, érotisée (par exemple dans le cas de la gymnastique ou de la natation), plus les filles sont rares», note-t-elle.

Féminiser, oui mais comment ?

Ces disparités posent d'abord et avant tout le problème – majeur – de la féminisation des politiques de la ville, des priorités que s'en font les élus locaux et, le cas échéant, des initiatives individuelles poussées.

À Thiais, dans le Val-de-Marne, Pascale Choquet dirige une association de soutien scolaire pour les enfants du quartier de Grignon. Ce sont les camarades de classe de ses propres enfants qui en parlent aux amis de leurs amis et, bien vite, les effectifs doublent, triplent! Sa personnalité détonne, et son franc-parler, qu'on a déjà noté, tient en respect «les pires voyous du quartier», constate-t-elle. Pascale côtoie plusieurs fois par semaine les jeunes de la cité, et surtout les filles, qui, contrairement à leurs frères, à leurs cousins, ne font pas ou peu de sport. Ancienne danseuse, grande sportive, hyperactive, elle a décidé de passer les diplômes d'État d'encadrement sportif (qu'elle a obtenus) et a monté une section féminine aujourd'hui intégrée au Thiais Football Club, labellisée FFF, qui compte parmi les réservoirs à talents d'Île-de-France. De quoi susciter la jalousie de la section masculine?

À la rentrée 2019, quelques semaines après la Coupe du monde de football féminine, elle recrute 40 nouvelles joueuses pour un total effectif de 120 footballeuses, qui viennent en majorité de la cité attenante aux terrains. «C'est la mode en ce moment de développer la pratique féminine dans les quartiers, toutes les fédérations en parlent, il y a des systèmes de bons qui sont mis en place par la CAF, cela veut bien dire que ce n'est pas simple aujourd'hui pour les filles », commente-t-elle, un brin moqueuse. « L'envie est louable. Le seul problème, ce sont les subventions que l'on veut bien nous donner. Au départ, les garçons prenaient tout pour eux, nous devions nous débrouiller avec des sponsors pour acheter les ballons, les chasubles... »

Cette année, Pascale a obtenu un local pour les filles, et une comptabilité séparée. « Chez moi, les petites U9 [moins de 9 ans] savent parfaitement où elles doivent installer le matériel, ce qu'elles ont le droit de faire et ce qu'elles n'ont pas le droit de faire, ensuite c'est de l'autodiscipline », martèle la coach. La discipline, et l'empathie. « Les filles, ça marche à l'affectif, surtout chez nous ; si ça ne fait pas l'affaire avec un coach, elles ne reviennent pas, et les parents ont besoin de savoir que leurs filles sont tenues. » Trop souvent confrontées à l'esprit de compétition systémique et systématique des écoles de foot, les jeunes filles décrochent, confirme Pascale, « parce qu'on ne forme pas les filles comme les garçons ! ».

« La dernière fois que j'ai emmené mes filles jouer contre un club du département, le coach de l'équipe adverse s'est plaint. "Je n'en peux plus, elles sont grossières, elles ne veulent pas travailler, et si je suis trop sévère, le samedi suivant, je n'ai personne en match !" » Je lui ai répondu : « Bienvenue dans le monde des féminines ! » Chez les filles du Thiais Football Club, les parents sont assignés au silence pendant les « plateaux » ici, on parle fair-play, respect et plaisir de jeu avant de compter les buts.

« Je veux aussi leur apprendre l'entretien des équipements de qualité dont elles bénéficient, je veux qu'elles soient fières de leur maillot ! » témoigne la coach. « Pascale, on dirait qu'elle joue en pro ! » raille un entraîneur de la section masculine, en voyant ses joueuses arborer fièrement leur maillot de match et ranger avec soin, dans la bonne humeur et les rires, les chasubles au complet dans le local attribué.

Fin septembre, Pascale Choquet a organisé une journée de tournoi avec des dizaines d'équipes féminines du département, un DJ, et une invitée surprise : Laura Georges, ancienne capitaine de l'équipe de France féminine, aujourd'hui secrétaire fédérale à la FFF, dont le parcours a fasciné les jeunes joueuses. « Elle leur a dit qu'elle savait que ce n'était pas facile de se faire une place, mais qu'il ne fallait rien lâcher ! »

Quels freins ?

La pratique féminine évolue. Mais les stéréotypes de genre persistent : aux garçons, les activités d'endurance, le rapport de force et l'esprit de compétition, aux filles l'agilité, la souplesse, la grâce. Les inscriptions en clubs de sport privés nuancent ces *a priori*. Certes, les femmes marquent une nette préférence pour la marche[71], la natation, le fitness[72], la course à pied et le cyclisme, mais la musculation (qui concerne 15 % des sportives) est en hausse, comme les sports de raquette (18 %) et les sports collectifs (10 %). D'après l'étude Kantar, deux tiers des femmes pratiquent le sport pour se sentir *bien dans leur tête et dans leur corps*, pour développer un rapport au corps, à son écoute et à son contrôle. Les considérations liées à la compétition ou au partage sont secondaires (21 % et 26 %). Et celles liées à la santé ou à la recherche de performance baissent de cinq points (55 %).

Quels sont les véritables freins à la pratique féminine du sport, alors, si ce ne sont pas les femmes elles-mêmes ni leur prétendu manque de motivation ? Certaines études mettent en avant un manque de temps chez les femmes de 25-30 ans, qui doivent gérer leur entrée sur le marché du travail, les responsabilités familiales et les tâches du quotidien pour lesquelles elles sont plus engagées que les hommes. Ainsi, le temps alloué par elles à leurs loisirs serait inférieur de plus de trois heures chaque semaine à celui des hommes. Cette même étude confirme que plus de la moitié des sondées déclarent pratiquer « quand elles ont le temps ». D'ailleurs, si les femmes reprennent le sport à partir de 40 ans, lorsque les enfants ont grandi, c'est bien la preuve qu'il ne s'agit pas d'un problème de motivation, mais d'agenda.

On peut ajouter la lassitude et les difficultés liées au transport ainsi que les insatisfactions générées par l'ambiance du club, comme le relève l'INSEE. Des facteurs psychologiques jouent également, puisque près de la moitié des sondées déclare *ne pas se sentir à la hauteur* ou *ne pas aimer son apparence pendant l'effort*, et 1 sportive sur 3 a *peur du regard des autres*.

On ne peut négliger les effets négatifs de la faible médiatisation du sport féminin (qui en 2016 représentait 20 % du volume horaire des retransmissions sportives télévisuelles selon le Conseil supérieur de l'audiovisuel), puisque les grands événements sportifs féminins, très médiatisés, ont des conséquences en termes de motivation et de prises de licence, même s'il ne faut pas surévaluer leurs effets. Les JOP de Londres en 2012 ont par exemple incité près de 2 millions de femmes britanniques à se remettre au sport. Ceux de Paris en 2024 devraient être un formidable catalyseur pour ce développement. Encore faudrait-il soutenir les clubs et les associations en amont, par la formation de nouveaux éducateurs ainsi que l'accès à des équipements rénovés et plus nombreux !

Des stratégies fédérales à construire

L'enjeu, pour les fédérations sportives, est de créer de nouvelles activités moins axées sur la performance, la compétition et le haut niveau, et davantage sur une pratique adaptée aux contraintes, sur les apports personnels, le bien-être et l'épanouissement.

Pour les fédérations, la féminisation est un point stratégique important afin d'accroître le nombre des licenciés et de s'ouvrir à de nouveaux champs de compétitions internationales. Mais, pour les trois quarts des structures dédiées aux femmes, elles ne figurent quasiment jamais dans les statuts des fédérations ! Et, selon les fédérations, les commissions féminines bénéficient de plus ou moins de visibilité sur les supports de communication comme les sites Internet ; certaines fédérations les mettant en valeur, publiant leur composition, leurs activités et leur agenda ; d'autres s'abstenant de toute publicité. Dans d'autres cas, plus limités, des fédérations ont suscité la création d'une ligue professionnelle féminine.

Force est pourtant de constater que, à l'international, plus les nations investissent le champ sportif féminin, plus elles progressent dans le classement mondial. C'est le cas des États-Unis, de la Grande-Bretagne… et de la Chine. Pour la première fois de son histoire, aux JO de Londres, la délégation américaine comportait ainsi plus de femmes que d'hommes… et celles-ci ont rapporté plus de la moitié des médailles américaines et deux tiers des médailles d'or (29 sur 46). Depuis 1996, les athlètes chinoises collectionnent aussi plus de médailles d'or que les hommes : à Londres, elles n'ont pas dérogé à la règle en raflant plus de la moitié des médailles d'or[73]. À Rio, elles étaient 62 médaillées contre 38 pour les hommes.

Or, chez nous, le pourcentage de femmes dans la délégation française a tendance à stagner[74], et la part des médaillées françaises est inférieure à celle de leurs homologues masculins rapportée à leur proportion.

Les femmes sont toujours sous-représentées dans le monde fédéral. Même si leur part progresse, elles restent minoritaires avec un gros tiers des effectifs licenciés. On dénombre 6,3 millions de femmes pour 10,1 millions d'hommes qui ont une licence dans les 111 fédérations sportives[75], soit 38,3 % des licenciés en France. Selon les statistiques de 2016, les fédérations qui progressent le plus en termes de licences sont le polo, le roller, le kickboxing et la boxe française du fait des nouvelles formes de pratiques pensées pour les femmes.

Ce déséquilibre flagrant concerne toutes les régions de France. Et l'outre-mer se situe aux deux bouts de la chaîne, avec les plus gros écarts. La pratique féminine porte un ratio de licenciées plus élevé en Nouvelle-Calédonie (45,17 %) et plus faible à Mayotte où les femmes ne représentent que 26,5 % des licences. S'agissant de l'Hexagone, la région la plus vertueuse est le Centre-Val-de-Loire avec 39,38 % de licences féminines, et l'Occitanie, bonne dernière à moins de trois points, à 36,57 %.

L'atlas 2019 de l'INJEP (Institut National de la Jeunesse et de l'Éducation Populaire) montre que, en valeur absolue, et si on exclut de ce décompte les fédérations multisports, le nombre de licences féminines est plus important dans l'équitation (535 165), le tennis (301 264) ou encore la gymnastique (252 864), devant le handball, le basket-ball, la natation et le judo. Le football, et son ambitieuse politique de féminisation, se situe à la 8e position du classement, passant de 35 000 licenciées en 1999 à 169 000 en 2017, tout en restant largement minoritaires, puisque les femmes ne représentent que 7,4 % des 2,1 millions de licenciés. Minoritaires, les femmes le sont aussi dans les sports de raquette, avec un ratio d'un tiers en tennis, en badminton, en tennis de table ou encore dans les sports collectifs (outre le football, le rugby, le basket-ball, le handball) à l'exception du volley-ball où elles représentent un peu moins de la moitié des licenciés.

Et les politiques locales n'aident pas à enrayer ces différences : 88,9 % des élus locaux affirment manquer d'informations au sujet des dispositifs d'accompagnement pour des développements de sports féminins.

Le haut niveau change trop lentement

Sous l'impulsion du ministère en charge du sport, dès 2006, quatre fédérations ont élaboré un plan de féminisation des instances de direction, de l'encadrement et de l'arbitrage, tout en développant le sport féminin de haut niveau : handball, basket-ball, cyclisme, football. L'ensemble des fédérations alors tenu de se doter d'un plan de même nature, en application des conventions d'objectifs qui les lient à l'État. Près de dix ans plus tard, les femmes représentaient 37,7 % des sportifs de haut niveau selon la liste ministérielle. Les sportives de haut niveau sont majoritaires dans seulement 3 fédérations sur 58 : (gymnastique : 55 %, nage avec palmes et 52 % en volley-ball). Elles représentent entre 40 % et 50 % des effectifs du haut niveau dans une vingtaine de fédérations[76].

Quant à la pratique professionnelle, la structuration des secteurs masculins et féminins est différente. Le volley-ball a créé dès 1991 une ligue nationale pour les femmes, et un championnat de Pro A féminin comportant 14 équipes. En 1998, le basket-ball a organisé un championnat de première division géré par la Ligue féminine de basket qui reste rattachée à la fédération. Le handball dispose, lui, d'un championnat de D1 composé de 12 clubs. Quant au football et au rugby, la pratique féminine n'est pas gérée par une ligue professionnelle *ad hoc.*

La professionnalisation des sportives de haut niveau comme la féminisation de l'encadrement seront des facteurs décisifs de l'égalité. Mais les multiples auditions de responsables de fédérations, de ligues, de districts, de clubs, amateurs ou professionnels, attestent que les instances sportives n'ont ni les moyens ni la technicité pour mettre en place des protocoles garantissant le traitement équitable des procédures de recrutement ou de promotion, tels qu'ils existent dans certaines entreprises. Et quand les postes dépendent de deux acteurs – le ministère et la fédération –, quelle pourrait être la portée d'un tel dispositif si le premier voulait imposer une femme et que la fédération préférait un homme ? Car si le DTN est nommé par le ministre, il est choisi, et même dans certains cas rémunéré, par le président de fédération. S'agissant d'un poste éminemment stratégique dans le dispositif fédéral, comment imposer une candidature qui n'aurait pas toute la confiance des dirigeants ?

C'est pourquoi, à mesure que l'on gravit les échelons du pouvoir, la représentativité des femmes s'étiole considérablement. Les résultats de l'enquête réalisée par l'INSEE en 2002 se vérifient année après année : plus de la moitié des femmes est active dans le secteur administratif. Et les fonctions techniques et d'élus sont plutôt l'apanage des hommes. S'agissant plus précisément de la répartition des présidences de commissions mises en place par le comité directeur de la fédération, les rares postes laissés aux femmes sont liés à la représentation sexuée de leur rôle dans la société : c'est le cas pour la Commission féminine (quoi de plus naturel qu'une femme pour s'occuper des femmes), la Commission jeunes (les femmes sont des mères), la Commission sport pour tous et la Commission formation (les femmes s'occupent d'éducation)[77]. Les clichés ont décidément la vie dure.

Donc, concernant la représentation des femmes, quoiqu'en évolution positive, tout reste à faire dans l'administration centrale des sports, dans les établissements dépendant du ministère (INSEP, CREPS…)[78] et dans les fédérations, aussi bien pour l'encadrement[79], que pour les instances élues[80], et les dirigeants du mouvement olympique[81]. Ainsi, pour l'année 2010, sur 1 688 conseillers techniques sportifs, on recensait seulement 259 femmes[82]. En 2015, elles représentaient 11,7 % des entraîneurs nationaux, 10,6 % des directeurs techniques nationaux, et sur 133 393 éducateurs 32 % seulement étaient des femmes.

La représentation obligatoire des femmes dans les comités directeurs en proportion des taux de licences n'est pas respectée non plus. La règle ne s'étend ni aux différentes commissions, ni aux ligues, ni aux districts[83]. Et il reste de larges progrès à faire dans son application.

Malgré les communications répétées des gouvernements en faveur de la parité, les conditions d'un électrochoc n'ont, en somme, pas été réunies, et les fédérations ne bousculent pas fondamentalement leurs gouvernances. Les femmes représentent un quart des instances dirigeantes pour les fédérations olympiques, un tiers toutes fédérations confondues[84]. Que c'est encore peu !

Seules 30 % des fédérations, en 2013, respectent les dispositions réglementaires du code du sport[85]. Ce qui en dit long sur les moyens de contrainte de l'État et leur volonté. Au 1er juin 2017, un plan de féminisation élaboré par 87 fédérations sportives a permis de mesurer un début d'évolution positive puisque le taux de féminisation de l'ensemble des instances dirigeantes des fédérations sportives agréées, qu'il s'agisse de conseils d'administration ou de conseils fédéraux, est passé de 26,5 % en 2013 à 34,8 % au 1er juin 2017 – jusqu'en 2020. Le chiffre reste toutefois inférieur à celui de la pratique sportive : en 2017, les femmes représentaient 38,3 % des licences. Des pourcentages largement inférieurs à leur place dans l'ensemble de la population française !

Selon le ministère des Sports, seules 8 des 113 fédérations sportives agréées ne se trouvent toujours pas en conformité avec la loi : l'infraction pourrait entraîner un retrait de l'agrément ministériel. Mais pourquoi n'ont-elles eu aucun rappel à l'ordre ?

Isabelle Spennato-Lamour a été jusqu'en 2020 la seule femme à présider une fédération olympique, celle d'escrime, depuis mars 2013[86]. Une femme sur 70 ! À laquelle on doit ajouter Guislaine Westelynck, qui dirige la fédération paralympique handisport, et l'ex-championne de danse sur glace Nathalie Péchalat, élue le 14 mars 2020 à la tête de la Fédération française des sports de glace (FFSG) à la suite de la démission de Didier Gailhaguet en raison du scandale de violences sexuelles qui touche sa fédération. Et 14 femmes seulement sont à la tête d'une fédération sportive. Les élections au début de la prochaine olympiade en 2020 permettront sans doute une amélioration des chiffres à la tête des fédérations puisque les licenciées femmes sont majoritaires.

Reste à surmonter la difficulté pour trouver des bénévoles souhaitant s'investir au niveau fédéral avec toutes les contraintes que cela suppose, notamment en termes de temps.

L'arbitrage : un condensé des freins au féminin

Stéphanie Frappart est la seule femme à arbitrer le haut niveau du football, et la première, en avril 2019, en Ligue 1 pour le championnat de France masculin de football. Dans les rangs de la FFF, seulement 3 % de femmes sont arbitres. Même pourcentage dans le monde du rugby, mais elles sont 20 % dans le basket-ball et dans le handball. Chez les arbitres et juges, leur part a augmenté régulièrement[87], même si les inégalités sont toujours aussi criantes. La liste ministérielle des arbitres et des juges de haut niveau ne montre que 14,61 % de femmes en 2010-2011, sans que le lien soit établi avec le nombre de licenciées[88]. Il existe quelques exceptions dont la Fédération française de lutte et disciplines associées (FFLDA) qui dispose de deux arbitres olympiques, une femme et un homme.

Malgré l'existence d'une liste d'arbitres de haut niveau, ces derniers ne bénéficient d'aucun statut particulier, et leur formation aux examens, aussi longue que coûteuse, est pour certaines disciplines frappée par une limite d'âge : 45 ans dans le football par exemple. Pire, l'indemnité versée est relative au sexe et peut révéler de fortes inégalités au détriment des femmes ! Ainsi, s'agissant du football pour la 1re division, un homme percevra 35 fois plus qu'une femme qui arbitre les féminines. S'agissant de l'arbitrage national et international, très peu de formations sont adaptées aux femmes, les vestiaires dédiés à l'arbitrage sont même partagés avec les hommes. Par ailleurs, lorsqu'elles arbitrent des matchs masculins, les arbitres féminines sont souvent la cible de provocations de la part des joueurs qui ne se lassent pas de contester leurs décisions.

Dans le sport, comme ailleurs, le constat de Bourdieu est toujours d'actualité : « Pour réussir complètement à tenir une position, une femme devrait posséder, non seulement ce qui est explicitement exigé par la description du poste, mais aussi tout un ensemble de propriétés que leurs occupants masculins importent d'ordinaire dans le poste, une stature physique, une voix ou des dispositions comme l'agressivité, l'assurance, la distance au "rôle", l'autorité dite naturelle[89]. »

Des fonctions dirigeantes, oui, mais restreintes

Au-delà de la sous-représentation dans les hautes instances des organisations sportives, les femmes dirigeantes sont largement cantonnées dans des fonctions qui les écartent de la prise de décision et du pouvoir, maintenues dans des missions qui répondent à la représentation que les hommes ont d'elles, et à leurs supposées qualités et aptitudes – humanité, pragmatisme, intuition, respect d'autrui, implication plus personnelle et plus émotive dans la gestion de leur mission. Cette image qui leur est ainsi renvoyée renforce « la croyance que les femmes ne disposent pas des compétences pour exercer des fonctions de direction "nobles" et/ou liées à l'exercice du pouvoir… Il n'est donc pas surprenant de constater que […] les femmes dirigeantes sont davantage présentes au niveau des postes centrés sur les dimensions fonctionnelles qu'au niveau des postes à forte valeur stratégiques et décisionnelles[90] ». Les femmes restent donc plutôt positionnées sur des postes de secrétaires générales ou adjointes, ou encore de présidentes de commission. Cette dichotomie sexuée se retrouve également dans les postes rémunérés comme les responsables administratifs, où elles sont plus nombreuses que pour les postes de DTN ou encore de DTN adjoints.

Le manque de remise en cause fondamentale de la division du travail suivant le genre continue de flécher le rôle imparti dans le management.

De ce fait, dans le monde du sport, les femmes qui accèdent aux postes à haute responsabilité sont souvent la cible d'appétits et de manœuvres de leurs homologues masculins. Le fameux «plafond de verre» induit des situations décrites par leurs victimes – on l'a vu – avec la même expression de désarroi, de gêne, notamment chez celles qui ont passé leur vie à tenter de le fissurer, en s'épuisant à affronter le regard masculin, les remarques, les critiques, qui sous-entendent : Ceci n'est pas ton monde, laisse-nous entre nous.

7

Un public acquis aux féminines, des médias en berne et des discriminations méconnues

Pendant longtemps, le public s'est peu intéressé au sport féminin, et les manifestations attiraient moins de spectateurs. Les billets se vendaient difficilement, les sponsors jouaient aux abonnés absents et les rémunérations des féminines étaient anecdotiques. L'explication tenait en une phrase : le sport féminin serait moins intéressant, moins rapide, moins puissant, moins spectaculaire.

Avant la Coupe du monde féminine de football 2019, il était même établi que le public du sport féminin était un parterre d'« initiés ». Comprenez les familles des joueuses et leurs copines... Pourtant, les billetteries pour l'Euro de basket affichaient complet en 2013 et les audiences télévisuelles se montraient déjà plus que prometteuses. Pourtant, une étude, publiée par Havas Sports Entertainment et la chaire Marketing Sportif de l'ESSEC[91] (École Supérieure des Sciences Économiques et Commerciales), révélait en juin 2012 que 70 % des Français trouvaient le sport féminin tout aussi intéressant que le sport masculin et que 64 % le regarderaient davantage s'il était plus diffusé. Cette même étude indiquait que, sur les 20 meilleures audiences sportives de l'année 2012, 6 relevaient du sport féminin. Et 50 % des meilleures audiences des Jeux olympiques de Londres concernaient des épreuves féminines. Mieux, 4 événements sportifs féminins figurent dans les 10 meilleures audiences de la TNT contre 3 masculins[92] ; le quart de finale de la Coupe du monde de football féminin en 2015 a en outre figuré un an en tête des audiences. La finale du Mondial de handball 2017, diffusée sur TF1, a rassemblé près de 4,3 millions de téléspectateurs avec des pics de 6,9 millions en fin de match, soit 25 % des parts d'audience. Avec 1,16 million de billets vendus sur le 1,3 million disponible pour la Coupe du monde féminine de football, la FIFA a pu, en 2019, se frotter les mains. Les Bleues ont disputé leurs cinq rencontres à guichets fermés avec plus de 45 000 personnes au Parc des Princes pour le quart de finale face aux États-Unis : un record pour l'équipe de France à domicile ! Les demandes pour cette rencontre ont d'ailleurs dépassé toutes les attentes : il n'y avait plus de place disponible dès fin mai, et certains billets se revendaient à 10 000 euros au marché noir.

À la télévision, jamais, depuis sa création en 1991, la Coupe du monde féminine n'avait été autant médiatisée. Les records d'audience pour du foot féminin ont été pulvérisés dans de nombreux pays, de l'Angleterre à l'Italie en passant par le Brésil. En France, près de 10 millions de téléspectateurs ont suivi les matchs des Bleues, avec un pic à 12 millions pour le huitième de finale remporté contre le Brésil, là aussi un record. Soit, mais pourquoi a-t-il fallu attendre si longtemps pour que les médias et l'opinion comme les dirigeants s'en rendent compte ?

Comment les médias ont ouvert les yeux ?

Des initiatives comme « Les 4 saisons du sport féminin[93] » lancée en 2014 par le Conseil supérieur de l'audiovisuel (CSA) et la Journée internationale du sport féminin célébrée le 24 janvier par le CSA et le CNOSF (Comité National Olympique et Sportif Français) pour le promouvoir, ont permis une progression sensible de la visibilité.

Le sport féminin a toujours été présent à la télévision grâce à l'athlétisme ou au tennis avec Roland-Garros, diffusés par Eurosport ou par France Télévisions. Mais la diffusion par les « grandes chaînes » de compétitions exclusivement féminines a été une nouvelle étape. À quoi est-elle due ? À un facteur économique : les chaînes, confrontées à l'augmentation exponentielle des coûts des droits sportifs pour les compétitions masculines, qui les rendent difficilement rentables, ont quelque peu délaissé celles-ci au profit des compétitions féminines qui ont permis de dégager aussitôt des bénéfices.

L'image vertueuse des valeurs portées par les compétitions féminines, notamment dans le football, y a contribué : les téléspectateurs ont découvert des joueuses qui prenaient du plaisir sur le terrain, pratiquaient un football technique, sans simulation, sans tricheries, ni agressivité ou injures, sans les caprices de stars qui ont pu ternir les compétitions masculines.

Et la progression est désormais visible : le sport féminin a représenté entre 16 % et 20 % du volume horaire de retransmission sportive en 2016, contre 7 % en 2012. Le ratio des femmes présentes dans les programmes à la télévision, qu'elles soient présentatrices, commentatrices, joueuses interviewées, supportrices ou médecins, dès lors qu'elles sont interrogées sur une thématique sportive, est aussi en forte hausse puisqu'il atteint 24 % en 2018 contre 17 % en 2016. M6 et Canal+ ont acheté les droits de diffusion des matchs de l'équipe de France de football et du championnat D1 et diffuseront l'intégralité des matchs pour la première fois de l'histoire du football féminin.

Certes, les revenus générés par les sports masculins et féminins restent encore déséquilibrés – au large profit des premiers. Ainsi, sur la saison 2014-2015, les divisions féminines du handball, du basket-ball et du volley-ball ont généré 46,5 millions d'euros, trois fois moins que pour leurs homologues masculins[94]. Mais, entre les saisons 2008-2009 et 2014-2015, la croissance des budgets des clubs professionnels a été en moyenne de 54,4 % pour le handball, 22,2 % pour le volley-ball et 18 % pour le basket-ball. Ce qui augure de fortes marges de manœuvre pour le futur.

Mauvaise élève, la presse écrite française reste à la traîne de ces évolutions. Trois femmes seulement, et dans une seule discipline, le tennis, figurent dans le top 100 des personnalités sportives les plus citées par elle en 2017[95] : les Françaises Kristina Mladenovic et Caroline Garcia en 47e et 54e position respectivement, et la Roumaine Simona Halep à la 98e place. Sur l'année, Kristina Mladenovic a été mentionnée 11 702 fois dans les journaux nationaux, contre 44 056 citations pour Kylian MBappé, le premier Français positionné à la deuxième place après Neymar.

L'association Les Dégommeuses a réalisé une étude du 2 au 25 septembre 2017 sur dix titres de la presse française[96] et sur trois journées de Division 1 ainsi que sur deux matchs internationaux. Le résultat se passe de commentaires : 2,1 % des pages ont concerné le football féminin, soit 28 sur 1 327 pages !

Un public acquis aux féminines, des médias en berne et des discriminations…

La priorité donnée aux garçons perdure

À quelques jours de la Coupe du monde 2019, les Bleues ont été priées de déménager, pour quelques jours, du centre de Clairefontaine où logent et s'entraînent les équipes de France. Pourquoi ? Afin de laisser « le château » aux hommes, qui préparaient un match amical de qualification pour l'Euro 2020. Comme quoi…

N'y voyez aucun sexisme, réplique pourtant, en substance, Corinne Diacre, sélectionneuse de l'équipe de France féminine, face aux indignations commentées alors dans la presse et sur les réseaux sociaux. « Le château est d'abord pour les Bleus, ça a toujours été comme ça. Et ça l'est encore plus depuis juillet dernier [et le sacre de la France au Mondial en Russie]. Il n'y a aucun sujet, très sincèrement. » Alix Gaillard, en charge du secteur commercial à la Fédération française de football, renchérit : « Ce n'est pas simple dans l'organisation puisque ce sont des sélections [féminines et masculines] qui ont des besoins assez similaires en termes d'infrastructures sportives, hôtelières et de restauration. Il a fallu qu'on réfléchisse de façon fine à la manière de les accueillir en même temps. » À besoin (in)égal – un match mondial *versus* un match amical –, la préférence est donc donnée à l'équipe masculine. Lot de consolation pour l'équipe féminine : un dîner avec les Bleus à Clairefontaine avant la finale de la Ligue Europa (Chelsea/Arsenal). À quelques jours de leur Coupe du monde de football, l'équipe de France féminine a donc été « invitée » à passer une soirée dans son centre d'entraînement ! *No comment.*

Se battre tout le temps

« On est des tueuses, vous savez, mais en fait on ne nous a pas donné le choix ! » confie l'une des joueuses à la fin d'un de nos entretiens. Et de soupirer, de hocher la tête, de se passer une main dans les cheveux. Un mouvement qui balaie les images d'hier, d'elle à la manœuvre, d'elle au combat pour une légitimation permanente, qui balaie les critiques aussi. Elle rit même un peu nerveusement. Cette souffrance-là, brutale et silencieuse, en fait elle la raconte sans la nommer. La lutte contre le sexisme n'est pas un concept, ni la revanche d'un sexe, ni un combat unitaire pour l'égalité pure et la gagne. La lutte contre le sexisme est une souffrance. Elle attaque. Elle fait mal. Athlètes, cadres dirigeantes n'en parlent pas volontiers. Certaines osent. La plupart du temps, ce sont des anecdotes brutes qu'elles livrent, les émotions résonnent autour, mais ne se disent pas.

« À partir de quand vous êtes-vous posé la question du sexisme ? avons-nous demandé, par exemple, à Béatrice Barbusse.

— Quand mon corps a parlé. Comme tous les sportifs, j'ai attendu le dernier moment pour que mon corps parle… Lorsque je suis tombée malade, j'ai ouvert les yeux. Ça va mieux aujourd'hui ; mais je n'ai jamais vraiment récupéré. »

Le sexisme présuppose une hiérarchie immuable de pouvoir des uns, d'infériorité des autres, définie par le sexe. Porte close. Pour quelles raisons ?

« Pour votre livre sur le sport, nous dit une journaliste, j'ai une anecdote. Ma fille qui est en maternelle voulait jouer au foot hier avec les garçons à la récréation. Ils ont refusé. Ils lui ont dit : "On ne te donne pas le ballon, tu es une fille." » C'était en septembre 2019. Deux mois seulement après la Coupe du monde féminine de football.

Marinette Pichon a lutté, elle aussi

Pourtant, Marinette Pichon, première joueuse professionnelle française de football, a longtemps joué avec les garçons – la FFF autorisant la mixité de l'entraînement des jeunes jusqu'au U15 (moins de 15 ans), avec quelques dérogations ponctuelles.

En 1990, elle est parfaitement intégrée dans son équipe de footballeurs de l'ASSB Brienne, et déjà une buteuse hors pair. Ce jour-là, l'équipe a rendez-vous dans l'Yonne, pour un tournoi de jeunes. « On avait fait un parcours parfait, on enchaînait les victoires et on s'est retrouvés en finale. » L'affiche est là. C'est réel. Pour la finale, ils vont affronter les jeunes de l'Olympique de Marseille. Juste avant le coup d'envoi. Préparation. Concentration. Tous les coups étant permis, un des attaquants de l'équipe adverse s'approche de Marinette. Il la fixe droit dans les yeux, menton relevé, plein de défi et lui lance : « Qu'est-ce que tu fous là ? Tu joues au foot, toi ? Une fille ? Tu n'as rien à foutre sur le terrain ! » Dans les yeux de Marinette piquent la honte, l'humiliation, bientôt la rage. Sa vue est brouillée par les larmes. Elle sursaute. Ils sont tous là, ses coéquipiers, autour d'elle, lui donnant des tapes amicales sur l'épaule. « Allez, Marinette. » « Ma famille. »

Ils la soutiennent. « Laisse-le parler, tu t'en fous, concentre-toi. » Coup de sifflet. Dégagement.

Ravaler les larmes. La colère brûle le ventre. Descend dans les jambes. « Je suis là, il va falloir que tu fasses avec », pense-t-elle. Planter les crampons dans la pelouse, les pieds qui ramènent le ballon, l'aimantent, libérer sa colère en frappes minutieuses, précises. « Je suis là, je reste là. » Dans la surface de réparation, le ballon fonce droit sur elle. Dans le pied gauche, cette fois, encore la rage. D'un coup, un bruit sourd, et but ! Ses coéquipiers lui sautent dessus en hurlant. Le filet blanc a tremblé. L'attaquant de Marseille revient vers elle. « Je suis désolé j'ai été con… Je n'aurais pas dû te manquer de respect, tu es une très bonne joueuse. »

Forcer le respect, à la frappe du pied gauche, Marinette y est arrivée en devenant la meilleure buteuse de l'histoire de l'équipe de France avec un record inégalé de 81 buts en 112 sélections.

Prouver, encore et encore

Toutes les disciplines qualifiées de viriles suscitent immanquablement des réactions machistes. Les filles ont toujours du mal à y être accueillies. Elles suscitent les moqueries, les réflexions sexistes et doivent en faire plus pour s'imposer dans leur club, on ne cesse de le raconter au fil de ces pages.

Pour la boxe qui fait figure de temple de la masculinité, la présence des femmes n'allait donc vraiment pas de soi. L'ancien champion Fabrice Tiozzo, invité à commenter la remise du Gant d'or à Anne-Sophie Mathis n'hésita pas à livrer au journal *L'Équipe*, fin 2011, son sentiment, à l'époque alors largement partagé. Sa récompense « est méritée, dit-il, mais, dans les années 1990 quand nous étions cinq champions du monde, elle ne l'aurait pas eue ». Et de conclure, péremptoire : « Je n'aime pas la boxe féminine. À cause d'un manque de technique, elles ne font que se taper et s'abîment beaucoup. » L'emblème de la boxe française, Jean-Claude Bouttier, abonda dans le même sens : « Quand je commentais sur Canal+, il y avait toujours un combat féminin dans les réunions des années 1990 aux États-Unis. J'allais fumer une cigarette. Je n'ai pas changé d'avis, je suis gêné de voir deux femmes se battre[97]… »

8

Et des revenus plus faibles, en plus !

Comme si toutes ces inégalités ne suffisaient pas, le sport de haut niveau est le secteur où les différences de rémunération sont les plus fortes, aussi bien pour les primes versées lors d'événements sportifs que pour les salaires.

Des domaines qui progressent

Commençons par les (presque) bonnes élèves, à savoir les disciplines qui, sur ce sujet, sont (quasiment) en phase avec les attentes légitimes d'égalité. Dans l'athlétisme, par exemple, les primes à la victoire sont identiques pour les deux sexes. En raison essentiellement d'une explication simple : les épreuves sont mixtes et le public paie un ticket d'accès pour un seul et même stade. Reste qu'une star planétaire comme Usain Bolt percevra un montant colossal pour faire un simple acte de présence.

C'est aussi le cas pour le tennis. Grâce à Billie Jean King, meilleure joueuse mondiale qui a réussi, en 1973, à faire verser les mêmes primes aux deux sexes, au tournoi de l'US Open. Reste que Roland-Garros et Wimbledon ne s'aligneront sur ce principe que trente-quatre ans plus tard.

En 2019, après une grande campagne puissamment relayée par les réseaux sociaux autour du slogan simple et percutant : « *Same Waves, Deserve Same Pay* » (Mêmes gestes, même rémunération), le surf a mis en place l'égalité de récompense pour les vainqueurs des compétitions.

C'est également le cas pour certaines disciplines hivernales en patin à glace, artistique ou pas, et au ski. Avec tout de même un bémol

Et des revenus plus faibles, en plus!

puisque certains organisateurs accordent plus de primes aux hommes qui suscitent l'intérêt des spectateurs !

Des disciplines récalcitrantes

Ailleurs, évidemment, l'inégalitarisme prédomine.

La Norvégienne Ada Hegerberg (23 ans), première joueuse sacrée Ballon d'or, a par exemple décidé, en 2017, de se mettre en retrait de sa sélection nationale et même de boycotter la Coupe du monde féminine de football pour dénoncer les inégalités persistantes entre les joueuses et joueurs. Grâce à ce geste, la fédération norvégienne a aussitôt aligné les salaires des premières sur ceux des seconds. Et tout un chacun a en tête nombre d'exemples de différences de traitement dans bien des sports.

Ce différentiel existe aussi dans la formation, comme le confie l'ancienne championne du monde de boxe amateur, Myriam Chomaz, dans un ouvrage rédigé par Fabienne Broucaret : « Pendant ma carrière, je n'ai pas eu le même accompagnement que les garçons, qui eux participaient aux JO. Je n'ai touché des aides personnalisées, comme eux, qu'à la toute fin : 200 euros pendant trois ou quatre mois. Auparavant, je n'avais que des primes à la performance, versées une fois par an en décembre[98]. » S'agissant des primes versées lors de compétitions nationales ou internationales, la tendance est à l'harmonisation[99], mais sans égalité réelle. La jurisprudence considère que ce traitement différencié ne constitue pas une rupture de l'égalité[100].

Lors de la Coupe du monde féminine de foot, la dotation globale, partagée entre 24 équipes, s'élevait à 30 millions de dollars, dont 4 millions pour le vainqueur contre… 400 millions pour les équipes masculines. Selon *L'Équipe*, les joueurs tricolores champions du monde ont remporté entre 300 000 et 400 000 euros de primes chacun. Les Bleues, elles, ne pouvaient espérer que 40 000 euros, au mieux, en cas de victoire. Un écart abyssal… même s'il était déjà deux fois plus élevé en 2015 lors du dernier Mondial féminin…

Les rémunérations des athlètes féminines n'ont donc rien de comparable avec celles des hommes, très largement supérieures, quel que soit le pays. Au sein même de chaque pays, les écarts sont importants entre joueuses. Selon une étude de la FIFPro, le syndicat international des footballeurs, 35 % des footballeuses ne perçoivent aucune rémunération lorsqu'elles défendent les couleurs de leur pays dans l'équipe nationale. La raison? L'absence de ligue professionnelle pour les femmes, qui ne peuvent dès lors compter sur une structure dédiée pour défendre leurs intérêts. Ce sont les fédérations de chaque État qui fixent les règles de rémunération.

La fédération norvégienne fait aujourd'hui figure d'exemple en ayant instauré l'égalité salariale entre les équipes masculine et féminine. Une décision rendue possible par le transfert d'une partie des recettes de sponsoring récoltées par la sélection masculine à l'équipe féminine, et par l'accord des joueurs de baisser leur revenu annuel de 60 000 euros, afin de permettre cet équilibre de rémunération autour de 650 000 euros annuels pour chaque équipe. Les performances de la sélection nationale féminine, qui tutoie les sommets avec un titre mondial en 1995, deux titres de championnes du monde en 1987 et 1993, et un titre olympique en 2000, ont aidé à justifier ce partage équitable.

En Australie, les joueuses de la W-League, championnat féminin qui relève de la fédération, ont obtenu en 2019 que leur soit étendue la rémunération minimale appliquée aux garçons; à la suite de cet accord collectif, leur salaire annuel plancher a bondi de 33 %, à 10 100 euros environ.

Aux États-Unis, la révolte gronde chez les championnes du monde de football, qui, à l'occasion de la Journée internationale des droits des femmes de 2019, ont déposé une plainte contre leur fédération pour discrimination devant un tribunat de Los Angeles. L'exemple mérite d'être évoqué car, malgré trois victoires en Coupe du monde, leurs primes étaient plus faibles que celles des garçons, dont on ne peut pourtant pas dire qu'ils brillent à l'international.

Et rappelons qu'en 2015 la Fédération coréenne de football a justifié le voyage en classe économique de l'équipe féminine – pendant que leurs homologues masculins étaient en classe affaires – en affirmant que «les joueurs apportaient beaucoup plus d'argent à la fédération»!

Des disparités énormes

Aucune femme n'apparaît dans le classement des 100 sportifs les mieux payés au monde en 2017. Serena Williams, la femme la mieux rémunérée, elle-même, ne figure pas dans le classement parce que, avec 18 millions de dollars, elle a gagné 5 millions de moins que

Et des revenus plus faibles, en plus !

Nicolas Batum, basketteur français, qui apparaît à la dernière place dudit palmarès. Alors que leurs notoriétés respectives, sans faire offense au second, n'ont rien à voir. Sa rémunération fait en outre ultra pâle figure comparée à celle du premier, le boxeur Floyd Mayweather Jr. avec près de 285 millions de dollars !

En France, aucune femme ne se trouve dans le top 50 des salaires du sport publié par *L'Équipe* en février 2018.

Les footballeuses, par exemple, sont beaucoup moins nombreuses à pouvoir vivre de leur activité sportive, avec une rémunération près de quatre fois moins élevée que celle des joueurs. Le salaire moyen des 103 professionnelles tourne autour de 3 500 euros bruts mensuels hors primes, contre 12 000 euros pour les 1 100 professionnels des Ligue 1 et 2. Si l'on compare avec la Ligue 1 uniquement, la différence est encore plus criante puisque la moyenne des rémunérations avoisine 110 000 euros par mois, avec toutefois de forts écarts entre petits et grands clubs. L'explication est toujours la même : l'absence de ligue pro. Sur les 290 joueuses en D1, 160 bénéficient de contrats fédéraux qui leur ouvrent droit à une rémunération, et la moitié de contrats à temps plein.

Les disparités salariales sont tout aussi importantes entre les joueuses. Les mieux payées évoluent à l'Olympique lyonnais, la meilleure équipe d'Europe, avec quatre titres consécutifs, dont le dernier en 2019, et au PSG. Les trois joueuses les mieux payées au monde sont d'ailleurs à l'OL : la Ballon d'or Ada Hegerberg, Amandine Henry et Wendie Renard, mais leur rémunération, autour de 30 000 euros par mois, n'a rien de comparable avec celle de leurs homologues masculins, et les situe plutôt en milieu de tableau de la L1.

Pour mieux comprendre les enjeux, on peut tenter deux comparaisons. Trois mois du salaire de Neymar équivalent à l'ensemble des salaires annuels des Bleues. Si l'on additionne les rémunérations de l'ensemble des 1 673 footballeuses des sept ligues de foot féminin les plus importantes du point de vue financier sur 2017-2018, le total (36,7 millions d'euros) atteint le salaire de la star brésilienne, hors sponsors[101].

Pour enfoncer le clou, rapprochons deux chiffres : les 3,5 millions d'euros que l'OL consacre à ses féminines – le plus gros budget de la Division 1 – et les 285 millions destinés à son équipe masculine.

Le football n'est pas l'exception. Un joueur de basket en pro A gagne en moyenne 11 000 euros bruts, contre 4 500 euros pour une femme.

Un différentiel qui existe aussi en handball, en golf ou en volley-ball, où les écarts vont du simple au double, voire au quadruple. Au rugby, un joueur du top 14 touche 17 000 euros alors que les femmes ont un statut d'amatrices et devront travailler parallèlement à leur carrière sportive. Or, malgré ce statut précaire, elles brillent sur le terrain puisqu'elles ont gagné six Tournois des six nations avec, en prime, cinq grands chelems, dont le dernier en 2018. Et en 2018-2019, le XV de France féminin a battu deux fois – en huit mois – les Black Ferns, championnes du monde en titre !

Petite révolution heureusement, suite à la professionnalisation du staff de l'équipe de France féminine après le Tournoi des six nations, à l'automne 2018, la fédération a mis en place un contrat à mi-temps, signé avec les 24 joueuses du groupe France, qui leur offre un statut semi-professionnel et leur permet de bénéficier d'une rémunération mensuelle. Inférieure à 1 600 euros nets et hors primes de résultats.

Où l'on parle de « logique financière »

L'essentiel des revenus des sportifs de haut niveau les plus emblématiques tient aux revenus commerciaux liés aux droits d'utilisation de l'image. Pour les clubs qui bénéficient des droits TV, ce critère de répartition des rémunérations est aussi important.

La logique financière s'avère implacable : plus un sport est médiatisé, plus il attire les sponsors, plus il génère des revenus pour les clubs et les joueurs. Ce sont donc les sponsors et les droits TV qui décident des masses salariales.

Ainsi, la Coupe du monde masculine au Brésil en 2014 a rapporté 4,8 milliards de dollars à la FIFA tandis que celle organisée un an plus tard au Canada pour les féminines n'a généré que 300 millions de dollars de recettes.

En 2012, 1,3 milliard d'euros ont été consacrés au sponsoring en France. Sur cent partenaires principaux, ils ont investi 81 % du montant total sur les sportifs masculins. Les épreuves mixtes (comme certaines épreuves de tennis) récoltent 16 % de leurs investissements en sponsoring, et seulement 3 % de ce total est consacré aux sportives.

Le montant investi par les marques sur les sportives est d'ailleurs plus faible : il se situe en moyenne annuelle en France entre 500 000 euros et 1,3 million d'euros contre 5 millions à 7,5 millions d'euros pour les sportifs[102]. Pourquoi une telle différence ? Visiblement, même l'obtention d'excellents résultats au plus haut niveau et les bonnes audiences ne garantissent pas de trouver un sponsor. Parmi les 23 joueuses françaises sélectionnées pour la Coupe mondiale féminine de football, seules 3 athlètes ont attiré l'attention des sponsors : Eugénie Le Sommer (ambassadrice pour Puma), Gaëtane Thiney (Adidas, Arkema, Orange) et Amandine Henry, qui a notamment participé à la publicité Nike « Dream Further », sortie juste avant la compétition. Hormis pour ce trio, le sponsoring chez les footballeuses reste marginal. La route est donc encore longue et escarpée pour convaincre les sponsors de faire le pari du sport féminin, y compris du football.

L'après, pire encore

S'il est rare qu'un athlète puisse vivre de son sport et envisager l'avenir avec la sérénité que donnent des revenus substantiels, ça l'est encore plus pour les femmes. Les doubles projets sportifs et professionnels doivent se construire plus tôt. La loi de novembre 2015 (article L. 221-13-1 du code du sport) prévoit qu'une sportive inscrite sur la liste des sportifs de haut niveau conserve pendant un an son inscription sur la liste ministérielle à compter de la date de la constatation médicale de sa grossesse.

Reste que de nombreuses sportives pensent que maternité signifie la fin de leur carrière dans le haut niveau et les craintes d'être lâchées par les sponsors ou déclassées dans leur club les incitent souvent à repousser une grossesse. L'allongement des carrières, parfois au-delà de 30-35 ans, impacte souvent ce choix et peut entraîner des dilemmes déchirants.

Certains dispositifs (INSEP, ministère chargé des Sports) permettent d'adapter les formations, ou d'aider aux aménagements de l'emploi. Mais le master qui ouvre l'accès aux postes de DTN ne comprenait que deux femmes dans la première promotion et une dans la deuxième.

Enfin, la question de la retraite, qui préoccupe tous les acteurs du sport de haut niveau, est encore plus inquiétante lorsque les revenus tirés de la première vie professionnelle sont faibles, ce qui est généralement le cas des femmes.

Le récit de Sarah Ourahmoune

Championne du monde de boxe en 2008 et vice-championne olympique en 2016, Sarah Ourahmoune restera la première femme à avoir obtenu une licence de boxe en France, la première à avoir combattu aux JO et l'une des boxeuses françaises les plus médaillées de l'histoire ! «Quand j'ai commencé la boxe en 1996, les femmes n'avaient pas le droit de boxer[103]… Jusqu'à l'intégration de la boxe dans le programme olympique en 2012, on manquait considérablement de moyens et de visibilité. On nous répétait : "Tant que vous n'êtes pas olympiques, on ne peut pas faire plus[104]."» Aujourd'hui vice-présidente du Comité olympique en charge des mixités, elle concentre ses actions sur la féminisation des instances dirigeantes. «En 2013, la question d'imposer la jupe lors des combats de boxe avait été évoquée, sous prétexte que cela attirerait du public lors des combats. S'il y avait eu ne serait-ce qu'une seule femme autour de la table, cela aurait changé la donne…»

Son combat le plus violent, elle a dû le mener avec sa fédération, après son accouchement, pour retrouver le ring[105]… «Quand je suis revenue après la maternité, on m'a très vite fait comprendre que je n'avais plus ma place, nous raconte-t-elle. Dans l'imaginaire de la boxe, une sportive mère ne peut boxer ! Là encore, il a fallu passer outre et prouver que c'était possible.» Pendant deux ans, elle doit mettre sa carrière entre parenthèses, et à son retour la fédération tente de la dissuader de se porter candidate aux sélections olympiques. «On m'a dit que j'étais trop vieille pour les Jeux de Rio, à 32 ans, et que je n'avais plus le même physique après ma grossesse. J'ai insisté. J'avais besoin et envie de faire ces Jeux.»

Elle décide de lancer un appel aux dons, afin d'obtenir 4 000 euros pour «financer les déplacements de son entraîneur sur les compétitions européennes, l'accompagnement de son préparateur physique et ses soins médicaux jusqu'aux Jeux». À Rio en 2016 : elle décroche la médaille d'argent olympique – après avoir accouché de sa première fille. Aujourd'hui, forte de cette victoire sportive autant que d'avoir gagné contre le machisme, c'est elle qui accompagne les sportives, en les aidant à concilier vies personnelle et professionnelle.

Wendy Lawson : « On est loin du compte »

« De plus en plus de filles du hand, aujourd'hui, osent faire des enfants, je dis bien osent », témoigne Wendy Lawson, désormais handballeuse à Saint-Junien (Haute-Vienne, 3e division) « Mais on est encore loin du compte… » Quelques années plus tôt, au cours d'un match international en Suède, la joueuse professionnelle annonce à ses coéquipières, ses entraîneurs puis son président, qu'elle attend un enfant. « À mon retour de maternité, le président et le coach ont décidé de ne plus me faire jouer en équipe 1. Cela m'a un peu déçue. Aujourd'hui je n'ai plus une vision uniquement handball, mais familiale… » L'ex-handballeuse internationale a signé en Nationale 1 un contrat de trois ans, à Saint-Junien. « Le feeling est bien passé. J'ai senti qu'au-delà de la sportive, ils prenaient en compte le fait que j'avais une famille. Je n'ai pas eu à me battre ou à préciser les choses, cela s'est fait naturellement. »

« Mais, vous n'avez pas entendu parler de l'histoire des tests de grossesse ? » demande l'ancienne internationale. Le 14 février 2020, les joueuses de Nantes révèlent dans la presse, via leur syndicat professionnel que « le club nantais aurait effectué des tests de grossesse à l'insu des joueuses, lors des examens biologiques de début de saison. » Le président nantais se défend comme il peut : « Le médecin du club […] m'a confirmé avoir diligenté des tests complémentaires en expliquant aux joueuses ce qu'il faisait. Elles avaient la possibilité de refuser[106]. » Deux jours plus tard, une lettre ouverte est publiée, signée par six joueuses de l'équipe nantaise. « Nous souhaitons seulement dire que nous, signataires de cette lettre ouverte, n'avons pas été spécifiquement informées que les bilans biologiques que nous sommes allées faire comprenaient un test de grossesse sanguin. […] En dénonçant cette pratique, nous souhaitons qu'une prise de conscience s'effectue pour qu'aucune autre joueuse, pour qu'aucune autre femme n'ait à vivre ça de nouveau dans le cadre de son travail, qu'elle soit sportive ou non. »

Nous avons tenté de joindre le président du club de Nantes pour une réaction à ces situations, sans succès.

Un signe encourageant

Autre indication que certaines mentalités changent, quelques semaines avant le début de la Coupe du monde féminine de football, la marque américaine Nike a annoncé qu'elle mettrait fin aux contrats pénalisant les sportives. «Nous avons pris conscience, annonce la firme, que nous devions faire plus, et c'est une opportunité unique pour le secteur du sport en général d'évoluer pour mieux soutenir les sportives[107].» Précédemment, chaque athlète ayant donné naissance à un enfant et sous contrat avec Nike voyait sa rémunération conditionnée pendant douze mois à son niveau de performance – forcément moins bon après un accouchement. Cette clause, le groupe américain s'est donc engagé à la supprimer.

Mais il a fallu au préalable le tollé provoqué par une tribune de l'athlète américaine Allyson Felix : «Je suis aussi une mère, et je ne crois pas pouvoir rester silencieuse plus longtemps.» La sextuple médaillée d'or olympique sur les trois distances du sprint – un record féminin – y expliquait en effet que l'équipementier avait réduit ses rémunérations depuis qu'elle s'était éloignée des pistes en 2018 en raison de sa grossesse ! Lutter encore et toujours, en somme.

Deuxième partie

LES VIOLENCES SEXUELLES

9

« Ça reste entre nous »

Les États-Unis sont en état de choc. Un an après l'affaire Weinstein et la libération de la parole portée, dans le monde entier, par le mouvement #MeToo, Larry Nassar, ancien médecin de l'équipe nationale de gymnastique, coupable d'au moins 265 agressions sexuelles, a été condamné à cent quarante-cinq années de prison. Plus de 160 gymnastes ont défilé à la barre. Et raconté.

Durant les audiences, le thérapeute voudrait bien être excusé, ne pas entendre leurs témoignages. « Passer quatre ou cinq jours à les écouter n'est rien du tout comparé aux heures de plaisir que vous avez pris à leurs dépens, en détruisant leur vie », lui a répondu la juge. Larry Nassar plaidait coupable.

Le plus grand scandale sexuel de l'histoire du sport américain révéla l'impunité d'un homme, ses actes odieux commis en masse, mais aussi le silence de certains, pourtant alertés par les athlètes des années plus tôt. Reste qu'un début de parole s'est libéré outre-Atlantique : l'entraîneur de l'équipe championne olympique aux JO 2012 a ainsi été suspendu fin janvier 2020, visé par une enquête ouverte dans la foulée des condamnations de Larry Nassar.

Au Canada, une enquête conjointe de CBC News et de CBC Sports, rendue publique en 2019, a compilé les plaintes pour délits sexuels mettant en cause les entraîneurs sur les vingt dernières années (1998-2018). Et l'ampleur du phénomène est apparue démesurée : 340 entraîneurs de sport amateur ont fait l'objet d'une accusation. Parmi eux, 222 se sont vus condamnés pour des délits sexuels sur 603 victimes mineures[108].

La France n'est pas en reste

Longtemps, les victimes sont demeurées silencieuses – et le sont encore, en dehors de quelques rares témoignages dans le monde du tennis et de l'athlétisme au cours des années 2000. Il a donc fallu attendre plus de dix ans pour qu'une série de reportages ainsi que les révélations de l'ancienne championne de patinage artistique Sarah Abitbol[109] secouent profondément le monde du sport hexagonal.

Sarah Abitbol accuse en effet dans un livre son ancien entraîneur d'agressions sexuelles et de viols. Son témoignage et sa médiatisation entraînent la démission du président de la fédération Didier Gailhaguet, sous la pression de la ministre des Sports. Et voilà que d'autres voix s'élèvent. Des cavalières, d'anciennes skieuses, des joueuses de roller-derby... Le témoignage courageux de la patineuse donne à certaines la force qui leur manquait. «J'ai été surprise par l'ampleur et la gravité des faits», confesse Roxana Maracineanu[110], décidée à lutter contre les violences sexuelles dans son périmètre. Une convention inédite de prévention est organisée dans les locaux du Comité national olympique et sportif français... à laquelle seuls 11 présidents de fédération sur 36 assistent.

La ministre tape du poing sur la table et fait plusieurs annonces[111]. Roxana Maracineanu nomme ainsi une déléguée ministérielle chargée de coordonner l'action de l'État, renforce la cellule au sein du ministère pour instruire les affaires et lance des séries de contrôles dans les clubs des fédérations où des faits ont été signalés. L'idée d'un contrôle d'honorabilité[112] des bénévoles dirigeants et encadrants au sein des instances sportives et des cadres d'État est reprise. Autre mesure annoncée, la création de nouveaux outils d'écoute et d'accompagnement psychologique, juridique et judiciaire pour les victimes, ainsi qu'une obligation de signalement pour tous. Des pistes mentionnent également une meilleure formation des acteurs du sport et la mise en place de réseaux d'alerte.

Il faudra du temps et une volonté politique sans faille pour mettre cela en place. Mais en attendant? Comment protéger les prochaines victimes – et surtout comment les identifier, combien sont-elles? En décembre 2019, une enquête menée par l'organisation Disclose sur «l'omerta dans le sport face au scandale de la pédophilie» faisait état d'«au moins 276 victimes, pour la plupart mineures de moins de

15 ans», depuis 1977 dans «pas moins de 77 affaires marquées par des dysfonctionnements majeurs».

Le nombre avancé est très faible sur la période définie − 276 victimes en quarante-deux ans −, si l'on considère les études précédentes qui pourraient plutôt incliner à chiffrer les victimes en dizaines de milliers, voire beaucoup plus. Mais l'enquête a une utilité : celle de mettre en lumière les différentes chaînes des défaillances individuelles et collectives dans ces affaires de violences sexuelles.

Si l'on fait une simple projection à partir des chiffres de l'Observatoire national de la délinquance et des réponses pénales (ONDRP), qui dénombre 295 plaintes en six ans, rapportées à la période de quarante-deux ans − retenue par l'enquête de Disclose −, et aux 5 % de plaintes estimés par une autre enquête de 2009, on atteindrait en effet plus de 41 000 cas sur ces quatre décennies. Ce chiffre n'a aucune valeur scientifique, mais il souligne à quel point, aujourd'hui encore, le phénomène est largement sous-évalué !

Le tabou total

C'est que les violences sexuelles sont l'un des fléaux les moins visibles. Car elles sont l'objet d'un tabou et couvertes par une omerta qui fait encore et toujours plus de victimes. Alors que le sport est soutenu par l'argent public ! Alors qu'assurer aux parents un encadrement sécuritaire de leurs enfants devrait constituer une priorité des fédérations et de l'État.

En 2014, Maguy Nestoret, ancienne internationale d'athlétisme, a conduit une mission sur les discriminations pour le ministère des Sports. Malgré son expérience du haut niveau et le fait d'avoir côtoyé les acteurs du monde sportif pendant des années, l'ancienne championne n'est pas revenue de ce qu'elle a découvert. Et nous raconte[113] les coulisses de sa mission avec son franc-parler coutumier.

«Je faisais le tour des fédérations sportives avec cette casquette. Envoyée par le ministère afin de voir ce qui était fait pour lutter contre les discriminations. Partout où j'allais, ils me disaient : "Nous, on n'a pas de problème, Maguy !" Je leur répondais : "Ah oui ? Pas de sexisme, pas de racisme, pas d'homophobie, pas de violences sexuelles ?" Or, quand on revient les voir, on se rend bien compte qu'ils en ont, des problèmes. Il n'y a pas une fédération qui peut dire qu'elle n'a pas de problème, aucune. Ce monde veut faire croire que le sport est lisse. Or, sur la question du sexisme, le langage que l'on emploie dans le sport est totalement sexiste! Lorsqu'un entraîneur dit aux ados : "Allez, les mecs, vous êtes pas des gonzesses", c'est sexiste! Et à l'école, si une fille court plus vite qu'un garçon, on dit au garçon : "Tu n'as pas honte de te faire battre par une fille?" C'est complètement sexiste! Et pourquoi ne valorise-t-on pas la fille qui a gagné?»

Après des années passées à la fédération d'athlétisme, l'ancienne championne devient membre du comité d'éthique chargé des discriminations. «Déjà, les choses commençaient bien : j'étais la seule femme au milieu de gens déconnectés de la réalité, d'hommes *d'un certain âge*, du genre à demander à propos d'une victime : "Est-ce qu'on est vraiment sûr qu'elle a un problème?" avant d'essayer de savoir de quoi il s'agissait.

— *Le comité éthique dans lequel vous siégiez doutait des témoignages de victimes?* lui demandons-nous.

— Disons qu'ils voulaient faire en sorte que les choses se règlent vite et qu'on ne fasse pas de vagues. Ils n'avaient pas conscience de situations problématiques. Concernant le haut niveau, chaque fois les entraîneurs ne voyaient que la performance, le reste n'avait aucune d'importance.»

À quoi ça rime? finit-elle par se dire. Maguy décide alors de quitter ce comité. Pour en dénoncer l'impuissance. L'acte est fort. Pourtant, qui s'en émeut? Elle nous détaille l'une de ses dernières réunions au comité dans les locaux de la Fédération française d'athlétisme.

Dans la salle, chacun s'installe, pose le cartable sur la table, sort dossiers et sous-dossiers, dans un grand remuement de chaises. La pièce est vide, les murs sont nus, et le brouhaha des discussions la submerge. Sa décision est prise, elle sait qu'elle ne reviendra pas dessus.

«Bonjour, messieurs ET madame, quels dossiers à l'ordre du jour?

— Il y a cette fille, bon... Elle dit que l'entraîneur l'a touchée...»

Rire général

Maguy serre les dents. Demande des détails à son collègue.

«Elle ne veut pas qu'il la touche. Après, *c'est dans sa culture*, elle n'aime pas que les hommes touchent les femmes, hein!

— Mais dans quelle culture les femmes aiment que les hommes les touchent?»

D'un coup, Maguy s'est emportée. Ses mots tombent dans un silence gêné. Elle ferme les yeux, quelques secondes. «Je ne peux plus participer à cette comédie-là », pense-t-elle. Les discussions ont repris. Sur la table, ses mains se crispent. Dans la gorge, le goût d'amertume revient. Qui devient de plus en plus tenace à chaque réunion du comité, à chaque remarque, à chaque rire gras. « Ils ne comprennent pas, ils ne veulent pas comprendre. »

Des années plus tard, Maguy éprouve encore cette colère. « Il y avait des situations où je savais pertinemment qu'un entraîneur était plus que limite.

— *Pourquoi laissait-on passer quand vous étiez dans ce comité ?*

— Je crois que les mecs, au fond, ça les faisait rire. Ils faisaient les kékés. Ils racontaient leurs frasques avec des filles, parfois mineures. Ils leur disaient : "Si tu veux ça, faudra passer à la casserole." Moi, j'étais anesthésiée. Tout le monde savait, mais personne ne disait rien. J'ignore pourquoi. » Elle essaie de leur faire entendre raison, hélas, rien ne change. « J'ai quitté le comité éthique parce que je ne pouvais plus cautionner tout ça.

— *Et ils se sont retrouvés entre hommes pour gérer les violences sexuelles faites aux femmes et le sexisme ?*

— Oui. Mais ils ne se réunissent pas beaucoup, me semble-t-il. »

Des chiffres effarants

Une enquête Ipsos, pour l'association Mémoire traumatique et victimologie[114], révèle que les victimes de violences sexuelles dans l'ensemble de la société sont les publics les plus vulnérables, soit parce qu'ils ont moins de 10 ans pour près de la moitié, soit parce qu'ils sont en situation de handicap. Plus de 80 % sont de sexe féminin (83 %), soit 130 000 jeunes filles et 35 000 jeunes garçons.

L'agresseur est un membre de la famille dans 44 % des cas. Et à 90 % un homme âgé de 30 ans en moyenne. Deux tiers des victimes (69 %) ont osé briser le tabou plus de douze ans après les faits, mais 17 % ont vu leur témoignage mis en doute, et 13 % se sont vu conseiller le silence. Les 20 % qui gardent le silence disent être encore sous l'influence de leur agresseur.

Toujours selon ce sondage, les conséquences de ces violences sont extrêmement lourdes puisque près de la moitié des victimes a fait une tentative de suicide, souffre de troubles alimentaires (52 %) et plus d'un tiers (36 %) de conduites addictives. Ce sondage confirme également les conséquences traumatiques avec des épisodes d'amnésie pour près de 4 victimes sur 10 en raison de « mécanismes neurologiques opérés par le cerveau pour survivre ».

Le comité Éthique et Sport en explique le mécanisme : « Au moment de l'agression, le stress est tellement extrême qu'il représente un danger vital pour la victime. Pour le faire cesser, le cerveau fait "disjoncter" le circuit émotionnel (*via* un mécanisme hormonal), et la mémoire avec. Cette victime est comme paralysée. La mémoire des faits reste bloquée dans l'amygdale cérébrale, cette petite structure non consciente qui gère les réponses émotionnelles de l'individu. »

Et ce blocage perdure pendant des décennies : « Cette mémoire traumatique est anesthésiée, elle n'est pas transformée en "mémoire autobiographique", celle que l'on peut raconter. Comme une machine à remonter le temps, elle ressurgit parfois en réaction à un bruit, une parole, une odeur... Pour ne pas voir ce souvenir insupportable jusqu'au bout, le cerveau se dissocie de nouveau, se déconnecte des émotions. La personne est envahie par des impressions douloureuses mais ne les ressent pas à leur juste mesure. Les victimes ressentent un vide, un mal-être, comme si elles n'existaient pas. Elles savent qu'elles ne vont pas bien, mais cette souffrance ne correspond à rien. D'où une culpabilité. Beaucoup savent au fond que cet événement a existé, mais il est comme noyé. Elles sont dans l'incapacité de parler, et l'absence d'émotion leur fait croire que cet événement ne s'est pas vraiment passé. »

Pendant longtemps, le huis clos familial, l'école, notamment dans les internats, et l'église ont tout fait pour (se) cacher une réalité qui détruisait les victimes, tout fait aussi pour marginaliser ceux qui osaient briser l'omerta. Il a fallu une médiatisation de certaines affaires, la vague du #MeToo pour dévoiler un phénomène susceptible de jeter l'opprobre sur l'institution concernée. Comment, dès lors, imaginer que le sport ait pu être épargné ? Qui le croirait ? Et surtout quels sont les leviers à même de réguler de telles dérives ?

De quoi parle-t-on ?

Ces violences sexuelles[115], même si elles ne font pas l'objet d'une traduction spécifique dans le champ du sport, sont clairement définies par le code pénal. Elles impliquent une contrainte physique ou morale, une menace, une violence, la peur, une surprise marquant l'absence de consentement de la victime, avec des conséquences différenciées selon la nature de l'acte. L'abus d'autorité qu'une personne exerce sur une autre, majeure ou mineure – comme c'est le cas pour un entraîneur –, aggrave la sanction pénale. Les différentes infractions font l'objet de sanctions différenciées selon leur nature.

Si certaines situations ne prêtent pas à confusion et peuvent être immédiatement qualifiées de violences sexuelles, l'interprétation d'autres faits varie suivant les cultures, comme le montrent une étude américaine et une étude danoise[116]. Ainsi, l'attribution d'un surnom pour interpeller l'athlète s'apparente à du harcèlement sexuel pour 60 % des étudiantes danoises, contre 45,5 % des Américaines. Concernant une invitation au restaurant ou au cinéma, il s'agit de harcèlement pour plus de la moitié des jeunes Danoises (52,1 %) contre 18,3 % de leurs homologues américaines. Ces dernières placent au rang du harcèlement les commentaires sexistes des entraîneurs à 63,2 % contre un quart des Danoises. En revanche, les contacts physiques et la proximité corporelle pendant l'entraînement ne sont pas considérés par les deux populations comme du harcèlement (3,2 % pour les Américaines et 5,7 % pour les Danoises).

Quant au bizutage – qui conduit, sous couvert de week-end ou de semaine d'intégration, à faire subir contre son gré ou non des actes humiliants et dégradants en réunion –, il est puni de six mois d'emprisonnement et de 7 500 euros d'amende. Le champ sportif n'est pas explicitement visé par la loi du 17 juin 1998 relative à la prévention et à la répression des infractions sexuelles ainsi qu'à la protection des mineurs, laquelle fait du bizutage un délit pénal spécifique. Toutefois, ce délit s'appliquant aux établissements des milieux scolaires et socio-éducatifs, on peut en déduire que les CREPS et les filières STAPS[117] sont concernés. La même loi prévoit la mise en cause de la responsabilité des personnes morales, et donc des associations sportives, dans les situations de bizutage commises pour leur compte par leurs organes ou leurs représentants. La difficulté vient de l'appréciation de ce qui est « humiliant » ou « dégradant » pour la victime, seule à pouvoir la caractériser. Le ressenti personnel de ce qui est un bizutage ou pas, retenu par la jurisprudence pour rendre ses verdicts, rend la définition de critères objectifs particulièrement compliquée.

Une sanction, souvent méconnue par les acteurs du sport et particulièrement claire cette fois, s'applique à la non-dénonciation de crime ou d'agression sexuelle, délit puni par trois ans de prison et 45 000 euros d'amende[118]. Des peines lourdes qui ne sont pourtant pas dissuasives en raison de l'omerta qui sévit plus qu'ailleurs dans le sport. En cas de médiatisation de violences sexuelles dans une discipline particulière, les fédérations craignent avant tout une stigmatisation de leur discipline ou de leur club, qui pourrait remettre en question des subventions publiques ou des financements privés, ainsi que faire fuir leurs licenciés.

Un silence insupportable qui met en danger les enfants, les adolescents, voire les adultes, sous l'emprise morale de l'entraîneur, dont l'autorité ne saurait être contestée sur le terrain ni même dans la sphère privée. Par sa légitimité et son pouvoir, il prend la place du parent, du grand frère ou du professeur, peut faire ou défaire les carrières, a l'ascendant d'un gourou, avec lequel le sportif noue une relation de dépendance, voire de soumission.

Ce conditionnement se construit par étapes. Il commence par la confiance, puis viennent les marques d'affection et d'attention particulières, qui progressivement éliminent les barrières morales pour créer une situation affective, exclusive, brouillant tous les repères, rendant la résistance impossible. La volonté est alors annihilée, et la parole muselée. Le chantage ou la menace sont plus rares que la perversité consistant à exercer abus de confiance et d'autorité en douceur. L'entraîneur aura beau jeu alors de confondre la soumission, voire l'adhésion, avec une sorte d'acceptation, alors même que l'absence de discernement d'un mineur ou la situation d'emprise subie par un majeur altère sa capacité à s'opposer clairement et fermement.

Il arrive que les parents, eux-mêmes, relativisent le récit de leur enfant, lorsque l'accusation met en péril, à leurs yeux, la carrière et l'ascension sportive de ces derniers.

En dehors des cas – les plus fréquents – de violences entre athlètes eux-mêmes, il faut signaler que la relation exclusive nouée avec l'entraîneur n'est pas le seul facteur de risque et que d'autres combinaisons sont répertoriées avec des dirigeants de club, des membres du personnel administratif, médical, paramédical, parents d'athlètes… Ainsi, les détenteurs de l'autorité, que leurs fonctions mettent au-dessus de tout soupçon, ces notables du sport qui ont le devoir de protection, peuvent être également les bourreaux, parfois sans en avoir conscience – imaginant une relation consentie alors même qu'elle s'exerce dans des conditions incompatibles avec l'exercice du libre arbitre.

Deux chercheurs français[119] ont mis en lumière que toutes les victimes « témoignent d'un taux d'exposition aux agressions sexuelles plus élevé chez les femmes que chez les hommes [...] ainsi que d'un risque d'exposition plus élevé dans les populations de sportifs » que de non-sportifs.

Ce contraste entre, d'un côté, les valeurs essentielles et revendiquées du sport, et, de l'autre, l'ampleur des faits de déviances s'explique notamment par le rapport singulier que l'athlète entretient avec son corps. À la fois outil de performance et de séduction, objet de travail et de tentation. La promiscuité constante des corps, mis à nu, dans la durée et dans l'effort ; l'espace confiné de l'entraînement, des stages, des compétitions ; la dépendance affective et la confiance qui s'instaurent entre les athlètes ; tout concourt à faire tomber les barrières morales, dans un monde qui se veut à part, avec ses propres règles, ses obsessions inavouées, et parfois des désirs assumés qui peuvent lever les tabous.

Des témoignages et récits le prouvent avec éloquence.

10

Témoigner

« Un peu comme le hall des urgences »

Lentement, Laëtitia Pachoud[120] tourne les yeux vers le parc de Marcoussis sur lequel donne le balcon de son bureau. Tout a commencé ici. Il y a un peu plus de deux ans, la vice-présidente de la Fédération de rugby prenait la tête de la Commission de la cohésion sociale à la FFR.

« J'ai pris la commission où il ne se passait pas grand-chose, celle qui n'était pas très "sexy". On n'a pas accès aux joueurs, on gère les violences, les addictions, les dérives. On met en place des "process" pour faciliter la vie aux présidents de club sur tout ce qui est légal et ce qui ne l'est pas. En fait, c'est beaucoup de travail ! On a changé de nom aussi, le Rugby Social Club, plutôt que la cohésion sociale, c'est quand même plus sympa non ? »

Elle retrace son parcours avec l'accent doré du Sud, et soudain, sa voix tombe. « Un jour, j'ai reçu un e-mail. » Les mots d'une jeune fille. Avant ces mots, tout était normal. La vie normale. Le week-end à Lectoure, en famille, le samedi au club de rugby. Elle fronce les sourcils. L'image est imprimée dans sa mémoire. Un collaborateur lui tend un email. L'air contrarié. « Il faut absolument que tu jettes un coup d'œil pour qu'on puisse le traiter. » Les mots d'une jeune fille. Sa détresse.

La lettre lui est tombée des mains. Elle l'a ramassée. Elle l'a relue.

La jeune fille donne son nom, celui de son club. Décrit en quelques lignes l'emprise grandissante de son entraîneur.

Une caresse contre une sélection.

Et puis ce jour où, seuls dans les vestiaires, il la viole. Elle a peur. Appelle à l'aide. Désespérément.

«J'ai écrasé ma cigarette de façon automatique, et je me suis assise. J'étais abasourdie. Je me souviens de m'être dit : Ça existe. Chez nous. Ça existe. Il faut faire quelque chose. Il faut faire quelque chose pour cette fille.»

Ce jour-là, Laëtitia Pachoud est confrontée pour la première fois de sa carrière à une agression sexuelle dans sa discipline sportive. Elle l'ignore encore, mais ce n'est que le début d'un long combat.

«Je suis née dans le rugby. Je suis née au stade! Cela fait partie de ma vie, j'étais la première femme référent fédéral, il y a dix-sept ans déjà! Ensuite, présidente de club, bénévole. Chez nous, c'est une histoire familiale le rugby, c'est prioritaire! Quand nous devons choisir une date pour une réunion de famille, nous posons d'abord les jours rugby et ensuite nous voyons ce qui reste!» explique-t-elle. Elle s'arrête soudain. «Je me disais qu'au rugby... surtout au rugby, cette chose-là... ça ne pouvait pas... Ça ne pouvait pas nous arriver.»

La vice-présidente est dans son bureau. Quelques rires lui parviennent du couloir, et dehors, sur le balcon, le vent s'est levé. Sur sa table de travail, la lettre de la jeune fille.

La jeune joueuse, Clara[121], a adressé son courrier à la boîte email générale de la Fédération française de rugby : «contact@...». Elle n'a pas osé se confier à ses coéquipières, n'a rien dit à l'administration de son club, a envoyé son appel au secours, tout en restant là-bas, seule avec son secret. Terrorisée à l'idée que son entraîneur apprenne ce qu'elle a, enfin, raconté.

«Franchement? J'ai pris ça comme un uppercut en pleine face. Et je n'étais pas la seule. Ceux qui ont lu l'email avant moi étaient sidérés, ils ne savaient quoi faire.» C'est Laëtitia et elle seule qui va prendre les choses en main. «L'email m'est arrivé comme une bouteille à la mer. Ça a été un choc, en constatant que la jeune fille devait être tellement désespérée qu'elle n'avait pas trouvé d'autre moyen que d'écrire à la boîte email centrale, lue par tout le monde. J'ai demandé à mes juristes de sortir tout ce qu'il y avait dans notre règlement sur le sujet. Je vais être honnête avec vous : au début, il n'y avait pas grand-chose...»

Elle échange un regard avec l'une des juristes. Le combat venait de commencer. «Il fallait que je lui écrive un message d'abord, et tout de suite.»

« Bonjour, Clara, je m'appelle Laetitia. J'ai bien eu l'email que tu as envoyé à la FFR. Je peux te téléphoner pour qu'on en parle tout de suite si tu veux, ou un peu plus tard, c'est à toi de décider, à ton rythme. Je voudrais d'abord te dire que tu as été très courageuse, je te félicite d'avoir eu le courage de nous écrire. Je suis là pour t'aider. »

« La jeune fille a-t-elle porté plainte ? »

— Non, elle n'a pas voulu. Elle est rentrée chez ses parents précipitamment. Elle est partie de France – ça veut dire qu'elle a arrêté ses études, et pour moi, c'est un échec personnel... On a fait une mise à l'écart de l'entraîneur, par mesure de protection. Que l'on n'a toujours pas levée, à ce jour. Mais on va être obligés de le faire parce qu'il y a un délai légal... »

Lorsque Laëtitia Pachoud prévient la direction du club, les accusations de la jeune fille sont immédiatement mises en doute. « Le président n'a pas compris ce qui lui arrivait. C'était un séisme personnel auquel il ne voulait pas croire. Pour moi, c'était compliqué à gérer, d'autant qu'il s'agissait de mon premier cas. Mais nous nous devons d'intervenir et d'accompagner, c'est dans ces moments que la fédération doit agir. » Depuis, Laëtitia Pachoud a reçu d'autres appels au secours.

« J'ai ensuite eu à gérer différentes situations problématiques, comme ce jour où j'ai dû aller seule, et en urgence, dans un village du Sud-Ouest à la suite d'une plainte déposée par une mineure contre l'entraîneur d'un club. J'avais rendez-vous avec la direction de celui-ci. »

Elle se souvient bien de ce jour-là. Eux aussi.

Derrière la fenêtre centrale de la présidence, les nuques droites des membres du bureau. Ils sont tous là, en rang serré. Ils scrutent l'arrivée du représentant de la fédération.

Une femme. *C'est une femme qu'on nous envoie !* ont-ils dû se dire.

Les yeux suivent la voiture rouge de Laëtitia Pachoud. Les pneus crachent la poussière du terre-plein. Le véhicule roule vite. Le moteur s'arrête. Dans le bureau du président, les hommes ont quitté leur poste d'observation précipitamment. Laëtitia sort, claque la portière énergiquement, regarde autour d'elle.

« Bon, allez, on y va. »

Le président s'approche d'elle. Laëtitia nous raconte la scène.

« C'est chaque fois pareil, vous savez : quand on arrive dans les clubs avec cette casquette-là, on n'est pas vraiment les bienvenus... Ça, non, ils ne nous attendent pas avec le sourire et la raclette ! » Nerveux. Mal à l'aise. Fermés, constate Laëtitia. Encore mortifiés par ce qu'ils viennent d'apprendre. La plainte d'une jeune fille de 15 ans, déposée contre l'entraîneur phare. Une plainte pour viol.

«Pas lui! Ça ne peut pas être lui! On le connaît depuis toujours!»

Quelques jours plus tôt, l'entraîneur avait organisé une soirée privée chez lui avec les jeunes joueurs de son équipe de rugby. «Ce soir chez moi, les gars, traînez pas sous la douche!» Explosion de joie dans le vestiaire. Comme sur le terrain cet après-midi-là, quand ils avaient arraché la victoire à l'autre équipe.

Ainsi démarra la «troisième mi-temps», qui sonne la fin des combats. La camaraderie, la détente. L'alcool aussi. Souvent, beaucoup d'alcool. Un moment de fête, une récompense, après la lutte acharnée sur le terrain. Ce soir-là, l'un des joueurs se rend chez l'entraîneur avec sa petite amie. L'adolescente connaît bien la troupe, elle vient souvent chercher son amoureux après les entraînements, assiste aux matchs le week-end. Elle ne fait pas partie du club, mais y est intégrée. Les deux amoureux s'apprêtent à passer une soirée «en famille» avec les potes du rugby.

«Découle de cette soirée une plainte pour viol qui sera jugée en correctionnelle un an et demi après les faits», résume Laëtitia Pachoud. La vice-présidente de la Fédération française de rugby est prévenue par les services de police.

Dans le bureau du président du club, donc :

«Écoutez-moi bien, messieurs. Je viens pour vous aider, pas pour vous enfoncer.»

Silence. Devant Laëtitia Pachoud, les yeux noirs du président du club et de l'entraîneur mis en accusation par la jeune fille.

«Et la mise à l'écart, c'est quoi si ce n'est pas une accusation?

— C'est une mesure de protection. Lorsqu'on signale une agression sexuelle dans l'un de nos clubs, la règle est la mise à l'écart de l'accusé, point à la ligne. Je suis là pour vous accompagner.

— C'est n'importe quoi, cette histoire, Laëtitia, ça fait vingt-cinq ans qu'on le connaît!»

«En général, le premier quart d'heure est difficile. Ils sont très fermés. Je leur dis que s'ils veulent être aidés, il faut qu'ils raisonnent, qu'ils se libèrent de toute notion d'affect vis-à-vis de l'entraîneur. S'ils y arrivent, c'est gagné, parce qu'ils ne veulent pas laisser un prédateur dans le club», analyse-t-elle.

« En revanche, je vous préviens, si vous voulez vous débrouiller seuls, vous avez intérêt à bien faire les choses. »

En face, les hommes ne disent plus un mot. La voiture rouge de Laëtitia est repartie sur le chemin de terre, avec l'espoir d'une prise de conscience rapide.

« Là où la situation était *borderline*, c'est que pendant plus d'un an de mise à l'écart, ce monsieur continuait à entraîner des enfants, dans l'équipe d'à côté. Pour qu'il soit suspendu, il aurait fallu que le président du club d'origine me notifie par écrit les faits dont il était soupçonné, qu'il me les signale pour qu'on puisse non pas l'éloigner mais suspendre sa licence. » L'impasse paraît incroyable, mais elle est réelle.

« *Il l'a fait ? Le club vous a-t-il signalé son entraîneur ?*

— Ça a été compliqué. Il a fallu que je menace de l'attaquer en justice », explique-t-elle. L'échange qu'elle nous décrit est tendu.

« Mais tu comprends : s'il est condamné, c'est l'image du club, ça va nous faire du tort !

— Je ne comprends rien du tout. Tu as vingt-quatre heures pour m'envoyer un mail ou je te dénonce ! »

« Et j'ai reçu l'e-mail vingt-quatre heures plus tard, voilà. »

Elle relève la tête soudain : « Une non-dénonciation de crime, c'est trois ans de prison. Je peux vous dire que ça réveille certains, quand on le leur dit ! »

Elle soupire.

« C'est vrai que c'est un peu le hall des urgences tous les jours, ici ! Et encore, nous sommes à des années-lumière de la transparence. Il faut dire aux enfants dans les clubs de parler… Il faut qu'on cesse de se taire. »

Dans cette affaire, la justice ne retiendra que les attouchements.

« Moi aussi »

Sébastien Boueilh[122] parcourt les réponses aux questionnaires qu'il a distribués aux enfants, au début de son intervention. S'attarde sur les feuilles noircies. À l'écriture serrée. Puis distingue un bruit de pas légers, hésitants, juste derrière lui. C'est le petit blond, celui qui posait beaucoup de questions tout à l'heure. Le voilà planté devant lui, les mains croisées, tremblant un peu. Entre deux respirations saccadées, le garçon se lance :

« Euh, monsieur ?

— Oui, mon petit gars, ça va ? »

Le garçon ne dit rien. Il hésite…

« Monsieur ?

— Moi, c'est Sébastien, tu peux m'appeler Sébastien, et toi, comment tu t'appelles ?

— … Moi… moi aussi. »

Moi aussi. Référence non pas à « Sébastien », le prénom, mais à son histoire. Deux mots, c'est plus facile à dire que le reste. Que le secret.

Moi aussi. En anglais le message est bien plus clair. #MeToo.

Ce petit garçon avouait pour la première fois que lui aussi avait été victime d'agressions sexuelles par son entraîneur de basket. Il a prononcé les mots, les yeux au sol. Puis a relevé la tête, presque soulagé sur le coup. C'était en mai 2019.

À la fin de l'intervention de Sébastien Boueilh, ancien rugbyman, l'enfant a enfilé son manteau lentement, a renoué plusieurs fois les lacets de ses baskets, a attendu que le gymnase se vide de ses camarades pour aller voir l'adulte aux larges épaules venu leur parler d'agressions sexuelles dans le sport.

Depuis quelques années, Sébastien Boueilh parcourt la France pour sensibiliser les enfants à ce sujet. Pour les faire accoucher de leur parole, en se racontant lui-même. Après le procès de son propre agresseur, il a décidé de fonder son association : Colosse aux pieds d'argile – l'image glissée par son avocat devant les jurés. Son image.

« Si je suis devant vous aujourd'hui, les enfants, c'est parce que j'ai été violé quand j'étais enfant. Après les entraînements de rugby. »

Chaque fois, comme ce jour-là, dans un gymnase communal du centre de la France, la confession de Sébastien Boueilh, abrupte et maîtrisée, sidère son auditoire.

Sous le panier de basket, l'ancien rugbyman arpente de long en large la surface de jeu. Parfois il s'arrête. Pose des questions. S'avance vers le public. Jeune auditoire. Donne la parole à un jeune, au fond, la reprend, repasse au petit blond du premier rang… L'ancien athlète a le corps façonné par l'effort physique, chacun de ses muscles semble encore aujourd'hui ciselé, dessiné par des années de compétition. Devant lui, un parterre de jeunes joueurs de basket, visiblement désarçonnés par cet exercice de vérité. Mineurs pour la plupart, ils reçoivent ses questions, les lui renvoient, certains esquivent la passe, d'autres ricanent. Pour soulager la stupeur, diffuse. Car tous sont assaillis par les images et les mots de Sébastien. Au début de son intervention, comme chaque fois, Sébastien a raconté son histoire.

Tous les vendredis soir, pendant quatre ans, alors qu'il en avait 12, son agresseur, le mari de sa cousine, venait le chercher au club de rugby, abusait de lui et le raccompagnait chez ses parents. L'assistance est muette. Long silence. Viennent les premières questions, hésitantes. D'autres plus affirmées. Certaines parfois bien trop précises.

À travers cette question – une nouvelle victime, qui parle d'elle-même.

« Quand ils entendent mon témoignage – un ancien rugbyman qui raconte avec le sourire –, ça libère la parole. Partout où je vais, il n'y a pas eu une seule visite sans témoignage de victimes. Chaque fois. Or j'ai fait plus de 3 000 interventions en cinq ans. »

Cette fois, la situation est particulière. Sébastien Boueilh intervient dans un club de basket récemment frappé par une affaire de pédophilie. Deux mois plus tôt, les témoignages de deux jeunes joueurs ont conduit à la mise en examen et à l'incarcération d'un entraîneur bénévole, pour des faits d'agressions sexuelles sur mineur.

Mais cet entraîneur venait du club de basket de la ville voisine, dans lequel il avait précédemment commis des agressions sexuelles sur plusieurs jeunes. L'entraîneur avait été déplacé sans que personne ait été avisé de ses antécédents, et il avait reproduit ses agressions.

Au cours de la journée de sensibilisation, en discutant avec les enfants, l'ancien rugbyman s'interroge. Le club d'origine était-il au courant des agressions ? Ses dirigeants avaient-ils déplacé le fautif sans le signaler ?

« Le petit qui est venu me parler avait honte de ce que lui faisait l'entraîneur, cela se passait dans les transports, discrètement. Quand les parents l'ont appris, suite à mon signalement, ils ont terriblement culpabilisé. L'entraîneur avait toute leur confiance. Vous savez : la base de la pédophilie, c'est l'abus de confiance et la manipulation », témoigne Sébastien Boueilh.

Une enquête a été ouverte par le parquet. Plus d'une dizaine d'enfants ont témoigné avoir été agressés sexuellement, notamment au cours de soirées organisées par l'entraîneur à son domicile, voire chez des parents de joueurs. L'enfant, lui, n'avait rien dit. Ni aux enquêteurs. Ni à sa famille.

Le témoignage de Sébastien l'a mis en confiance. L'ex-éducateur bénévole mis en examen pour 11 agressions sexuelles entre 2005 et 2019, en détention provisoire depuis plus de huit mois, a demandé sa remise en liberté en novembre 2019 à la chambre de l'instruction de la cour d'appel d'Angers. Demande rejetée.

«Moi aussi.»

«Moi, j'ai mis dix-huit ans à parler. Dès le plus jeune âge il faut apprendre aux enfants que leur corps leur appartient, apprendre aux parents à parler sexualité avec eux. Si le sujet était moins tabou, je suis persuadé qu'il y aurait bien moins de victimes et beaucoup moins d'adultes qui se prendraient pour des initiateurs sexuels», martèle-t-il.

Mais l'histoire ne s'arrête pas là.

L'éducateur bénévole, âgé d'une quarantaine d'années, avait déjà été condamné à six mois de prison avec sursis, quatorze ans plus tôt, dans le Morbihan, également pour agression sexuelle sur mineurs. Malgré sa condamnation, il continuait à travailler, et parfois même au contact d'enfants, en tant qu'animateur jeunesse. Ses antécédents avaient été effacés de son casier judiciaire. Par qui? Comment? Pendant longtemps, aucun dispositif n'a été mis en place au niveau national pour imposer la surveillance, le contrôle systématique et l'«honorabilité» de ces éducateurs sportifs bénévoles, qui pourtant entraînent des groupes d'enfants.

Or les récits des victimes sont lourds. Grevés de détails. Et les histoires souvent se ressemblent. Mais les prédateurs, eux, qui sont-ils? Comment les reconnaître? Pourquoi choisissent-ils le sport pour sévir?

«La semaine dernière, je faisais une formation devant des éducateurs, reprend Sébastien Boueilh. Je commence l'intervention comme d'habitude.

"Si je suis devant vous aujourd'hui, c'est parce que j'ai été violé quand j'étais enfant, pendant quatre ans…"»

Silence d'adultes, dans la salle. Sébastien poursuit. «Je leur demande ce qu'ils attendent de la formation et, à la fin de la session, si j'ai répondu à leurs attentes.

"J'avais peur de venir! glisse l'un d'eux, dans un demi-sourire.

— Ah! Je ne suis pas si impressionnant, vous voyez! avance Sébastien.

— J'avais peur de venir et maintenant je sais pourquoi", insiste l'homme.

Je le regarde dans les yeux. Quand on est victime, on sent les prédateurs. » Depuis le début de l'intervention, il se passait quelque chose avec lui. Ses réflexions. Son attitude. L'homme finira par confirmer les impressions de Sébastien :

« J'avais peur de constater que je suis un prédateur... »

Silence long et lourd dans la salle.

« C'était la première fois que ça m'arrivait. Je ne savais quoi répondre. En général les prédateurs essaient de me convaincre qu'ils sont des gens bien, en font trop, beaucoup trop. Cet homme-là m'a pris de court. »

Au bout d'un moment, Sébastien se ressaisit.

« Écoute, si tu es passé à l'acte, il faut le dire. »

L'homme n'a plus rien dit.

« C'était écrit : "Il m'a harcelée sexuellement[123]*" »*

Au bout de la ligne, la tonalité retentit, une, deux, trois fois... François[124] est assis à sa table de travail. Il vient d'arriver dans les bureaux du club, il est encore tôt. Dans le combiné, ça sonne encore...

François allume son ordinateur. La lumière du jour est mauvaise. Ou bien ce sont ses yeux qui fatiguent. François est nerveux. Inquiet. L'information reçue la veille, sur l'un de ses anciens arbitres, l'a bouleversé. « Mais décroche, enfin ! »

Le contact s'établit.

« Allô ? »

Il saute sur le combiné, se renverse dans son fauteuil.

« Michel, c'est François. Tu vas bien ?

— Tu es matinal !

— Michel, je voudrais te poser une question.

— Je t'écoute...

— C'est à propos de votre nouveau responsable de l'arbitrage.

— Ah.

— Je ne comprends pas, il est licencié dans ma région, que fait-il chez vous ?

— C'est parce qu'il a obtenu une dérogation. Nous sommes en sous-effectif, il avait envie de venir, et nous avons tous pensé que c'était une bonne occasion de se développer.

— Écoute-moi Michel, tu connais les antécédents de ce garçon ? Tu sais pourquoi on n'en veut plus dans la région ? Tu le sais ?
— Oui. Oui, François, mais il nous donne satisfaction, il ne pose pas de problème du tout. »

Amabilités d'usage écourtées. François raccroche. Expire longuement. Se passe la main sur le front. Ferme les yeux. « Et voilà, c'est fini », dit-il à voix haute. Il sait ce que l'arbitre a fait. Mais « il ne pose pas de problème ». Pour l'instant. Et pour les autres ? Et pour les prochaines ?

François fait les cent pas dans son bureau, il revit l'histoire, au moment où il la raconte. « J'étais sous le choc. L'histoire de l'agression des filles était passée sous silence. Comme si de rien n'était, le type avait repris du service… », dénonce-t-il, la voix blanche.

François est un haut cadre, un ancien sportif, il dirige un club d'arts martiaux, quelque part en France. Il regrette son anonymat, « mais c'est le seul moyen de pouvoir vous parler ». Il reprend son récit. L'échange téléphonique est terminé. Il se souvient. Il se lève et va à la fenêtre du bureau. Dehors, la voiture d'un entraîneur de son club se gare sur le parking. Les élèves arrivent pour le premier cours de la matinée. Il réfléchit. « Et s'il recommence avec d'autres ? Qu'est-ce que j'aurai fait, moi, pour l'en empêcher ? Pour protéger les prochaines ? »

Les images lui reviennent. Les compétitions. Ce que l'on voit, ce que l'on entend, ce que l'on ne comprend pas, ce que l'on vous raconte, ce que l'on ne sait pas… Les mots, les visages, les combats. L'attitude des filles, quand l'homme est là. Ce que l'on voit, ce qu'il ne faudrait pas voir.

François prend le ton de la confidence. Il décrit le responsable d'arbitrage du département. Son sourire permanent. Son va-et-vient perpétuel parmi les arbitres féminines. Lui, le responsable, elles, les arbitres, se retrouvent très souvent réunis, au gré des tournois ou pendant les stages départementaux. Il y a cette jeune arbitre, qu'il interpelle, souvent. Il va vers elle, encore et encore. Elle reste concentrée, rend ses arbitrages. Et les compétitions recommencent. Personne ne voit rien. Personne ne dit rien. Quand François a appris les mots murmurés, les gestes discrets, l'emprise muette que cet homme aurait eue sur les arbitres féminines pendant ces compétitions, les images lui sont revenues. Il a compris tout ce qu'il n'avait pas su ou qu'il avait refusé de voir. « C'est vrai qu'on avait l'impression qu'il avait une mainmise totale sur les filles. Comme un tuteur, il les prenait sous sa coupe, il ne les lâchait pas d'une semelle. »

Très vite, selon François, le comportement de l'homme bascule. Avec l'une des arbitres particulièrement. Ce sont ses collègues arbitres qui racontent. La violence. Et son silence.

« Il lui disait qu'elle avait l'air d'une pute parce qu'elle arrivait en short. Il avait un œil sur tout, la concernant. Et notamment sa façon de s'habiller l'obsédait. En dehors de l'arbitrage, il la relançait, s'approchait d'elle, lui faisait constamment des propositions intimes qu'elle refusait. »

Les jeunes femmes du corps arbitral alertent François et d'autres dirigeants de clubs du département. Et menacent de ne plus participer aux compétitions si le responsable reste en poste. Elles ne s'étendent pas sur son attitude. « Nous avons fait en sorte d'évincer la personne, et nous avons rassuré les filles, en leur garantissant qu'elles ne le reverraient plus », rapporte-t-il.

« Et puis il y a eu le courrier... » François clique de nouveau sur sa boîte e-mail. Un courrier succinct de style direct. Où la jeune femme consigne l'attitude du responsable d'arbitrage à son égard.

François a du mal à lire à voix haute les lignes de la victime. « C'était écrit : "Il n'arrête pas de critiquer ma tenue et il m'a harcelée sexuellement." » La jeune femme se met alors en retrait de l'arbitrage pendant deux ans. « J'ai transmis immédiatement l'e-mail à la fédération... qui n'a rien fait. Pas bougé d'un poil ! Au début, à chaque compétition, nous disions à ce responsable que l'on n'avait pas besoin de lui. Il a senti qu'on avait pris en compte ses agissements et qu'il avait dû être signalé, alors il est parti, tenez-vous bien, comme responsable d'arbitrage dans la région voisine...

— *Quelle a été la réponse de la fédération suite à votre signalement ?*

— Elle ne m'a pas répondu. Et le responsable de l'arbitrage est toujours en activité. »

Aujourd'hui, l'arbitre auteure du courrier est revenue officier dans son département d'origine. Son agresseur présumé supervise l'arbitrage de la même discipline dans une région proche.

« Les entraîneurs dénoncés par nos victimes sont toujours en activité[125] *»*

La silhouette d'Ophélie[126] se découpe dans l'encadrement de la porte. Elle s'apprête à rejoindre trois amies de son club de sport. L'ombre de sa mère s'affaire dans le salon. La jeune fille hésite. Passe la porte d'entrée, s'arrête. Fait demi-tour. Revient dans l'appartement. Hésite encore. Ouvre la porte du salon.

« Maman ?

— Je te croyais déjà partie, ma chérie !

— Maman, il faut que je te dise. Je vais porter plainte avec les filles du club.

— Qu'est-ce que tu dis ? Mais... Qu'est-ce que c'est que cette histoire ? »

La mère s'est précipitée dans l'entrée. La fille est immobile. Le regard dur et lointain. Elle regrette déjà cette confidence. La mère lui tourne autour, mal à l'aise, lui prend l'épaule, lui caresse la joue. Ophélie a un mouvement de recul.

« Quelqu'un t'a fait du mal ? C'est au club c'est ça ? C'est qui ? »

Ophélie reste interdite, immobile. Elle ne contrôle plus rien. Son cauchemar ne lui appartient plus.

-« Ophélie, il faut que tu me parles. Je suis ta mère, tu peux tout me dire. »

Ne pas voir les images. Il disait toujours :

« Ça reste entre nous. » Il avait les yeux doux. « C'était moi la coupable. »

Elle ferme les yeux, un nouveau mouvement de recul quand sa mère pose la main sur son bras.

« Maman, s'il te plaît...

— Parle-moi, ma chérie, pourquoi tu portes plainte ? Tu le dis à la police et pas à ta mère ?

— Si tu veux plus de détails, appelle ce numéro. »

Ophélie tend un bout de papier. De son écriture, au feutre bleu, un numéro de téléphone. Et un prénom : *Véronique*. Ophélie est déjà dehors. Elle marche à grands pas, va rejoindre les filles. Elles sont quatre du club à dénoncer leur entraîneur.

Dans l'appartement, la mère d'Ophélie rassemble ses esprits. Sa fille porte plainte. Avec d'autres. Contre qui ? Pourquoi ? Elle froisse le bout de papier jusqu'à s'enfoncer les ongles dans la peau. Ophélie est sortie. Dans l'appartement, la mère est seule. Avec la culpabilité qui lui ronge le cerveau. Le numéro. Faire le numéro sans réfléchir.

Au bout du téléphone, Véronique Lebar[127]. Médecin. Elle a recueilli le témoignage de sa fille. Depuis des jours, elle travaille avec les avocates de son association au dépôt de plainte d'Ophélie et de ses amies. La mère d'Ophélie est paniquée, déboussolée.

« La mère de cette jeune fille était en état de choc. Elle m'a dit qu'elle avait un très bon contact avec sa fille, et je la crois. Elle ne comprenait pas pourquoi celle-ci ne lui en avait pas parlé à l'époque. Les faits se sont produits il y a dix ans, des agressions physiques, verbales et psychologiques. Elle s'était bien rendu compte que sa fille allait mal, mais elle n'avait pas réussi à savoir pourquoi. Moi, je sais ce qu'il s'est passé avec sa fille, mais elle est majeure, elle a 22 ans. Je ne peux pas le raconter à la mère si sa fille ne veut pas le lui raconter. Ça a été difficile. Elle ne savait même pas pourquoi elle m'appelait, vous vous rendez compte ? J'ai essayé de la déculpabiliser, de la rassurer.
— *Quelles questions vous a-t-elle posées ?*
— Elle disait : "Je n'ai rien vu. Comment ça se fait ? Pourquoi ? Je ne sais pas ce qu'il s'est passé. Dites-moi ce qu'il s'est passé avec ma fille, Madame, s'il vous plaît…" Souvent, pour protéger leurs parents, les enfants ne dévoilent pas tout. »

Depuis 2012, Véronique Lebar accompagne les victimes de violences sexuelles dans le sport. Elle a créé un comité Éthique et Sport, s'est entourée d'avocates, de médecins, comme elle, et de psychologues. « C'est vrai que l'on ne travaille qu'entre femmes, ce n'était pas une volonté au départ, mais cela s'est imposé… »

Elle n'est pas très grande. De grands yeux bleus qui vous scrutent avant de vous répondre. Elle est assise à la table de son salon. Elle vient d'être contactée par la mère d'une jeune victime qu'elle accompagne.

Véronique raccroche. Certains appels sont plus pesants que d'autres, plus lourds qu'un témoignage de victime qui raconte l'inadmissible. « On oublie souvent les victimes collatérales des victimes. Les parents, les frères et sœurs. Il faut prendre en compte tout ça aussi. Les parents, ils sont seuls. Ils sont à l'affût d'un mot, d'un indice qu'on pourrait leur donner. C'est dur de voir souffrir son enfant de loin. »

Elle plonge la main dans son sac, tâtonne, sort un carnet, un stylo coincé dedans. Rapporte la conversation téléphonique qu'elle vient d'avoir, très synthétiquement. Lève la tête. Tourne le carnet dans ses mains. Combien ce mois-ci ? Elle énumère, de tête, les appels reçus.

« Patin à glace : entraîneur violent, réprimande les jeunes filles, toujours sur les fesses.
— Rugby : jeune garçon ne se douche plus qu'habillé, se dit harcelé par l'entraîneur.

— Tir à l'arc : entraîneur "amoureux" dénoncé par parents fillette après chute performance.

— Basket : très jeunes joueurs mineurs agressés sexuellement soirées privées entraîneur.

— Foot : attouchements entraîneur pendant transports compétitions extérieures.

— Karaté : attouchements entraîneur dans les vestiaires.

« On a au moins une trentaine de témoignages par mois, ça augmente, de plus en plus. Avec l'affaire Weinstein, notamment. Qui a ravivé les mémoires. Nombre de quinquagénaires aujourd'hui, agressées à la puberté, avaient banalisé les faits sur le mode : "Je me suis fait arracher une dent à 10 ans, ça m'a fait mal." Avec le temps, elles ont pris conscience que leurs échecs, leurs peurs, le harcèlement au travail, les divorces, tout résultait de leur traumatisme au sortir de l'enfance.

— *Et alors ?*

— Et alors, elles parlent. »

Sophie a parlé trente ans plus tard[128].

Entendre les autres dire ce que l'on n'a jamais dit. Entendre parler ces femmes, sentir les forces revenir. Sortir de la honte et de l'angoisse grâce à leurs mots à elles. Être soudain ces femmes, ces actrices américaines. Le dire avec elles. La puissance de cet homme-là, qui sélectionne, qui a le pouvoir de choisir, qui ouvrira les portes de la gloire, du podium, des médailles, et de la reconnaissance.

« Il m'a agressée sexuellement. »

« Il a profité de moi. »

« J'étais seule avec lui ce soir-là. »

« J'avais honte. »

« Moi aussi », pense Sophie.

Elle cherche sur Internet. Elle téléphone au comité Éthique et Sport, et c'est le Dr Véronique Lebar qui répond. C'est à elle qu'elle l'a dit la première fois. Elle a dit : « Moi aussi. » À 45 ans.

« Elle nous a appelées après plus de trente ans de silence. »

Le stage d'athlétisme, avec ses copines de l'époque. Le dortoir des filles. L'excitation mêlée d'angoisse, la veille de la compétition. « Il faut dormir, les filles ! » clame l'entraîneur qu'elles adorent. Sophie se sent proche de lui. L'admiration, la fascination, la confiance. Brisées. Il l'a embrassée. Il a mis ses mains sur sa peau. La nuit. Dans le dortoir, au milieu des autres filles. Il s'est glissé sous ses draps. Combien de temps est-il resté ? Les filles dorment ou feignent de dormir. Sophie ne respire plus. Existe-t-elle encore ? C'est moi, allongée à côté de lui ? Il est parti. Elle entend les filles chuchoter au fond de la pièce. Le lendemain matin, à la compétition, elle termine avec son plus mauvais score. Elle n'a rien dit. Ni à lui ni à personne. Ni le lendemain ni le surlendemain.

« La première chose qu'elle nous a confiée, c'est qu'elle avait plus souffert de la jalousie des copines, qui disaient qu'elle était la chouchoute de l'entraîneur, que de son agression », raconte Véronique Lebar. Pendant le reste de la compétition et du stage, les filles ne lui parlent plus. L'une d'elles a même raconté « ce qu'elle avait fait avec l'entraîneur » au petit ami de Sophie. Ils sont dans la même équipe d'entraînement.

« Au collège, les filles ont commencé à balancer que je couchais avec l'entraîneur. Je n'ai rien dit, pour ne pas amplifier les rumeurs... » Trente ans plus tard, Sophie a réalisé l'ampleur de son traumatisme. « Sa relation aux hommes, et les situations de harcèlement verbal ou sexuel même qui se répétaient... L'affaire Weinstein lui a permis de prendre conscience de l'impact de ce qu'elle avait vécu. On l'a accompagnée, et aujourd'hui, elle accompagne elle-même les victimes de harcèlement dans le milieu de l'entreprise.

— *À quel moment décide-t-on de parler ? Est-ce le temps, qui finit par déclencher la parole ?*

« Les victimes qui nous contactent sont restées pendant des années sous l'emprise de leur agresseur, elles le sont encore souvent quand elles décident de s'exprimer. Elles se demandent : "Que va-t-il penser de moi ?" » explique le médecin du comité Éthique et Sport. Sébastien Boueilh, l'ancien rugbyman, a fini par tenter de brosser un portrait psychologique des prédateurs. « Ce sont des manipulateurs. Ils jouent tellement sur l'affect que vous êtes pris au piège très vite et pour longtemps. »

Dossier classé sans suite

C'est ce qui est arrivé à la première cliente de Laure Denervaud, avocate qui travaille bénévolement pour le comité de Véronique Lebar.

« C'était ma première affaire au comité. J'ai une appétence particulière pour le sport, je suis un ancien maître-nageur, c'est comme ça que je me suis payé mes études de droit. Cette jeune fille m'a contactée un après-midi de juillet. Elle était anéantie », se souvient Me Denervaud[129].

Alice pousse la double porte battante, marche vers le gymnase, passe le vestiaire, vide, repart en silence. En finir.

« Je n'aurais pas dû. Je n'aurais rien dû leur dire. Il n'avait pas le droit. Je suis dans mon droit. Ils vont juste me poser quelques questions. Et ce sera terminé. Enfin terminé. J'en aurai terminé. »

Alice est entrée dans le gymnase. Ça y est. Cette histoire-là est bien réelle. Elle les a tous amenés ici, aujourd'hui, dans le gymnase, un lundi, jour de fermeture hebdomadaire du club. Ils sont là, au complet. Ils attendent qu'elle arrive à leur hauteur pour s'adresser à elle.

C'est gênant de ne pas être en tenue dans le gymnase. Elle est là avec ses baskets et sa doudoune.

« Alice, bonjour, merci d'être venue. Viens, assieds-toi là. »

Leurs yeux comme des couteaux, qui suivent ses mouvements, depuis la porte du gymnase jusqu'à la chaise qu'ils lui tendent. Quelque chose n'est pas normal. Le silence. Le goût de terre dans la gorge, depuis qu'elle a poussé la porte. Tout est en place pour qu'elle se dise : « C'est tout ce que tu mérites. » C'est arrivé comme ça. Elle a compris tout de suite qu'elle avait perdu la partie. Elle est restée. Elle sait tenir. Forcer le corps à tenir.

Ils sont assis les uns à côté des autres, face à elle. L'entraîneur ne croise pas son regard. Elle se répète son nom, pour qu'il la regarde, pour qu'il lui fasse un signe. Un geste. Qu'il lui dise qu'elle existe. Quand soudain une voix lointaine, éraillée, s'élève dans le silence. Dans le récit du président : pas de nom, pas de personnages, pas de faits. « Il m'a fallu plusieurs minutes avant de comprendre. » Malaise général. La tête d'Alice tourne. Elle les fixe tous des yeux, chacun son tour. Ils évitent toujours son regard. La relation qui dérape, c'est elle. Et l'entraîneur, c'est lui, à quelques mètres de moi, qui ne la regarde pas. L'histoire sans nom.

L'agression, elle l'a signalée au président quelques jours plus tôt, exigeant qu'il agisse sinon elle les dénoncerait tous.

« Ma voix par la sienne racontait l'histoire d'une autre, et dans ma tête, les images tournaient à contresens. » Alice frissonne. Passe la main sur sa nuque, trempée de honte. La revoilà, la honte. Face au dirigeant du club. Qui ânonne, en une synthèse approximative, le récit de son agression. Au fond du gymnase, un néon grésille. Alice baisse les yeux. La situation « compromettante » a changé de camp.

Celle qui deviendra son avocate, Me Denervaud, rencontre Alice quelques jours plus tard. « Elle a été victime d'un acte qu'on peut qualifier d'ordre sexuel. Elle avait déjà fait une première démarche, avant de nous appeler, ce qui n'est pas fréquent. Elle avait dénoncé ce qu'il s'était passé auprès de son club de sport, il y avait donc eu une enquête interne. Mais rapide, bâclée, qui s'est terminée en confrontation très mal gérée. L'entraîneur a malgré tout plus ou moins reconnu les faits. Puis il a lui-même déposé une plainte devant un tribunal correctionnel pour diffamation. Pour résumer, la victime ose dénoncer son agresseur, et elle se retrouve devant un tribunal correctionnel. C'est à ce moment-là qu'elle a décidé de nous saisir.

« Elle était accusée par l'entraîneur parce qu'elle l'avait dénoncé ?

— C'est cela. Nous avons déposé plainte en retour. Elle a été traitée, très rapidement avec une certaine… légèreté. J'ai reçu la copie de la procédure. Ils ne se sont pas posé beaucoup de questions, et le dossier a été classé sans suite. Comme dans beaucoup d'affaires de ce genre, ça n'intéressait pas le commissaire de police. »

Alice a été relaxée de la plainte en diffamation de son agresseur présumé. L'entraîneur, lui, n'a eu aucune sanction.

Assise à sa table de travail, Véronique Lebar parcourt son carnet. Elle y consigne, synthétiquement, les appels qu'elle reçoit. Ses premiers contacts avec les victimes abusées à l'adolescence, quand elles ne sont pas mineures. Les pages sont noircies.

Son verdict, après six années à défendre les victimes d'agressions sexuelles dans le sport, est difficile à entendre : « La plupart des agresseurs sont encore en activité dans la discipline dans laquelle ils ont commis leur agression, parfois dans le même club. »

Les victimes, elles, ne reviennent jamais dans celui-ci. Elles sont privées de leur sport. Et de leur corps, pendant des années.

« Je me disais, c'est un adulte, c'est lui qui a raison[130] »

« Quelque chose s'est brisé en moi l'année de mes 14 ans. »

Sur l'écran d'ordinateur, les mots s'affichent. Elle lit un message public, écrit par son fils, sur les réseaux sociaux. Essayer de comprendre. Essayer de se souvenir. Remonter le temps et les images. Revenir au message. Pourquoi l'écrit-il maintenant ? Pourquoi le dit-il ici ? La douleur d'une mère qui réalise ce qu'a enduré son fils. Elle raconte : « Je ne me suis rendu compte de rien. Je ne me suis jamais inquiétée. Jamais méfiée quand il allait au basket. Je ne l'ai pas protégé, je l'ai laissé aux mains de cet homme. La deuxième fois, j'ai été le témoin aveugle du harcèlement de mon fils, adolescent, par son entraîneur.»

C'était il y a vingt ans. Un petit village de l'ouest de la France. Fin de l'entraînement de basket-ball pour Baptiste[131] et ses coéquipiers. Dans le vestiaire, les maillots sont jetés à même le sol, épars, avec les chaussettes, les shorts et les tennis sales. Les garçons sont sous la douche. Ils parlent du match et de l'été qui approche. Derrière la lucarne, en haut des douches, le ciel est encore clair.

Les jours s'allongent. Dans deux jours, ce sera le dernier entraînement de la saison.

«Pendant les derniers entraînements, tout s'est passé comme si de rien n'était. Comme s'il ne s'était jamais rien passé», se souvient Baptiste.

Baptiste ne dit rien, lui non plus. Pas même aux deux autres garçons du club auxquels il a raconté *la scène du sauna*. Ils étaient là, eux aussi. Pendant les ultimes entraînements de la saison, au club de basket, ils étaient donc quatre, en comptant l'entraîneur, à savoir et à feindre d'avoir oublié.

Quelques jours plus tôt, Baptiste et deux de ses coéquipiers répondent à l'invitation de leur entraîneur, et le retrouvent à la piscine municipale, à une quinzaine de kilomètres du club de basket. «C'est assez fréquent, à cette époque de l'année, de faire ce genre d'activités, avec l'équipe ou une partie de l'équipe. La piscine ou le bowling par exemple, pour marquer la fin d'une saison», explique Baptiste. Il n'a aucune raison de se méfier. Les températures sont particulièrement élevées. Les adolescents plongent, avec délice, dans l'eau du bassin en plein air. Ils s'éclaboussent, boivent la tasse et rient très fort. Le coach est amusé par leur vivacité. Au bout d'un moment, il leur propose :

«Vous voulez faire un tour au sauna?»

Les enfants hésitent. L'adulte insiste.

«Vous voulez essayer?»

«On a dit OK, on essaie! Et là, le coach nous prévient : "Qui dit sauna... dit pas de maillot de bain!" Il enlève le sien, nous l'imitons, et, sur le ton de la plaisanterie, il demande : "Fais voir ton sexe?" Nous comprenons qu'il veut sans doute jouer, pour plaisanter, à comparer les tailles. À ce moment-là, mes deux copains sont partis du sauna. Et c'est là qu'il a commencé», nous confie Baptiste.

Les violences sexuelles

Un quart d'heure plus tard, la porte du sauna s'ouvre. L'entraîneur dit à Baptiste :

« Il ne faut rien dire, tu n'en parles pas.

— Oui. »

La porte du sauna se referme, lourdement, sur le secret que l'adolescent portera plus de vingt ans.

« Mes copains m'ont demandé ce qu'il s'était passé quand ils avaient quitté le sauna. Je leur ai raconté. Je ne pense pas qu'ils en aient parlé à leurs parents parce que l'entraîneur est resté jusqu'à la fin de la saison, j'imagine que si ceux-ci avaient su, ils auraient fait quelque chose. »

Lui non plus n'a rien dit à ses parents. L'été est arrivé. Baptiste a déménagé avec sa famille dans le sud-ouest de la France. Un nouveau lycée, un nouveau club de basket. La piscine, le sauna et la promesse d'un secret ont été oubliés. C'est du moins ce qu'il croit.

Deux années plus tard. Retour dans le village de son enfance, pour un long week-end chez des amis de la famille. Il accompagne sa mère au supermarché. Au détour d'un rayon, il tombe sur l'ancien entraîneur. Celui-ci lui propose de participer le soir même à un entraînement de basket avec quelques adultes. Baptiste est aux anges. « J'avais envie de leur montrer ce que j'avais appris dans mon nouveau club. » L'entraîneur promet à sa mère de ramener Baptiste pour lui éviter de faire la route. La maman le remercie chaudement.

Sur le parquet de son ancien club, Baptiste se surpasse. Il a grandi. Ses muscles se sont épaissis. Progrès remarqués et salués par le coach. « Je te ramène », dit ce dernier en souriant, après l'entraînement. Sur le chemin du retour, il propose à Baptiste de prendre le volant. Aujourd'hui, Baptiste peut analyser la scène : « À 16 ans, évidemment que vous avez envie de conduire une voiture ! Il m'a mis en confiance, et lui avait les mains libres. On n'avait pas fait cinquante mètres qu'il a recommencé ses attouchements. »

"Tu n'as pas oublié ? On a quelque chose à terminer, toi et moi.

— Non. Non !" j'ai dit. Il s'est braqué. Je me souviens qu'à ce moment-là, il s'est énervé. Il a recommencé. J'ai dit non, une fois encore. Il me criait de ne rien répéter. Je disais non, il criait encore. J'ai cette vision de lui, très énervé, sur le siège à côté de moi. Je pleurais. Et j'ai promis. »

Ce soir-là, l'entraîneur a donc raccompagné Baptiste. Ses parents l'ont remercié pour sa gentillesse. Il est resté quelques minutes, sur le pas de la porte, à discuter avec eux.

Baptiste a tenu sa promesse, pendant vingt ans.

« Je me disais que c'était lui l'adulte, qu'il avait raison. J'ai été élevé ainsi. Et j'oubliais. Je voulais oublier. Mais parfois, ça me revenait, je pensais qu'il fallait que j'en parle. Puis j'oubliais encore. Je voulais tout raconter à ma mère, mais j'oubliais souvent, et surtout je ne voulais pas qu'elle culpabilise », ajoute le jeune homme.

Un jour, il brise le silence et décide d'en parler à sa petite amie. « J'ai tout balancé. Ce qui m'a libéré d'une certaine façon, mais il manquait quelque chose. » Le dire haut et fort – publiquement. Sans risquer de s'exposer. Devant son ordinateur, sous pseudonyme. Les mots défilent. La scène de la piscine, le sauna, le supermarché, la honte et l'oubli. Baptiste a écrit *moi aussi*. Il a demandé à sa mère de lire le message posté en ligne, sur son compte anonyme.

Coup de téléphone immédiat de sa maman. Bouleversée.

« Mais qu'est-ce que j'ai raté ? Pourquoi je n'ai rien vu ? Pourquoi je n'ai pas compris ? »

« J'ai essayé de la rassurer. Je lui ai dit : tu n'as rien vu parce que je ne voulais pas que tu le voies, je camouflais tout. J'ai voulu te le dire ensuite, et puis j'avais peur, et je finissais par oublier. » Quelque chose a changé, depuis qu'il a pris la plume, en ligne. « Ça m'a fait du bien de l'écrire. Je me dis qu'il y a peut-être des gens qui vont se dire, en voyant et lisant mon témoignage : Cela m'est arrivé *à moi aussi*. »

11

Partie émergée de l'iceberg

Au sein des clubs de sport et des organisations sportives, les espaces dédiés, de confiance, de prise en charge officielle des cas d'agressions sexuelles, pour les agressés comme pour les agresseurs, n'existent pas, ou sont rares. Avec son Rugby Social Club, Laëtitia Pachoud fait figure d'exception. Son équipe agit au sein même de la fédération depuis deux ans. « On travaille adossés à notre service juridique, main dans la main avec la commission sociale parce qu'on a aussi besoin de psychologues, de psychothérapeutes... Et moi-même, je fais beaucoup de terrain parce qu'il n'y a rien de mieux que le contact, la relation humaine. Quand il y a un problème dans un club, j'interviens immédiatement. »

Dans cette fédération, au contraire de beaucoup d'autres, les acteurs de la prise en charge et de la lutte contre les violences sexuelles sont identifiés et se font connaître. Malgré tout, les remontées sont très faibles, selon l'aveu même de Laëtitia Pachoud. « Seulement 17 cas déclarés de violences sexuelles cette année [2019] sur 480 000 licenciés, c'est déjà trop. Mais ce n'est pas normal d'avoir si peu de signalements. »

Les violences sexuelles dans le sport sont impossibles à quantifier, malgré les études, les enquêtes et les différents rapports. Personne n'en connaît aujourd'hui l'ampleur. Ceux qui se sont attelés à cette tâche assurent que le fléau est réel, mais confessent un manque d'information total. Les victimes parlent peu. Le milieu sportif ferme les yeux ou préfère relativiser. Les cas ne sont pas déclarés. Ou à la marge. Omerta.

Le culte du secret

L'un des pionniers sur le sujet, Philippe Liotard, au début des années 2000, l'atteste : « Ce qui m'a surpris c'est le nombre d'affaires restées secrètes et qui le resteront. Mais la surprise la plus grande provient du rôle de l'entraîneur lors des agressions. Le rapport de domination et le mécanisme d'emprise qui le lient à ses athlètes est au centre de ces affaires[132]. »

Si la parole est rare lorsqu'un cadre spécifique existe, dans les fédérations où la prise en charge n'est pas explicitement annoncée, les remontées de situations sont inexistantes. Alors, pas de remontées ? Pas de faits délictueux ! Pas de faits délictueux ? Pas de prévention ! La performance, le résultat d'abord ? Mais à quel prix ?

Pour Guy Missoum, ancien directeur du Laboratoire de psychologie du sport de l'INSEP, le silence a la peau dure, particulièrement chez les sportifs : « Les sportives victimes de violences sexuelles ne veulent pas compromettre leurs chances de performances et de médailles. Si elles parlent, elles savent ou croient que leur carrière est finie. Elles font de tels sacrifices pour vivre leur passion, pour atteindre leurs objectifs, qu'il est inenvisageable pour beaucoup d'entre elles de perdre le soutien de leur fédération avant la fin de leur carrière. Quand on est sportive de haut niveau, on apprend à surpasser la douleur, qu'elle soit physique ou psychologique. Une victime de violences sexuelles est capable de se concentrer uniquement sur son objectif sportif et de cloisonner sa vie pour ne pas compromettre ses performances. »

Pour y remédier, les rares auteurs d'études sur les violences sexuelles dans le sport – ceux-là mêmes qui font état, à des années d'intervalle, de constats identiques – prodiguent les mêmes recommandations, d'ailleurs réitérées récemment au ministère des Sports.

Les différentes préconisations des rapporteurs tournent autour de cette idée : un observatoire des violences sexuelles, des formations adaptées, la mise en place d'un référent au sein de la fédération qui serait identifié par tous les clubs et les dirigeants, une prise en charge juridique et judiciaire simple et fiable, ainsi qu'un suivi socio-médical des victimes.

Baptiste comme Sophie ne pratiquent plus les sports dont ils étaient mordus au sein d'un organe fédéral. « Après la deuxième agression sexuelle de mon entraîneur de basket, à deux années d'écart, alors que j'étais encore mineur, je n'ai plus pratiqué de sports collectifs. Je jouais de temps en temps au basket entre copains. »

Dans de très nombreux cas étudiés, lorsque l'agression a été dénoncée, il est impensable pour les victimes de revenir s'entraîner au sein du club dans lequel le crime a eu lieu – elles n'en expriment généralement d'ailleurs plus jamais le désir ; contrairement aux entraîneurs, parfois déplacés, pour un temps, dans un club voisin, souvent très faiblement sanctionnés en commission de discipline. La victime est-elle victime (ou coupable, c'est selon) d'avoir parlé ? Quel message est alors donné ? Entre le sport ou la parole, faut-il choisir ?

Les victimes bafouées

La prise de parole des athlètes leur a parfois coûté leur carrière. Catherine Moyon de Baecque et Michelle Rouveyrol seront exclues de l'équipe de France d'athlétisme, après la révélation de leurs agressions. Un an plus tard, elles voient même leurs agresseurs disputer les Jeux olympiques de Barcelone. « C'est une histoire terrible, et c'est encore vrai aujourd'hui : quand une victime parle, on préfère couper la branche plutôt que de tenter de régler le problème à la base », fustige le Dr Véronique Lebar, fondatrice, on l'a vu, du comité Éthique et Sports, en contact permanent avec des victimes qui, elles, ne veulent pas de presse, pas de médiatisation.

Les rares procès très médiatisés d'athlètes victimes d'agressions sexuelles n'ont pas encouragé la libération de la parole dans le monde du sport. Bien au contraire... Aujourd'hui, lorsque Véronique Lebar, avec l'aide de son équipe du comité, met en place une procédure judiciaire à leurs côtés, celles-ci lui demandent de « régler les choses au plus vite »... « sans que ça se sache », précise le médecin. « Cette notion est fondamentale pour elles, elles sont terrorisées à l'idée de voir leur nom dans la presse. (Elle soupire.) Leur nom, et celui de leur agresseur. Même quand elles parlent, on est toujours dans le même système de la honte, de la culpabilité et de l'emprise de l'agresseur... »

12

Pourquoi cela « reste-t-il entre nous » ?

Le monde du sport, de la discipline, du dépassement de soi, du respect de la hiérarchie, repose sur une organisation verticale : les clubs dépendent des comités départementaux ou régionaux, qui eux-mêmes dépendent des fédérations, financièrement et en termes de politique sportive. Ce monde-là, pensé au départ pour que les mêmes règles soient imposées à tous et pour permettre une compétition juste, à armes égales entre sportifs, ce monde-là, précisément, a-t-il pensé un espace propice à la libération de la parole en son sein ? Un espace de confiance, indépendant de la hiérarchie ? Où la hiérarchie n'a pas de prise ? La réponse est clairement négative. « Ça reste entre nous », disent les prédateurs à leurs victimes. Et « ça » le reste.

« Les victimes attendent d'être sorties du milieu sportif pour parler, par peur d'être limogées, écartées ou décrédibilisées. Dans le sport, l'omerta est bien plus forte qu'ailleurs », estime l'ancienne responsable du pôle sport-santé-bien-être au ministère des Sports, et qui redoute que la perspective des Jeux olympiques de 2024, à Paris, favorise les dérives : « Avec les Jeux en France, la nécessité de médailles nationales est très claire ; il risque d'y avoir une pression accrue au sein des fédérations, et donc une tendance à brider un peu plus la parole des victimes. »

Combien de témoignages de sportives, de sportifs, amateurs ou professionnels existe-t-il en France ? Le domaine du sport, particulièrement marqué par la place de l'État et des fédérations sportives, protège-t-il ses sportifs ? Protège-t-il notamment, en attention particulière, les mineurs ? Pourquoi certains agresseurs sont-ils encore en activité ? Où en est-on, aujourd'hui, avec les chiffres des violences sexuelles dans le sport ? Ont-ils évolué ? Quelle prévention a été mise en place par le ministère ou les fédérations ? Quel suivi ? Quel contrôle ? Quel budget ? Qui joue le jeu ? Qui refuse ?

L'absence de réponses claires ouvre un questionnement essentiel : la lutte contre les violences sexuelles dans le sport existe-t-elle vraiment au-delà des déclarations d'intention et des communications du mouvement sportif comme des ministres concernés ?

Silence, on blesse!

Le rapport du 28 mai 2019 de la mission d'information du Sénat « sur les infractions sexuelles commises sur des mineurs par des adultes dans le cadre de leur métier ou de leurs fonctions » relève que, malgré la prévalence de ce type de crimes ou de délits qui, depuis les années 1980, « se sont imposés dans l'esprit collectif comme les crimes les plus graves », « aucune enquête statistique fiable et approfondie sur les violences sexuelles commises contre les mineurs n'existe en France ». La mission a donc utilisé des enquêtes partielles, des sondages, des évaluations d'associations et demande un observatoire national des violences pour avoir ces données.

Les sénateurs ont alerté sur la situation des structures sportives « particulièrement à risque » en raison « des contacts physiques, de la promiscuité des vestiaires ou des déplacements rendus nécessaires par la participation à des compétitions ». Ils pointent également « la faiblesse des contrôles effectués s'agissant des bénévoles » qui encadrent les associations sportives et qui représentent près de 1,8 million de personnes. Selon ce rapport, ces bénévoles seraient un « véritable angle mort de la protection des enfants en milieu institutionnel ».

Or, en Norvège, au Canada, aux États-Unis ou au Danemark, par exemple, dès les années 1990 des études spécifiques ont été conduites sur ces questions. Pourquoi rien de tel n'a émergé en France jusqu'aux années 2000 ? Anne Jolly et Greg Décamps, par deux fois et par un article retentissant du journal *L'Équipe* dans son édition du 9 juin 2011, ont mis ce phénomène en lumière. En 2006, les deux universitaires ont publié *Les Agressions sexuelles en milieu sportif : une enquête exploratoire*[133], investigation menée auprès de 117 élèves en formation STAPS entre 2000 et 2002. Les résultats montraient que 2 garçons sur 47 (4,3 % de l'échantillon) et 7 filles sur 70 – soit 10 % des étudiantes interrogées – avaient subi des agressions sexuelles. Pour les garçons venant d'autres sportifs, et pour les filles d'un homme présentant un ascendant sur elles dans la quasi-totalité des situations.

Des chiffres qui font peur

Quelques années plus tard, ces deux auteurs, cette fois avec Sabine Afflelou[134], vont publier une enquête plus ambitieuse portant sur deux ans, entre 2008 et 2009, et interrogeant 1 407 sportifs (60,3 % de garçons et 38,3 % de filles, âgés de 11 à 35 ans, avec 60,1 % de mineurs) dans 44 disciplines[135]. L'étude a été commandée par le ministère des Sports dans le cadre d'un programme de lutte contre les violences sexuelles.

Les auteurs évaluent le sport comme un « contexte particulier pouvant induire plus facilement des actes de violences sexuelles ». Le taux d'exposition des athlètes (aux actes de voyeurism, aux atteintes et agressions sexuelles) mesuré était alors de 11,2 %[136]. Contre 6,6 % hors de la sphère sportive. Mais si on prend en compte les sportifs qui manquent de certitude sur leur exposition à de possibles violences, le taux des victimes grimpe à 17 %. Avec 88 % de mineurs.

Les agresseurs sont à 83,8 % des hommes et à 80,4 % connus par leur victime. Près de 55,8 % des violences se déroulent entre athlètes, dont 35,5 % du même âge, et 17,3 % par l'encadrement sportif, dont plus de la moitié par le propre entraîneur du sportif (8,7 %) mais aussi par un encadrant ou un dirigeant.

Les taux d'exposition aux différentes formes de violences sexuelles varient suivant les disciplines, qui sont par ailleurs toutes concernées. La moyenne s'établit à 11,2 %, avec des pointes de 28,4 % pour le judo, 16,7 % au volley, 14,3 % au rugby et 4,9 % au football. Le judo tient d'ailleurs la première place sur les trois catégories de violences sexuelles. Selon Sébastien Boueilh, « tous les sports sont concernés, mais plus l'enfant est dénudé plus il attire les prédateurs : athlétisme, natation, gymnastique[137] ».

Les violences se produisent d'abord dans les vestiaires avec 22,2 % des atteintes, l'internat avec 18,8 % et la salle de sport avec 11,9 %, et pendant la fête à 22,4 %, l'entraînement à 21,5 %, la compétition à 11,2 % ou encore le bizutage à 10,3 %. Le sport de haut niveau comme le sport de loisir sont concernés, mais le taux d'exposition progresse avec l'intensité de la pratique.

Les victimes déclarent en avoir parlé à leur entourage, surtout à leurs amis pour plus des trois quarts, mais pas à des professionnels en raison, selon l'enquête, de la difficulté à «identifier des personnes-ressources». Cette enquête confirme également la réticence à dénoncer les faits en justice, puisque seuls 5 % (7 victimes sur 158) le font.

Quelque chose a-t-il changé ?

Deux fois plus de prévalence, et pourtant peu de changement depuis cette époque ! Un rapport de l'Inspection générale de la jeunesse et des sports a bien été commandé en 2014, mais il n'a pas fait l'objet d'une publication, et sans doute encore moins de la mise en œuvre de ses préconisations. Pourquoi ? Quel tabou levait-il ? Pourquoi l'avoir enterré ?

Certes, neuf outils de prévention, sous forme de guides[138], ont été élaborés par la Direction des sports ou d'autres organismes sur les sujets plus généraux de la prévention des incivilités, des violences et des discriminations dans le sport et mis à jour régulièrement. Il s'agit de protéger les victimes des dérives en les informant sur leurs droits et sur les dispositifs d'aide à leur disposition. La mise en place des outils de prévention permet d'accompagner tous les acteurs, qu'ils soient sportifs, dirigeants, éducateurs, supporters, arbitres, mais aussi les professionnels comme les services déconcentrés, les collectivités territoriales, les fédérations et les clubs sportifs, les établissements, les ligues professionnelles dans des actions de sensibilisation, de communication, de formation. Les niveaux d'information et de précision de ces guides dépendent du public ciblé.

Différentes directions régionales ont édité des plaquettes de vulgarisation qui abordent concrètement cette thématique, à la fois par des indicateurs donnés et des conseils et lieux de vigilance pour «définir et expliquer les comportements attendus de chacun et les limites de l'acceptable». Mais tout cela n'est pas suffisant.

Les courageuses lanceuses d'alerte

La première affaire publique faisant état de violences sexuelles dans le sport a été dénoncée dans les années 1990 par l'athlète Catherine Moyon de Baecque, de la Fédération française d'athlétisme. Au cours d'un stage en équipe de France en 1991, la lanceuse de marteau avait été victime de violences sexuelles de la part de ses coéquipiers. L'«Affaire des marteaux» a fait la une de la presse. Deux ans plus tard, ses agresseurs ont été condamnés, elle a gagné son procès. Pour la première fois, une femme brisait la loi du silence dans le sport. «Non seulement c'était la première fois qu'une telle plainte était déposée contre des membres de l'équipe de France, mais en plus je mettais en cause l'encadrement, comme l'entraîneur national ou les responsables de la Fédération française d'athlétisme, en montrant leur négligence», explique-t-elle aux médias. Elle gagne son procès... et la mise au ban du monde sportif.

Il a fallu attendre les révélations d'Isabelle Demongeot en 2007, à la suite de la publication de son livre *Service volé*[139], pour que les pouvoirs publics s'emparent du sujet.

L'ancienne numéro deux du tennis français révèle dans l'ouvrage les agressions sexuelles que lui a fait subir son entraîneur, Régis de Camaret, pendant neuf ans. Tout commence en déplacement lors d'un championnat de France à Roland-Garros, alors que la joueuse a 13 ans. «J'ai regardé en l'air, je ne voulais pas voir, j'ai tout verrouillé comme si j'étais déjà morte.» Elle décrit l'emprise que l'homme exerçait sur elle et sur les autres joueuses. «Il nous demande de ne plus avoir de vie d'adolescentes. Si on va au cinéma, c'est avec lui.» Elle parle des agressions sexuelles qu'elle subit : «Chaque fois, il me demande de ne rien dire.» Et de sa descente aux enfers : «Il m'a tout enlevé, cet homme, il m'a vidée, il m'a enfermée dans un système.»

Une charte restée lettre morte

Roselyne Bachelot, la ministre chargée des Sports, lance, le 20 juillet 2007, une campagne de lutte contre le harcèlement et les violences sexuelles dans le milieu sportif. Ce plan se décline en quatre volets : un état des lieux commandé à des universitaires et des médecins ; une mallette pédagogique ; la mise en place de comités de pilotage régionaux et d'une «demi-journée type annuelle» d'information et de sensibilisation ; un dispositif d'écoute et d'accompagnement, en partenariat avec l'INAVEM[140] et son numéro d'accueil le «08 VICTIMES». Quelques mois plus tard, une charte relative à la prévention des violences sexuelles dans le sport est signée par le ministère des Sports, le Comité national olympique du sport français et 95 fédérations ou groupements sportifs. Cette première campagne de prévention des violences sexuelles dans le sport, coordonnée par Isabelle Demongeot, pouvait-elle bouleverser le monde du sport ?

La charte contre les violences sexuelles de 2008 fait partie de ces documents signés en grande pompe sous les feux médiatiques pour se donner bonne conscience et qui sont oubliés sitôt l'encre séchée. « Rien n'avait été fait avant, explique Greg Décamps à la presse. Mais ce n'était pas efficace : le ministère a expliqué aux fédérations et à toute la communauté sportive ce qu'il fallait mettre en place sans vérifier si c'était fait et sans donner les moyens de le faire. Il ne suffit pas de mettre en place un plan d'action pour que ça change le monde, il faut le faire vivre. »

Au fil des années, Greg Décamps et d'autres enquêteurs après lui, missionnés par le ministère, font le même constat : à de très rares exceptions près, la charte est demeurée lettre morte, le ministère ne s'étant d'ailleurs pas soucié de veiller à son application par les fédérations. Pourtant les conseillers techniques sportifs, à commencer par le directeur technique national, agents de l'État placés auprès des fédérations, avaient la capacité de porter cette politique publique. Encore aurait-il fallu leur en assigner la mission. La Direction du sport (DS), dans le dialogue entretenu avec les fédérations pour l'application des conventions d'objectifs pluriannuelles qui les lient au ministère, elle aussi, aurait pu en faire une priorité. Mais aucune priorité politique, aucune ambition, aucun cap fixé ne suivront cette signature.

Des fédérations immobiles

La faible implication des fédérations dans la lutte contre les violences sexuelles est pointée du doigt. Plus d'une fois. Parfois, même, en signalant le peu de moyens alloués à cette question, aussi bien par les services de l'État que par les fédérations, depuis 2010.

La lutte contre les violences sexuelles dans le sport, pourtant portée médiatiquement par la ministre lors de la signature de la fameuse charte, n'apparaît à l'époque que dans une seule convention d'objectifs, celle de la Fédération française de tennis, pour un budget de 50 000 euros de 2009 à 2013, sur une subvention allouée par le ministère en 2009 de 15 000 euros, non renouvelée après 2009.

La FFT a d'ailleurs été l'une des premières fédérations à réfléchir à ces questions de violences, y compris sexuelles, et à s'être dotée des outils pour lutter contre les dérives. Mais cette prise en compte, qui s'inscrit dans un code de bonne conduite et une charte éthique, n'est pas explicite. Ainsi, l'expression « violences sexuelles » n'apparaît pas !

Les autres fédérations n'abordent également le thème dans leurs conventions d'objectifs qu'au titre d'actions de prévention contre les « incivilités » liées à la pratique sportive, terme fourre-tout bien faible pour qualifier les agressions sexuelles ou les viols. Les règlements disciplinaires ne l'évoquent pas, les formations ne les prennent pas en compte, et tous les acteurs avouent leur impuissance à justifier des sanctions en commission de discipline. Les dirigeants, eux-mêmes, confrontés à un signalement, tentent de minimiser. Ils font valoir qu'une trop grande rigidité mettrait en péril l'apprentissage technique et le lien social créé par le sport. Mais que dire du laxisme qui laisse la porte grande ouverte aux abus ?

Si l'État semble se désintéresser de la question, comment s'étonner de l'absence de mobilisation des fédérations ? Une petite minorité d'entre elles désigne un référent pour recueillir et traiter les informations. Encore plus rares sont celles qui ont mis en place un véritable plan pour structurer une réponse publique à des dérives non quantifiées et passées sous silence.

D'ailleurs, la plupart des fédérations n'ont déployé aucune action pour lutter contre les violences sexuelles et considèrent que d'éventuelles dérives ne concerneraient pas leur discipline. « Pour quoi faire ? Nous n'avons pas de cas chez nous », répètent-elles en chœur. Quand elles répondent.

Lorsqu'une nouvelle enquête du ministère est diligentée sur la question auprès des 95 fédérations et groupements sportifs signataires de la charte de 2008, beaucoup s'abstiennent ou déclarent, une fois de plus, n'être pas concernées et n'avoir constaté aucun fait.

Entre 2011 et 2014, seules une vingtaine d'agressions sexuelles ont été déclarées au ministère par 9 fédérations olympiques (3 en 2011 et en 2012, 2 en 2013, 12 en 2014). Les rares données obtenues semblent confirmer que les victimes mineures sont très largement majoritaires (18 sur 23), mais aussi que les deux sexes sont concernés par les violences (9 garçons victimes sur 23). Les agresseurs ont pour la plupart le profil d'éducateurs ou d'entraîneurs (14 sur 23), majoritairement salariés. Ces données ne révèlent pas l'ampleur du phénomène.

Pour les compléter, le croisement avec les recueils de l'Observatoire national de la délinquance et de la réponse pénale[141], constitués à partir des dépôts de plainte auprès des services de police et de gendarmerie, est instructif, mais ne fournit pas non plus un état des lieux exhaustif. Pour exploiter ces données, les procédures administratives, lourdes et lentes, sont donc inévitables. Pour faire émerger le profil d'un agresseur par exemple, ou le contexte sportif d'une infraction, l'Observatoire doit être saisi par un ministre, avant d'extraire les fichiers et de les exploiter.

Le focus « Violences, incivilités et autres infractions spécifiques aux activités physiques et sportives en France de 2005 à 2011[142] » donne un aperçu de la part des délinquances sexuelles qui représentent 295 infractions sur 1 826 au total, soit 16,2 % des infractions ; 146 mineurs sont concernés, soit près de la moitié des faits. Par ailleurs, 90 % des plaintes des mineurs sont relatives à ces infractions sexuelles[143].

Les données de l'Observatoire permettent un classement, sur la période, des disciplines les plus exposées. En tête des risques d'exposition aux infractions à caractère sexuel : les activités aquatiques (lieux de loisirs comme en pratique fédérale) qui représentent plus de deux tiers des infractions dénoncées sur six ans (68 %, soit 201 infractions sur 295). Suivent les sports collectifs, avec le football (26 infractions sur 295), et, loin derrière, le basket-ball (7 infractions), le rugby et le handball à égalité avec 4 infractions chacune.

Le sport non encadré est aussi concerné. À la suite du meurtre de trois jeunes joggeuses en l'espace de neuf jours et en pleine journée, le magazine américain *Runner's World* a publié une étude[144] qui montre que 43 % de femmes se disent victimes de harcèlements, invectives, obscénités, en majorité d'ordre sexuel durant leurs séances de footing ; 30 % disent avoir été suivies durant l'entraînement ; 18 % ont même reçu des propositions de rapports sexuels et 27 % d'entre elles ont dû arrêter la course à pied. Les hommes, quant à eux, déclarent à 96 % n'avoir jamais été harcelés pendant leur séance de footing. La pratique des Françaises est-elle différente ? Une telle étude est-elle envisagée ?

L'échec de l'État

Il faut aujourd'hui admettre l'échec de l'État dans la lutte contre les violences sexuelles liées au sport. Aucun bilan chiffré et précis n'est disponible. Les cas d'agressions sexuelles ne sont ni répertoriés ni déclarés. Rien non plus sur les suites données aux sanctions à l'encontre des auteurs ou l'accompagnement des victimes.

Comment expliquer le décalage entre la démarche volontariste et médiatique du ministère des Sports et la légèreté de sa mise en application ? Selon les années, les directives nationales d'orientation commandées par le ministère semblent peu explicites dans la formulation concrète de ce qu'il serait attendu. Quelle politique de prévention ? Quel cap ? Quel horizon ? Quels objectifs sont fixés et donnés à voir ? Les réunions du comité de suivi et de lancement des dispositifs d'écoute et d'accompagnement des victimes des violences sexuelles dans le sport, prévues pourtant dans la charte de 2008, n'ont jamais lieu. Des objectifs peu précis, un manque de suivi et l'invisibilité d'un pilotage national. Voilà comment s'essouffle la lutte, allumée en grande pompe quelques années plus tôt. Et comment, peu à peu, la question des violences sexuelles devient moins visible, au profit de la prévention de discriminations plus ciblées (racisme, violence dans la pratique sportive).

13

Quand le système freine

Du sujet, à défaut de l'État sur la durée ou des fédérations avec conviction, les associations se sont emparées. Des militants engagés viennent raconter leurs histoires aux jeunes partout en France. « C'est ma résilience », explique l'une de ces anciennes victimes, en coulisses. Sophie, elle, est devenue coach, elle anime des ateliers en entreprise pour sensibiliser « les jeunes et les moins jeunes », et prévenir des violences sexuelles. « De 6 à 14 ans, on ne sait pas forcément ce qu'est une agression sexuelle. Qui a le droit de toucher notre corps ? Pourquoi pas notre entraîneur ? Ça paraît évident, mais personne ne vous l'explique au sein de votre pratique sportive. Hier comme aujourd'hui. Alors, on est démunis. Et on le reste longtemps. »

D'une autre manière, Raphaël Poulain, ancien international de rugby, raconte, lui, l'enfer des stéréotypes, celui du « super-héros » qu'on lui demandait d'être, au prix d'un corps en miettes. Sa descente aux enfers ensuite, une fois « retraité », sans podium et sans lumière. À traîner un corps qui ne lui appartenait plus. Là encore, il parle du corps, de ce qu'on lui fait subir, de ce qu'on n'a pas le droit de dire, de l'attention pourtant qu'il faut lui accorder, de la prise de conscience nécessaire selon laquelle il appartient au sportif avant d'être un instrument façonné par l'entraîneur pour le sport et les médailles. Par leurs témoignages et leurs mobilisations personnelles, certains sportifs prennent, ici et là, la parole, brisent les clichés, combattent l'omerta.

Le pouvoir du « dominant »

Pourtant, les éléments qui expliquent cette prévalence sont connus. Entraînements de mineurs, vie quotidienne en vase clos, éloignement des familles pour les sportifs en centres d'entraînement, relations entraîneur-entraînés mêlées d'admiration, intensité des entraînements, régularité disciplinaire, fréquences des déplacements à l'étranger, culte du corps, testostérone, contact physique, rapport de domination, besoin de sélection, stéréotypes de genre, périmètre clos, faible surveillance, enfin, sentiment d'impunité et de toute-puissance... les raisons (non les excuses) favorisant ces dérives iniques ne manquent pas. Dont le dernier argument – celui du pouvoir – n'est pas des moindres.

Pour comprendre ce dernier point, il faut écouter les agresseurs pris en faute, la naïveté de leurs interrogations, quand, par exemple, Laëtitia Pachoud, du Rugby Social Club, les confronte aux accusations, au nom de la fédération de rugby. C'est ce qu'elle illustre ici : « La différence avec la société, c'est que nous n'étions pas préparés, dans le sport, à gérer ces dérives. Les fédérations ont des responsabilités, et la première d'entre elles, c'est de protéger leurs licenciés. Certains ont du mal à l'entendre. En ce moment je traite deux cas de violences sexuelles. Il y en a un qui nie tout en bloc : "Je ne comprends pas, c'est n'importe quoi..." L'autre reconnaît ce qu'il appelle "une erreur" ; moi j'appelle ça un viol. Mais cette personne ne comprend pas la réaction de la fédération. "Pourquoi la fédération m'empêche d'entraîner ?" Ma réponse est sans ambiguïté : "Elle t'empêche d'entraîner parce que tu as agressé un mineur, tout simplement." Ils ont du mal à dissocier le code pénal et le monde de la fédération. Ils ne comprennent pas pourquoi un entraîneur doit être signalé à la fédération. »

Peu concernés par le sujet, faisant preuve de déni, et parfois en toute bonne foi, les dirigeants de fédérations sportives craignent, pour certains, que la libération de la parole favorisée par le phénomène #MeToo ne porte atteinte à la réputation de leur discipline, de leur fédération, et freine la pratique sportive dans un cadre fédéral, notamment chez les jeunes filles et femmes.

Pire, la médiatisation de cas d'agressions sexuelles commis par des entraîneurs « emblématiques » freinerait, à leurs yeux, la mise en place d'action de prévention dans certains clubs, soucieux de protéger d'abord la notoriété de leurs « éléments phares ». Mais le déni dans l'appréciation des faits relève surtout d'une mauvaise foi dangereuse pour le monde sportif.

Dans quelques disciplines, certains jouent sur la nécessaire proximité corporelle des enseignants pour apprendre aux athlètes à reproduire parfaitement le geste attendu. Le contact serait inévitable et donc facilement «confondu» avec un geste pervers à l'endroit d'un mineur et des femmes. «C'est pourtant simple de s'assurer que l'athlète accepte le contact physique de son entraîneur pour lui montrer le geste», estime un ancien responsable de la fédération de taekwondo, qui préfère ne pas être identifié «pour parler librement». «On a beau le répéter aux entraîneurs, ils n'intègrent pas cette logique-là facilement. Il faut que le moniteur dise : "Voilà comment il faut faire le geste, tu m'autorises à t'aider à le faire ?" »

Où est la limite ? Quelle est la frontière ? Ce qui est autorisé, ce qui ne l'est pas ? Quel geste, quelle parole, quel regard n'est plus simplement professionnel et sportif, à quel moment la relation glisse-t-elle dans l'illégalité et devient violence sexuelle ? Une trop grande rigidité dans l'interprétation mettrait en péril l'apprentissage technique et le lien social créé par le sport, ce n'est pas inexact. Mais le laxisme laisse la porte grande ouverte aux comportements déviants.

Que de silences assourdissants

L'«affaire des lanceurs de marteau» a éclaté dans l'indifférence des pouvoirs publics. Il a fallu la médiatisation du livre *Service volé*[145] de la championne de tennis Isabelle Demongeot, près de vingt ans plus tard, pour que le ministère chargé des Sports s'en empare.

Un an après #MeToo, Giscard Samba, entraîneur d'athlétisme, est accusé de viol. Il sera suspendu douze mois par sa fédération. Selon plusieurs sources au sein de celle-ci, la suspension d'un an, dont six mois avec sursis, décidée en juin 2019 par la commission de discipline de la FFA à son encontre – il dément toute violence sexuelle – aurait été annulée, un mois plus tard, par la commission d'appel. «La commission d'appel n'a pas levé définitivement [la suspension], elle l'a levée en attendant la décision de justice, précise toutefois Patrice Gergès, le directeur technique national de la FFA. Si les faits sont avérés, il est probable que la commission d'appel revienne sur sa décision provisoire et statue. C'est la décision de justice qui donnera la décision définitive de la commission d'appel. » La présomption d'innocence à l'œuvre, en l'occurrence. Mais le flou qui entoure ces rares cas judiciarisés d'agressions sexuelles dans le sport n'encourage certainement pas les victimes potentielles à porter plainte.

Que s'est-il passé entre l'affaire Demongeot dans les années 1990 et l'actuelle enquête à la fédération d'athlétisme ? L'absence de données, la rareté des cas médiatisés signifient-elles que le sport est « épargné » par ce problème ?

C'est en tout cas ce que considérait Laura Flessel en novembre 2017, pourtant très engagée sur ces questions de respect, de valeurs, d'intégrité. Elle assure alors dans une interview, en sa qualité de ministre des Sports, que « le travail de prévention paie ». Comprenez, en substance : pas d'affaire d'abus sexuels qui éclate au grand jour ? Pas de sujet ! Une affirmation qui avait choqué les associations de prévention. Roxana Maracineanu, qui lui a succédé, ne partage pas ce constat : « Cela touche tous les pans de la société », a-t-elle déclaré. Et de reconnaître qu'une « omerta existe[146] ». Et en effet ! À plusieurs reprises, le ministère des Sports a bien été informé de la persistance d'une omerta liée au statut emblématique de certains encadrants et dirigeants, mis en cause dans des affaires d'agressions sexuelles.

Dans l'affaire de Giscard Samba, la mère d'une athlète, Anaïs Desroses, avait envoyé, dix ans avant la médiatisation actuelle, des courriers pour alerter le club de sa fille et le maire de sa commune des comportements de l'entraîneur. Une athlète avait même déposé contre ce dernier une main courante au commissariat de Thiais en évoquant des allusions sexuelles et des menaces. Tout cela sans succès. Et le silence avait succédé, une fois encore, à la révolte. Jusqu'à l'affaire de trop.

Prendre son bâton de pèlerin

Sous l'impulsion de Roxana Maracineanu, le ministère a signé un partenariat avec l'association qui lutte contre les abus sexuels Colosse aux pieds d'argile et son président Sébastien Boueilh, avec pour mission d'intervenir dans 25 établissements, INSEP et CREPS, à travers toute la France auprès des sportifs et des agents, soit plus de 5 000 personnes au total.

Souvent préconisée, jamais formellement mise en place au niveau national, la vérification en amont de l'honorabilité des encadrants, des éducateurs et des dirigeants bénévoles ainsi que l'organisation transversale par les instances déconcentrées de l'État dans le partage d'informations relatives aux éducateurs salariés est de nouveau sollicitée.

Or les éducateurs, au rôle et à l'autorité pourtant déterminants sur les sportifs, ne connaîtraient pas les limites du bon geste ou de ce qui relèverait du harcèlement. Et les modules de formation n'ont aucun caractère obligatoire, aucune évaluation n'est posée en fin de cursus, et ce sujet n'est jamais abordé au moment du passage du diplôme.

L'aveuglement permanent

Après plusieurs condamnations successives pour maltraitance ou prédation sexuelle d'éducateurs dont les antécédents n'avaient pas pu être vérifiés par les clubs de football dans la région Centre-Val-de-Loire, la FFF a choisi ce territoire pour mettre en place, en avril 2019, une action pilote afin de mieux contrôler les recrutements des encadrants sportifs, notamment bénévoles. Mais, fin mai 2019, cette région s'est trouvée de nouveau sous le feu des projecteurs médiatiques. Parce que Patrick L., entraîneur bénévole du club de football de Corquilleroy, a été condamné à cinq ans de prison ferme dont deux avec sursis pour abus sexuels sur mineurs[147].

« L'enquête de plusieurs années du juge d'instruction a démontré que cet homme recevait à son domicile les adolescents licenciés de son club de football. Certains le connaissaient depuis longtemps, depuis l'âge de 5 ou 6 ans, et malheureusement, quand ils ont été en âge de l'intéresser, il abusait d'eux sexuellement », explique Loïc Abrial, procureur de Montargis.

L'éducateur incitait les jeunes à boire, à consommer des stupéfiants et à regarder des films pornographiques dans ces soirées, et il en profitait pour abuser des garçons, dont certains avaient 13 ans au moment des faits. Sa peine a été assortie d'une interdiction définitive d'exercer « une profession en lien avec des mineurs » et d'une période de suivi de cinq ans avec obligation de soin. La ligue de football du Centre-Val-de-Loire pourra désormais croiser les dossiers du ministère des Sports avec ceux de la justice.

Quand le système freine

«Dans ces procédures-là, quand on traite des affaires qui durent depuis des années, avec de nombreuses victimes, souvent mineures, toutes liées par le club de sport, et à un seul et même entraîneur, on se demande vraiment comment les familles, les dirigeants du club, les autres entraîneurs, les voisins, comment personne n'a pu ne rien voir, ne rien dire», commente Laure Denervaud, avocate spécialisée dans les violences sexuelles dans le sport. «J'ai une nouvelle affaire. Je suis estomaquée par le nombre de victimes. Estomaquée. Et j'ai dix ans de pénal derrière moi», poursuit-elle.

Comment le silence s'installe-t-il dans un club, dans une fédération, et aussi durablement, au-delà de la relation de domination, de culpabilité et de honte que le prédateur insuffle à sa victime?

Surtout quand on sait que la non-dénonciation de crime ou d'agression sexuelle est un délit sévèrement puni par la loi. Que l'article 40 du code de procédure pénale impose un signalement à toute autorité constituée et à tout fonctionnaire qui a connaissance d'un délit ou d'un crime. Mais combien le font réellement en l'absence de sanctions disciplinaires systématiques à leur inertie coupable? Qui, au sein du lieu de vie sportif, a perçu le danger avant signalement d'agression? Qui a, par ailleurs, ignoré les marques de proximité d'un autre entraîneur avec des jeunes filles, alors que bien souvent il s'affichait sous les yeux de ses propres collègues?

Dans de nombreux témoignages, il apparaît que les dirigeants sportifs ont une perception «très variable» des violences sexuelles. Au nom de ce qui est «acceptable» et de ce qui ne l'est pas. Or, la limite de l'acceptable, c'est la loi. Souvent, et dans de nombreux cas de dérives, discriminantes, sexuelles, communautaristes, la question de la perception de la limite marque le début de son franchissement.

La sensibilisation des acteurs sportifs au sujet des violences sexuelles et de l'obligation de signalement est donc urgente. Elle doit être rappelée régulièrement, suivie et contrôlée.

14

Quand l'impuissance enrage

Parfois, malgré un volontarisme affiché, certains acteurs sportifs se montrent impuissants à justifier un examen en commission de discipline qui puisse aboutir à une sanction, ou n'arrivent pas à avoir accès au dossier pénal d'un agresseur, ce qui leur donnerait des éléments concrets qui conduiraient à une sanction disciplinaire.

Pour exemple, voici quelques affaires – toujours en cours – pourtant signalées au ministère.

Tristes histoires en cascade

Une soirée privée, chez l'entraîneur du club. Avec les autres filles. Elle a 16 ans. Quelque chose arrive. Cette nuit-là, elle n'a pas fermé l'œil. Les années passent. Elle ne repense plus à ce jour terrible. À l'âge adulte, un soir, chez des amis, le souvenir revient. Intact. Des rires étouffés, le musc d'un parfum, le son d'une voix, cette voix-là. *Cette voix-là.* Elle entend distinctement, ce soir-là, ce que l'entraîneur lui avait dit. « Ce n'est rien. N'en parlons plus. »

Elle porte plainte. L'entraîneur, toujours salarié du club, est renvoyé par la fédération, elle-même alertée par les services de l'État. Il part. Hors de l'Hexagone. Aujourd'hui, il donne des cours sportifs, en qualité de bénévole, dans une structure privée.

Une histoire d'amour. Entre une jeune fille mineure et son entraîneur. Ils ne s'affichent pas au club pour éviter les « complications ». Les parents de l'adolescente sont mis au courant de la nature de leur relation. L'entraîneur est venu leur parler, leur prouver sa bonne foi.

Les parents sont séduits. C'est entendu. D'autant que leur fille progresse de plus en plus dans sa discipline. Et s'il l'emmenait au sommet ?

Elle est mineure, mais elle a plus de 15 ans, et elle est très amoureuse de « son » entraîneur. Il vient la chercher au domicile familial pour aller dîner, au cinéma, la ramène toujours à l'heure convenue. Elle est heureuse, semble-t-il.

Quelques mois plus tard, ses performances déclinent. Les parents saisissent la commission de discipline. L'entraîneur, convoqué, y parle d'amour. Le président du club, qui entretient une bonne relation avec lui, le relaxe.

La relation perdure. Sans autres éléments concrets à charge contre le coach, le club autorise donc, quand même, un adulte encadrant à avoir des relations sexuelles avec l'une de ses joueuses, mineure, alors même qu'il a, au début des faits, un ascendant lié à la fonction qu'il occupe sur une athlète qu'il entraîne !

Dans un autre club, voici un cas de relations sexuelles sans contrainte (ni menace ou surprise) par un éducateur sur une salariée mineure en contrat d'apprentissage, signalé au procureur de la République. Immédiatement mis en garde à vue, l'homme est condamné à dix-huit mois de prison avec sursis, et 2 000 euros de dommages et amende. Le président du club est également mis en garde à vue pour « mise en danger de ses employés ». Le tribunal n'interdit pas au coach d'enseigner dans sa discipline sportive. Mais l'homme ne change pas ses habitudes et sera renvoyé du club après de nouveaux « comportements inadéquats successifs » avec d'autres jeunes filles, cette fois sans passer devant le tribunal. Il est donc toujours titulaire de sa carte professionnelle.

Au cours d'une commission de discipline, l'agression d'une sportive par un sportif de la même fédération a été qualifiée de « manquement à l'éthique sportive ». La déclaration de la femme en audition est pourtant formelle : l'incriminé lui a touché les fesses. « Mais je l'ai recadré au moment où il l'a fait », a-t-elle ajouté. Le président du club a souhaité ne pas mentionner le caractère sexuel de l'agression.

Des fédérations muettes parce que sourdes ?

Si certaines fédérations ont identifié clairement qui contacter, en interne et en urgence, en cas de violences sexuelles, toutes ne manifestent pas le même empressement à faire circuler l'information. «Je suis étrangement le dernier au courant de certaines situations au sein du club», regrette ainsi un directeur technique national (DTN), qui préfère rester anonyme. En tant qu'agent de l'État, il est pourtant censé être mis au courant des faits au même moment que les instances dirigeantes.

Manque de visibilité et d'impulsion nationale d'une règle claire en matière de lutte contre les violences sexuelles dans le sport, manque de volonté des fédérations d'imposer aux clubs la charte de 2008, défaut de circulation des informations au sein des fédérations (ou volonté de faire silence), perception subjective et variable des violences dans les clubs... Quand le cap est flou, la flotte s'éparpille. Et quand les radios de communication sont coupées, l'équipage est livré à lui-même...

Selon un ancien directeur technique national, ce manque d'informations tient au fait que «les fédérations ne sont pas alertées par leurs comités régionaux sur les dérives. Les fédérations, qui touchent l'argent de l'État, ne se concentrent que sur les médailles olympiques et les championnats pour représenter la France. Sur leurs fonds propres, elles donnent une rétrocession aux ligues, aux clubs. C'est à eux et à eux seuls de développer le sport féminin, le sport dans les quartiers difficiles, la lutte contre les agressions sexuelles, contre l'homophobie ou le racisme. Les fédérations et les clubs n'ont pas les mêmes priorités».

Les agressions sexuelles et le bizutage devraient être pris en compte dans les établissements publics nationaux, comme l'INSEP, les écoles nationales et les CREPS, ou privés, comme dans les 163 centres de formation professionnelle créés par les clubs professionnels[148], dans les clubs et les structures municipales, les stages sportifs, les compétitions sportives, et auprès des sportifs de haut niveau «isolés», c'est-à-dire s'entraînant en dehors d'une structure fédérale.

Malheureusement, les contrôles que pouvaient exercer les directions régionales de la jeunesse, du sport et de la cohésion sociale (DRJSCS) sont impactés par les réformes successives qui ont réduit les effectifs au sein de ces instances déconcentrées. Le regard de l'État est donc très partiel, notamment sur le contenu de la formation sportive et citoyenne relative aux valeurs de la République, aux valeurs de l'olympisme, à l'éthique dans le sport. Les agents des DRJSCS se contentent de vérifier l'existence de la formation, sans se préoccuper de son efficience.

Le silence est trop souvent la règle. Mais les différents signaux «faibles», plus ou moins faciles à reconnaître, émis par les victimes d'attitudes délictueuses, sont autant d'indices auxquels l'environnement familial, éducatif, médical, doit être attentif : perte de confiance en soi, autodépréciation, inhibition, repli, isolement, comportements autodestructeurs, discours suicidaires, sautes d'humeur, tristesse, agressivité, difficulté soudaine à se concentrer, manifestations de craintes à l'égard de certaines personnes ou de lieux, notamment les vestiaires, présence d'ecchymoses, de contusions, d'irritations ou de rougeurs sur le corps, comportements sexuels inadéquats, troubles du sommeil. Dans ces situations, la pratique doit également être observée, notamment les absences inhabituelles aux entraînements, la baisse de motivation et de performances, voire l'abandon ou le départ précipité d'un club ou d'un établissement.

L'auteur peut être aussi une femme – comme dans le cas signalé, il y a quelques années, d'une fédération de sport de combat où l'entraîneure profitait des déplacements à l'étranger pour nouer des liens et des relations sexuelles avec les pratiquants mineurs. Les victimes ne sont pas nécessairement et exclusivement enfants ou adolescentes, mais aussi adultes – femme ou homme.

L'application de quelques règles de bon sens devrait permettre, sinon une jugulation de tels phénomènes, du moins leur limitation, par la sensibilisation, par un système de responsabilisation collective et par les réflexes appropriés à avoir dans des situations données. Encore faut-il avoir le courage – politique, sociétal – de les mettre en pratique. La ministre Roxana Maracineanu semble, elle, décidée à briser ce tabou. Décision est prise d'agir par la prévention, la formation, la vérification d'honorabilité, les contrôles et des sanctions – dispositif piloté par une déléguée ministérielle. Au sein des fédérations, le message semble reçu. Est-ce que cela sera suffisant ? Espérons.

Troisième partie

L'HOMOPHOBIE

15

« On n'en a pas, ici »

L'organisation des Gay Games en France, sorte de Jeux olympiques de la tolérance, n'a pas manqué de susciter l'une de ces polémiques vaines dont notre pays a le secret. À longueur de médias se sont exprimés ceux qui, à défaut de s'en prendre ouvertement à l'homosexualité, ont fustigé un événement inintéressant, inutile, voire dangereux, confirmant les stéréotypes sur les performances et la virilité – ou son absence supposée – des athlètes homosexuels.

Cette manifestation de huit jours a pourtant proposé un programme sportif et culturel d'envergure internationale ouvert à tous, sans distinction d'âge, d'identité sexuelle, d'origine ou d'état de santé. Une véritable fête en l'honneur des athlètes, des passionnés venant de tous horizons, qui ont témoigné de leur attachement aux valeurs fortes portées par le sport : respect, égalité, solidarité.

L'événement a surtout permis de mettre en lumière un tabou : l'invisibilité des joueurs homosexuels dans le sport amateur comme professionnel, en raison des discriminations qu'ils subissent et de la crainte qu'ils ressentent à briser ce silence.

Les valeurs du sport et le sport lui-même ne protègent pas les sportifs contre l'homophobie. Au contraire. L'homosexualité est l'un des derniers tabous dans le sport, avec les violences sexuelles. De fait, étrangement, à entendre les dirigeants, les joueurs, les éducateurs sportifs, il n'y aurait pas d'homosexuels dans leurs clubs. De rares études disponibles estimant que la part de Français s'identifiant comme homosexuels oscille entre 5 et 10 % de la population[149], ils seraient dix fois moins nombreux sur les terrains ou dans les salles de sport ? Qui peut le croire ?

Les différentes enquêtes montrent que les homosexuels sont sous-représentés parmi les sportifs. En Aquitaine, 1 % des joueurs sondés se disent bisexuels et 0,4 % homosexuels. Dans le milieu du football professionnel, où les coming out sont exceptionnels voire inexistants, sur les 249 footballeurs interrogés en 2013, aucun ne s'est déclaré gay. Aux JO de Londres, sur les 10 500 athlètes, seule une quinzaine de sportifs ont affiché ouvertement leur homosexualité, dont trois hommes.

Si les chiffres ont faiblement évolué, année après année, ce sont toujours les mêmes silences, la même absence dans les statistiques, la même inexistence. Les sportifs homosexuels sont invisibles. Ou rendus invisibles. L'omerta est donc la seule explication véritable à la question de cette prétendue invisibilité. Qui s'explique par la crainte, individuelle et collective, d'effets pervers sur une carrière, de perdre ses sponsors ou de décevoir ses fans.

Les amateurs redoutent les moqueries incessantes, les brimades et l'exclusion du groupe. Quant aux filles, elles vivent le sexisme lesbophobe au quotidien, et nombre d'agressions verbales ou physiques – même si le haut niveau féminin est plutôt facteur d'ouverture en raison du nombre plus important de sportives lesbiennes assumées. D'ailleurs, les joueuses homosexuelles sont mieux intégrées que les joueurs, et certains groupes de filles adoptent des comportements sexualisés ou de « forte proximité » pour accroître la cohésion du groupe.

L'homophobie, trop présente

L'homophobie est plus répandue dans le milieu sportif que dans le reste de la société. Et particulièrement dans les sports d'équipe masculins de contact, dits « virils », où, plus qu'ailleurs, le culte de la masculinité est la règle. Nombre d'athlètes considèrent que les valeurs véhiculées par le sport sont incompatibles avec l'homosexualité masculine, car l'esprit de compétition, le courage, la combativité seraient synonymes de virilité. L'homosexuel, réduit à l'image efféminée par le fantasme collectif, ne rentrerait donc pas dans ce cadre.

Plus le niveau de pratique est élevé et plus l'homophobie est forte, surtout dans les centres de formation et dans certains pôles d'établissements relevant de la tutelle de l'État, car les athlètes se retrouvent en environnements fermés avec une forte rivalité interne et une codification des comportements.

Des études montrent que l'homophobie est la première discrimination dans le football professionnel, avant le racisme, et que près d'un joueur sur deux en centre de formation a des attitudes ou exprime des opinions homophobes. Les insultes à caractère homophobe sont utilisées quotidiennement même à l'encontre d'un hétérosexuel : «Tu joues comme une tapette», «Tu cours comme ma sœur», «On ne va pas perdre, on n'est pas des pédés», «Ça va, la folle» quand ce ne sont pas des «Sale pédé», «Enculé», «Petite tarlouze», «Gonzesse»... Et, la plupart du temps, les auteurs de tels propos nient leur caractère homophobe : «C'est une façon de parler, de chambrer, pour déstabiliser l'adversaire ou se motiver», se défendent-ils.

Se cacher pour exister

Mais, à l'âge de la construction adolescente, les injures homophobes produisent des effets dévastateurs sur l'image que le jeune sportif homosexuel a de lui-même. Alors, oui, il se taira, oui, il vivra dans la terreur et le sentiment d'être souillé et différent. Oui, il serrera les dents et parfois même en rajoutera sur les quolibets homophobes. Il gardera un silence terrorisé sur son identité sexuelle pour ne pas finir sur le banc de touche à regarder les autres jouer, pour ne pas voir des copains refuser de prendre la douche avec lui, pour ne pas subir des violences verbales, et parfois physiques. Constamment rabaissé, moqué, insulté, méprisé, le terrain de foot, la salle de sport deviendront son cauchemar, les vestiaires son enfer. Dans son propre camp, souvent dans le silence des éducateurs, mais aussi chez ses adversaires, il sera partout en danger.

Beaucoup ne résistent pas à la pression, ni à la peur panique d'être découverts, ni à la violence les obligeant à se renier publiquement ou dans l'intimité de la cellule familiale qui aurait dû les protéger et qui les fragilise au contraire. Ils désespèrent, finissent par arrêter le sport, par tourner la page. Certains se suicident. Des incidents répétés, le rouleau compresseur de la suspicion, du mépris pour ce qu'ils sont, une énième plaisanterie deviennent la goutte d'eau de trop pour ces adolescents. Fragilisés par leur corps qui se transforme, par les pulsions qu'ils ne contrôlent pas, ils voient leur univers bouché, leur vie gâchée, n'ayant de surcroît plus rien à quoi se raccrocher quand ils abandonnent leur discipline.

Dans ce contexte, comment imaginer qu'un jeune sportif homosexuel, ou un adulte, défie l'omerta ? Plus rares encore sont ceux qui iront en justice, de peur que les plaintes ne se retournent contre eux, de peur du chantage envers la famille et les proches.

Les homosexuels invisibles dans le sport

« Des homosexuels ? On n'en a pas, ici ! » Ces mots catégoriques, prononcés par un haut dirigeant d'une fédération française, résument l'état d'esprit d'une grande partie du monde sportif. « On n'a rien contre, mais on n'en a pas », insiste-t-il en exigeant l'anonymat total. Respecté. Dans le sport français, très peu de professionnels en activité osent afficher leur homosexualité. Ils se cachent. Se prétendent hétérosexuels. Parfois même brocardent les homosexuels pour donner le change. Pour éviter d'être stigmatisés. Ils en souffrent. Ils sont seuls dans l'épreuve face à leurs copains, leur clan, leur équipe, et n'ont aucun modèle à imiter, ou très peu.

Ceux qui osent parler de leur homosexualité, généralement, au détour d'une interview, ne se dévoilent qu'une fois leur carrière professionnelle terminée. Parmi eux, Marinette Pichon et Olivier Rouyer, dans le monde du football professionnel, font aujourd'hui encore figure d'exception. Depuis, aucun footballeur pro n'a affiché publiquement son homosexualité. Depuis dix ans. Dix ans de silence.

« Je me suis dit, après moi, il y aura peut-être des joueurs qui viendront me voir en me disant "Je suis homo, vous pouvez m'aider ?"… Mais cela n'est jamais arrivé. En fait, les choses n'ont pas dû beaucoup changer », indique Olivier Rouyer, par téléphone, quelques jours après les premières sanctions dans les stades de l'été 2019 contre l'homophobie. « Mais, en amateur, vous savez, c'est pire. »

En effet, au fil de multiples témoignages de licenciés amateurs dans les clubs, lieu où le sport est pratiqué comme un hobby, nous découvrirons que le silence des sportifs semble systématique. Dès lors, la question se pose. Puisque, dans les tribunes des stades français, des chants homophobes ont pour la première fois, en août 2019, été pointés du doigt, sanctionnés, des matchs, et des supporters pris à partie pour avoir déployé une banderole homophobe, puisque nombre de récits qu'on nous a faits l'attestent : le sport est-il un milieu particulièrement propice à l'homophobie ?

«Aux yeux des supporters, les chants homophobes font partie du folklore», estime la présidente de la Ligue de football professionnel, Nathalie Boy de la Tour, en mars 2019, laquelle souhaite privilégier «la prévention, plutôt que les sanctions». Quand les sanctions sont tombées, sous la pression de Roxana Maracineanu, ministre des Sports, contre la volonté du président de la FFF, le sujet est devenu politique. Où en est-on aujourd'hui? La LFP s'est engagée à discuter avec toutes les parties, supporters et associations LGBT. Mais les changements de mentalité ne suivent pas le même rythme que les injonctions politiques. Si le sujet commence à peine à émerger, et s'il cristallise autant de tensions et de débats, c'est qu'il révèle non pas quelques cas isolés d'homophobie à corriger, mais tout un système en défaut.

Pourquoi est-ce si difficile d'assumer son homosexualité dans le sport? Quel sort est réservé à ceux qui ont le courage ou l'inconscience de ne pas mentir? Le sport français permet-il, plus qu'ailleurs, l'installation d'un tel climat? Qui sont les homophobes? Quelles sont les conséquences pour les sportifs? C'est ce que nous révèlent des témoignages et des récits de vies – anonymes ou assumés.

16

Oser être soi ! Ils témoignent

« J'aurais préféré être hétéro et avoir une vie normale »

Thomas[150] a hésité pendant de longues semaines avant de nous raconter son histoire, même sous couvert d'un faux nom.

Un soir de décembre, une rencontre de Ligue 1, près de la frontière belge.

« Le poste de télévision est allumé bien avant le début du match. Dans le salon, l'excitation des soirs de fête. Le rire de ma mère, la voix de mon père, sa voix qui gronde contre les pronostics de mes frères. La sonnette. D'autres voix, les voisins, mon oncle, d'autres chaises apportées à la hâte. Je suis dans ma chambre, au fond du couloir. Je les entends de loin. Quelque chose me retient. Dans le ventre, un poids, dans les jambes aussi. Une fatigue immense. Les voix du salon s'animent encore un peu plus. Je me lève de mon lit.

« Je sors de ma chambre.

« Un mince filet de lumière ronge l'ombre du couloir, reflète mon image dans le miroir posé sur le parquet. C'est ça, c'est exactement ça. La vie scindée en deux, comme ici. Je les vois, assis, tous ensemble, heureux. Mon père, ma mère, les voisins, la famille. Et de l'autre côté de mon champ de vision : moi. Moi, debout dans le couloir. Seul dans le miroir. Quelque chose d'irréel dans cette image, celle de celui que je suis vraiment.

« Le salon s'agite. La télévision, le réel. Le foot. C'est ma vie. Ç'a toujours été ma vie. Le foot, la famille. Je ne me posais pas de question. Nous avions tous le même maillot, tous sur le même terrain, nos pieds dans les crampons des joueurs, sur les stades ou à la télé, fiers d'appartenir à la même *famille* élargie, et déterminés à gagner. Je me sentais exister. Mais c'était avant l'entraînement de cet après-midi-là. Quand le mensonge n'existait pas encore, puisque je ne savais pas. Quand j'ignorais qui j'étais vraiment. C'est arrivé et j'ai compris. Ce soir, je n'ai ma place nulle part. Je regarde le garçon du miroir. Ce sera long à tenir, une vie dans le couloir.

« J'avance dans le salon. Les voix, les rires. Et le football reprend ses droits. »

Il s'est passé quelque chose cet après-midi-là, personne ne le sait. Thomas n'en dira rien. Que sait-il, son père, de son fils? Ne se doute-t-il de rien? Thomas est dans le salon avec les autres. Son père a monté le son du téléviseur. Les supporters ont envahi les gradins. Une rumeur lancinante emporte la foule, et les supporters avec. Coup de sifflet. Silence au salon! Le match a commencé. La buée s'accroche aux fenêtres de l'appartement. Dans la télévision, les joueurs ont les joues rougies par le givre, laissant échapper des nuages de vapeur. La pelouse craque sous les crampons.

Thomas s'est assis en retrait, dos à la table à manger. Il ne parle pas. Tout autour, les commentaires fusent. Les encouragements. Et les insultes habituelles : « Sale pédé ! » « Oh, enculé, là », « Mais on n'a que des tafioles, ce soir, ou quoi ? »…

Les yeux de Thomas. Vissés à l'écran. Imperturbables. Sur ses genoux, les mains nouées l'une à l'autre. Son frère a ouvert la fenêtre pour fumer une cigarette. Thomas frissonne en regardant par la vitre. La vie dehors, ailleurs. C'est décidé. « J'arrête le football », se dit-il.

Son frère a laissé la fenêtre ouverte. L'excitation reprend. Accompagne le ballon. Thomas pense aux joueurs sur la pelouse à peine dégelée. Il aurait tellement voulu être l'un d'eux.

« Je suis un passionné depuis toujours, je me suis inscrit tout petit, j'avais envie de faire carrière, il y avait de la détection dans le club, c'était possible de se faire repérer, c'était mon objectif. »

Il dit ça très doucement. Avec une voix d'enfant. Sans trembler. Sans s'arrêter, sans respirer. Le prononcer d'une traite, pour oser.

« Très vite je ne me suis pas senti à mon aise. C'était une atmosphère très virile, très macho, très dure, il fallait être "un guerrier, un vrai mec", on n'avait pas le droit à l'erreur. Sur le terrain, dès que je prenais un coup, c'était à cause de mon physique. Dans les vestiaires, là aussi, parce que je n'avais pas la même corpulence qu'eux, ils me faisaient des réflexions. Ils me demandaient de me comporter "comme un homme", d'être plus costaud. C'étaient toujours les mêmes mots qui revenaient, créant un climat très désagréable. Je ne me sentais pas à ma place, jamais à ma place. »

Mais Thomas ne laisse rien paraître. Il imite les attitudes, les postures de ses coéquipiers. Il devient celui qu'on lui demande d'être. « Comme un homme. » À la maison. Au club. Comme un homme. Avec les filles. Avec les copains du foot. L'image normale et normée qui rassure son monde. Qui lui devient insupportable. Sans savoir pourquoi. Sans vouloir savoir.

Ce jour-là, dans les vestiaires, après un match perdu, Thomas et les autres joueurs sont assis sur les bancs, en short, torse nu, la serviette sur les épaules, la mine défaite, les genoux sales, les yeux rivés au sol. Ils ne disent rien. Personne ne dit rien. Le souffle du coach. Les adolescents terrifiés. Le bruit de ses pas qui vont et viennent, des douches au vestiaire, du vestiaire aux douches. Ses mots sont cinglants. Personne ne répond. Il n'y a rien à dire.

« Vous avez joué comme des tapettes, ce soir. Vous êtes des tapettes ou quoi ? Répondez-moi : vous êtes des tapettes ? » Cette fois, les garçons ont redressé la tête. Ils n'ont qu'une réponse à faire. Le vestiaire pousse un « Non ! » général. L'entraîneur repose sa question, une nouvelle fois, nouvelle violence. Même réponse du vestiaire. Plusieurs fois de suite. Thomas a crié, comme les autres, avec les autres.

Non, non, je ne suis pas une tapette.

Qui cherche-t-il à tromper ? La réponse, il l'écrira deux ans plus tard, dans une lettre. Thomas a alors besoin de parler, d'écrire, de comprendre. Il souffre. Il souffre en silence. Ces mots-là sont ses premiers aveux : « Je suis attiré par les hommes, je ne sais l'expliquer et je ne sais pas si je pourrai l'assumer un jour. Ça me bouffe la vie, au point d'avoir déjà pensé au suicide. »

Thomas a 20 ans. Il ne parle toujours pas de son homosexualité. Ni à sa famille, ni à ses amis, ni à ses collègues de travail. Il nous confie son secret.

« Si aujourd'hui je n'ai pas fait mon coming out, c'est parce que j'ai toujours vécu dans le milieu du foot et que j'y travaille encore. Ce milieu décourage toute envie de se révéler. C'est pour ça qu'aucun footballeur pro n'a fait son coming out. »

Avant de continuer l'entretien, il s'assure de nouveau que son nom sera bien changé. Qu'on ne précisera pas les contours de son nouveau travail. Il ne veut pas être identifié. Il craint les conséquences. « Je n'ai jamais pu reprendre le foot après mon départ du club. Aujourd'hui, je vais plus naturellement vers des sports individuels. C'est après que j'ai compris pourquoi j'avais dû partir, pourquoi c'était impossible à vivre, en étant homosexuel.

— *Pourquoi dites-vous que c'est impossible ?* »

Il marque un temps.

« C'est un climat global sur la virilité, toujours la virilité, et des mots qui vous atteignent à force d'être répétés comme des insultes. Et puis il y a l'épreuve des vestiaires, les hétéros ne veulent pas se doucher avec un homo parce qu'ils pensent qu'ils seront objets de désir, c'est une idée très ancrée qu'ils répètent souvent. Qu'est-ce que vous pouvez faire contre cela ? »

Thomas a arrêté son sport après cette soirée foot en famille, sans prévenir personne, ni son entraîneur ni ses coéquipiers, sans rien expliquer. « Je suis plutôt du genre à fuir, s'excuse-t-il dans un sourire timide. Je n'arrive pas à accepter mon homosexualité, parce que j'ai toujours vécu dans un milieu qui ne l'accepte pas, je ne peux pas faire autrement. Ce qui me fait le plus mal, c'est quand j'entends des gens qui pensent que l'homosexualité, c'est un choix. S'ils savaient ! Moi, j'aurais préféré être hétéro et avoir une vie normale », explique-t-il, avec sa franchise discrète.

Pour un magazine, avec une fille

Pour éloigner les soupçons sur leur orientation sexuelle, certains joueurs donnent à voir une vie « normale », c'est-à-dire hétérosexuelle. S'inventant une copine, féminisant leurs histoires d'un soir. Chez les sportifs de haut niveau, il arrive que cette « normalisation » de l'image soit demandée par le club ou par l'agent. De nombreux témoignages nous confirment ces pratiques d'un usage détourné de la communication pour masquer la réalité.

C'est l'histoire de ce footballeur qui évolue en Ligue 1, dans un club français. Il refuse catégoriquement d'être nommé dans le livre. C'est à travers les yeux de son petit ami de l'époque, Kamel[151], que nous racontons cette tranche de vie où la dissimulation devient une seconde nature.

Devant la fontaine, sur une place pavée. Un jeune homme, une jeune femme. Ils s'enlacent les yeux brillants. Elle sourit. Il l'embrasse sur la joue, dans le creux de sa fossette. Elle a renversé la tête.

Ils sont là, tous les deux, au bord de la fontaine. Olivier et Olivia. Devant, des projecteurs, un objectif, et l'agent d'Olivier. L'ami est là aussi, dans l'ombre, derrière eux, mais l'agent ne lui adresse pas la parole. Avant de changer de pose, Olivier le cherche du regard. Olivia s'assied, balance le pied comme une enfant qui s'ennuie. La maquilleuse noircit un peu plus ses sourcils. Kamel regarde Olivier, il le regarde. C'est un jeu, rien de plus. L'agent suit le regard d'Olivier. Kamel lui sourit. L'agent fulmine. Il voudrait que l'ami soit encore plus discret.

Cette fois, Olivier tient Olivia serrée contre lui, elle a noué ses deux bras autour de sa taille, elle a posé la tête sur son torse, en riant. Kamel fixe des yeux les bras musclés d'Olivier, son dernier tatouage, le même que le sien.

L'ami contemple son footballeur avec cette femme, et le trouve beau, fier. La séance photo est terminée. Olivia embrasse Kamel sur la joue. L'agent d'Olivier les interrompt. Il la compliment sur sa beauté. Le regard d'Olivia hésite, se fixe dans celui de Kamel. L'agent est satisfait. Olivier se fait démaquiller. Olivia se sent coupable. Quelques heures plus tard, les photos sont envoyées à un magazine de célébrités. Juste avant la parution, elles seront postées sur le compte Instagram d'Olivier, et sur celui de son équipe de football.

Olivier est dans sa chambre d'hôtel avec Olivia. Kamel les rejoint. Olivier s'inquiète de sa discrétion. «Tu sais qu'il ne veut pas qu'on nous voie ensemble.» Kamel le rassure. Personne ne l'a vu entrer.

«Alors ces photos?

— Magnifiques, dit Olivier. Surtout toi chérie.»

(Il regarde Olivia.)

Ils sourient tous les trois. Olivia se lève. Olivier s'approche d'elle. Il la remercie pour ce qu'elle a fait. «C'est une grande preuve d'amitié.» Elle quitte la chambre d'hôtel. Les deux hommes sont seuls. Rient comme des enfants. C'est un jeu. C'est encore un jeu.

«Au début, ça ne nous posait pas de problème. Son agent lui avait demandé de faire une photo avec une copine pour que personne ne découvre qu'il était homosexuel. Le président du club ne voulait pas non plus que ça se sache. Nous avions la consigne de rester discrets, de nous voir en dehors de la ville. On n'avait pas le choix», raconte aujourd'hui l'ancien petit ami.

Mais Olivier vit très mal cette situation. Il mange beaucoup. Il devient colérique. Ses coéquipiers sentent la faille. Il suit de moins en moins les conseils de son agent. Un jour, l'un des membres de l'équipe apprend qu'Olivier est en couple avec un homme.

« Ça a fait le tour du vestiaire très vite. Olivier n'a rien caché. Il a assumé – enfin, dans les vestiaires. Mais ça ne s'est pas très bien passé. Pour ne pas être pris à partie par les supporters en match extérieur, ils ont refusé que ça soit dévoilé. Ils n'ont pas été très sympas avec lui, ils le traitaient de diva. Ça parlait derrière son dos. »

La pression devient bientôt insupportable. Olivier se détache du groupe. Il change d'agent. Il mange de plus en plus. Il est malheureux. Au moment du renouvellement de son contrat, la situation s'envenime. Jusqu'à la rupture. Olivier doit changer de club. Il n'a toujours pas révélé son homosexualité. Mais il refuse de faire d'autres photos avec Olivia.

Après cette expérience douloureuse, Kamel a commencé à donner des formations contre l'homophobie dans le sport. En côtoyant le milieu d'Olivier, il a découvert que nombre d'agents demandaient à leurs joueurs des photos où ils s'affichaient avec une jeune femme de confiance. « Pour qu'il n'y ait pas d'ambiguïté », disent-ils. Quelle ironie !

« Il y a tellement de concurrence dans le foot. Dès les centres de formation, on vous apprend à jouer sur la faiblesse de l'adversaire. C'est pourquoi les jeunes ne veulent pas faire leur coming out. Et puis c'est un phénomène de groupe, on veut ressembler aux autres. Les jeunes préfèrent se tourner vers des associations sportives homosexuelles où ils savent qu'ils ne seront pas jugés. »

Éviter les vestiaires[152]

Un club de rugby amateur, dans l'Hérault. Il est 18 heures passées, l'entraînement a duré plus longtemps que d'habitude. Sur le terrain, Marc[153], qui a 19 ans à l'époque, a pris des coups violents, aux genoux, aux épaules, un crampon dans le pied. Il titube un peu en regagnant le vestiaire. Malgré ce vague sentiment de flottement et de fatigue musculaire, il remarque l'attitude étrange et hostile des joueurs. Marc est sur ses gardes. Il chemine péniblement vers les douches. Sous ses pieds nus, le carrelage est froid. Grimace. L'hématome jaunit. L'eau chaude, enfin, soulage les muscles endoloris.

Autour de lui, les joueurs investissent les douches collectives. Certains discutent de la soirée à venir, commentent leurs bons gestes techniques sur le terrain, le bruit de l'eau, les râles et injures, en écho.

Marc ne participe pas aux conversations. Il savoure ce moment de détente. Ferme les yeux. « J'ouvre les yeux. Et je les vois devant moi. Qui s'avancent. Plusieurs joueurs sont rangés en ligne. Me barrent l'accès aux vestiaires. Ils me regardent. Fixement. Je coupe le robinet. Je prends une serviette de bain, la noue autour de ma taille, et me dirige vers mon sac de sport. »

Les regards le suivent. L'un des joueurs s'approche de lui. Marc entend ses pas, derrière lui. Le rire gras et bruyant des autres. « On sait que tu aimes ça, mais il ne faut pas abuser non plus ! »

Fou rire général. Marc s'est immobilisé. Paralysé.

« Je n'avais strictement rien dit, rien fait, j'avais pris une douche après l'entraînement, comme tout le monde, et j'étais en train de ranger mes affaires. Je n'ai pas répondu à son agression, qu'est-ce que l'on peut répondre ? À partir de là, la situation s'est envenimée. »

Marc ne connaît pas les joueurs de sa nouvelle équipe. Lorsqu'il intègre ce club de rugby, à quelques pas de l'appartement familial, la saison a déjà commencé. Ses nouveaux coéquipiers se côtoient depuis quelques mois, les groupes se sont formés, soudés, autour d'une figure centrale.

« Ils avaient été mis au courant de mon orientation sexuelle par l'un des joueurs qui avait entendu parler de moi au lycée. J'assume mon homosexualité, et cela dérange beaucoup de gens. Au club, ils disaient qu'ils voulaient s'amuser avec moi. Ils employaient ce mot, oui, *s'amuser*. »

Dans les vestiaires, ce jour-là, le joueur le force à s'agenouiller devant lui. « Je ne me suis pas laissé faire. J'ai crié pour qu'il arrête. L'entraîneur est arrivé. Il nous a regardés, il est reparti sans un mot. J'ai crié plus fort encore. Cette fois, le directeur est arrivé, il a attrapé le jeune, il l'a plaqué contre le mur et il lui a dit d'arrêter "sinon tu prends ma main dans ta gueule". Depuis, je ne me suis plus jamais changé dans des vestiaires. J'évite les douches. »

Pendant les semaines qui suivent, personne n'évoque *l'épisode des vestiaires*. Personne ne se renseigne sur l'état de Marc. Constamment sur ses gardes, il ne rate pourtant jamais un entraînement ni un match. Comme si rien n'était arrivé. Les semaines passent. À l'heure de l'entraînement, il arrive en tenue de rugby, repart de même, laisse son sac de sport à l'extérieur des vestiaires. Sans jamais prendre de douche. L'idée de se trouver nu au milieu des autres garçons le terrorise. Les images du vestiaire le hantent. Les rires des autres, l'humiliation publique, le silence des joueurs, aussi. Il essaie d'oublier. Comment oublie-t-on une telle angoisse ? « J'avais peur qu'ils me fassent une nouvelle fois payer ma différence », témoigne Marc. La voix est lourde. Les yeux durs. S'en remet-on jamais, de ces traumatismes-là ?

Il y a des moments d'illusion. Les entraînements marchent bien. Sur le terrain, il fait des progrès, il croit gagner la confiance de l'équipe. Mais, un samedi pluvieux, Marc doit mettre son sac à l'abri. Et entrer dans les vestiaires après le match, pour récupérer ses affaires. Ses coéquipiers sont alors sur ses talons. Marc sursaute. La porte vient de se refermer. Une main accroche son maillot trempé de sueur et de boue, le plaque contre le mur, dans un coin des vestiaires. Il a peur.

« J'avais mis mon sac dans un coin, près de la porte. Je ne l'ai pas vu arriver. Il m'a forcé violemment à faire des choses que je ne voulais pas faire, pour se venger, disait-il, d'avoir été pris à partie par le directeur à cause de moi. » Les autres joueurs, eux, prennent leur douche, s'habillent, regardent. Certains plaisantent. Je les amuse. »

Marc ne dit plus rien. Il ne contrôle plus rien. Qu'on en finisse, et vite.

« C'était le même joueur que la première fois ? »

Marc peine à répondre. Il est encore là-bas, avec eux, dans le vestiaire.

« Oui. Oui c'était le même joueur. Non, personne n'a rien dit. Une nouvelle fois.

« Ils disaient que j'aimais "ça", que c'était un cadeau qu'ils me faisaient. J'étais un amusement pour eux. Lui, il avait une copine. Je la connaissais. Je ne lui en ai jamais parlé, je ne pouvais pas lui dire ce qu'il m'avait fait », rapporte Marc.

Tout est allé très vite. Le joueur est parti. Marc s'écroule sur le sol. Il est seul dans les vestiaires. Les autres joueurs ont suivi sans un mot pour lui. Il chancelle jusqu'aux douches. Il éteint la lumière. L'eau chaude une fois encore, adoucit la douleur du viol. Il a éteint la lumière pour ne pas voir son reflet dans le miroir.

« Je me suis mis à pleurer. Je suis resté assis dans les douches, à pleurer, longtemps, j'étais à bout, désespéré », se souvient-il.

Personne n'est intervenu. La direction n'a pas été prévenue. La vie a continué. Le garçon n'a plus jamais approché Marc après les entraînements. Il est d'ailleurs parti du club quelques mois plus tard, à la fin de la saison. Marc, lui, est resté, il a renouvelé sa licence l'année suivante.

« L'entraîneur me mettait toujours contre un grand costaud, moi j'étais une brindille à l'époque, je me faisais démolir au sol. C'était toujours pareil, et dès que j'essayais de protester, il m'humiliait. "T'es là pour t'entraîner, oui ou non ? T'es une baltringue, oui ou non ?" J'essayais de lui dire que les autres me faisaient mal, qu'ils étaient trop balèzes face à moi, mais il ne voulait rien entendre. Je devais obéir sans discuter. "Ah, tu réponds ? Allez, cent pompes de plus pour tout le monde !" À la fin de l'entraînement, je me faisais détruire par l'équipe parce qu'on avait eu cent pompes de plus par ma faute. Ils me poussaient quand on sortait du terrain, ils me prenaient mon sac, ils cachaient mes crampons. J'étais le souffre-douleur du groupe. »

La situation lui échappe. Ce sont ses parents qui l'ont inscrit au rugby, il n'ose pas se confier. « Personne n'en parlait. On ne parle pas de ces choses-là. » Dans la rue qui mène au club, il est saisi par la peur. Toujours au même endroit, juste avant de passer la porte. Quelque chose pèse dans le ventre, la mâchoire se contracte. Il a peur d'y aller. Il pense qu'il n'y a pas sa place, et que c'est parce qu'il est homosexuel.

« Ils n'acceptaient pas mon orientation sexuelle. Ils n'arrivaient pas à imaginer qu'une "baltringue", comme ils disaient, puisse être dans leur équipe de rugby. Combien de fois ils m'ont dit : "Si t'es pas content, t'as qu'à aller faire de la danse avec les filles." C'était trop dur à supporter. J'ai préféré abandonner. »

Plusieurs années ont passé. Marc se promène dans les rues de Montpellier. Sur le trottoir d'en face, il le voit. Les images reviennent. Dans la rue, la foule avance, nonchalante, c'est un dimanche de septembre, il fait encore très chaud. Marc accélère. Il ne veut pas le croiser. Les images le rattrapent. Le vestiaire. La douche. Le bruit de l'eau sur le carrelage froid. Le garçon vient à sa rencontre. « Ses yeux dans les miens. Ses yeux à lui n'ont plus l'éclat d'hier, le défi qu'il mettait dedans. Les miens sont noirs. Réveillent ma colère. Il s'est excusé. Il m'a dit qu'il était désolé pour ce qu'il avait fait et que, grâce à moi, il avait trouvé sa voie. Il aime les hommes. »

Immobile, muet, Marc fixe l'horizon, derrière l'épaule du garçon. Il revit son calvaire. Il s'entend crier dans les vestiaires. Il entend les rires des autres. Et l'entraîneur qui vient et qui repart sans intervenir.

« Je n'ai rien dit. Je l'ai ignoré. Je suis parti. On ne peut pas pardonner ces choses-là. »

Viré du club de football

Il y a quelques années, dans l'est de la France, le FC Chooz, un club de football familial, évolue en « Division Honneur Régional ». Un adolescent ardennais y passe la majeure partie de son temps libre. Yoann Lemaire[154] est mordu de football. « Je vivais foot. C'est commun de dire ça, mais c'est vrai. Je ne pensais qu'au foot, tout le temps », se souvient-il. Les entraînements la semaine, les matchs le week-end. Et une nouvelle semaine, et des nouveaux matchs. Marquer, courir, tomber, se relever, marquer, courir. Tous ensemble. Tous heureux. Il est fasciné, dédié à sa passion de gamin. Son club, son univers, il s'y sent bien, il s'épanouit, consolide son jeu, il en est si fier qu'il tapisse sa chambre d'enfant de coupes, de maillots, de photos, de médailles, de posters, de crampons et de ballons. Trophées talismans de son adolescence, et ce parfum d'insouciance.

Quand il n'est pas sur le terrain du club, Yoann s'entraîne chez lui. Partout. Il a grandi trop vite, une tête de plus que toute l'équipe, et un caractère solide. Les années ont passé.

Yoann Lemaire entretient une relation cachée avec un autre footballeur amateur de son entourage. « On ne disait pas "homo" en 2003 dans les Ardennes, on n'en connaissait pas, cela n'existait pas. On ne disait rien », explique-t-il. Au bout de quelques mois, son ami décide de mettre fin à leur relation. La rupture est brutale, les mots violents. « Je ne suis pas un pédé, je redeviens normal », lui glisse-t-il. Touché. « Je ne suis pas un pédé », veut croire son jeune partenaire de cœur. Yoann Lemaire comprend. « Je me suis découvert amoureux, quand il a décidé d'arrêter notre liaison. » Homosexuel et joueur de football amateur. « Amateur, mais avec un certain niveau ! » Il ne peut pas s'en passer. Le football, la fierté, la compétition, l'envie de jouer, et cette idée d'honneur mêlé de respect qu'il met aujourd'hui au service de la lutte contre l'homophobie, avec son association Foot Ensemble.

À l'époque, au début des années 2000, la situation se dégrade. L'univers du football, tel qu'il l'a fantasmé dans sa jeunesse, ne lui semble plus aussi bienveillant. Sur le terrain de son club ardennais, comme partout en France, les insultes fusent. Elles existaient avant, mais, semble-t-il, de manière moins récurrente. Moins homophobes. Moins injurieuses. Yoann Lemaire est nerveux. Le geste de moins en moins maîtrisé. «Je prenais carton rouge sur carton rouge à cause de mon comportement. Je ne supportais pas les insultes, je ne supportais pas qu'on me traite de pédé en ignorant que je l'étais vraiment.» Yoann, blessé, réagit mal. Il ne veut plus avoir mal. Il ne sait pas expliquer ce qu'il ressent. Il le comprendra des années plus tard.

Un jour de match, Yoann évolue en tant que défenseur. Il est colérique, sanguin. Plus encore que d'habitude. Quelque chose ne va pas. Quelque chose qui le ronge, qui l'agace. L'attaquant de l'équipe adverse est particulièrement bon. «L'objectif, c'est qu'il ne passe pas, qu'il ne marque pas, et tous les moyens sont bons, lui faire mal, l'insulter, le déstabiliser, hélas, c'est ça le foot. Et je l'ai traité de "pédé". Moi. On marche sur la tête hein?»

Les années passent, la rage reste. Il a eu des histoires d'amour avec des hommes. Il ne veut plus se cacher. Il décide de l'annoncer à ses coéquipiers et à son entraîneur. «Ils ont mis du temps à comprendre. Au départ, j'ai commencé par faire des allusions, sur le ton de l'humour. On parle beaucoup de filles et de sexe dans les douches. Il y a cet excès d'adrénaline après le match, de puissance de virilité. Alors, moi, je disais en plaisantant à certains joueurs devant les autres : "On irait bien ensemble, non?" pour faire comprendre à tout le monde que je sortais avec des hommes. Personne ne relevait. Mais, un jour, l'un des joueurs m'a finalement posé *la* question.»

Les garçons fêtent leur victoire sur l'équipe adverse. Le casino de la ville peu à peu s'anime. Les équipiers investissent les larges tables de poker, face aux machines à sous, qui attirent une clientèle un peu plus âgée.

Sur la table de l'équipe de Yoann, les bières défilent. Ils s'amusent à refaire le match. Ils sont heureux. Ils ont la vingtaine, lui plus. D'autres amis les rejoignent. Les filles sont venues retrouver leurs amoureux. La soirée prend son rythme. *La* question est tombée, abrupte, soudaine, au milieu de la table. Les rires s'estompent. Les regards fixent Yoann, qui feint d'être tranquille, termine sa petite gorgée de bière. «Je n'ai pas dit : "Je suis homosexuel." J'ai dit : "Je suis avec Anthony."» La table se tait. Ambiance feutrée du casino. Yoann pose la chope de bière. Sourit vaguement. Regarde les autres. «Il y a eu un silence autour de la table. Et puis ça s'est bien passé. Et la nouvelle a fait le tour du club et des clubs de la région. Voilà comment l'histoire a commencé», raconte-t-il.

À cette période, sur les terrains de football, Yoann se bat régulièrement. Contre tout le monde. L'équipe adverse, les supporters. À la moindre insulte. Il fonce, tête baissée, contre ceux qui la profèrent. Ne rien laisser passer.

C'est un froid jour de mars. La lumière s'est assombrie très vite. Il y a peu de supporters en dehors du terrain, le jeu est lent. Avant la rencontre, pendant l'échauffement, Yoann reconnaît l'un des joueurs de l'équipe adverse. Ils ne disent rien. Ne montrent rien. « Nous nous étions croisés quelques semaines plus tôt sur un site de rencontres en ligne. Personne ne savait qu'il était homosexuel, il faisait semblant avec les filles. De mon côté, c'était officiel. »

Sur le terrain, dès le début du match, le joueur adverse l'insulte. Plusieurs fois. Les yeux dans les yeux. Avec la violence qu'ajoute l'envie de vaincre. Yoann est sidéré.

« J'arrête de courir. Il recommence. Je le regarde. Il fuit mon regard. J'ai abdiqué. Je me suis dit que le mec devait être sacrément malheureux pour me dire ça, à moi. J'ai gardé le sourire. Personne n'a compris pourquoi je ne lui avais pas mis un coup de tête. Je me suis souvenu de mes 19 ans, quand je ne savais pas que j'étais homosexuel et que ça pouvait m'arriver aussi, d'insulter les autres. La différence, c'est que lui savait. »

Malgré certaines saillies d'équipes adverses, en match extérieur, l'ambiance de l'équipe est agréable. Le coming out de Yoann, car c'en était un ce soir-là, est bien accueilli par les joueurs et par sa famille. L'année suivante, d'autres joueurs intègrent l'équipe. Mais l'ambiance change. Le niveau aussi. Ces nouvelles recrues ont des capacités techniques qui font défaut à Yoann.

« Si vous êtes homo, le seul homo, et que vous êtes le meilleur de l'équipe, il est très probable que tout se passe bien pour vous, mais si l'homophobe est plus fort que vous, c'est cuit. Une fois de plus, c'est la performance qui compte, le coach est payé pour faire évoluer le club. Il va donner raison aux plus forts sur le terrain », analyse Yoann.

Yoann joue de moins en moins, il est mis en réserve du club dans lequel il évolue, en équipe A, depuis quatorze ans. Parmi les nouveaux joueurs, certains ne cachent pas leurs réticences à partager les douches « avec une tarlouze ».

L'homosexualité assumée du joueur dérange quelques-uns de ses coéquipiers, ils le font savoir à l'entraîneur de l'époque. « Les équipes adverses peuvent s'en servir pour nous déstabiliser », prétendent-ils.

Yoann est à cran. Les insultes sur le terrain se répètent, et parfois même au sein de sa propre équipe.

Pendant un entraînement, un joueur s'approche de lui en courant, le regarde, tourne la tête, et glisse : « Pédale ! » avant de reprendre sa course. Yoann s'arrête. Touché. Le joueur est déjà loin sur le terrain, il fonce vers les buts. « Il savait très bien ce qu'il disait. Tout le monde savait que je suis homosexuel. » Que cherche-t-il, ce joueur, en l'agressant ainsi ? L'impact est immédiat. Yoann ne décolère pas.

Une autre fois, autre entraînement, le même joueur répète la même insulte. « Tu as dit quoi ? – J'ai dit "pédale" et je redirai "pédale" si je veux. – Tu te rends compte de ce que ça veut dire ? Si je te traitais de négro parce que tu es noir ou de bougnoule parce que tu es arabe, ça te ferait mal, bah voilà, c'est pareil. »

Ce jour-là, comme ça arrive parfois, avant des matchs régionaux, les caméras locales de France 3 filment l'entraînement des joueurs. L'échange entre Yoann et celui qui l'insulte est enregistré. La preuve paraît indiscutable. Yoann Lemaire obtient le soutien d'une association sportive LGBT, le Paris Foot Gay. La guerre est ouverte contre son club. Mais l'auteur de l'injure, son coéquipier, ne sera pas sanctionné. Le club a choisi son camp. C'en est trop pour Yoann, qui range ses crampons pendant un an.

Ensuite, le foot lui manque. Ses amis du club aussi. Il demande alors le renouvellement de sa licence. Les tensions se sont apaisées. Il obtient même les excuses du joueur qui l'avait insulté. Sa réintégration semble acquise. Mais, quelques jours plus tard, un ancien dirigeant du FC Chooz le menace de mort publiquement sur les réseaux sociaux. L'insulte est odieuse. Homophobe. Virulente. L'homme veut faire mal. Et le mal est fait. Les médias relaient les faits. La ligue régionale de Champagne-Ardenne prend alors sa décision : la licence de Yoann ne sera pas renouvelée « par souci de sécurité », lui dit-on. Des années après, l'entraîneur lui expliquera qu'il avait eu « à affronter un problème qu'il n'avait pas su résoudre ».

« Et ils m'ont dégagé. Ils ont eu ma peau. Tant que les footballeurs homosexuels ne passent pas le cap et que je reste le seul à le dire, rien n'évoluera et on ne sortira pas du déni, du tabou, dans la souffrance et dans l'exclusion. »

Yoann Lemaire est le premier footballeur amateur en activité à avoir dévoilé, assumé et médiatisé son homosexualité au sein d'un club de la FFF. Aujourd'hui, il lutte contre l'homophobie dans le sport, il organise des matchs avec le Variété Football Club qui rassemble les anciennes vedettes du ballon rond pour dénoncer et expliquer l'homophobie, le sens des mots, la nécessité de vivre ensemble, d'accepter la différence. Depuis septembre 2019, il prend part aux réunions organisées par la LFP, avec les associations de supporters, après les interruptions de matchs de la fin d'été.

Yoann Lemaire n'a jamais obtenu sa réintégration en licence régionale. Mais, à l'époque des faits, la ministre chargée des Sports, Rama Yade, avait obtenu son intégration au sein du Variété Football Club. Un symbole.

Aujourd'hui, l'ancien dirigeant de son club, radié de la FFF en 2017, nie toujours avoir refusé de renouveler la licence de Yoann par homophobie. Il explique son refus par le faible niveau de son ancien joueur, pourtant licencié pendant quatorze ans en équipe A. « Il a fait ça pour se faire connaître », réplique l'ancien dirigeant. Réaction navrée du joueur : « Je ne suis pas certain que l'image du footballeur homo d'un niveau pourri viré par son entraîneur soit enviable par qui que ce soit ! »

« J'ai peur pour ma carrière »

Le garçon appelait tard le soir, à partir de 22 heures, 22 h 30. Le créneau le plus sollicité sur la ligne d'écoute d'urgence. « Les gens nous téléphonent généralement quand l'angoisse monte, à partir de 17 heures, et jusque tard dans la nuit », explique le fondateur du Refuge, Nicolas Noguier[155]. Son association accueille chaque année, pendant six mois, dans une vingtaine de villes françaises, près de 300 jeunes, lesbiennes, homosexuels, rejetés par leurs familles.

« Je viens du monde rural, un village du sud de la France, mes parents étaient en milieu agricole, j'ai grandi dans ce qu'on appelle l'homophobie intériorisée, raconte-t-il. J'ai pris conscience de mon homosexualité vers 15 ans, sans mettre un mot sur ce qui m'arrivait ; je me sentais différent de mes copains, mais je ne comprenais pas pourquoi. J'ai été élevé dans des petits établissements scolaires locaux, j'ai grandi dans la crainte que mes parents apprennent mon homosexualité, mais, finalement, ça s'est bien passé. Ils sont tombés sur un courrier. J'avais 23 ans. Je me suis dit que j'avais perdu dix ans de ma vie à rejeter cette vérité. Que j'aurais bien aimé trouver un refuge quand j'avais

18 ans. C'est ce qui m'a donné la force de construire l'association, en 2003. »

Nicolas Noguier assure la permanence téléphonique d'urgence, avec d'autres bénévoles. Un peu moins souvent que les autres depuis que l'association a pris de l'ampleur, mais il tient à relayer ses collègues, régulièrement. Depuis près de vingt ans, il écoute, il conseille, il rassure, il accompagne, ceux qui demandent un soutien, une oreille, une présence.

« Le sport n'est pas forcément le premier élément de leur récit, mais cela revient souvent, facteur qui s'ajoute à des rejets. Dans le sport, ils vivent parfois les situations de mal-être qui reproduisent celles en famille. »

Au bout de la ligne, une voix sourde, qui voudrait chuchoter plus bas encore si c'était possible. Il a composé le numéro. Il a fait cet effort. Il ne peut rien faire de plus. Au bénévole de comprendre, la surface de blessure, l'espace de confiance qu'il peut ouvrir. L'interlocuteur du soir a refusé de s'identifier, n'a pas voulu donner un numéro où le joindre. Le bénévole du Refuge comprend. Nerveux, confus, le garçon a hésité. Lancé quelques généralités sociétales avant de raccrocher. « Il rappellera. »

Il rappelle le lendemain soir. Et le surlendemain.

« Au début, quand j'ai fondé cette association, je n'imaginais pas que le sport faisait autant de ravages. Avec l'expérience des appels, je me suis rendu compte à quel point c'était un motif de rejet et de mal-être, à quel point les jeunes sont victimes de harcèlement dans le sport, parce qu'ils sont efféminés, différents des autres », analyse Nicolas Noguier.

Le mystérieux interlocuteur se dévoile peu à peu. Il est, semble-t-il, reconnu dans sa discipline sportive. Adulé, même, par les connaisseurs pour ses performances. Pour ses médailles. L'homme est boxeur professionnel. Ne dira rien de plus sur son identité. « Il avait peur pour sa carrière. Il avait peur que les gens l'apprennent. » La confiance s'installe au bout de la ligne téléphonique. « Il avait des soucis à vivre sa propre homosexualité. Il disait, "Si ça s'apprend, je suis fini". Mais il ne supportait plus de mentir sur son identité profonde. »

Les appels étaient réguliers et suivis. Et puis, brutalement, le silence rompu, un soir il a raconté ce que ça lui faisait d'être un sportif de haut niveau forcé de mentir. Et qui finit par n'être plus qu'une image officielle, celle que l'on attend d'un champion : un boxeur professionnel, hétérosexuel, redoutable. Forcé d'oublier l'autre soi.

Mais il a peur. Il est prêt à tout pour garder le secret. Les mots ne s'arrêtent plus dans l'écouteur. Les questions, heurtées. Violentes. À qui ment-il ? À lui-même ? Ou à l'aura qu'il voudrait préserver ?

Depuis quelques semaines, c'est encore pire. L'image officielle s'emmêle à celle qu'il refuse. Il panique. Il a l'impression que son homosexualité se voit. Que c'est écrit là, sur son visage, dans ses poings quand il cogne le sac. Physiquement, il change. La nuit n'est qu'une succession de rêves étranglés et d'angoisses. Les conversations du soir lui sont devenues nécessaires. Comme on termine un combat, sur le ring. « Je n'en peux plus. » Son homosexualité l'obsède. « Je ne tiens plus. »

Au bout du téléphone, la voix du bénévole pousse le raisonnement jusqu'au bout. « Pourquoi imagine-t-il le pire ? Est-ce la boxe, ses adversaires, ses sponsors, ses équipes, le public... qui n'accepteraient pas son homosexualité une fois affichée ou est-ce l'idée qu'il se fait de l'image de lui-même ? »

À force de la côtoyer, l'homophobie rampante est-elle inévitablement intériorisée et insurmontable pour certains sportifs professionnels, qui dépendent économiquement et socialement de leur image ? Le sport, la vie, la vérité, un seul choix, mais à quel prix ?

Et pourquoi faudrait-il choisir, se demande Nicolas Noguier, après ces heures d'écoute et de conseil téléphoniques sur la ligne du Refuge. « Au départ, je ne voyais pas pourquoi nous devions favoriser l'insertion de nos jeunes dans une association sportive LGBT, mais, au fur et à mesure des témoignages des uns et des autres, et des récits de leurs blessures, j'ai compris. »

Le boxeur était catégorique. Impensable. Impossible. Il a fini par abandonner le ring. Sa carrière professionnelle, sa passion, une vie entière dédiée à sa discipline.

« Ça nous faisait peur de nous doucher avec des lesbiennes »

Les entraînements minaient les muscles, la saison paraissait interminable. L'une après l'autre, les filles se blessaient. Et puis, l'air humide, le ciel épais, le crachin. En continu, la lumière grise, la pluie glaçante. Béatrice Barbusse[156], jeune handballeuse de haut niveau, râle. C'est la pause. Sa genouillère droite lui comprime la jambe. Le parking est désert. L'entraînement de handball va reprendre dans un quart d'heure. Elle presse le pas par peur d'être en retard. À ses côtés, deux autres joueuses de l'équipe. Inséparables. Insortables. Les amies d'une vie. Elles ont une vingtaine d'années. Une carrière de haut niveau sportif bien entamée, et la vie devant elles. Béatrice Barbusse râle encore, l'autre glousse, la troisième ne dit rien. Quand elles ne s'entraînent pas, elles dorment les unes chez les autres. Où elles discutent. Handball, garçons... Garçons, handball...

Béatrice a les yeux rivés au sol. Sur ses baskets. Elle ne s'est rendu compte de rien. Les deux autres jeunes filles se sont arrêtées. Immobiles sur le parking, elles communiquent en silence. Et captent le regard de Béatrice, lui font signe de regarder à l'intérieur de la voiture, juste devant elles.

Au loin, une porte se referme. L'entraînement va commencer. Les joueuses se précipitent vers le gymnase. Oubliant toute discrétion, criant, hurlant, riant de la scène qu'elles viennent de surprendre, fascinées, médusées.

Dans la voiture, sur le parking, l'une de leurs coéquipières était enlacée dans les bras... d'une fille. « Une judokate, connue à l'époque ! Elles s'embrassaient dans la voiture. » Avant de pousser la porte du gymnase, à bout de souffle, les trois amies scrutent de nouveau le parking. Personne. La voiture n'a pas bougé. Elles sont soulagées. Le couple ne les a pas vues. Avant d'entrer dans les vestiaires, elles scellent un pacte de silence. Quelques minutes plus tard, la fille de la voiture entre à son tour sur le terrain.

Pas un mot. Rien.

« Il y avait sa sœur dans l'équipe, on ignorait si elle savait ou pas. C'était une situation délicate, parce que les parents suivaient les deux sœurs d'assez près. On ne voulait pas foutre le bazar, alors on est restées discrètes. »

Certaines joueuses de l'équipe de Béatrice Barbusse ne se cachent pas. « Elles ne disaient jamais ouvertement "Je suis homo", mais elles se tenaient par la main, elles s'embrassaient, et on ne posait pas de question, c'était comme ça. » L'homosexualité n'est pas pour autant acceptée par le groupe, ni par les dirigeants de club. Bien au contraire. « À l'époque, on savait que, chez les filles d'Ivry, beaucoup étaient lesbiennes et s'assumaient. On nous faisait comprendre que ce n'était pas normal, que ce n'était pas bien et que c'était dangereux. »

Le *on*, explique la future présidente d'un club de handball champion de France, «c'étaient les joueurs de l'équipe masculine de handball, les entraîneurs, un peu tout le monde. Alors, quand on allait jouer contre les filles d'Ivry, on faisait tout pour ne pas prendre des douches avec elles. C'était con, hein! Mais on nous avait mis ça dans la tête. On avait peur de se doucher avec des lesbiennes. Quand on jouait à l'extérieur, si on prenait des chambres d'hôtel, là aussi on faisait attention. Plus tard, il m'est arrivé plusieurs fois de partager ma chambre avec une joueuse lesbienne, et il ne s'est évidemment rien passé. À force de nous répéter, sans vraiment le dire, mais en le disant quand même, que *c'était mal*, on l'avait intégré».

À cette époque, l'un des entraîneurs exige de ses joueuses qu'elles s'habillent «de façon féminine». Et tant pis pour celles qui n'aiment pas les robes. Ordre leur est donné de souligner leurs formes, de se maquiller, de se laisser pousser les cheveux. «Il disait : "Je ne veux pas voir des camionneuses dans l'équipe, c'est compris ?!"… C'est par des réflexions de ce type qu'on nous faisait comprendre que ce n'était pas bien d'être lesbienne.»

En équipe de France aujourd'hui, Amandine Leynaud et Alexandra Lacrabère ont fait leur coming out dans la presse, et sont devenues championnes du monde avec leur équipe. L'une d'elles a fondé une famille avec sa compagne. C'est officiel. D'autres se taisent. «Elles assument en petit comité, mais pas officiellement, elles ne veulent pas voir ça dans la presse, par exemple. Mais, entre nous, on sait très bien qui sort avec qui», décrypte Béatrice Barbusse.

Quant aux équipes masculines de handball… Béatrice réagit au quart de tour : «Assumer son homosexualité chez les hommes? Impossible! Personne ne parle de ça, c'est un tabou total! Total! Chez les filles, disons que ce n'est pas tabou, c'est plus accepté, mais on ne pose pas de question. On n'en parle pas.»

«Et on applaudit les lesbiennes!»

Un terrain de football dans l'Est parisien.

Derrière les barrières, un groupe de jeunes femmes. En tenue de football. Elles attendent. Elles discutent. Elles s'échauffent. Certaines ont entraîné des équipes féminines professionnelles, d'autres ont participé aux sélections de l'équipe de France. Elles arborent toutes la même veste de jogging vert bouteille, un short noir et de longues chaussettes blanches. Dans leur dos, il y a écrit, en lettres blanches, arborées fièrement, comme on défend un blason familial, un nom, une histoire faite de combats : Les Dégommeuses. Cécile Chartrain[157], la capitaine de l'équipe, a trouvé le nom de l'association.

« On s'était dit qu'on impressionnerait plus l'adversaire avec notre nom qu'avec notre talent footballistique ! L'idée, c'était de proposer un espace "safe" pour les personnes LGBT qui en avaient marre des cadres sportifs habituels, où il est impossible de se dévoiler », raconte-t-elle.

Cécile Chartrain. Celle-là même qui, enfant, avait trouvé sa place au sein de l'AS Rédéné avant d'être poussée vers la sortie, à 12 ans, sans explication sérieuse. La voilà des années plus tard, ballon au pied, à la tête d'une équipe féminine et militante, contre le sexisme et l'homophobie. Le même regard, les cheveux un peu plus courts que sur la photo du journal local quand elle avait 7 ans. La légende, cette fois, est en anglais, et dans le *New York Times* qui raconte sa lutte, quelques semaines avant la Coupe du monde féminine de football organisée en France, en juin 2019. « C'est un combat permanent », commente-t-elle.

« On n'est jamais à l'abri de certaines réactions, parce qu'on joue sur les mêmes terrains que les autres, et tous les lundis la question se pose, tous les mercredis, il faut négocier pour investir le terrain, à l'heure de notre créneau officiel. »

Le ton est donné.

Sur la surface de jeu, de l'autre côté de la barrière, des U15 (les moins de 15 ans) disputent un match, accrochent les jambes adverses, lancent des cris désespérés – « À moi, le ballon ! » –, le front en nage. Ils ne remarquent pas qu'elles sont là, derrière les barrières blanches, titulaires du créneau horaire, déjà bien entamé par les adolescents. L'entraîneur s'époumone. On s'y croirait. Comme pour un vrai match ! La balle file droit vers les cages, bondit en l'air, rencontre une tête et termine dans les bras du gardien qui plonge avec elle. Hurlements. Et ovations. Les enfants s'amusent.

Le temps passe.

L'une des joueuses au maillot vert s'approche de l'entraîneur des jeunes garçons. Les adolescents reprennent leur souffle, le gardien est acclamé par les uns, hué par les autres. « Je suis allée le voir, comme d'habitude, parce que c'est une habitude avec lui, pour lui dire qu'il empiétait sur notre créneau, que l'on aurait dû être sur le terrain depuis plus de dix minutes.»

Les adolescents n'entendent pas un mot de la conversation, trop heureux de relancer le match encore un peu. Entre la capitaine de l'équipe féminine et l'entraîneur, le ton monte. «Il me dit que nous nous croyons tout permis, simplement parce que nous sommes des filles, que la mairie est avec nous, que ce n'est pas notre terrain. Et il profère des insultes sexistes.»

C'est à ce moment que les garçons se sont arrêtés de jouer. Brutalement. Alertés par les éclats de voix de l'entraîneur. Ils se regardent. Ne savent pas quelle attitude adopter. Finissent par se rapprocher de lui. On dirait des enfants, ils traînent la patte, balancent les bras sans savoir où les mettre, ni comment se tenir, ils sont intimidés, gênés. Ils regardent le coach, attendent un geste, une consigne. Ne cherchent pas à comprendre qui est cette joueuse, ni le motif de leur altercation. Le type est hors de lui. La capitaine des féminines ne se laisse pas impressionner.

«Je lui disais : "Vous vous rendez compte, vous êtes un éducateur, il y a des enfants avec vous, vous devriez montrer l'exemple au lieu de m'insulter, vous ne croyez pas?"» Les enfants ne bougent plus. Fixent l'entraîneur. Prêt à bondir. Ivre de colère. Il s'approche d'elle. Elle va «voir ce qu'un homme peut faire à une femme». Les joueuses se précipitent sur le terrain.

«Le coach repousse une de nos joueuses, notre gardienne, arrivée à notre hauteur, la discussion s'envenime et, de fil en aiguille, l'entraîneur prend les adolescents à partie en disant : "Allez, on applaudit les lesbiennes! Il les invective, et il applaudit.» Les adolescents se regardent. L'un d'eux commence à applaudir. Un autre suit. Très vite, tous applaudissent. Ils imitent l'entraîneur. La scène est irréelle. Les joueuses, réunies auprès de la capitaine, huées par la troupe de jeunes garçons, emmenés par leur entraîneur, chef d'orchestre de cette humiliation publique. Insupportable image, incitation au désordre et à la discrimination.

«Et voilà comment des adolescents, qui étaient là pour s'entraîner, se sont mis à crier et à hurler "Ouuuuh, les lesbiennes, aaaaaaah, les lesbiennes", au lieu de ranger leurs ballons et de laisser la place qui nous était attribuée», note Cécile Chartrain.

Après l'entraînement, les joueuses portent plainte au commissariat. L'entraîneur, lui aussi, portera plainte, contre des propos «islamophobes» proférés, dira-t-il, par des Dégommeuses contre ses joueurs. «Avec des joueuses musulmanes dans notre équipe, c'était un peu gros comme accusation!», relève simplement Cécile Chartrain.

« Vous n'allez pas perdre contre des pédés ?! »

Sud de la France, début d'été.

Depuis les tribunes, une rumeur incessante, une joie bruyante et contagieuse. Les voix entonnent les chants d'ici, à l'accent rond, gorgé du soleil insolent qui inonde encore la partie ouest des gradins. Les supporters sont venus nombreux défendre l'équipe féminine locale. Défendre, c'est un peu plus que du sport, déjà, si l'on écoute certains d'entre eux. Il a fait très chaud toute la semaine. Les féminines rencontrent l'équipe de Parisiennes du FC Arc-En-Ciel, le premier club de football LGBT de la capitale créé vingt ans plus tôt et affilié à la FFF. Les supporters locaux sont conquérants et confiants. Les premières minutes leur donnent raison. La promesse d'une victoire imminente. Ils jubilent. Entend-on, sur le terrain, les railleries de certains groupes, bientôt mêlées à la fureur, à l'appétit de la fête et de la compétition? Les tribunes exultent.

Mi-temps. Sifflet. Les Arc-En-Ciel soupirent, se tapent dans les mains, à l'épaule, pour retrouver un peu de courage. Et l'envie d'en découdre quand le score affiche l'avantage au camp adverse.

Près du banc de touche, Mélanie Pieters[158], la présidente du club, et ses coéquipières s'épongent le front, se rafraîchissent. Il fait une chaleur effroyable sur le terrain. Les filles d'en face sont habituées, elles vivent ici, elles s'entraînent ici, dans le Sud. C'est un sentiment particulier que de rencontrer l'adversaire chez lui, de jouer en terrain ennemi. Leur entraîneur les a rejointes. Il reprend, didactique, la stratégie de match affinée avant la rencontre. Il a un mot pour chacune. Chacune sera responsable de son propre jeu et de la procession générale du ballon vers les cages adverses. Les filles l'écoutent sans rien dire. Y croient-elles encore?

Dans les tribunes, la compétition continue pendant la mi-temps. Les joueuses locales regardent l'équipe de Paris crânement. À quel moment le rapport de force s'inverse-t-il? Et pourquoi? Paris remonte. Petit à petit. Égalité des scores. Les Parisiennes accrochent la pelouse, sèment l'adversaire et filent droit vers les buts. En face, les joueuses durcissent le jeu. Au bord du terrain, *de son terrain*, l'entraîneur fulmine. Son équipe vacille. La pente descendante est amorcée. Les fautes se répètent.

« On était dans un championnat adulte mais l'équipe d'en face était relativement jeune, elles étaient encore sous l'influence de l'éducateur », raconte Mélanie Pieters.

L'entraîneur est hors de lui. Il invective ses joueuses. « Mais vous n'allez quand même pas perdre contre des pédés !!! » Plusieurs fois, il reprend les mêmes mots, joue la déstabilisation de l'adversaire et la galvanisation de son équipe. « Les filles sont entrées dans le jeu de leur éducateur. Elles nous ont bousculées, insultées sur le terrain, ou sur les temps d'arrêt de jeu. Cela devenait compliqué. » L'étau se resserre. Les visages se ferment. Ce n'est plus un match de football. Ce n'est plus un jeu. « C'est la guerre sur le terrain. »

Les insultes pleuvent, mécaniques, répétitives. « Elles nous disaient "On ne va pas perdre contre vous, bande de pédés !". Ce qui était drôle, entre guillemets, c'est qu'elles disaient "pédé", alors qu'on est des filles. On a évidemment compris l'insulte, mais ce qui est dramatique c'est que l'on sentait qu'il y avait une méconnaissance totale de ce que cela voulait dire », se souvient Mélanie Pieters.

La stratégie de l'entraîneur adverse ne fonctionne pas. Les Parisiennes font bloc. « À partir de ce moment, on est devenues très solidaires. » Pendant les arrêts de jeu, l'entraîneur des Parisiennes les rassemble, en cercle, leur demande de ne pas répondre aux insultes. De continuer à jouer, ensemble. « Les ignorer, c'est la meilleure réponse », dit-il. Elles acquiescent.

Reprise du jeu. Toutes ont le sentiment de vivre un moment particulier. Rage redoublée. Les Parisiennes gagnent le match, sans avoir le temps de réaliser leur victoire. Déjà la scène bascule. Tout va très vite. Une vague de violence déferle. Prises pour cible, les Parisiennes sont médusées. Immobiles. Tétanisées. Elles reçoivent les coups. En quelques secondes, la situation est hors de contrôle.

« Il y a eu une bousculade. Une de nos joueuses a reçu une bouteille en plastique envoyée par l'équipe adverse. » Panique générale. Les supporters s'en mêlent, envahissent le terrain. L'enceinte sportive n'est plus qu'un immense hurlement qui résonne jusqu'aux tribunes, subitement désertées. Certaines des joueuses parisiennes, sur le banc de touche pendant le match, sont déjà dans les vestiaires quand la rumeur du chaos leur parvient. Depuis les fenêtres, elles assistent à la débâcle, prostrées, impuissantes. Les autres joueuses titulaires sont emportées par le mouvement de foule. Elles n'ont pas eu le temps de s'échapper. L'entraîneur des Parisiennes, lui aussi pris dans la bousculade, évite les coups, court vers ses joueuses, tente de les protéger. La situation est dramatique. À présent, l'entraîneur de l'équipe Arc-En-Ciel crie les noms de ses joueuses, de toutes ses forces, plusieurs fois. Il le sait, il faut les exfiltrer d'urgence. Les arbitres et les cadres du club hôte mesurent le risque de lynchage imminent. Les dirigeants somment leur entraîneur d'arrêter, de tenir ses joueuses et de calmer «le jeu» qui n'en est plus un. Gestion de crise.

«Des bénévoles du club adverse se sont précipités sur le terrain, nous ont protégées. Je n'avais jamais vécu ça. Il n'y a qu'en pro que ça se passe comme ça, quand ça dégénère.» Entre-temps, les joueuses ont réussi à se rassembler, aux côtés de l'entraîneur. «On va vous sortir de là!» En quelques secondes, encerclées, encadrées par les bénévoles du club hôte qui font rempart, en chaîne humaine, elles sont conduites vers les vestiaires. Pendant le déplacement, personne ne parle. La porte, le couloir, elles retrouvent enfin les autres joueuses à l'intérieur, affolées. Et réalisent ce qu'elles viennent de vivre.

«On s'est changées très rapidement, sans prendre de douche, on voulait quitter cet endroit au plus vite, c'était leur stade, on était chez elles, on ne voulait pas rester là. Mais le plus dingue reste à venir.»

Au milieu de la cohue, et pendant que les joueuses se rhabillent dans les vestiaires dont les accès sont bloqués par les bénévoles du club adverse, l'entraîneur va signer la feuille de match. «Normalement, le coach doit signer avec la capitaine de l'équipe, mais là, nous étions toutes choquées, on était en situation de crise, il y est allé seul», se souvient Mélanie Pieters.

Les deux entraîneurs remplissent la feuille de match. À l'arbitre de renseigner le score et les faits de la rencontre. «Il a fallu qu'on le force à écrire ce qu'il s'était passé, il ne voulait pas en entendre parler», ajoute la capitaine. Ce que niera évidemment l'arbitre en question.

Les joueuses du FC Arc-En-Ciel rentrent à Paris, sans attendre. Dans leur café habituel du centre de la capitale, elles célèbrent, enfin, leur victoire. «On était en colère, choquées… pas très sereines quand même. C'était la première fois que je vivais une situation aussi extrême d'homophobie assumée.»

Quelques jours plus tard, sur un rapport des Parisiennes faisant état de discriminations, de jets de bouteille et d'actes homophobes au cours d'un match officiel de la Fédération française de football, les équipes de l'Arc-En-Ciel sont entendues en commission de discipline. «Ils ont mis une amende de 8 euros aux deux clubs, pour avoir mal rempli la feuille de match. Plus tard, nous avons appris qu'ils avaient reçu un rapport, similaire au nôtre, relatant les mêmes faits que ceux que nous avions rapportés, mais qui nous accusait. Et ce rapport avait été validé par l'arbitre.»

L'ex-présidente du club parisien a écrit au président de la commission de discipline, à la ligue régionale de la capitale. «J'ai expliqué qu'il s'était passé quelque chose de grave, qu'au-delà de la commission de discipline, nous nous tenions prêtes à sensibiliser les entraîneurs, parce que ce n'était pas tolérable.»

Rien. Aucun retour. La lettre de Mélanie Pieters reste sans réponse.

«Il lui restait un peu de dentifrice dans la bouche»

Les prochains récits, odieux, qui décrivent l'homophobie dans le sport amateur français, ne sont pas racontés par ceux qui les ont vécus. C'est celui ayant tenté de les aider[159] qui s'en fait le porte-voix.

C'est arrivé en 2019 dans un club de football amateur parisien. La saison venait de reprendre pour les jeunes joueurs. En cette fin août, l'air était lourd dans la capitale, et l'entraîneur particulièrement remonté. «Vous avez fait les malins pendant les vacances, maintenant on va bosser, les gars.» Deux heures plus tard, quand l'entraînement s'achève, l'un des adolescents, si heureux de reprendre le football quelques heures plus tôt, accuse la fatigue. Alors que ses coéquipiers prennent le temps de bavarder sur le banc des vestiaires, s'étirent, cheminent lentement et joyeusement vers les douches, le jeune garçon de 14 ans, lui, s'empresse de se laver, se brosse les dents d'une main, attrape une serviette de l'autre, s'habille nerveusement, et s'éclipse des vestiaires, sans refermer la porte.

L'entraîneur, qui ne s'est pas encore changé, qui discute avec d'autres membres du club, s'interrompt pour s'adresser à son joueur :

«Alors! T'as bien sucé?»

Voix de stentor, éclats de rire des joueurs depuis le vestiaire. Le jeune se retourne vers ses coéquipiers qui pouffent une nouvelle fois, en voyant sa gêne. «Il lui restait un peu de dentifrice au coin de la bouche », raconte Terrence Katchadourian, secrétaire général de l'association STOP Homophobie, connue pour ses multiples procédures judiciaires afin de répondre à l'homophobie par des sanctions. « Sa famille m'avait appelé pour m'alerter sur des problèmes de harcèlement dans les vestiaires. J'ai pu lui parler deux fois. »

Le regard du coach. Les rires des garçons. Et, dans le miroir, la pâte à dentifrice restée collée sur ses lèvres. Le regard du coach. Les rires. L'éternelle répétition. « Il m'avait raconté qu'il se faisait harceler par son entraîneur. Ce n'était pas méchant, mais permanent. À 14 ans, vous savez, quand on est mal dans sa peau, on ne comprend pas les vannes », poursuit Terrence, qui conseille à l'adolescent de porter plainte. Celui-ci ne veut pas. Terrence insiste. « On est là avec toi, on ne te lâchera pas. » Refus catégorique. « Il avait peur que sa mère apprenne qu'il était homosexuel. »

Terrence Katchadourian prévient l'avocat de l'association, il faut aller vite. « Son père m'a téléphoné quelques jours plus tard. Lorsque le pape avait parlé de psychiatrie[160] pour les familles d'enfants homo, le garçon s'était pendu. »

Quelques années plus tôt, Terrence accompagne un jeune Français d'origine iranienne. « Il a 24 ans, 1,87 mètre, un passionné de sport. » En banlieue parisienne, près de Maisons-Alfort, il joue dans une équipe de football de son quartier. « Il n'était pas efféminé, mais très sensible et cette sensibilité se voyait », raconte Terrence, avec qui il a échangé pendant plus de six mois. « Il voulait se viriliser par le sport. Malheureusement, ça ne l'a pas du tout aidé, bien au contraire. » Le regard sur son corps. Constamment mis à nu. Et cette idée qui tourne dans sa tête, dans celle des autres : « Pédé. »

Il y a cette toison de poils sur son torse et dans le dos qui le gêne. Qu'il voudrait arracher. « Il m'en avait parlé, il m'avait dit que ça le dérangeait, mais qu'il préférait garder ses poils pour ne pas faire homosexuel. » Le jeune homme souffre de son grand corps. Il vit très mal les remarques, les moqueries des vestiaires. En cachette, il se mutile, se coupe, se griffe et lacère la peau tous les soirs. « Il ne voulait pas être homo, il s'en voulait. » La douleur physique, pour se débarrasser de l'autre, de la part qui ne s'avoue pas. « Quand il m'a parlé de ses scarifications j'ai eu peur pour lui. J'ai voulu qu'il aille voir un médecin, un psy, un professionnel. Sa confiance a été rompue. Il a cru que je le prenais pour un malade mental. »

Un jour, un coéquipier du garçon alerte sa mère. Il s'isole de plus en plus dans les vestiaires. Il est constamment la cible de moqueries. L'équipe soupçonne son homosexualité. Le jeune homme n'arrête pas le football pour autant. Sa mère est inquiète. Elle aussi lui pose les mêmes questions. Il s'isole plus encore. Téléphone plus rarement à Terrence. Il est allé voir le médecin que ce dernier lui avait recommandé.

« Un jour, mon téléphone sonne, c'était lui. "Je voudrais vous remercier, Terrence, pour tout ce que vous avez fait pour moi." Terrence fronce les sourcils. Craint le pire. "Qu'est-ce qu'il se passe ? – Faites un vœu. – Mais… Que tout s'arrange pour toi !" Il avait arrêté de prendre les médicaments qu'on lui avait prescrits pour ses mutilations. »

« Il était trop gentil pour le monde du vestiaire. J'ai le sentiment que si vous n'êtes pas un peu "grande gueule", violent même, verbalement, vous n'êtes pas considéré, dans ce milieu. Et si vous êtes gentil, un peu calme, tout de suite vous devenez le bouc émissaire et on vous traite de pédé. Et à force, c'est l'usure. »

17

Le déni de l'homophobie

Terrible réalité que ces récits glaçants. D'une homophobie difficile à assumer, à dénoncer pour les victimes, et donc aisément éludée par les acteurs du monde sportif.

Maguy Nestoret[161], ancienne championne d'athlétisme, l'a constaté au cours d'une mission sur les discriminations effectuée pour le ministère des Sports en 2014 : «J'ai découvert qu'il y avait une grande hypocrisie sur le sujet. J'allais dans toutes les fédérations voir comment étaient traitées les questions liées à l'homophobie, et les dirigeants me répondaient systématiquement : "Nous, on n'en a pas." Je leur demandais comment ils pouvaient en être sûrs. C'est une forme de déni insupportable!»

Cinq ans plus tard, nous constatons formellement que ces mêmes dirigeants, ou leurs successeurs, avancent les mêmes (non-)réponses. Quels outils sont mis en place pour lutter contre l'homophobie? Quel accompagnement existe-t-il, pour les victimes? «Le sujet est important, mais nous ne sommes pas concernés», bottent-ils tous en touche. Circulez, il n'y a rien à voir.

L'omerta se nourrit du silence des victimes et des témoins. Ceux qui osent dévoiler ces situations dramatiques, vécues en silence par les victimes, sont stigmatisés, marginalisés, et leurs voix vite étouffées. Peu de signalements, pas de confession, peu de sanctions.

Chants homophobes

À l'été 2019, la politique s'est invitée dans les débats. Prenant le relais, en coulisses, de (trop rares) sursauts médiatiques. Fin août, le milieu du football est sous le feu roulant des questions de la presse. La saison vient à peine de reprendre et, pour la première fois, une rencontre est interrompue par un arbitre pour faire cesser les chants homophobes et le déploiement de banderoles injurieuses. Fait inédit et rarissime, cinq interruptions de match suivront la première.

Dix ans plus tôt, à la suite de plusieurs dérapages intervenus dans le foot pro, le ministère chargé des Sports avait pourtant érigé la lutte contre l'homophobie en priorité nationale et lancé une campagne de sensibilisation sur les violences sexuelles dans le sport. Un an plus tard, en 2010, la charte de lutte contre l'homophobie avait été signée par l'ensemble des fédérations unisport et multisports[162]. Et le ministère, désireux de mieux mesurer et comprendre le phénomène, avait confié une enquête nationale au cabinet MB[163].

Le livre vert sur le supportérisme, publié par le ministère, avait officialisé la création d'un organe de concertation, le Comité du supportérisme. À l'automne 2010, le gouvernement décida d'élargir son action à toutes les discriminations et élabora un plan d'action en cinq axes dont la réalisation fut confiée à un Comité national de lutte contre les discriminations rattaché au ministère des Sports[164]. En mars 2011, le principe de *civi-conditionnalité* s'est vu inclus dans les conventions d'objectifs signées avec les fédérations, imposant, parmi dix engagements, la lutte contre les discriminations.

Mais la réalité est décevante. Sans obligation de résultat, sans sanction à la clé, la lutte contre l'homophobie ne se décline dans aucun projet des clubs sportifs. Quelques instances déconcentrées produisent des fiches ou des programmes de sensibilisation sur le sujet, parfois même dégagent de maigres crédits budgétaires, mais, bien vite, les fédérations passent à autre chose.

Jusqu'à ce fameux mois de mars 2019. À la suite d'une rencontre PSG-OM à laquelle elle assiste, la ministre des Sports Roxana Maracineanu décide de s'attaquer aux insultes homophobes, proférées par certains supporters dans les stades. « Ils criaient contre Marseille au lieu d'encourager leur équipe. […] Certaines pratiques dans trop de stades sont dégradantes et haineuses. Ce n'est pas parce qu'elles sont anciennes que ces pratiques doivent perdurer. Les insultes, homophobes notamment, sont interdites par la loi, et elles seraient tolérables dans les stades ? J'encourage la Ligue, et j'y travaille avec Nathalie Boy de la Tour [la présidente de la LFP], pour qu'il y ait des pénalités et que les clubs deviennent plus responsables », déclare-t-elle. La ministre martèle dans les médias que les chants comme «Oh hisse, enculé», «Les… c'est des pédés», «La Ligue, on t'encule», et les banderoles dont les auteurs nient le caractère homophobe ne sont pas un simple «folklore», ni une «question sociétale plus générale», mais bien un fléau qu'il faut éradiquer des stades.

Quelques jours après ces déclarations, forte de la volonté affichée de briser l'omerta et d'engager un grand mouvement de lutte contre l'homophobie dans le sport, la ministre se rend au Qatar. Là-bas, elle est pourtant moins expansive. Aucune interrogation, aucun commentaire sur l'actualité sportive française, ni sur la position officielle du pays hôte de la Coupe du monde de football 2022 quant à ces questions. Au Qatar, rappelons-le, l'homosexualité est un crime passible de la peine de mort pour les musulmans et synonyme de harcèlements et de discriminations pour les touristes LGBT[165]. Effet boomerang immédiat : les supporters hexagonaux dénoncent l'hypocrisie de la position officielle et le double discours dans le traitement de la lutte contre l'homophobie.

La Brigade Loire du club du FC Nantes affiche un message sans ambiguïté : «Nous faire la leçon sur la prétendue homophobie de nos tribunes après être allé promouvoir le sport français au Qatar? Vous nous prenez vraiment pour des cons.» Le 31 août, le Virage Sud du Groupama Stadium interpelle à son tour la ministre : «Roxana, tu parleras d'homophobie au Qatar en 2022?» À Lyon, les Bad Gones l'interrogent : «Fifa, Roxana, Schiappa : l'homophobie n'est-elle grave que sans pétrodollars?» À Metz, le 30 août, le club supporter Génération Grenat ironise : «Coupe du monde au Qatar : les stades sont-ils homologay?» Simples provocations politiques? Ou méconnaissance, voire déni, de l'enjeu réel de la lutte contre l'homophobie dans le sport?

Quand le foot se prend les pieds dans le ballon

Depuis le mois de mars, des consignes de fermeté ont été données aux arbitres, par la présidence de la Ligue de football professionnel, chargée d'organiser les championnats, et sommée par la ministre d'engager le plan d'action de lutte contre l'homophobie : «L'homophobie hors-jeu» a donc été appliquée, pour la première fois, un soir d'été.

Le déni de l'homophobie

L'AS Nancy Lorraine (ASNL) dispute à domicile un match contre Le Mans FC dans le cadre de la quatrième journée du championnat de Ligue 2 de football. Une foule bariolée tient haut les couleurs et la défense de ses équipes favorites. Au-dessus du stade, le soleil paresse, chauffe les tribunes et l'excitation des supporters. Au moment du coup d'envoi, la fièvre et l'envie de la victoire font chanter plus fort que d'habitude. À la vingt-sixième minute, l'arbitre Mehdi Mokhtari siffle l'interruption du match. Stupéfaction générale. Depuis les tribunes, un chant homophobe est scandé par des supporters de l'ASNL, raconte Gilles Gaihier, journaliste de *L'Est républicain*, présent dans l'enceinte, qui identifie le groupe nancéien de supporters ultra « FC Saturday ». Il rapportera, dans son papier, ce qu'il a entendu : « Nous haïssons les Messins, ces pédés, ces bons à rien. » Des propos confirmés par Flavien Logeard, speaker du stade Marcel-Picot chargé d'animer cette rencontre. Les ultras de l'ASNL visaient le Football Club de Metz. Le speaker intervient. Les supporters, furieux, répondent par un autre chant, visant cette fois la LFP : « La Ligue, la Ligue, on t'encule. » C'est à la suite de ce second chant que l'arbitre arrête momentanément la rencontre.

Deux semaines plus tard, la commission de discipline de la LFP décide de fermer la tribune Piantoni du stade nancéien Marcel-Picot pour le match suivant. Dans son communiqué, elle note une série de « rappels à l'ordre » pour Marseille (deux fois), Montpellier, Bordeaux, Rennes, le LOSC, Nîmes, Nantes, Reims, Strasbourg, Grenoble, Le Mans, le Paris FC et Chambly pour « propos insultants ».

La scène médiatique s'emballe. Quinze articles paraissent dans le quotidien *Le Monde* en deux semaines. Jamais auparavant l'homophobie dans le football, et dans le sport en général, n'avait été autant commentée. La ministre des Sports salue les décisions prises et recommande une nouvelle fois l'arrêt systématique des matchs en cas d'injures homophobes.

À la Fédération française de football, en revanche, le président s'agace. Le 6 septembre, dans un entretien à *Ouest-France*, Noël Le Graët déclenche les hostilités et recommande de ne pas interrompre « systématiquement » chaque rencontre, en cas d'injures à caractère homophobe. « On arrête trop de matchs. Ça fait plaisir aux ministres, moi, ça me gêne. Le football ne peut pas être pris en otage pour des propos vulgaires. La fédération ne donnera pas d'instructions aux arbitres », sauf en cas de manifestation homophobe de tout un stade, dit-il.

Réponse de la ministre des Sports sur les réseaux sociaux : « Je suis étonnée par les propos de Noël Le Graët. » Rappelant les engagements de la FFF et de son président : « Je le [Noël Le Graët] sais engagé dans la lutte contre les discriminations, nous en avons parlé en avril dernier lorsqu'il a valorisé les actions de prévention de la Fédération française de football et s'est dit prêt à aller plus loin. Il faut rappeler que l'homophobie est considérée comme une discrimination dans notre société », écrit Roxana Maracineanu, qui assume et réitère même sa volonté : « J'ai pris la parole pour affirmer que certains chants entonnés dans les stades ne sont plus acceptables car ils stigmatisent certains de nos concitoyens. Ces chants qui faisaient partie du décor dans certains stades, on ne doit pas les tolérer. Ni dans une enceinte sportive ni en dehors. Parce que proférer des paroles homophobes est un délit. » La ministre s'attaque ensuite plus directement aux acteurs du football : « S'agissant des interruptions de matchs, je rappelle que les arbitres sont sous la responsabilité de la FFF, donc de M. Le Graët, et que je ne préside pas la commission disciplinaire de la LFP. Chacun doit assumer ses responsabilités ! Je suis dans mon rôle en rappelant la règle, le droit. Décrédibiliser ma parole ou celle d'autres membres du gouvernement ne sert en rien le monde du football. Mettons-nous au travail ensemble pour trouver des solutions. »

Quelques jours plus tard, sur France info, le 10 septembre, le patron du football français lui répond : « L'arrêt des matchs ne m'intéresse pas. C'est une erreur. J'arrêterais un match pour des cris racistes, j'arrêterais un match pour une bagarre, des incidents s'il y a un danger dans les tribunes », poursuit M. Le Graët, assurant que le racisme dans les stades et l'homophobie en tribunes, « ce n'est pas la même chose », et appelant les clubs à « agir » *via* leurs services de sécurité.

Devant l'ampleur de la polémique, la fronde des associations de supporters, des clubs sportifs et des instances dirigeantes du football, le président de la République, Emmanuel Macron, qui se pique d'aimer le football, intervient. Quelques mois plus tôt, le 7 juillet sur France info, à l'occasion de la Coupe du monde féminine, il se déclarait « totalement favorable » à l'arrêt des matchs, au motif qu'« on ne peut pas s'habituer au racisme et à l'homophobie, sous prétexte qu'on est dans un stade de football. Il n'y a aucun sport dont l'ADN, les racines, l'esprit, c'est le discours de haine. On se bat partout dans la société contre

Le déni de l'homophobie

l'homophobie et le racisme, et on l'accepterait dans le sport ? ». Mais, cette fois, il siffle la fin de la partie, évite tout de même l'humiliation publique à sa ministre et, « en même temps », la rappelle à l'ordre en invoquant une nécessaire « clarté » et un « discernement » concernant l'homophobie dans le football, souhaitant que « tout le monde travaille ensemble » sans « fausses polémiques ». Le sport incarnant « les valeurs de concorde de notre pays [...], il faut avoir une clarté sur les principes et du discernement dans l'application, que tout le monde travaille ensemble, il ne faut pas créer de fausses polémiques. Je ne suis pas non plus naïf. On sait ce qu'est un stade qui s'embrase et parfois les noms d'oiseaux, pour dire le moins, qui volent. Donc je ne suis pas en train de dire que tout ça doit se terminer. Mais on ne peut pas expliquer tous les jours à nos jeunes et moins jeunes qu'il faut mettre de la décence dans le pays, qu'il faut enlever de la violence, et dire qu'il faut accepter de toute éternité les pires choses, ajoute-t-il. Chacun doit un peu bouger, je suis confiant dans la réconciliation, le sport doit unir », précise donc le président de la République.

La ministre, qui se sera battue avec un certain panache, capitule. À elle de renouer un dialogue jusque-là inexistant avec le président de la FFF et d'accepter la fin des arrêts automatiques des matchs.

Le 11 septembre, le communiqué de presse commun FFF/ministère des Sports reprend la position de la fédération. Il n'y est plus question de lutte contre l'homophobie, qui avait cristallisé le débat public depuis des mois, mais de lutte contre toutes les discriminations, et la fin systématique des arrêts de matchs est officialisée : « Le président de la Fédération française de football a affirmé à la ministre des Sports son engagement sans ambiguïté dans la lutte contre toutes les discriminations [...]. La ministre des Sports et le président de la FFF partagent le principe d'une action qui doit être aussi résolue qu'adaptée et pragmatique en cas d'injures ou de propos discriminatoires, et font confiance au discernement des arbitres et des commissions de discipline. »

Victoire sur toute la ligne pour la fédération.

À la première réunion au siège de la LFP entre les instances du football, l'Association nationale des supporters et des associations de lutte contre l'homophobie, le directeur général de la LFP, Didier Quillot, annonce que seront distingués désormais les « propos discriminatoires », susceptibles d'entraîner une interruption des rencontres, et les « propos insultants ». Les sanctions infligées par la commission de discipline suivront cette recommandation. Les clubs ainsi convoqués pour des propos insultants de leurs supporters n'écoperont donc désormais que d'un simple rappel à l'ordre.

Les associations LGBT fulminent. «Qui prend les décisions politiques aujourd'hui dans le sport? Je crois que les choses sont claires, *le ministre des Sports aujourd'hui, c'est le président de la FFF*», s'étrangle Pascal Brethes[166], fondateur du Paris Foot Gay.

Didier Deschamps vole au secours de Noël Le Graët : «Je n'ai pas pour habitude de commenter les déclarations de mon président, mais ce que je peux vous assurer c'est que, sur le plan humain, c'est quelqu'un qui a toujours lutté contre toutes les discriminations dans le football.»

Malgré tout, un nouvel élan est donné à la lutte contre l'homophobie dans le sport. Et le tabou, sinon brisé, au moins évoqué. Pour maintenir cette visibilité, certaines associations LGBT – STOP Homophobie, Mousse, et Rouge Direct – entendent judiciariser le combat par des dépôts ou soutiens de plaintes systématiques. À rebours des communiqués officiels de la FFF, qui, dénoncent les associations, instaurent une hiérarchie «inacceptable», entre la lutte contre le racisme, à combattre, et l'homophobie, admise.

Mea culpa du président de la FFF qui finira par plaider la maladresse et sa «bonne foi». Dès le 16 septembre, dans *La Marseillaise*, il déclare : «Je ne dois pas faire de classements, je ne l'ai pas senti sur le coup. Mais je me suis excusé assez rapidement. Je n'ai voulu blesser aucune communauté.» Quatre jours plus tard, dans *Le Télégramme*, Noël Le Graët confirme : «Je n'ai pas voulu blesser. Si c'était à refaire, je ne dirais pas les choses de la même façon, c'est évident.» Le 6 octobre, sur beIN SPORTS, il enfonce le clou : «C'était une maladresse. Je présente mes excuses à ceux que j'ai pu froisser. C'était un mot malheureux, on ne fait pas de classement. J'ai quelques regrets, ceux d'avoir pu blesser les gens. Je le ressentais comme un non-sujet, mais ce n'était pas le cas de tous, et c'est à eux que je m'adresse.» Le 23 octobre, dans un courrier adressé au conseil des associations plaignantes, il tient à «réaffirmer» son erreur de communication : «Il n'y avait aucune intention de ma part de créer une hiérarchie dans les actes répréhensibles qui peuvent être commis dans les stades et de minimiser les actes homophobes en comparaison des actes racistes.»

Mais le communiqué commun signé de la main de la ministre ne mentionne plus clairement l'homophobie, étendu au concept généralisé des discriminations.

La boîte de Pandore?

Le bras de fer entre l'État et les supporters s'envenime et déclenche diverses réactions contradictoires d'experts, d'universitaires ou de juristes. Il n'est bientôt plus question de la dérive en elle-même – l'homophobie dans le sport – ni de ses conséquences perverses et douloureuses pour ses nombreuses victimes, assignées au silence. C'est le verbe, et lui seul, qui est mesuré, ciblé, jugé, décrypté. Et mis en lumière médiatique. L'expression scandée ce jour-là en tribunes a-t-elle un caractère homophobe? Et cet autre slogan? Et celui-là, sur cette banderole? Les débats sont électriques, guidés par la seule passion, par l'émotion, et le ressenti individuel. Les associations de supporters soulignent alors l'«absurdité» d'une politique «systématique qui utiliserait le prétexte de l'homophobie», dont ils se défendent, pour les discriminer. Une fois encore, la victimisation des uns, l'emphase des autres agitent le théâtre médiatique et politique – en passant le fond sous silence.

En coulisses, les guerres internes se poursuivent. Les associations de supporters profitent de la médiatisation des compétitions pour se faire entendre et donner à voir sur les banderoles quelques messages personnels, bien sentis.

Le 31 août 2019, la rencontre Lorient-Guingamp leur donne l'occasion de se défendre des accusations d'homophobie qu'on leur prête, et d'accuser en retour les instances du football : «Instrumentalisation d'une lutte légitime par des opportunistes. Courage aux LGBT + et nique la LFP.» Au stade Michel-d'Ornano, la veille, pendant le match Caen-Le Havre, les supporters des deux équipes concurrentes s'entendent exceptionnellement contre l'ennemi commun – la Ligue de football professionnel – et font passer le message, en deux temps. Le collectif Malherbe Normandy Kop brandit la première banderole : «LFP, ministres : l'homophobie est un vrai sujet…», quelques secondes plus tard, dans la tribune opposée, le parcage havrais ajoute, narquois «… et vous le ridiculisez!»

Traduction de Pierre Barthélemy, avocat spécialiste des supporters ultras, sur le plateau de CNews : «L'étape qu'on a ratée et qui est fondamentale, c'est déjà de définir ce qui est homophobe, ce qui est à caractère homophobe, c'est-à-dire ce qui peut choquer, blesser, sans pour autant qu'il y ait une réelle intentionnalité homophobe, et ce qui est purement injurieux. »

Le sens des mots

Une fois encore, le débat de surface balaie les véritables enjeux du problème. Et l'émotion prend le pas sur la raison, censée dicter la loi. Il y aurait alors une échelle graduée de l'homophobie acceptable, et de celle qui deviendrait intolérable ?

Avant même d'ouvrir les débats sur la légalité ou non d'un mot, d'un verbe, encore aurait-il fallu en entendre le sens. D'où il vient. Ce qu'il provoque. De souffrance. De hiérarchie supposée et de domination admise entre différents êtres humains. La 17e chambre du TGI de Paris reconnaît et qualifie le mot « pédé » d'injure à caractère homophobe – et tout auteur passible d'un délit puni d'une peine de six mois de prison et de 22 500 euros d'amende. Mais c'est l'exégèse de l'injure « enculé » qui occupe les soirées des éditorialistes et des spécialistes.

Chaque camp mobilise ses arguments et sollicite les dictionnaires. Le Larousse comme l'Académie française professent que c'est un « terme injurieux pour marquer le mépris que l'on a de quelqu'un ». Le Grand Robert ou le Trésor de la langue française indiquent au contraire qu'un *enculé* est un homosexuel passif, celui qui est pénétré. « Quand même, c'est très clair. Et je ne pense pas que ça échappe aux gens qui emploient le mot », assure la sémiologue Marie Treps, auteure de *Maudits mots. La fabrique des insultes racistes*[167], mais qui nuance immédiatement : « Maintenant, c'est plus compliqué que ça. Le plus souvent il est adressé injurieusement à un homme ou à une femme sans préjuger de ses mœurs sexuelles. » Mais « les supporters ont beau dire "On n'est pas homophobes, on n'a rien contre les homosexuels", on ne peut pas enlever l'aura homophobe de ce mot-là. »

C'est aussi l'avis de Sébastien Chauvin, coauteur de *Sociologie de l'homosexualité*[168], qui, dans un article[169] documenté, dénonce le caractère homophobe des insultes dans les stades « non parce qu'elles visent directement les homosexuels, à la différence des insultes racistes qui visent souvent directement des joueurs racisés, mais parce qu'elles mobilisent le mépris possible envers les homosexuels ».

Avis contraire défendu par Médéric Gasquet-Cyrus, maître de conférences dans le département des Sciences du langage à l'université d'Aix-Marseille, qui estime que le terme, désormais, «a perdu sa charge homophobe. Le mot "enculé" ne désigne pas un homosexuel. La pratique de la sodomie, puisque c'est de cela qu'on parle, n'est pas réservée aux seuls homosexuels et concerne les personnes de toutes orientations. Ce mot n'est à mon sens absolument pas homophobe». Il explique qu'«historiquement, cela renvoie à l'image d'un dominant et d'un dominé, l'enculé, qui se fait posséder. Mais cela, c'est l'étymologie et l'on ne peut pas se référer à cela pour expliquer son sens actuel». Le sens des mots doit-il suivre le sens de l'histoire ?

Alors voilà. Le poids des mots, la charge sociétale évoluent-ils de la même façon pour tous ? Faut-il oublier les racines des mots et n'en considérer que l'usage que l'on en fait en français moderne ? La banalisation de l'expression, sans qu'il y ait une arrière-pensée homophobe systématique et conscientisée, est plaidée par l'avocat Cyrille Dubois, spécialiste des dossiers de supporters. Il estime que «ce débat ne doit pas plus se faire dans les stades qu'il ne doit se faire dans la société, à l'école, dans la cellule familiale, etc. C'est devenu une injure depuis de nombreuses années». Et «il n'y a aucune intention homophobe derrière ces chants», plutôt une volonté chez les supporters d'«injurier leur adversaire». «Donc on va taper dans les plus gros mots possibles et aujourd'hui, "enculé" en fait partie», conclut-il.

Le sociologue, Nicolas Hourcade, analyste du supportérisme, partage cette vision[170] : «Ce qu'il faut bien comprendre, c'est que pour les ultras, le football n'est pas le fair-play. Pour eux, c'est un combat entre deux camps. "Il faut que mon équipe gagne, je vais donc utiliser tout ce qui est possible pour discréditer l'adversaire et déstabiliser l'arbitre." Ils ont recours à des injures très variées : ça peut être "fils de pute" ou "enculé", sans qu'il y ait forcément d'intention homophobe.» Il reconnaît toutefois les limites de son raisonnement puisque «certains supporters prétendent que traiter l'adversaire de "pédé" n'est pas homophobe», tout en affirmant qu'il est possible de susciter une prise de conscience chez ces derniers. Où est la conscience ? L'ignorance feinte ? Interrogée par *Le Monde*, la linguiste Laurence Rosier explique que la blessure de l'insulte naît nécessairement de ce «poids mémoriel qui est toujours potentiellement *réactivable* en fonction du contexte et qui peut échapper au locuteur».

Le débat n'est pas tranché, ni par les linguistes ni par les experts qui n'ont certainement pas à juger la légalité des injures – verdict qui revient à la seule justice.

L'enquête ouverte par le procureur de Nice, suite à la plainte déposée par l'association STOP Homophobie après le match Nice-Marseille, va en fournir l'occasion. « Ça va être intéressant de porter cette affaire devant la justice si les auteurs sont identifiés, parce que, à ma connaissance, la justice n'a jamais eu à se prononcer sur l'injure à caractère homophobe autour d'une expression comme "La Ligue, on t'encule" », espère Me Boué-Diacquenod, l'avocat de STOP Homophobie.

Toutefois, la partie n'est pas gagnée quant aux suites judiciaires à donner, comme l'indique Me Dubois : « Va-t-on partir sur des punitions collectives ? Je pense que la juridiction pénale va avoir énormément de mal à juger ce genre de plaintes, à déterminer qui a chanté et qui n'a pas chanté, sauf à visionner les caméras de vidéosurveillance avec des spécialistes qui savent lire sur les lèvres. C'est compliqué. »

Un autre élément juridique fait débat : la notion d'intentionnalité. Sur CNews, Pierre Barthélemy, porte-voix des supporters, donne son interprétation : « "Les Messins sont des pédés", c'est un propos à caractère homophobe. "La Ligue, on t'encule", pour moi c'est purement injurieux puisqu'il n'y a pas, en droit, l'élément intentionnel d'homophobie, or il faut l'élément intentionnel en droit pénal. Avant de traiter les gens d'homophobes [ce qui est grave puisque l'homophobie est un délit puni par la loi], sachons déjà de quoi on parle. » L'avocat de STOP Homophobie prend le contre-pied de cette analyse et considère qu'en matière d'injures, « il n'y a pas besoin de prouver l'intentionnalité. Le simple fait de dire l'injure caractérise l'intention ».

Bref, rien n'est tranché.

18

Un contexte conflictuel entre l'État et les supporters

La tension n'est pas nouvelle entre les autorités publiques et sportives, lassées des images parfois caricaturales que renvoient certaines tribunes et leurs supporters ultras. Ces inconditionnels du foot, qui enflamment les tribunes, poussent leurs équipes, intriguent pour déstabiliser l'adversaire, ont une visibilité médiatique formidable qui devient autrement embarrassante quand certains d'entre eux s'échauffent, en viennent aux mains et aux poings, tiennent des propos sexistes, racistes ou homophobes depuis les tribunes, jettent des bananes sur le terrain, imitent des cris de singe, multiplient les provocations – quels qu'en soient les motifs avancés –, et finalement banalisent la violence. Cette violence-là existe. Elle est aujourd'hui véhiculée, aux heures de grande écoute, par la médiatisation massive des matchs de football, et insidieusement admise sous couvert de «folklore» et de traditions des supporters. Qui est responsable de la banalisation de cette violence ? Comment en est-on arrivé là ?

Tout y était permis

Il y a eu dans les stades, pendant des années, une idée du plaisir et de la liberté donnée au divertissement, où tout ou presque semblait permis – au moins toléré. Dans certaines enceintes, le stade a pu offrir un espace de défoulement singulier, où des supporters défiaient les interdits, où, galvanisés par le groupe, ils s'enivraient de puissance, laissant les frustrations quotidiennes à l'entrée pour céder à l'exaltation partagée, à l'envie de vivre passionnément.

Les interdits mis en place ont donc aussitôt été perçus comme arbitraires, limitant cette liberté, contraignant le collectif à respecter une règle nouvelle, incomprise et forcément contestée. Ce durcissement nouveau des normes est vécu par les ultras comme une injustice, une volonté de les exclure des lieux de solidarité où leur identité profonde s'exprimait. Avant, la liberté, aujourd'hui, les interdictions !

Le conflit entre les supporters et les instances du football s'envenime quand naît ce sentiment-là, dans les tribunes, d'avoir été déchu. D'avoir perdu un statut, une liberté, une identité. D'avoir « tout donné pour la famille » et d'en être banni. La voilà, la ligne de rupture. L'impression de défiance. Qui se nourrit, une fois encore, d'un manque de communication. Et de l'incompréhension. Il y a eu l'interdiction des fumigènes, considérés par les supporters comme festifs et non dangereux, puis la privation de déplacement, et encore les fermetures épisodiques de tribunes, accueillies chaque fois avec un peu plus de ressentiments par les supporters, jusqu'à faire émerger cette haine lancinante contre le décideur, la LFP, coupable de tous les maux et surtout suspectée de vouloir les écarter de leur passion.

Braqués ?

Dans ce contexte de tensions maximales, à l'été 2019, l'arrêt des matchs et les fermetures de tribunes visant à sanctionner les chants et les banderoles homophobes dans les stades ont été perçus, par les associations de supporters, comme une nouvelle provocation.

Alors que l'on attendait, au ministère des Sports, les bénéfices d'une sanction éducative, les arrêts de matchs ont au contraire braqué les supporters et hystérisé les débats. Il aurait fallu expliquer les raisons qui poussent à sévir contre l'homophobie. Communiquer avant de punir. Un travail de sensibilisation préparatoire, avec les clubs et les organisations de supporters, aurait facilité la démarche ! Au lieu de quoi, les supporters se sont raidis contre une mesure supplémentaire, et brutale, qui n'a pas été comprise pour ce qu'elle était – c'est-à-dire la volonté d'éradiquer l'homophobie dans les stades –, mais comme la suite d'une série de vexations discrétionnaires.

La preuve a été faite des vertus de la pédagogie avec le stade Malherbe de Caen, qui a évité les incidents et l'interruption de match en responsabilisant ses supporters par un courrier, la veille de la rencontre avec Le Havre : « Voyez donc, le Stade Malherbe Caen, ce sont tous ces mélanges : que votre peau soit noire, que votre peau soit blanche, que vous soyez une femme, que vous soyez un homme, que vous soyez homo, que vous soyez hétéro, que vous soyez petit ou grand, soyez-en fiers, vous êtes normands. […] Au creux de la vague ou en pleine lumière, demeurez tolérants. »

L'on retiendra que stigmatiser tout un sport, et ses supporters, avant d'en discuter, avant d'expliquer aux uns et aux autres les motifs, les conséquences et les détails des sanctions envisagées, provoque la rébellion de ceux-là mêmes que l'on entendait discipliner. Les supporters se sont victimisés. Au lieu d'obéir, ils répondent par la provocation et la dérision, refermant un peu plus tout espace de dialogue avec les pouvoirs publics.

Il fallait s'attendre à cette réaction ! « Vous voulez aborder le sujet des discriminations ? Très bien, mais parlons d'abord de celles que nous vivons », ont fait entendre les associations, en substance, aux instances du football. Invitée par la Ligue de football professionnel à s'asseoir autour de la table des négociations pour trouver une sortie de crise et avancer sur la lutte contre l'homophobie, leur instance représentative, l'ANS, a posé ses conditions dans un communiqué en jugeant « impensable […] de travailler sur la lutte contre les discriminations qui résultent de l'homophobie sans recevoir au préalable des gages sur les travaux à mener contre les autres discriminations, celles que vivent les supporters tous les week-ends. Nous demandons un moratoire sur les mesures discriminatoires prises par les instances disciplinaires des instances sportives, comme les huis clos ou les fermetures de tribunes ou de secteurs visiteurs. La France est le dernier pays à priver de stade un père ou une mère et leur enfant parce qu'un supporter situé dix rangs plus bas s'est mal comporté ».

Parler

Au-delà de la position des uns, de la crispation des autres et des polémiques médiatiques, dès la fin de l'été 2019, les associations LGBT saluent une avancée, bien que timide : « L'idée, c'est de mettre des mots sur le problème, briser des tabous, expliquer pourquoi tel ou tel terme heurte, pourquoi il ne faut plus les prononcer, et voir dans quelles conditions on peut essayer de trouver des solutions pour chanter autre chose dans les stades», explique Bertrand Lambert, le président des PanamBoyz & Girlz United.

«Tout cela a permis de rappeler que la sanction est éducative, en ce qu'elle fixe le seuil de l'acceptable et en ce qu'elle conduit à interroger les limites des comportements individuels et collectifs aussi bien que leur justification morale», analyse Philippe Liotard[171], anthropologue, auteur de nombreux travaux sur l'homophobie dans le sport, laquelle n'est débattue qu'en réaction immédiate aux faits d'actualité.

Mais ce ne sont que les faits. L'homophobie au quotidien, et ce qu'elle signifie dans les vies des victimes, a été éludée. C'est ce que regrette Yoann Lemaire[172], en première ligne des discussions actuelles avec les associations de supporters. «Je n'ai jamais été aussi heureux que ce soir-là où ils ont arrêté un match, je me suis dit : ça y est, enfin. Et ensuite, j'ai passé ces dernières semaines à expliquer ce que voulait dire *pédé* ou *enculé*. Expliquer pourquoi c'est homophobe, ce que ça veut dire, quelle nuance entre les mots... Sans vraiment parler des vrais sujets.»

19

Dire ou taire ?

Marinette Pichon, pionnière des joueuses professionnelles françaises de football, est aussi la première et la seule, en France, à avoir révélé son homosexualité. « Il y a une énorme hypocrisie dans le monde du football », écrit-elle dans son livre autobiographique *Ne jamais rien lâcher*[173].

Elle vit à présent au Canada, avec son épouse et la famille qu'elles ont fondée. Elle y entraîne une équipe de jeunes venues de sport-études, qui rêvent d'avoir la même carrière qu'elle. Au téléphone[174], l'ancienne joueuse de l'équipe de France de football revient sur le contexte de cette déclaration. « Le jour où on m'a posé la question "Est-ce que vous êtes homo ?", j'ai dit "oui". J'ai répondu à la question qu'on me posait, simplement, je ne voyais pas pourquoi je mentirais à la journaliste qui m'interrogeait, donc j'ai décidé de dire mes choix. »

Quelques jours après les premières interruptions de match en août 2019, la meilleure buteuse de l'équipe de France, dont le record n'a pas été dépassé, doute de l'effet que les sanctions auront dans le monde du sport. « Je pense que les institutions ne sont pas prêtes à gérer tout ça, pas prêtes à vraiment entamer une bataille. Il y a une véritable omerta, et ça pose des difficultés pour les victimes. Parce que, tant que les institutions ne trancheront pas, on ne parlera pas ouvertement et on ne parlera pas des retombées que ça peut avoir. »

L'ancienne attaquante se souvient d'un épisode : « Quelqu'un m'avait insultée, c'était au bord d'un terrain, en me traitant d'homosexuelle, me disant que je n'avais rien à faire sur un terrain. J'ai eu un bref échange avec lui, et à la fin je voulais lui casser la gueule ! [Rire.] » Ce qu'elle n'a pas fait, précise-t-elle. Malgré sa notoriété, le soutien de ses proches et de son équipe, la joueuse française n'a donc pas échappé – et n'échappe pas – aux scènes de l'homophobie ordinaire.

Rouyer furieux

Autre grand joueur de football français à avoir rendu publique son homosexualité, on l'a vu, Olivier Rouyer[175] ne cache pas son agacement au téléphone, une semaine après l'interruption de match à Nancy : «Dans les autres sports, je n'entends pas ces horreurs-là dans les tribunes, c'est bien spécifique au football, et rien n'est fait depuis vingt ans. C'est pour ça que ce qu'il s'est passé à Nancy, ça m'a mis hors de moi, et j'ai tapé du poing sur la table parce que ça devient insupportable. J'en ai marre que les présidents de club disent "On peut rien y faire, on n'a pas de moyen", c'est faux ! »

Le soir de la première interruption de match, à Nancy, son portable ne cesse de sonner. Olivier Rouyer est heureux de constater que, enfin, on prend en compte l'homophobie et qu'on la sanctionne. Lorsque le match reprend, il se dit pourtant que les mentalités ne changeront pas, à moins d'adopter une position radicale. «Quand on dit à quelqu'un : "T'es un pédé", c'est ce que ça représente pour celui qui le dit qui me fait mal, parce que ces gens-là éprouvent de la haine. C'est même pervers. C'est ce que je trouve dégueulasse. Dire à quelqu'un "pédé", c'est le rabaisser, c'est le faire passer pour un moins que rien, c'est pour ça que je ne supporte plus ces horreurs. »

Pendant sa carrière, Olivier Rouyer ne parle pas d'homosexualité. Il a pris l'habitude de «cloisonner», nous dit-il, sa vie privée et sa vie professionnelle. Personne ne lui pose de question. Jusqu'à ce jour de 2008. Lors d'une interview, une journaliste fait état d'une rumeur sur son orientation sexuelle. Il en est le premier étonné : «Je n'en avais jamais parlé alors je ne savais pas comment les gens pouvaient la commenter ainsi que ma relation avec un autre homme ! » nous rapporte-t-il. Il réalise qu'il est peut-être temps de se prononcer sur le sujet. «Je lui ai dit : "Écoute, laisse-moi un peu de temps." J'en ai discuté autour de moi et surtout avec mon ami du moment. Ils m'ont tous dit : "Mais oui, c'est vachement bien, vas-y", et je me suis dit : OK, on y va, y en a marre. J'étais serein, j'avais pris la bonne décision. Donc j'ai revu la journaliste et je lui ai dit : "Je suis homo. Oui, j'aime quelqu'un du même sexe que moi, ça se passe bien, je suis heureux, ma vie est belle, et je suis serein." Voilà, des mots simples, en fait. »

Les réactions nombreuses, et « plutôt positives », l'étonnent. Il comprend que ces « mots simples », cette parole ne sont pas anodins. Toujours pas. Qu'il a eu, sans forcer le trait, un courage que d'autres peinent à trouver.

L'homophobie : une fonction « éducative » ?

Et que ce courage peut faire du bien, notamment aux gays victimes d'homophobie sportive. Une homophobie que certains chercheurs considèrent plus importante dans les sports d'équipe masculins, disciplines qui seraient propices à son développement, et où elle remplirait même une sorte de « fonction éducative », dans la mesure où elle familiariserait les sportifs au culte de la virilité, le modèle masculin à atteindre étant vite intériorisé !

« Les jeunes sportifs apprennent très tôt à montrer qu'ils sont des hommes – quand on leur répète à longueur de journée "Vous n'êtes pas des pédés" », décrypte Philippe Liotard, dans ses travaux sociologiques, à l'université de Montpellier.

Dans une enquête réalisée pour le ministère des Sports[176], sont interrogés 922 sportifs de la région Aquitaine, qui pratiquent une discipline dite masculine (boxe, basket, judo, karaté, football, rugby…). Eh bien, 50,6 % des sportifs hommes déclarent avoir des attitudes négatives ou ambiguës envers les homosexuels, moyenne bien plus élevée que chez les non-sportifs. « Plus le niveau est élevé, plus les sportifs sont discriminants », est-il analysé, car les athlètes de carrière se retrouvent fréquemment entre eux, dans des espaces d'entraînement et d'apprentissage clos, où la rivalité se mêle à la compétition, où les comportements répondent à une codification étroite des genres et de la norme collective dominante.

Il y a quelques mois, pour une autre enquête menée par l'association LGBT STOP Homophobie, on a vu que 23 % des footballeurs interrogés jugeaient l'homosexualité inacceptable, soit 5 points de plus que la moyenne nationale ! Plus alarmant encore, 1 Français sur 4 et 1 spectateur de foot sur 3 admettent tenir des propos homophobes tels que « pédé », « tarlouze » ou « tapette » devant un match.

À l'inverse, le haut niveau féminin serait, lui, « facteur d'ouverture envers l'homosexualité ». Peut-on en conclure que l'homosexualité féminine est mieux acceptée et plus assumée chez les femmes ? C'est en substance ce que confirme la sociologue Béatrice B.[177], ancienne handballeuse professionnelle, l'une des rares athlètes à connaître aussi bien les deux terrains après avoir évolué en équipes féminines, puis entraîné des équipes masculines en championnat. « Aujourd'hui, j'ai le sentiment que le lesbianisme n'est plus un problème, mais je ne vais pas vous dire qu'il est totalement assumé, ce serait mentir. »

Les lesbiennes seraient-elles plus acceptées ?

À l'époque de sa pratique sportive professionnelle, l'homosexualité de plusieurs joueuses était connue de toutes, mais jamais évoquée entre elles et encore moins publiquement. Aujourd'hui, certaines handballeuses assument ouvertement leur homosexualité, et leurs vies privées sont acceptées par les dirigeants. « La preuve, c'est que, l'autre jour, j'étais en masterclass avec Olivier Krumbholz, l'entraîneur de l'équipe de France féminine de handball. On lui posait des questions sur la maternité, et il a répondu spontanément que "Oui, en équipe de France, il y a des joueuses qui sont mamans", et il a cité notamment Amandine Leynaud, qui a eu des jumeaux avec sa compagne. » Selon elle, « l'entraîneur a accepté cette situation comme quelque chose de tout à fait normal, ce qui aurait été plus difficile dans les années 1990 ».

« Je vais vous raconter une anecdote qui en dit long, ajoute-t-elle. En fin de carrière, on doit accompagner les plus jeunes, j'étais donc marraine d'une fille dont je me doutais qu'elle était lesbienne. Elle avait 19 ans et elle sortait avec un garçon. Elle était très bonne joueuse. Je négociais ses contrats, on suivait de près son évolution. Elle a quitté Paris. Elle a emménagé avec une fille, mais quand on se voyait, pas une seule fois ouvertement elle n'a dit : "Je suis lesbienne et voici ma copine." Elle m'invitait à dîner, elle était avec sa copine, mais on n'en parlait pas. Je me voyais mal lui demander : "Alors maintenant tu es lesbienne ?" »

Chez les garçons, en revanche, aucun handballeur de haut niveau n'a révélé son homosexualité. Pourquoi ? Béatrice est catégorique : « Chez les hommes, dans le handball, c'est tabou ! Je ne connais aucun coming out de handballeur professionnel, aucun secret de vestiaire, rien ; statistiquement, ce n'est pas normal ! »

Et, en effet, les différentes études réalisées sur la question, y compris à l'international, concluent que les sportifs seraient plus facilement enclins à l'homophobie que les sportives. Les femmes seraient, elles aussi, « plus hostiles envers les gays qu'envers les lesbiennes mais dans des proportions moindres en comparaison avec les sportifs hommes », selon Anthony Mette, docteur en psychologie, spécialisé en psychologie du sport et de la santé, et auteur d'enquêtes sur l'homophobie dans le sport pour le ministère des Sports.

Selon d'autres études, 1 acteur du sport sur 20 aurait des attitudes ambiguës ou négatives envers l'homosexualité féminine, contre 1 sur 4 pour l'homosexualité masculine. Ainsi, la plupart des sportives rencontrées connaissent des sportives lesbiennes. À l'inverse, les hommes ne connaissent quasiment aucun sportif gay. « Je pense que c'est plus dévalorisant d'être traité avec mépris de "pédale" pour un homme que d'être traitée de "gouine" pour une femme, décrypte l'ancienne handballeuse professionnelle. C'est plus humiliant pour un garçon qui n'a pas d'autres possibilités que celle d'être un homme, un "vrai", c'est tout son statut qui est remis en cause. Nous, les femmes, on a déjà un statut sportif secondaire, donc un peu plus un peu moins... »

S'agissant des clubs féminins, les études révèlent que « les joueuses homosexuelles sont bien intégrées. Certains groupes peuvent ainsi se montrer très solidaires, voire, à l'inverse, rejeter l'agent homophobe », décrypte Anthony Mette.

De quoi faire bondir le sociologue Philippe Liotard : « Mais enfin, non, non, non, ce n'est pas plus facile pour les sportives homosexuelles que pour les sportifs gays de s'assumer dans le sport ! » Afin de créditer ses propos, l'ancien professeur de faculté commence par poser une question : « Dans le sport de haut niveau, qui connaissez-vous, médiatiquement j'entends, comme femme sportive homosexuelle ? Qui ? Amélie Mauresmo ? Son coming out date de 1999, elle avait 20 ans et ensuite ça a été un enfer pour elle ! Elle le dit aujourd'hui : "Jamais je le dirais [si c'était à refaire]." C'était normal pour elle à l'époque, mais ça ne l'était pas du tout pour la société, et cela a été très violent. Donc non ce n'est pas plus facile pour les sportives ! »

D'ailleurs, si, chez les filles, l'homophobie semble plus discrète à certains chercheurs, elle transparaît au niveau de la sélection des joueuses. Après enquête, il s'avère même que des dirigeants évitent de sélectionner des joueuses lesbiennes assumées afin que leur club ne soit pas étiqueté, ce qui dissuaderait, pensent-ils, les parents d'y inscrire leurs filles !

Le besoin d'être dans une équipe LGBT

Philippe Liotard a commencé ses premiers travaux sur la question en 1998, à l'université de Montpellier. «Il y avait à ce moment les Gay Games à Amsterdam. Notre réflexion est partie d'un simple constat : comment se fait-il, alors qu'il existe un mouvement sportif structuré, que d'autres événements sportifs se constituent à des fins militantes et festives ? À l'époque, on a découvert qu'il y avait une sorte d'expérience commune partagée par ces différentes personnes fondatrices de ces mouvements sportifs en France et à l'étranger. »

Cette expérience commune qui pousse les sportifs à rejoindre des clubs de sports LGBT, chacun la raconte avec les mêmes mots. Des insultes répétées, parfois des agressions. Le même silence que l'on s'impose pour protéger son sport et pour se protéger soi-même. Et puis, un jour, une volonté de jouer différemment. De vivre différemment.

«Quand on organise des activités, notamment sportives, les jeunes les publient sur les réseaux sociaux. Il arrive souvent que certains nous demandent expressément de ne pas publier les photos pour que les sportifs qu'ils connaissent ne sachent pas qu'ils sont dans une association s'occupant de jeunes homosexuels», raconte le fondateur du Refuge, Nicolas Noguier[178].

Si «l'homophobie joue un rôle "éducatif", poursuit Philippe Liotard, c'est parce que, aussi bien dans les clubs que dans les centres de formation, on transmet aux jeunes générations un modèle négatif, le modèle de l'homosexuel dont ils doivent se démarquer pour être des gens bien, des sportifs virils. Dès lors que l'homosexualité est perçue comme une faiblesse, il est impossible pour un jeune de s'exposer. Imaginez, à l'adolescence, combien il est difficile de se construire avec cette image négative de soi-même, dans un environnement où l'on n'arrête pas de sous-entendre que l'homosexualité, c'est mauvais, c'est mal. Comment voulez-vous, dans ce contexte hostile, qu'un jeune garçon homosexuel ne se dise pas : "Je fais comme tout le monde, je ne dis rien, éventuellement j'invite une copine pour les soirées, éventuellement je me marie, éventuellement j'ai des enfants dans ce couple hétérosexuel"... Ça peut aller très loin ! ».

Dire ou taire ?

Aux États-Unis et dans le monde entier, depuis la Coupe du monde féminine de football, Megan Rapinoe, championne du monde et meilleure joueuse de la compétition, est une icône de la communauté LGBT. « Elle est américaine, joueuse militante homosexuelle et valorisée pour son combat », commente Philippe Liotard. Pourtant, « quand elle jouait à l'Olympique lyonnais, en 2013, elle n'en parlait pas du tout ». Alors même que son coming out avait fait grand bruit, quelques jours avant les JO de Londres et un an avant son passage à Lyon. « En France, au pays des droits de l'homme et de l'ouverture, on s'aperçoit que c'est problématique. Et si l'homosexualité est problématique, on est déjà dans l'homophobie. Si Megan Rapinoe n'a pas été médiatisée sur son coming out pendant qu'elle jouait en France, c'est qu'on lui a demandé de se taire, forcément. »

Les sports d'équipe dans le viseur

Les sports individuels ne sont pas, pour la plupart, concernés par cette tendance à l'homophobie mimétique. Comment l'expliquer ? De nombreux travaux en psychologie et en sociologie relient homophobie et masculinité. Plus une discipline met en avant les critères de masculinité (force, musculature, témérité, contrôle des émotions), plus les sportifs déclarent des attitudes homophobes. La virilité y est érigée en totem, cette force-là, qui soude le groupe et rejette catégoriquement toute forme de féminité et d'homosexualité. Sous les douches, dans les vestiaires, les gestes de camaraderie exacerbés, très suggestifs et souvent tactiles sont paradoxalement vécus comme une démonstration de puissance masculine, niant toute idée sexuée et sexuelle du corps. Des gestes qui seraient contrariés, selon les croyances collectives, par la simple présence identifiée d'un joueur homosexuel dans les vestiaires.

Une idée largement répandue que l'ancien footballeur professionnel Olivier Rouyer décrypte : « Je suis persuadé que les footballeurs ont peur. Quand je vois la haine sur les réseaux sociaux, quand j'entends des joueurs déclarer qu'ils ne pourraient pas prendre une douche près d'un coéquipier s'ils apprenaient qu'il est gay, je me dis que ce n'est pas possible qu'on puisse encore penser comme ça. On ne peut pas être con à ce point. C'est dramatique. Après un match, tu es lessivé. Tu n'as qu'une envie : prendre une bonne douche, pas mater les fesses ou le zizi du mec d'à côté. C'est un manque de discernement.

C'est surtout révélateur du poids des préjugés et de l'absence de transmission des valeurs du sport par leurs éducateurs.»

Dominique Bodin et Pascal Duret, dans l'étude qu'ils ont menée auprès d'athlètes de haut niveau, soulignent «l'incompatibilité de pratique», rapportée par de nombreux sportifs, entre ces valeurs véhiculées par le sport – ou l'idée qu'ils s'en font – et l'affirmation individuelle de l'homosexualité.

Jason Collins, ancien joueur de NBA, confirme ces éléments. «À partir du moment où il y a de la compétition, quel que soit le niveau, les joueurs ont tous un ego surdimensionné. Ils veulent tous être des durs. Pour eux, un homosexuel est un mec fragile, sensible, qui ne sait pas se battre. L'opposé du sportif de haut niveau, en somme.» Collins en sait quelque chose. En 2013, dans un entretien à la presse, il ose ces quelques mots qui le font entrer dans l'histoire : «Je suis un pivot de NBA de 34 ans. Je suis noir et je suis gay.» Le joueur est ainsi devenu le premier sportif en activité dans un sport d'équipe majeur aux États-Unis à avoir fait son coming out. «Je suis *free agent*, donc mon annonce n'affectera pas mon équipe parce que je n'en ai pas», ajoute-t-il. Tout est dit. Sans club, et sans agent, la parole est possible.

Encore faut-il cette force pour se dévoiler, affronter le regard des autres et surtout faire de son cas individuel un message collectif. En quelques mots, l'Américain délivre une analyse dramatique de la situation. Le poids de l'agent, le poids du groupe. Il n'imaginait pas, alors, ce qu'il déclencherait ! Une immense vague de soutien, à commencer par celui du président des États-Unis, Barack Obama, qui lui témoigne, officiellement, tout son respect. Jason Collins prendra sa retraite un an et demi plus tard.

Les dirigeants toujours aussi aveugles

Pourquoi est-il si difficile d'aborder l'homosexualité dans le sport français aujourd'hui ? Nous avons posé la question à de nombreux dirigeants de clubs, de ligues ou de fédération, et dans des disciplines aussi différentes que le football, le rugby, la lutte, l'escrime, le taekwondo, le ju-jitsu brésilien, la boxe, le tir, le judo, le karaté. Et tous nient les problèmes d'homophobie. «On n'a rien, pas d'incident, pas de remontées, rien du tout, je pense que les gens ne parlent pas. Et même lors de réunions extrasportives, dans des soirées qu'on peut avoir en fin d'année, s'il y a des gens qui sont homosexuels, on ne le sait pas. Et au Comité olympique non plus, il n'y a jamais aucune remontée de comportements homophobes, ou même d'ailleurs de sportifs homosexuels.» Ce haut dirigeant sportif, convaincu de sa bonne foi et fort de ses certitudes, n'imagine pas un seul instant ce que son discours révèle du fléau de l'homophobie dans le sport. Se taire, se cacher, disparaître au point de ne plus exister.

Ainsi le conservatisme des joueurs, des supporters, des dirigeants, de tous ceux qui font et vivent le sport, mais aussi leur éducation, leur culture ou leur religion entrent en ligne de compte dans la question de l'homophobie.

Pascal Brethes, ancien président du Paris Foot Gay, va plus loin : «Dans certaines banlieues, les gays n'ont pas le droit de cité. Ils se cachent et vivent dans la peur en raison de la pression sociale, culturelle et religieuse», à laquelle s'ajoute le phénomène des bandes.

Dans son livre, *Un homo dans la cité*[179], l'ancien entraîneur du PFG, Brahim Naït-Balk, affirme ainsi qu'il a plus souffert d'homophobie que de racisme. C'était en octobre 2009. Le Bébel Football Club de la cité Mont-Mesly à Créteil bénéficie d'un terrain municipal. Le club, créé par quatre frères, doit affronter en Coupe de foot loisirs le club de Pascal Brethes, le Paris Football Gay. La veille du match, un e-mail parvient à ce dernier, en provenance du dirigeant de l'équipe adverse. Il le lit. Le relit. N'en croit pas ses yeux. Le Bébel Football Club refuse la rencontre. Le président du club de Créteil s'explique : «Désolé, mais par rapport au nom de votre équipe et conformément aux principes de notre équipe, qui est une équipe de musulmans pratiquants, nous ne pouvons jouer contre vous, nos convictions sont de loin plus importantes qu'un simple match de foot, encore une fois excusez-nous de vous avoir prévenus si tard.»

La secrétaire d'État aux Sports de l'époque, Rama Yade, s'indigne : «Mais où va-t-on, là? s'exclame-t-elle, citée par l'AFP (Agence France Presse). Si ça continue, on va refuser de jouer contre des Noirs, des Juifs. Le communautarisme n'a pas sa place dans le sport.»

Le rejet du communautarisme est précisément l'argument que soulève un dirigeant du Créteil Bébel pour expliquer l'annulation de la rencontre. «Je ne suis pas homophobe, je ne suis pas intégriste», a déclaré Zahir Belgharbi. «Ça ne me dérange pas de jouer avec des gays, mais pas avec un club [portant un tel nom] [...]. Nous, on a fait des efforts pour rester neutres – on ne s'appelle pas le football club islamique par exemple – pourquoi pas d'autres. »

« Mais de qui se moque-t-on ! réagit à l'époque Pascal Brethes. Le Paris Foot Gay n'est pas communautaire, c'est d'abord une association qui lutte contre l'homophobie dans le football », ouverte aux « hétéros et aux homos », poursuit-il, en précisant que l'équipe comporte « des Noirs, des Blancs, des Beurs, toutes religions confondues ». Des années plus tard, Pascal Brethes rencontre l'avocate du club de Créteil. « Ils étaient complètement dépassés par l'ampleur de la polémique. Ils n'ont pas compris, ils pensaient que leur mail (des musulmans ne peuvent pas jouer contre des homosexuels) allait passer comme une lettre à la poste. Je leur ai proposé qu'on joue le match pour se retrouver, ils n'ont jamais accepté, c'est dommage. »

La religion, la localité des groupes sportifs, en zones périphériques urbaines, en zones rurales, mais aussi le niveau sportif, peuvent être des éléments décisifs quant à la tolérance des partenaires de jeu face à un « coming out ».

Dans le milieu amateur, loin de la veille médiatique, la situation est parfois pire que dans les clubs professionnels. Les récits de Marc[180], abusé dans les vestiaires d'un club de rugby non affilié à la FFR, ou de Yoann Lemaire, pris à partie et finalement exclu de son club des Ardennes, le confirment.

20

Le football professionnel ou l'homophobie sans filtre

L'homophobie est plus présente encore chez les jeunes sportifs en centres de formation que chez les joueurs professionnels sous contrat dans les clubs. Quand le fondateur du Paris Foot Gay coréalise avec Anthony Mette, chercheur de l'université de Bordeaux, l'étude dans les centres de formation, il est loin d'imaginer que les clubs vont jouer le jeu et répondre aux questionnaires scientifiques. Mais les résultats vont l'effarer plus que redouté.

« Par moments, il y a des lueurs d'espoir incroyables dans la lutte contre l'homophobie, dit-il. Lorsqu'on a fait l'enquête, dont le résultat ne pouvait qu'être négatif, treize clubs ont accepté de répondre alors qu'il nous en fallait au moins six pour valider le caractère scientifique de ce travail. C'était une grande surprise ! Parfois les gens veulent évoluer, acceptent d'en parler. Au moment de sortir cette étude, nous sommes allés voir la Ligue de football professionnel, avec laquelle on travaillait, afin de lui communiquer les résultats avant de les rendre publics. Ils ont fait une tête de dix pieds de long. J'ai compris qu'ils n'iraient pas plus loin », regrette quelques années plus tard Pascal Brethes.

Ce qu'ils ont publié alors est toujours d'actualité. Pourquoi l'intolérance est-elle aussi forte dans les centres de formation de football ? Parce que les futurs professionnels sont soumis à une concurrence extrêmement vive. Un sur dix deviendra footballeur professionnel et, pour avoir une chance de réussir, il leur faut absolument « être dans le moule » ! Un cadre particulier qui s'accommoderait mal de préférences sexuelles différentes.

Dans une étude interne réalisée pour le ministère des Sports et révélée par l'association Rouge Direct, un autre éclairage est donné sur les centres de formation, où les jeunes footballeurs expriment catégoriquement, et peut-être même plus massivement que les sportifs amateurs et professionnels «adultes», des attitudes intolérantes sur l'homophobie, le sexisme, l'âgisme et la discrimination économique. Pour eux, l'isolement permanent et long, caractéristique de leurs cycles d'apprentissage, semble renforcer un manque de tolérance, qui pourrait être corrigé dès que les joueurs ouvrent un peu plus leurs vies à la réalité de la mixité – ce qui semble très rare, confirme l'étude. Le milieu d'origine joue également un rôle en raison des valeurs conservatrices de l'éducation et de la religion, souvent portées par des populations d'origine étrangère, croyantes, provenant des zones urbaines sensibles ou rurales.

Des jeunes bloqués

Une réalité analysée, vécue et constatée par certains formateurs chargés de sensibiliser ces jeunes espoirs aux discriminations. Il y a quelques mois, Jean-Louis Robert[181], militant SOS Homophobie, est attendu en Bourgogne-Franche-Comté. Avant qu'il rencontre les jeunes footballeurs, le directeur du centre de formation le met en garde. «"Vous allez voir, ça va être un peu compliqué, ce sont des jeunes qui ne veulent pas parler de ça [d'homosexualité]. Ils ont beaucoup de pudeur vis-à-vis de la nudité, ils se douchent en short, ils sont bloqués par la religion." Je lui ai dit : "Ne vous inquiétez pas, en cinq minutes, ils vont discuter avec nous!" Et c'est ce qu'il s'est passé.»

Rompu aux sensibilisations difficiles avec des collégiens embarrassés et parfois violents à l'endroit des homosexuels, Jean-Louis Robert est agréablement surpris de l'accueil qui lui est réservé. «Ils sont arrivés en survêtement, impeccables, à l'heure, et très polis, ça change de nos ados habituels, mais cela avait un côté un peu militaire», rapporte-t-il. Quand *la* question arrive – «Si tu apprends que ton meilleur copain est homosexuel, comment réagis-tu?» –, les jeunes footballeurs répondent faussement détendus : «Ça me pose pas de problème, mais il ne faut pas qu'il s'approche de moi ou qu'il tombe amoureux de moi.» «Ensuite, on corse le truc, ajoute Jean-Louis Robert : "Et si c'était ton coéquipier, qu'est-ce que tu dirais?"» Lourd silence. Il observe les jeunes assis en cercle, immobiles, tétanisés. Le premier dégaine : «Je serais choqué», puis viennent les «C'est impossible» et les «On est ensemble de la 5e à la terminale, on se connaît par cœur, on le saurait», et enfin «C'est une trahison», «J'accepterais pas».

L'analyse de Jean-Louis Robert rejoint l'étude mentionnée plus haut. « Il faut comprendre que ces jeunes garçons sont pris en charge par le centre d'entraînement depuis le collège. Ils sont, en effet, tout le temps ensemble. Ils ne sortent quasiment jamais, ont très peu de vacances, un emploi du temps serré du matin au soir avec téléphones brouillés à 22 heures. Ils portent un bracelet électronique pour qu'on sache où ils sont en permanence. » Tout est organisé, dès le départ, autour de l'entraînement, de la performance, en vase clos, afin de favoriser la compétition et l'endurance, au détriment de l'ouverture d'esprit et de la raison critique.

Si l'enquête souligne que plus les joueurs ont des amis homosexuels, plus ils sont tolérants, 80 % des jeunes professionnels sondés n'ont aucun ami homosexuel dans leur entourage. La tolérance à l'autre, à la différence, dépend de l'idée qu'on se fait de la norme et du curseur qu'on lui attribue.

« Ce sont finalement de jeunes professionnels, ajoute Jean-Louis Robert. Ils n'ignorent pas que seule une petite poignée, 8 % en moyenne, fera carrière, que les autres rentreront à la maison. S'ils réagissent aussi vivement à nos questions sur l'homosexualité, c'est parce qu'ils savent que les sélectionnés seront vendus très cher aux clubs, qu'ils seront payés beaucoup parce qu'ils sont les meilleurs du centre d'entraînement, et qu'ils auront des contrats avec les sponsors qui mettront le prix. En cas d'homosexualité assumée, ils imaginent que le public et les annonceurs ne seront pas au rendez-vous. Ce qu'ils disent quand on creuse, c'est que personne au centre de formation ne pourrait se permettre de faire un coming out sans sacrifier sa carrière. »

Chez les professionnels, un footballeur homosexuel performant, accepté par son équipe, taira son orientation sexuelle au grand public pour préserver l'image de virilité cultivée dans les centres de formation, avec en toile de fond l'argent que l'on aura misé sur lui contre la garantie tacite « de ne pas faire de vagues ».

Ainsi, 7 % des professionnels craignent que l'équipe soit moins performante avec un joueur homosexuel, et 18 % ne veulent pas être dans la même équipe, contre 23 % et 30 % chez les jeunes joueurs en centres de formation. Le constat est clair. « Il semble quasiment impossible qu'un jeune joueur homosexuel puisse s'épanouir dans le contexte des centres de formation en l'état actuel », concluaient les auteurs de l'étude réalisée quelques années avant que les jeunes disent à Jean-Louis Robert : « C'est impossible pour la carrière » et « Si ça devait arriver, on préfère ne pas le savoir». Le manque de mixité accentue, lui aussi, l'intolérance. Aucun club ne propose ainsi des centres de formation pour filles et garçons. Et sur les pôles espoirs interrégionaux, quelques-uns seulement sont mixtes.

À la concurrence entre les joueurs et à l'idée d'une norme très masculine, sans mixité, dans le huis clos des centres de formation s'ajoutent, selon les études du sociologue Stéphane Beaud, «la nouvelle sociologie des centres de formation» et «la mauvaise éducation des jeunes dans les quartiers populaires».

L'éducation par les mots

Les jeunes en centres de formation sont en pleine construction personnelle, la réponse à un tel rejet de l'autre se situe dans l'éducation et l'information. Une politique systématique de sensibilisation devrait donc être particulièrement développée dans ces centres. Or: «Quand je fais des formations chez les jeunes sportifs, j'explique pourquoi les mots sont homophobes. Car il faut leur expliquer, il faut en parler, parce que certains ne pensent pas à ce qu'ils répètent. D'autres, si...», explique Yoann Lemaire[182], président de l'association Foot Ensemble. «On se bat contre l'utilisation des mots très classiques qu'on entend partout, dans les tribunes, dans les vestiaires, pendant les entraînements, "pédés-tapettes-tantouzes-tafioles", et on ferme un peu les oreilles sur les chants du type "enculé ho hisse enculé" – il y a, certes, un fond volontairement grossier, mais si on le leur enlève, les supporters ne vont pas l'accepter. En revanche, "pédé", ils comprennent bien ce que ça veut dire...» «Un jeune dit facilement "sale pédé", mais ne perçoit pas cette insulte banale comme homophobe», confirme le coordinateur d'un club de La Goutte d'or.

Peut-être. Mais pourquoi choisir spécifiquement ce mot pour déstabiliser l'autre? Dès lors qu'une réaction à l'insulte est attendue, c'est bien qu'il y a volonté d'user de termes suffisamment durs et choquants pour troubler l'adversaire. Les mots ramènent toujours aux mêmes images. Pour ne pas être ce «sale pédé», il faut durcir son jeu, courir plus vite, et marquer «comme un homme». Dans les clubs amateurs, comme au plus haut niveau, les mêmes dérives se répètent. Jusqu'à engendrer des situations dramatiques. Un ancien joueur de l'équipe de France, Yoann Gourcuff, est fréquemment victime de rumeurs publiques sur son homosexualité supposée et la cible de ses coéquipiers – mais il refuse de le reconnaître. Et notamment, pendant la Coupe du monde en 2010, marquée par une élimination au premier tour, et le « fiasco de Knysna[183] ». Quelques jours avant la « grève des Bleus », le joueur, au tempérament discret, est interpellé par ses coéquipiers pendant les entraînements : « Ça, la tapette ? » « Ça, la folle ? », si bien qu'il se voit contraint de déclarer publiquement sur son site Internet qu'il « aime les femmes ».

Par comparaison, les associations de lutte contre l'homophobie rapportent que les insultes racistes sont, elles, extrêmement rares entre les joueurs du même camp. Près de trente ans ont passé depuis qu'Olivier Rouyer[184] a mis fin à sa carrière de joueur de l'équipe de France. L'actualité récente, venue des supporters de son club d'origine, l'a fait sortir de ses gonds. « En vieillissant, on prend tellement conscience de la bêtise, de l'intolérance et de la cruauté. Il y a un truc que j'ai du mal à accepter : on a toujours associé le racisme à l'homophobie, en termes de discriminations, et pourtant on a laissé de côté l'homophobie alors que dans le même temps on a été beaucoup plus attentif au combat contre le racisme. L'homophobie s'est banalisée. Je pense que c'est ça qui m'a rendu fou à un moment donné... »

Quand Louis Nicollin, président du Montpellier Hérault Sport Club, traite le joueur auxerrois Benoît Pedretti de « petite tarlouze », Olivier Rouyer décroche son téléphone. Deux ans plus tôt, il avait officialisé son orientation sexuelle dans les colonnes de *L'Équipe*. « J'étais en colère (!) et Dieu sait que j'apprécie le président Nicollin, mais je lui ai dit qu'on ne pouvait pas dire ça, que c'est interdit. Je lui ai dit : "Tu penses ce que tu veux des gens mais tu ne dis pas ça, même si c'est fait avec humour et avec l'accent de Montpellier." C'est là où ma prise de conscience personnelle est montée d'un cran. » Après avoir été suspendu quatre mois dont deux ferme par le Comité consultatif national d'éthique, Louis Nicollin a pris la pose pour une campagne du Paris Foot Gay : « Laissez tomber l'homophobie, c'est réservé aux petites tarlouzes ! »

21

Un traitement différencié des discriminations ?

L'expression homophobe a attiré l'attention des pouvoirs publics dans les années 2000. Depuis, les comportements les plus visibles sont ciblés, mais l'amélioration est marginale, voire inexistante. Le problème perdure. C'est devenu un enjeu majeur pour les joueurs qui refusent de révéler leur orientation sexuelle, quel que soit le sport. La peur est bien là. Diffuse. Celle de voir sa légitimité s'évanouir auprès des joueurs et du public, celle de perdre sa place dans l'équipe, celle d'être la cible de moqueries, de jugements, celles du vestiaire, des douches et du regard des autres. Certains se plaignent de pratiques plus violentes aussi : refus de passer le ballon pendant les matchs, de s'entraîner « avec un pédé », ce qui précipite une mise à l'écart du groupe, un chantage envers la famille et les proches et, parfois, des agressions verbales et physiques.

En 2018, Nicolas[185], un ancien boxeur amateur, a vécu l'enfer dans un club du sud-est de la France. Le boxeur assume son homosexualité, sans en parler mais sans se cacher. Pendant les premiers cours, il se souvient d'une ambiance plutôt chaleureuse, il progresse rapidement. « Personne ne me connaissait, ça se passait bien. » Les semaines s'écoulent, le jeune homme est à un tournant de sa vie, change de tenue vestimentaire, fait attention à son image, moins masculine. « Ça n'a pas plu du tout. » Alors la violence commence. Verbale d'abord. Dans les yeux de l'adversaire, une haine nouvelle. « Ce qui m'a fait le plus mal, c'est le mot "monstre". Plusieurs fois, pendant les entraînements, on faisait des faux combats, la personne qui était contre moi me disait : "Tu vas crever, tu es un monstre, je vais te ratatiner". L'autre frappait, frappait et personne ne l'arrêtait. Heureusement, on a changé d'entraîneur. La nouvelle coach ne laissait rien passer, mais du coup les autres me le reprochaient après. Dès qu'on sortait de la salle, ils m'insultaient, m'arrosaient d'eau. J'ai arrêté de fréquenter le club et j'ai pris des cours particuliers », raconte-t-il. Pour s'en sortir, pour se reconstruire, pour éviter de nouvelles humiliations qui le laissaient brisé, il s'est tourné vers une association de la communauté LGBT de sa région.

L'histoire de Nicolas ressemble à celle de nombreux autres jeunes, rapporte Anthony Mette, préparateur mental. «Les joueurs homosexuels encourent le risque de ne pas être sélectionnés, et même certains clubs effectuent, en début de saison, une sélection des sportifs selon des critères homophobes», assure-t-il. Ensuite, ces mêmes entraîneurs «se déchargent de toute responsabilité lors de situations clairement homophobes et n'ont pas de discours d'autorité avec leurs joueurs sur le sujet comme ils peuvent l'avoir sur les horaires ou le dopage».

Mais les faits homophobes n'étant quasiment jamais signalés aux référents institutionnels, comment prendre conscience de l'ampleur d'un phénomène que personne ne dénonce ?

Les clubs LGBT attirent de plus en plus

Les clubs et associations sportives de la communauté LGBT remportent un succès grandissant, et les derniers Gay Games en France, en août 2018, avec des milliers d'athlètes, témoignent de la nécessité et du bienfait d'un espace sportif sécurisé, sans violence ni jugement. Le mouvement LGBT (Lesbien, Gay, Bi et Trans) crée un premier club, à Paris, suivi par le FCPAEC, ou Football Club Paris Arc-En-Ciel, fondé en 1997. Grâce à ces clubs dont l'objectif affiché est la lutte contre l'homophobie, le sport devient un lieu de tolérance et de partage.

De ses premiers pas au Paris Arc-En-Ciel, après des années de football au sein de clubs traditionnels, Pascal Brethes[186] retient ce sentiment de réconfort et d'émancipation. «C'était si agréable ! C'était un soulagement, un bonheur, une bouffée d'oxygène. Je n'avais plus besoin de me cacher, mon mec pouvait venir m'embrasser après le match !» Ces clubs luttent contre les discriminations dont leurs membres font ou ont fait l'objet. Parfois, ils sont rejoints par des joueuses et des joueurs hétérosexuels qui soutiennent leur combat, dénoncent le climat trop compétitif et trop viril du sport.

Ces phénomènes de replis identitaires n'ont pas été particulièrement sollicités par des licenciés, car ceux-ci quittaient la mort dans l'âme leur club d'origine. Mais, progressivement, ces hommes et femmes ont exprimé comme nouvelle exigence celle de se retrouver entre soi, en confiance, et sans question de différences, comme se retrouvent d'autres communautés, pour pratiquer des activités physiques et sportives.

Les clubs se sont créés dans toutes les disciplines, y compris en rugby afin de développer sa pratique. Des clubs gay-friendly de cette discipline se sont formés, comme les Gaillards en 2004, les Coqs Festifs à Paris, les Los Valents à Montpellier, les Rebelyons à Lyon, la Mêlée alpine à Grenoble, les Tou'Win à Toulouse. Ils participent à des tournois internationaux et européens d'équipes gay-friendly. Une Coupe du monde de rugby gay existe, la Bingham Cup, en hommage à Mark Bingham, joueur américain, homosexuel, héros du 11 Septembre pour avoir, avec d'autres, fait dévier le vol 93 de la United Airlines.

Un autre communautarisme?

Ces clubs LGBT qui luttent contre les préjugés et réalisent un travail éducatif pour mieux intégrer la communauté nationale, peuvent néanmoins apparaître aux yeux de certains comme porteurs d'un «communautarisme gay» valorisant une identité ségrégative et aboutissant finalement à renforcer les préventions plutôt qu'à les apaiser. Des critiques à relativiser.

Car ces clubs, qui accueillent en majorité des licenciés LGBT, portent dans leurs statuts une volonté d'ouverture, conformément à la législation, et prévoient l'adhésion d'autres groupes sexuels. Quelles autres enceintes sportives réunissent d'ailleurs les joueurs homosexuels *et* hétérosexuels? Cette pratique sportive donne à réfléchir et dépasse largement le seuil de la prévention, comme l'explique Cyril Broccardo, président de Tou'Win[187] : «Tou'Win est une association de lutte contre l'homophobie qui œuvre par la pratique du rugby en cassant les clichés. On souhaite montrer que, dans l'équipe, on ne fait pas la différence. Le but n'est pas de dire qu'on est tous pareils – ce n'est pas vrai, on est différents –, mais qu'on ne peut pas classer les gens par l'orientation sexuelle, la couleur de peau, la religion... Le rugby met en valeur tous les gabarits. Un mec fin et rapide sera aussi important qu'un costaud ou un pilier. On a besoin de personnes différentes, et c'est cette différence qui est intéressante : il faut des gens qui ne sont pas comme nous. C'est un sport de "combat"; si on se donne à fond, les personnes en face te respectent. Ça nous fait réfléchir : même si on est un club gay-friendly, on s'aperçoit que chacun a des préjugés sur l'autre. Et ça fait du bien à tout le monde de s'en rendre compte, hétéros et homos. Je les vois du reste changer au fil des discussions, modifier leur discours, leur comportement. Ce dont je suis fier, c'est que des liens d'amitié se sont forgés entre des gens qui ne se seraient pas rencontrés dans la vie de tous les jours. Souvent, des joueurs s'invitent au restaurant et l'un amène sa copine et l'autre son copain. » Une lueur d'espoir ?

22

Une visibilité en hausse, mais encore rare

En 2016, les Jeux olympiques de Rio « les plus gais de l'histoire » ont connu une participation record d'athlètes ouvertement homosexuels, avec plus de 55 sportives et sportifs LGBT. « C'était deux fois plus qu'à Londres, en 2012, mais il y a encore beaucoup à faire », rappelle Manuel Picaud, organisateur, lui, des Gay Games Paris 2018. À Sotchi, en Russie, en 2014, 7 compétiteurs sur 2 900 se déclaraient ouvertement gays. Soit 0,2 % des sportifs. Quatre ans plus tard, à Pyeongchang, en Corée du Sud, ils étaient 14 à assumer publiquement leur homosexualité. Parfois, il aura suffi d'une photo, et d'un baiser.

Coming out fortuit

Ainsi, toujours à Pyeongchang, le jeune skieur américain Gus Kenworthy – qui sera médaillé – se lance sur la piste. Sa descente est filmée en direct à la télévision. À son arrivée, en bas, son compagnon de l'époque l'attend, au milieu des proches d'autres compétiteurs. Gus file droit vers lui, déchausse ses skis, et l'embrasse. Sous l'œil des caméras. L'image du baiser est diffusée dans le monde entier. Sur son compte Twitter, le skieur réagit, photo immortalisée à l'appui : « Je n'avais pas réalisé qu'on était filmés, mais je suis tellement heureux qu'on l'ait été. »

Quelques heures plus tard, après avoir reçu des centaines de messages de soutien, le sportif prend conscience de la portée de son acte. « La seule façon de changer les choses, de casser les barrières, de lutter contre l'homophobie, c'est à travers la représentation », déclare-t-il, toujours sur son compte Twitter. « Et ce n'est certainement pas quelque chose qui existait quand j'étais enfant. Je n'ai certainement jamais vu un athlète gay embrasser son petit ami. Si ça avait été le cas, ça aurait été beaucoup plus facile pour moi. » Et d'expliquer que, quatre ans plus tôt à Sotchi, il aurait aimé pouvoir s'afficher avec son compagnon, « mais avait trop peur de le faire ».

Mais les commentaires de soutien laissent bientôt place aux injures haineuses. Le skieur en reçoit plusieurs centaines, qu'il rend publiques. La plateforme YouTube s'excuse pour les commentaires parvenus au sportif.

Les Françaises, souvent, se taisent

Dans le sport féminin, la Coupe du monde de football de l'été 2019 a marqué un tournant pour la communauté LGBT. Trente-huit joueuses sélectionnées en coupe du monde, toutes nations confondues – canadiennes, argentines, suédoises, écossaises, américaines, espagnoles, anglaises –, ont déclaré officiellement leur homosexualité. Mais pas une Française. Les Françaises se taisent.

Une athlète française a pourtant fait grand bruit, à la une d'un magazine. C'était en 1999. La jeune tenniswoman Amélie Mauresmo a 20 ans et pose enlacée avec sa compagne d'alors en couverture de *Paris Match*. Mais s'ensuivent des années de moqueries, de la part d'autres joueuses, du public, sans oublier une marionnette masculinisée aux « Guignols de l'info ». Résultat, en 2019, elle n'a eu que quelques rares, discrètes et non moins courageuses héritières : Marinette Pichon, meilleure marqueuse de l'histoire de l'équipe de France de football, Alexandra Lacrabère et Amandine Leynaud, championnes d'Europe et du monde de handball ; Élodie Godin, vice-championne olympique de basket. Quant aux hommes, silence radio.

Les hommes plus encore

Dans le milieu du football masculin, trois joueurs professionnels actifs sont ouvertement homosexuels... dans le monde. Collin Martin aux États-Unis, Anton Hysén en Suède et Andy Brennan en Australie. Et, visiblement, aucun sur le terrain de la dernière Coupe du monde masculine. Matt Hatzke, un ancien joueur des Earthquakes de San Jose qui avait fait son coming out en 2015, quelques années après avoir pris sa retraite, estime que de nombreux collègues restent encore, comme lui, « au placard » tant qu'ils sont sur le terrain : « Évidemment, s'il y a quarante femmes qui s'identifient comme lesbiennes, je peux garantir qu'il y a de bonnes chances qu'il y en ait au moins autant du côté des hommes », a-t-il déclaré.

Quelques jours après la Coupe du monde féminine de football, le Britannique Tom Daley, triple champion du monde de plongeon, exhorta les footballeurs homosexuels à parler ouvertement, affirmant qu'avoir des modèles gays dans le sport de haut niveau aidera les jeunes fans concernés. « Ça peut être une chose très effrayante de grandir en se sentant différent, alors, savoir qu'un footballeur est ouvertement homosexuel peut changer la vie de beaucoup de jeunes enfants, déclara-t-il depuis les championnats du monde de natation en Corée du Sud. Quand cela arrivera, j'imagine tous les enfants qui se diront : "Oh, ça va, je suis différent et je peux toujours réaliser mes rêves." »

Personne ne l'a pris au mot. Et Rudi Assauer, ancien footballeur et entraîneur allemand, a fait une réponse qui en dit long sur la permanence des idées reçues : « Sans doute peut-il y avoir des homosexuels dans les autres sports, mais ils n'ont pas leur place dans le football. Si un joueur venait me dire qu'il était homosexuel, je lui répondrais qu'il fait preuve de courage, mais je lui conseillerais de faire autre chose. Ils sont ridiculisés par leurs pairs ainsi que par les supporters en tribune. »

Dans le monde du rugby, Gareth Thomas, l'un des plus grands joueurs gallois de l'histoire, a dévoilé son homosexualité en 2009. À quelques mois, de la fin de sa carrière, il avoua qu'il avait « pensé au suicide », simplement pour ne pas avoir à affronter l'étape du « coming out ». Dix ans plus tard, l'ancien capitaine de l'équipe de rugby du Pays de Galles a posté une photo de son visage tuméfié sur les réseaux sociaux. « J'ai été victime dans ma ville [de Cardiff] d'une attaque en raison de mon orientation sexuelle », écrit-il. L'agresseur, après avoir reconnu ses actes, s'est excusé. En juin précédent, l'ancien joueur s'était associé au député conservateur Damian Collins pour présenter une proposition de loi visant à rendre les comportements homophobes illégaux dans les stades anglais.

Une visibilité en hausse, mais encore rare

Des consciences qui bougent, parfois

L'intolérance des instances sportives internationales aux propos homophobes progresse lorsque ceux-ci tombent sous les feux médiatiques. Et aucun athlète stigmatisant ne peut plus se penser protégé par un statut de champion, fût-il incontestable.

S'il serait fastidieux de recenser la longue liste des dérapages verbaux d'athlètes emblématiques, retenons celui de l'Australien Israel Folau. Détenteur du record d'essais dans le Super Rugby et fervent chrétien évangélique, il a fait couler beaucoup d'encre et suscité l'indignation de tout un pays, à la suite d'un message haineux posté sur son compte Instagram le 10 avril 2019 : «Ivrognes, homosexuels, adultères, menteurs, fornicateurs, voleurs, athées, idolâtres, l'Enfer vous attend. Repentez-vous! Seul Jésus peut vous sauver.» La commission de discipline de la Fédération australienne de rugby a en effet décidé de résilier le contrat qui la liait au joueur.

Au fil des ans, quelques figures sportives médiatiques – Vikash Dhorasoo, ou plus récemment Antoine Griezmann – ont aussi pris position pour soutenir les joueurs homosexuels et les exhorter à se dévoiler. Faute d'être entendues, elles ont dénoncé cette stigmatisation, toujours actuelle. «Être homo dans l'art ou dans le cinéma, ça passe. Être homo dans une banlieue, dans une campagne, quand on est ouvrier ou footballeur, ce n'est pas facile» : un euphémisme rapporté par Vikash Dhorasoo et qui lui a valu des critiques sévères de son entourage.

Or tous gardent le souvenir vif de ce jeune joueur professionnel anglais, Justin Fashanu, qui a révélé son homosexualité dans les années 1990. Pris en grippe par ses coéquipiers, il avait terminé sa carrière dans l'anonymat. Cible de rumeurs d'agressions sexuelles et de nombreuses pressions, il s'était ensuite suicidé.

Le récit de Yoann Lemaire a montré qu'un joueur, même soutenu comme il l'était lui-même par des associations gays, et plus tard par la secrétaire d'État aux Sports de l'époque, est marginalisé par son club, ses coéquipiers et le public. Voilà qui explique pourquoi le coming out est tant redouté des sportifs homosexuels. Par anticipation, peut-être par instinct, mais aussi et surtout à cause du récit de ceux qui s'y sont risqués avant eux.

«On dit souvent que le coming out pour les LGBT n'est jamais terminé, parce que, dès que vous rencontrez une nouvelle personne, la sortie du placard revient», témoigne Cécile, fondatrice des Dégommeuses. Pascal Duret et Dominique Bodin confirment l'angoisse de la marginalisation dans leurs différentes études sociologiques. Plusieurs dirigeants sportifs estiment d'ailleurs qu'un coming out serait un frein considérable à une carrière sportive. Pourtant, la plupart des dirigeants interrogés s'obstinent à minimiser, voire à nier la réalité du problème. «Honnêtement, chez nous, je n'ai jamais entendu parler d'histoires de joueurs homosexuels qui n'osaient pas se dévoiler», s'échine à rapporter un responsable de fédération de l'une des disciplines les plus médiatiques, qui préfère ne pas décliner son identité.

Des propos qui font bondir, tant on imagine pourquoi, bercés par les insultes homophobes, hantés par l'angoisse d'être jugés et exclus par leurs coéquipiers, par le public et par les sponsors, les sportifs ne dévoilent pas leur homosexualité !

23

Lutter, encore et toujours

« Paris, vous êtes des pédééés ! Des pédééés, je le dis ! Ici c'est des hommes qui parlent ! » Mars 2019. En sa qualité d'ancien capitaine de l'équipe de France, Patrice Évra enregistre un message vidéo, partagé sur les réseaux sociaux, où il insulte copieusement les footballeurs parisiens après leur élimination en Ligue des champions face à Manchester. Ses propos, violemment homophobes, choquent. Il le sait. Ses provocations médiatiques, récurrentes, échappent jusqu'ici à toute sanction, alors même que l'homme incarne une partie de l'histoire de l'équipe de France. Les mots de l'ancien Bleu – qui ont été dénoncés – sont caractéristiques d'une forte tendance à banaliser l'homophobie dans l'enceinte des stades, dans les clubs de sport, amateurs ou professionnels, pendant les entraînements comme dans les vestiaires. Car, malgré quelques progrès et prises de conscience, rien n'est encore – jamais ? – gagné.

Ne pas baisser les bras ni les armes

« Quand la victoire semble arrivée, certains diront que les ennuis commencent. » Julien Pontes[188], membre du Paris Foot Gay quelques années après sa création, puis son dernier président en 2010, évoque avec peine cette période. « Tout a débuté par un grand espoir, explique-t-il, la voix presque enjouée. On a eu de beaux succès, on a mené des actions importantes avec le PFG, avec notre charte contre l'homophobie signée par la LFP en 2008, et par 8 ou 9 clubs de football professionnels, dont le PSG ! Quand, en 2010, la secrétaire d'État aux Sports, Rama Yade, l'a reprise, là on a marqué des points !

On s'est dit : "Ah, ça y est! Les choses vont enfin changer." Le problème, c'est que la signature de la charte par les clubs ne comportait aucune obligation de résultat, n'engageait personne. Et qu'après... »

On l'a constaté à Nice en 2012, lors d'un match Nice-Bastia. « Des observateurs de SOS Racisme entendent des chants homophobes lancés par le kapo, chargé d'animer la tribune sud », dénonce le PFG dans un communiqué. Pascal Brethes témoigne : « J'appelle aussitôt la direction du club, je demande d'agir et rappelle qu'elle a signé la charte contre l'homophobie. On me répond qu'on a fait le nécessaire, et me demande quand se termine l'engagement avec la charte... On a donc arrêté de travailler avec l'OGC. Et je me suis demandé à quoi on servait vraiment... »

Le temps passe. Et la confiance s'étiole. Julien Pontes confie ses souvenirs de lutte avec la même amertume qu'un Pascal Brethes. « Finalement, une fois que toutes les fédérations sportives avaient signé cette charte, on a constaté qu'il ne se passait rien. Elles signaient, prenaient conscience de l'enjeu, mais sans rien mettre en place. Il y a eu une inertie dingue. Alors, progressivement, à partir de 2013, tous se sont désengagés. » La voix de Julien s'éteint. D'autres partenariats, des actions ponctuelles, visibles et médiatiques sont alors préférées aux solutions proposées par le PFG. « L'un des trucs dont on est fiers, c'est la campagne de presse "Carton rouge contre l'homophobie". Elle est belle, cette vidéo. Elle commence avec des joueurs de foot professionnels qui osent parler d'homophobie. C'était fort! Mais quand je vois la marche arrière dans la sensibilisation qui a suivi... »

Judiciariser la lutte contre l'homophobie ?

Quelques années plus tard, le dernier président du PFG a remonté un collectif avec Pascal Brethes et quelques amis : Rouge Direct. Avec le soutien financier de la région Île-de-France, qui en a fait une de ses priorités, ils ont choisi de porter plainte systématiquement contre toute discrimination homophobe dans le sport.

« Il faut cibler les auteurs des faits, disent-ils. Il faut les sanctionner et les bannir des stades, comme en Angleterre. Leur expliquer pourquoi ces injures ne sont pas anodines, pourquoi décomplexer l'injure homophobe dans un stade de foot, le sport le plus populaire en France, facilite les violences physiques contre les LGBT, lesquelles sont en progression de 15 % sur l'année écoulée, donc il faut prendre le problème au sérieux. » Après 18 interruptions de match sur 60 à la fin de l'été 2019, le collectif a décidé de porter plainte contre X afin d'identifier les auteurs des chants à caractère homophobes et de tenter de judiciariser la lutte contre l'homophobie.

Les peines d'un an d'emprisonnement et de 15 000 euros d'amende qui répriment, pendant une manifestation sportive, les provocations à la haine ou à la violence (article L. 332-6 du code du sport) ainsi que les insignes, les signes ou les symboles racistes ou xénophobes (article L. 332-7 du code du sport) ne mentionnent pas l'homophobie.

Après les interruptions de match de l'été 2019, la Ligue de football professionnel, des associations de lutte contre l'homophobie et quelques personnalités sportives emblématiques ont rencontré des représentants de l'Association nationale des supporters pour apaiser la situation.

« C'était très intéressant, rapporte Yoann Lemaire[189]. Un des représentants de Strasbourg a fini par dire qu'il comprenait que nous, associations "modérées", voulions faire avancer les choses, mais il nous a mis en garde : "Je dis quoi à ma tribune ? Ils sont stigmatisés, insultés sur les réseaux sociaux ! Aidez-moi à revenir vers mes supporters avec des idées qui tiennent la route." Voilà ce qu'il a dit. Mais au moins c'était constructif de pouvoir se parler franchement. »

Autour de la table, lors des quelques réunions qui ont eu lieu entre septembre et octobre 2019, la tension couve, et déjà l'interruption systématique est renégociée à la baisse. Les discussions se prolongent, chacun exprime son ressenti. « Les associations de supporters nous ont dit que les chants homophobes ne l'étaient pas, que c'étaient des chants avec des mots homophobes dedans », raconte Yoann Lemaire, après l'une de ces réunions. « Cela se discute effectivement… cela se réfléchit… il faut qu'on se parle de toute façon […] Ils se sentent agressés, ils se victimisent. On essaie de leur expliquer que leur situation n'est pas dramatique, que certains gamins, à cause de ces chants, ont une vie infernale, mais… »

Lors de la première rencontre, Olivier Rouyer est là, dernier footballeur professionnel français à avoir dévoilé son homosexualité, il y a plus de dix ans. À quelques sièges, Yoann Lemaire assiste à l'échange. « Il y avait parmi les délégations de supporters un représentant de Nancy [le club d'origine d'Olivier Rouyer]. Olivier lui dit : "Moi, j'en ai mis, des buts à Nancy, je peux te dire que j'étais porté par les supporters ;

à l'époque, l'ambiance me donnait des ailes pour marquer. On ne nous traitait pas de pédés, de tarlouzes, on va te pendre par les couilles. Maintenant, quand je vais au stade, je vais te dire, ça m'étouffe, toutes vos injures."» Silence dans la salle. «Les supporters étaient touchés par son émotion. Ils lui ont dit qu'ils n'étaient pas homophobes. Mais, mine de rien, ils ont écouté Olivier, ça, c'était vachement fort», ajoute Yoann Lemaire.

Yves Gimbert[190], militant SOS homophobie, a lui aussi participé aux réunions de concertation. «C'était devenu très politique, ces derniers mois. Avec un contexte historique et conflictuel entre les supporters et la LFP. Nous avons débarqué dans une ambiance explosive! Nous avons parlé des actions de sensibilisation de façon très humble. On leur a dit : "On va essayer de trouver des clubs de supporters pilotes, aller les voir, organiser des débats." Le problème, c'est qu'ils disent oui, mais que dès qu'on les recontacte, la réponse devient moins affirmative.»

Si les arbitres ne sont plus sommés d'arrêter tous les matchs, les délégués au bord du terrain doivent faire des rapports. Mais pourquoi les supporters et les dirigeants de clubs sont-ils − toujours − aussi réticents à parler d'homosexualité ? Yves Gimbert, écoutant sur la ligne SOS homophobie, explique cette retenue ainsi : «Ils ont peur, je crois. Peur, au fond, de parler de sexualité. Il y a une confusion énorme entre homosexualité et pratique sexuelle. On ne parle jamais de pratique sexuelle, nous, on parle des personnes homosexuelles, et de la différence ! Et pourquoi il ne faut pas avoir peur.» Et d'ajouter : «Pour quelle raison un homme bien dans sa peau, avec des responsabilités dans le sport qu'il aime, refuserait-il d'aborder le sujet ? Pourquoi est-il plus facile pour eux de parler de racisme que d'homophobie ? Pourquoi ça semble impossible, inimaginable, chez les footballeurs qu'un des leurs soit homosexuel ? Un jour, un jeune footballeur a sorti une phrase d'anthologie lors d'une réunion de sensibilisation. Il nous a déclaré, très sincèrement : "Mais, monsieur, s'il joue au foot, il ne peut pas être homosexuel..." Tout était dit. Et avec les supporters, c'est pareil. Donc il faut trouver les premiers qui accepteront de nous ouvrir la porte.»

Quatrième partie

QUAND LA RELIGION GAGNE LE SPORT

24

Le sport contre la radicalisation islamiste[191]

Les valeurs véhiculées par le sport en font un rempart contre les dérives de la société, un lieu privilégié d'émancipation, de mixité, de bien-être et de création de lien social. Le sport ne fabrique pas les dérives... mais il peut parfois les abriter. Et parce qu'il est un espace de la société, il est touché par les maux du monde moderne. Les atteintes à la laïcité, aux valeurs de la République se multiplient, et la radicalisation islamiste essaime. Loïc Garnier[192], qui dirigeait à l'époque l'Unité de coordination de lutte antiterroriste (UCLAT) de 2009 à 2018, considère même que « le terrorisme et le sport sont deux notions qui s'interpénètrent. Nous enregistrons 829 personnes signalées comme radicalisées dans les clubs de sport. Il faut les considérer comme contagieuses. Parmi elles, on trouve 94 % d'hommes ». Géographiquement, du nord de la France à Paris et à sa grande couronne, en passant par l'est du pays, la région Rhône-Alpes et l'arc méditerranéen, la cartographie de clubs où s'entraînent, ou se sont entraînés, des individus en voie de radicalisation ou radicalisés correspond à celle des inscrits au fichier des signalements pour la prévention de la radicalisation à caractère terroriste (FSPRT[193]), créé par décret en mars 2015. Et les indices ne manquent pas.

Les signes qui ne trompent plus

Certains signaux, quand ils se répètent et se multiplient, sont à surveiller. On voit des sportifs qui refusent, en amorce de la pratique sportive, de faire le salut réglementaire aux autres joueurs et au coach de la discipline – en judo notamment –, s'abritant derrière le motif religieux :

« On ne s'incline que devant Allah. » D'autres qui rejettent toute pratique sportive sous l'autorité d'une éducatrice, ne serrent pas la main des femmes ni ne s'entraînent avec elles (ou *vice versa*). On voit des femmes portant des tenues vestimentaires couvrant le corps (bras et jambes), ou portant le voile, pendant l'entraînement, parfois sous l'œil bienveillant de l'encadrement. Ainsi que l'apparition de clubs non mixtes, ou séparant la pratique sportive des hommes et celle des femmes avec des horaires différenciés.

De nombreux licenciés refusent aussi de se doucher, ou de se doucher nus, parfois imposent aux autres pratiquants des caleçons de bain. Ces dernières années, certains se regroupaient pour prier, aux yeux de tous, sur les terrains, à la seule force de l'audace et du nombre. Depuis la récurrence des attentats sur le sol français et la prise de conscience collective, les signaux se sont éteints ou ont été mis en sourdine : plus question de s'exposer aux regards des autres. La pratique de prière se fait plus discrètement, sans déranger ou attirer l'attention – c'est selon. Et derrière la porte des vestiaires, ou dans des salles spécialement mises à disposition, les horaires d'entraînement, voire de compétition, sont parfois adaptés au calendrier islamique pour permettre de faire le ramadan – ou simplement de se libérer pour la prière du vendredi. Dans ces enceintes, l'exclusion ou la marginalisation des femmes ou des hommes non musulmans restent la règle. Toutefois, certains clubs, pour éviter d'alerter les services de renseignement, ont pris en compte « la mixité en instaurant des créneaux spécifiques pour les femmes et en faisant en sorte qu'elles ne croisent jamais les hommes ».

Ce détournement de la mixité rend plus compliqués les signalements lors des contrôles de ces établissements. Et souvent, les règles de sécurité et de normes imposées par l'État à un établissement d'éducation physique et sportive (EAPS) ne sont pas respectées. La liste est longue de cette intrusion du religieux dans les clubs. Et l'identification du phénomène, éminemment souterrain, balbutiante.

Quand l'encadrement est à la manœuvre

Qui sont-ils, celles et ceux qui intègrent leurs règles et pratiques religieuses à la pratique sportive ?

Ils sont licenciés, dirigeants, éducateurs, avec pour ces derniers les conséquences graves que l'on peut imaginer en raison de leur influence sur les pratiquants.

Toutes les disciplines sportives sont concernées, quelques-unes plus que d'autres, en particulier le tir sportif ou le pilotage d'aéronef, la musculation, les sports de combat (la boxe, la lutte, le free fight, le judo, le karaté, le muay-thaï, le kick-boxing) ou les sports collectifs comme le football, le futsal, le rugby à XIII, le basket-ball. Sont également affectés les sports non encadrés par les fédérations comme le paintball, l'airsoft ou le MMA (arts martiaux mixtes) qui se développent sans aucun contrôle et parfois en bénéficiant de subventions locales. Certains jeunes passent le permis de chasse pour acheter des armes, mais n'iront jamais chasser. D'autres fréquentent subitement et assidûment des clubs de tir. Quelques-uns suivent un entraînement paramilitaire avec des stages de « nature » et de « remise en forme ». Ces profils-là sont particulièrement dangereux – de l'aveu même des services de police.

« Ces disciplines sont une préparation à l'action. Les individus qui les pratiquent se donnent l'illusion d'être de bons combattants », explique l'ancien chef de l'UCLAT, Loïc Garnier, qui poursuit : « Concernant les sports collectifs, nous constatons d'importants phénomènes de communautarisme, notamment dans le football. Les responsables sportifs sont souvent démunis face à ces comportements[194]. »

Le communautarisme, parfois, précède la radicalisation. Comme l'explique l'ancien patron de l'UCLAT : « La radicalisation peut advenir dans un club où sévit un fort communautarisme. Elle n'est pas due au sport, mais au caractère communautariste du lieu. » Il faut donc se garder de faire un raccourci entre radicalisation et islam, afin de ne pas tomber dans un amalgame qui serait fatal à la société, la cohésion du pays et la paix civile, mais il est nécessaire de libérer la parole préventive et l'action. Bannir la crainte des accusations infondées d'islamophobie qui paralysent l'action publique ouvre les yeux. Et permet d'agir.

Quelles sont les dérives ?

Encore faut-il savoir identifier ces dérives et leur graduation. Dans cette perspective, il est nécessaire de ne pas confondre ce qui relève d'une aspiration au spirituel – qui peut se manifester à un moment de la vie, ou depuis toujours – avec la radicalisation, définie comme suit par un rapport parlementaire : « Tout extrémisme potentiellement violent à contenu politique ou religieux, visant par là au premier chef la radicalisation islamiste, compte tenu du contexte post-attentats dans lequel est plongé notre pays, mais sans exclure d'autres types possibles de radicalisation[195]. »

Le processus de radicalisation procède généralement de deux facteurs. D'une part, une sensibilité ou une disponibilité intellectuelle au discours radical, liées, notamment, à une fragilité sociale, et, d'autre part, une rencontre avec une personne radicalisée dans un lieu de sociabilisation qui facilite le recrutement, lequel peut être virtuel avec les réseaux sociaux, ou bien physique, comme un club de sport, une association ou un lieu de culte. Le site du gouvernement stop-djihadisme.gouv.fr place les clubs de sport en tête des lieux qui favorisent la radicalisation, et qui sont désormais bien identifiés par les services de renseignement français. Cette radicalisation peut aussi résulter de la fréquentation de radicalisés, venus se préparer physiquement, qui vont cristalliser l'attention dans le club et progressivement exercer une influence délétère sur d'autres pratiquants, d'autant plus aisément lorsque ceux-ci sont jeunes. Si la personne radicalisée est un encadrant ou un éducateur, l'influence résultant de sa position d'autorité est, elle aussi, dévastatrice.

Trois situations de radicalisation se retrouvent dans le sport : celle d'un individu isolé dans une structure sportive, celui qui se radicalise au contact de l'encadrement ou d'autres pratiquants, celui qui se radicalise *via* l'adhésion à une structure contrôlée par des mouvements extrémistes qui rassemble un public communautarisé, aux pratiques religieuses strictes, comme les prières encouragées au sein de l'établissement, le port de l'habit traditionnel, le jeûne obligatoire durant le ramadan et un prosélytisme affiché comme règle de jeu.

Les différentes ruptures qui interviennent, et parfois de manière rapide, dans la vie de l'individu sont l'un des marqueurs d'une radicalisation. Il s'agit des ruptures avec l'environnement quotidien, la famille, les amis, le club sportif ; de la modification brutale des habitudes ; d'une relation qui devient exclusive avec un groupe ; d'un changement d'apparence physique ou vestimentaire ; de la manifestation d'une pratique religieuse radicale, démonstrative, avec par exemple la volonté d'imposer les interdits alimentaires à l'entourage familial, sportif, professionnel, ou encore le retrait ou la destruction de photos, comme d'ailleurs l'obsession pour certains rituels. Toutefois, depuis les attentats qui ont mis en alerte les services de sécurité, cette évolution est bien plus souvent dissimulée, car l'individu tente de donner le change afin de ne pas attirer l'attention.

Le contexte familial (perte récente ou absence du père, rejet parental, violences intrafamiliales), l'environnement, notamment la fragilité scolaire ou sociale, parfois vécue comme une injustice, peuvent certaines fois conduire l'individu vers d'autres solidarités en marge de la société.

Les réseaux relationnels (famille, amis, collègues, pratiquants de la même activité physique ou sportive…) déjà inscrits dans un processus de radicalisation sont susceptibles d'influencer et d'inciter une personne à se radicaliser.

Quant à l'enfermement idéologique, il se manifeste par plusieurs indicateurs : la radicalité de certaines idées et d'un discours «victimaire» qui s'appuie sur des blessures et des discriminations réelles ou supposées, une perception de l'hostilité de la société qui conforte ou forge un sentiment de préjudice et de haine de l'autre.

Le repli communautariste à travers l'adhésion progressive aux règles de vie édictées par une communauté, laquelle est placée soudain au-dessus des autres, au-dessus de la société et de ses règles, conduit à la mise à l'écart de tout ce qui est différent de soi. En clair, la ligne rouge est franchie quand la loi de la religion ou de la communauté passe avant celle de la République (et donc du sport).

Parallèlement, l'individu en vient à sombrer dans le complotisme en récusant des faits communément admis et cherche à démontrer que celui-ci résulte d'un complot fomenté par une minorité active, les Juifs par exemple. Enfin, le changement peut se traduire par des propos violents, de l'agressivité, des menaces et de la haine, audibles dans des discours antisémites, antichrétiens, homophobes. Mais aussi par une attitude prosélyte et des prises de position en faveur des djihadistes, faisant l'apologie du terrorisme, prévenant de la fin des temps ou discourant sur la mort, notamment sur les réseaux sociaux.

Ces signes, pris isolément, ne sont pas révélateurs d'un phénomène de radicalisation. En revanche, le monde sportif doit être attentif lorsque de telles alertes s'additionnent.

La laïcité en question

Bien que la religion figure dans les critères de discrimination identifiés par la loi, en héritage d'un passé pas si lointain l'administration des sports admet que des fédérations puissent se créer autour d'une confession. Cette structuration a même été un élément essentiel du développement du sport en France. Ces fédérations sont classées sous l'appellation «fédérations affinitaires», dénomination qu'elles partagent avec des structures sportives positionnées sur d'autres thématiques. Aujourd'hui, une ouverture statutaire leur est imposée.

On peut citer la Fédération sportive et culturelle de France (FSCF), dont le prisme chrétien est toujours très vivace, même si l'ouverture à d'autres religions ou identités est la règle dans les statuts et les faits. Mentionnons aussi la Fédération française Maccabi, qui dispose d'un agrément du ministère de la Jeunesse et des Sports, et se voit affiliée à une fédération mondiale, elle qui participe à des compétitions internationales réservées aux Juifs : les Maccabiades européennes et mondiales notamment.

Ces structures à identité religieuse ne sont pas pour autant discriminatoires, car, tout en affichant la philosophie confessionnelle du groupe, elles ont été obligées de s'ouvrir à d'autres communautés pour bénéficier d'un agrément ou d'une délégation du ministère.

Les atteintes à la laïcité et aux valeurs de la République dans le sport viennent en fait de nouvelles dérives, qui bousculent les normes établies et remettent en question les certitudes et les habitudes du mouvement fédéral. En clair, l'intrusion du fait religieux dans le sport. Dans un contexte mouvant qui oblige les fédérations internationales à revoir des normes qu'on croyait immuables sous la pression des pays musulmans, et notamment des États du Golfe, on constate que les pouvoirs publics et le mouvement sportif national (fédérations, comités régionaux, départementaux, clubs) n'apportent aucune réponse concertée à cette nouvelle donne. Les acteurs locaux se trouvent dès lors en première ligne, et les discours diffèrent suivant l'interlocuteur au sein même d'une fédération. Ce manque de lisibilité et de règles claires engendre l'incompréhension, un sentiment d'injustice, de discrimination et de victimisation chez les uns et chez les autres, l'agacement, la franche hostilité voire le rejet.

Il est donc temps d'agir. Les autorités publiques et les fédérations doivent fixer les règles du jeu de manière équilibrée. Veiller à préserver l'élan sportif, à respecter une laïcité non pas de combat mais bien intégratrice, tout en préservant les valeurs de la République et du vivre-ensemble.

La prise de pouvoir dans un but de prosélytisme

Des organisations qui entendent propager l'islam ont pu tenter d'investir les champs du football, du futsal en particulier, des sports de contact ou encore les salles de musculation, non pour la pratique du sport en soi mais pour se constituer un vivier de militants, une sorte d'espace de conquête. Le nier serait s'aveugler.

Plusieurs méthodes d'approche sont utilisées : la propagande autour du terrain afin de tenter d'attirer les jeunes dans certaines mosquées ; le rôle d'un éducateur avide de propager certaines théories, bénéficiant d'une écoute en raison de son statut, ou qui tente, plus simplement, une prise de pouvoir au sein de l'association sportive ou du club au nom – caché ? – d'une mouvance organisée.

Ces manœuvres ne sont pas nouvelles. Dans une ville du Nord, un agent de l'État positionné sur des missions interfédérales raconte comment, il y a plus d'une décennie, un éducateur, membre de l'équipe de France, aurait tenté d'exclure les filles et de convertir les jeunes, entraînant l'implosion du club et la création d'un autre. Selon cette même source, dans une commune de l'ouest de la France, les réseaux intégristes avaient, dans les années 2003-2004, pris en main un club de football. Un autre DTN dit avoir, de son côté, assisté à des dérives au sein de clubs de grappling de région parisienne en 2008-2009. Certains refusaient d'inscrire les femmes, et les sportifs s'arrêtaient en plein cours pour faire la prière, ce qui entraînait le départ des non-musulmans.

Tous relèvent que certaines formes de sport de contact, liées au MMA, sont propices à ce genre de dérives, faute de pouvoir bénéficier d'un encadrement diplômé. Même si les fédérations et les communes sont plus vigilantes aujourd'hui, ces phénomènes continuent de prospérer sous une forme plus souterraine, comme le montrent les nombreux témoignages rapportés ci-après.

Le communautarisme exclut

Le communautarisme, de regroupement ou de solidarité par l'appartenance ethnique ou plus fréquemment religieuse, peut produire de l'exclusion vis-à-vis du groupe ou de l'individu minoritaire. Dans le futsal, ou au football, on constate que certains jeunes des quartiers viennent s'entraîner en groupe dans une structure, alors que le jeune isolé, lui, est fragilisé et exclu. On peut légitimement se demander si la solidarité ne serait pas en lien avec la vague de conversions que l'on note dans le milieu du sport et les quartiers en général.

Le président d'un club en région parisienne raconte que, il y a une vingtaine d'années, pendant les Championnats de France, lorsque son équipe se déplaçait, les clubs qui les recevaient donnaient des paniers-repas garnis de sandwichs au jambon, alors qu'ils savaient que l'équipe adverse comportait de nombreux musulmans. Les mentalités ont évolué, et dans certaines enceintes sportives, le refus de la viande non halal n'est plus le fait d'une exception. Dès lors, dans les espaces sportifs de vie commune, il est prêté une attention particulière à la nourriture : au menu poisson, légumes. Parfois, aussi, le halal est imposé à tous !

Dans les centres de formation des clubs professionnels, il n'est pas rare également d'assister à une séparation entre les tablées de sportifs qui ne mangent pas de porc et ceux qui en consomment. Et au sein de certains clubs, ou pendant certains regroupements, on a vu des tentatives pour interdire le porc aux non-musulmans créer des tensions. Comme avec l'alcool prohibé, y compris aux non-musulmans.

Par ailleurs, le ramadan est observé de plus en plus fréquemment, dans le milieu du sport, comme dans le football professionnel, et parfois durant les compétitions, avec, notons-le, des conséquences sur les résultats. Il n'est pas rare que des pressions pour y renoncer au nom de la performance entraînent des conflits.

Pour s'adapter au plus grand nombre de pratiquants, certains clubs en viennent aussi à modifier les horaires d'entraînement.

Le coordinateur sportif d'un club parisien témoigne ainsi de son expérience courant 2012. « Un jour, un ancien joueur du club que nous avions pris comme éducateur a commencé à prier seul dans les vestiaires. Bientôt un joueur l'a imité. Et un troisième. Alors que le club était en déplacement à l'extérieur, les joueurs ont convié leurs coéquipiers à les rejoindre pour la prière. La proposition a touché les jeunes adultes.

Les plus anciens ont protesté et dit que ces jeunes étaient poussés. J'ai pris mes responsabilités et rappelé à l'éducateur les règles en vigueur, à savoir que l'espace privé est chez soi, mais qu'au club c'est la laïcité qui s'applique. J'ai aussi convoqué les joueurs. Tout est alors rentré dans l'ordre.»

Si, aujourd'hui, les prières sont plutôt réservées aux vestiaires avant le match, dans les années 2005-2010, les joueurs ont commencé à prier sur le terrain. La réponse apportée par les présidents de club avait été le dialogue plutôt que la contrainte, et ces situations avaient été, pour certaines, réglées sans éclats. Reste qu'un président emblématique d'un district de football met en garde contre les dérives religieuses : « Si l'on donne une salle pour la prière, à terme elle se transformera en salle de prière. » Et de considérer que la prière dans les vestiaires, dans ces conditions, est un moindre mal. Toutefois, ces prières excluent les non-musulmans… qui doivent sortir des vestiaires à ce moment précis.

Un sujet international

Sous l'impulsion du prince Ali ben Al Hussein de Jordanie, l'un des vice-présidents de la FIFA, l'International Board a donné un avis favorable, début mars 2012, au port du voile et du turban dans les compétitions internationales.

Le 5 juillet 2012, la FIFA, qui change alors de doctrine, entérine cette proposition et prévoit de la tester jusqu'en mars 2014, en contradiction avec sa loi n° 4 du Règlement qui indique que «l'équipement de base obligatoire ne doit présenter aucune inscription politique, religieuse ou personnelle».

Le 14 juin 2013, la FIFA tranche le conflit qui oppose la Fédération canadienne (Canadian Soccer Association, membre de la FIFA depuis 1913), favorable au port du turban, symbole religieux pour les sikhs, à sa branche québécoise qui s'y oppose, sur fond de polémiques et de tensions politiques entre le gouvernement fédéral et la province francophone dirigée par un parti indépendantiste. En autorisant la fédération canadienne à «permettre à tous les joueurs de porter un foulard dans les conditions décrites[196], dans tous les domaines et à tous les niveaux de la communauté du football canadien».

Jacques Rogge, alors président du Comité international olympique, approuve cette proposition et explique que le port du voile ou du turban n'est pas incompatible avec la charte olympique. Qu'il ne s'agit que de l'expression d'une conviction religieuse, comme l'athlète qui porte une croix et à qui on ne saurait le reprocher[197].

Le 14 janvier 2013, à son tour, la Fédération mondiale de karaté autorise le port du voile en compétition.

Ces décisions ont des conséquences en France.

Certes, les responsables politiques nationaux ont immédiatement dénoncé – avec plus ou moins de conviction – la décision. Des fédérations ont réagi. Comme la FFF, qui annonce refuser le port du voile à la fois pour les sélections nationales féminines, mais aussi pour les compétitions nationales qu'elle organise. Mais certaines ligues, comme en Île-de-France, décident de se rallier à la norme internationale et observent une tolérance sur la question. Et lors de l'organisation sur notre territoire d'une compétition internationale, par la FIFA ou la Fédération mondiale de karaté, c'est bien la norme internationale qui s'impose.

Ces décisions – contradictoires – ont ouvert la boîte de Pandore. Exposant certaines fédérations à des revendications communautaires fortes, à des pressions sur les responsables associatifs et sur les élus locaux.

Ainsi, sur le terrain, certains clubs de football de quartier ont toléré le voile à l'entraînement et dans les compétitions pour ne pas exclure des jeunes filles d'une pratique sportive. C'est le cas du club d'un quartier à Montpellier, composé pour moitié de joueuses qui portent le voile. Son président, Jean-Damien Castanier, assumait déjà à l'époque : « Nous, on accueille tout le monde sans discrimination, y compris les filles de confession musulmane qui veulent jouer au football. On ne va pas leur demander de choisir entre leur foi et le foot. Cela fait cinq ans qu'on a des joueuses voilées. » Et de reconnaître que, la plupart du temps, son club bénéficie d'une indulgence arbitrale[198]. Mais ce n'est pas toujours le cas, car un arbitre peut demander aux joueuses de retirer le voile, comme lors du match contre Narbonne en 2012, et, en cas de refus, refuser d'arbitrer le match, s'exposant à l'accusation d'islamophobie.

Il est donc nécessaire d'engager une réflexion collective pour éviter ces engrenages qui ne servent pas le sport et affaiblissent le sentiment d'appartenance à un collectif, à une nation.

La question de la douche et des attitudes pudiques

Un haut responsable de la Fédération de football le reconnaît : « Depuis près de deux décennies, les éducateurs sont confrontés à un problème nouveau : la douche. » Selon lui, en 2008, 90 % des jeunes ne prennent plus leur douche systématiquement en sortant de l'entraînement.

Il indique que si la crainte de la pédophilie est l'une des raisons, elle n'est pas la seule. Les musulmans ne le font pas pour des raisons de tradition religieuse, liées à la pudeur, et les jeunes les imitent. Et si douche il y a, les sportifs gardent leur slip ou leur caleçon. Les joueuses musulmanes agissent de même.

Dans ce registre de la pudeur et d'une certaine conception de la pratique musulmane, des sportifs et sportives sur le terrain ne portent pas le short mais jouent en survêtement ou en leggings, même en cas de températures très élevées.

La peur de parler

Le mot « radicalisation » effraie le monde du sport et clôt les débats avant même qu'ils soient ouverts. Ce phénomène existe. Il fait évoluer le cadre du sport et de la pratique, sans pour autant que des réponses adaptées viennent accompagner des dirigeants déboussolés, en première ligne face à de telles mutations.

Les témoignages à venir, qui nous ont été rapportés au cours de plus de six mois d'enquête, ont nécessité courage et confiance de la part de nos interlocuteurs. Pour comprendre l'enjeu, mesurer les risques du communautarisme excluant, d'un glissement religieux, d'un certain prosélytisme dans le sport, mais attester aussi la radicalisation dans l'espace sportif, ces récits de vie, de doutes, de souffrances, de descentes aux enfers et de mains tendues sont nécessaires.

Avant de livrer leurs témoignages, de nombreuses sources ont exigé la protection de leur identité. Dans ce cadre, nous avons masqué les détails révélateurs. Le climat dans lequel s'est déroulée l'enquête était empreint de telles angoisses, d'une telle peur (fantasmée ou non) de représailles que nous le leur devions.

25

« Espace interdit aux filles »

Camille[199] : *«mise de côté»*

La salle de bains, les mains de sa mère dans les cheveux de Camille, le reflet dans le miroir. La maman lace et entrelace les mèches brunes, aussi brunes que les siennes sont blondes, et ramasse les cheveux au-dessus des épaules.

« Te voilà coiffée comme une championne, ma chérie ! »

La porte arrière de la voiture. Moteur. Dans deux heures, ce sera le combat. Deux heures à tenir. Camille n'est plus cette enfant inscrite au club de lutte. Elle n'a plus d'âge. Elle est ce combat qui arrive. N'exister que pour ça. Le silence dans la tête. L'odeur du gymnase. La rumeur particulière des concurrentes autour, et ça résonne quand on retourne le corps de l'autre, quand on le plaque au sol. Victoire !

Camille ne dit pas un mot. Ses épaules d'enfant enfoncées dans la banquette arrière, elle tourne la tête vers la fenêtre. Elle a les yeux de l'impatience. Son regard est droit. Droit devant.

Comme elle a hâte.

Elle en a parlé toute la semaine, de sa compétition de lutte du week-end. Camille vient d'avoir 10 ans. Quelques mois à peine de pratique au club de lutte et déjà sa deuxième compétition. Il fallait la voir avec sa médaille, la première fois, savourer les souvenirs qu'elle se fabriquait. Le regard de son père dans le rétroviseur. Inlassablement, elle se répète les mouvements, les enchaînements du combat, et les compte à haute voix. Pour se rassurer. Devant, une voix qui dit de ne pas s'inquiéter. Des mots fiers dans la voix paternelle, qui a répété aux amis, aux voisins, au bureau : «J'emmène ma fille en compet' ce week-end!»

La route est longue. Les mains de Camille s'exercent encore. Les yeux. Droit devant. «Tiens ton regard Camille», a dit le coach, mercredi. Après une heure trente de voiture, c'est ici. Le père de la fillette se souvient. Quelques marches. Derrière les portes, ça s'agite. Ça se prépare. Des cris, du mouvement, et le rire de sa fille de 10 ans.

«Le complexe sportif est immense. Les yeux fascinés de ma fille. Un jeu d'enfant qu'elle prend très au sérieux. Les parents aussi. La dernière fois, sa première fois, [Camille] a gagné sur tous ses adversaires! Retournés! Deux garçons et une fille!

«Je la regarde s'éloigner en direction des vestiaires féminins. Les épaules en arrière. La confiance qu'elle met dans ses épaules. Depuis ses débuts au club, ma fille s'est transformée. Au départ, j'étais contre. J'avais peur pour elle. Une fille dans les sports de combat, c'est très bien, il faut féminiser ces espaces-là, mais pas *ma* fille…

«Je parcours la liste des combats. Le premier est à… bon, dans une heure trente, on a le temps de s'échauffer. Je cherche les autres combats. Je reprends la liste. Recommence. Parcours les autres listes… Ce doit être une erreur. Je reprends, une à une, les attributions des matchs. Je reconnais les noms de certains garçons de son club. Ce n'est pas une erreur, ma fille n'y est pas. Ma fille n'a qu'un seul combat. Avec une autre fille. Qui, elle non plus, n'a pas d'autres combats attribués.

«Camille sort des vestiaires. Elle discute avec les garçons. L'un d'entre eux est happé par sa famille, il va enchaîner les combats. On le prépare. "Non, pas comme ça, attaque plus vite… Voilà!" Un autre est mis à l'écart aussitôt. Les yeux de ma fille me cherchent. Elle aussi attend que je vienne la préparer. Je la regarde de loin. Les garçons de son club. Elle.

«Et soudain la colère. Je prends la mesure de ce qui se joue sous nos yeux. Elle m'a vu foncer vers les organisateurs. Je crois qu'elle a compris. Elle n'a rien dit. Jamais. Elle a escaladé les gradins. Elle s'est assise. En attendant.

"Dites-moi, monsieur, ma fille n'a qu'un combat programmé, il doit y avoir une erreur…

— Votre nom? Ah, mais c'est parce qu'il n'y a qu'une seule fille dans sa catégorie.

— Elle peut tourner avec un garçon du même poids, ils sont nombreux dans sa catégorie!

— Non, c'est impossible, les parents ne veulent pas.
— Pardon ?
— Les parents ne veulent pas que les garçons combattent contre les filles."

« Ma fille, dans les gradins, encourage ses copains du club. En attendant de se battre contre eux. En attendant son tour. Qui ne viendra pas.

"Comment vous pouvez laisser faire ça ? Ils ne peuvent pas empêcher ma fille de combattre ! C'est sa compétition à elle aussi !
— Il faut voir avec les organisateurs, monsieur...
— Et pourquoi ma fille ne peut pas combattre contre leurs garçons ?
— Je ne peux rien faire, monsieur, il faut voir avec les organisateurs." »

Quelques mois plus tôt. Une salle de réunion municipale. Un Championnat de France de lutte approche. L'affiche est prête. Les combattants professionnels, aux quatre coins de l'Hexagone, se préparent. « On a du très bon niveau, cette année ! » crânc le président de la fédération, Alain Bertholom[200], qui nous rapporte le récit de cette séance avec les membres du bureau fédéral et l'équipe municipale de la ville, hôte du championnat.

Tout est passé au crible.

Sécurité, circulation, déviation, zone de surveillance, organisation annexe de jeux alentour, vente de snacks, de boissons, liste des clubs, des lutteuses et des lutteurs, des entraîneurs, combien de spectateurs attendus. Le président de la fédération se renverse sur sa chaise. « Je crois qu'on est au point ! Ça va être une belle compétition ! »

Autour de la table, les dos se relâchent. On ferme les stylos et les dossiers. On se lève. L'un des adjoints au maire de la ville, hôte des festivités, s'approche alors discrètement du président de la fédération de lutte. Il a l'air ennuyé, louvoie, puis se lance. « L'adjoint au sport me dit qu'il y a un club dans un des quartiers de la ville qui... (Il ne termine pas sa phrase.) Vous devriez faire attention, président, il faut être vigilant ! » Alain Bertholom lui répond : « Vous avez raison, il faut développer la culture de la vigilance, c'est même une recommandation du ministère. Mais dites-moi, c'est vous l'adjoint aux sports ! C'est vous qui devriez être sur le terrain, quand même ! » L'adjoint ne répond pas. Hoche la tête. La réunion s'achève. « Je lui ai rappelé que, depuis mes bureaux parisiens, ce n'était pas facile de savoir ce qu'il se passait, si lui, sur le terrain, ne me donnait pas l'information! Enfin, il avait quand même tendance à noircir le tableau.

— *Quel était le problème du club, sur lequel vous avez été alerté?*

— Il nous disait que, dans le club en question, les filles n'étaient pas acceptées. »

L'absence de mixité assumée dans un club de sa discipline correspond à l'un des « signaux faibles » auxquels le président de la fédération de lutte a été sensibilisé au cours d'une formation contre la radicalisation dans le sport. De retour au siège, il décroche son téléphone. « J'ai demandé au président du comité régional et au cadre technique d'aller voir le club. Devinez quoi? Il se trouve que le président du club était une femme! Ils avaient une femme à la tête du club, alors l'esprit d'ouverture, il était là, non?! Si j'avais écouté l'élu, on fermait le club! »

Rassuré par cette information, le président de la fédération oublie l'alerte et les inquiétudes d'un élu municipal de terrain et se fie à ce que l'on donne à voir aux représentants de l'institution.

« Ça me rappelle une autre situation, récente », confie Alain Bertholom. Une visite ordinaire d'un club affilié. Le président de la fédération de lutte s'est annoncé avant de venir, la direction du club a préparé une collation, quelques lutteurs s'affrontent devant lui. La direction lui fait une visite sur mesure. Un très bel après-midi en province. Et puis il est temps de repartir. À ce moment, la mère d'un des jeunes lutteurs s'approche. « Elle m'interpelle directement, me pose une question devant tout le monde – ce n'était pas une question, d'ailleurs : elle me dit qu'elle ne comprend pas pourquoi l'entraîneur parle autant de sport que de religion à son fils et à ses copains pendant les entraînements. »

Léger malaise de la direction du club. Silences gênés. Mouvement de flottement.

« *Qu'avez-vous répondu à cette femme?*

— J'en ai parlé directement à la présidente du club, je lui ai demandé si elle avait des doutes, elle m'a rassuré. Quand on parle de religion, c'est quoi la limite avec la radicalisation? Dans notre discipline, on a beaucoup de lutteurs et d'encadrants de confession musulmane; quand l'un d'entre eux fait sa prière tout le monde s'inquiète, mais un joueur de foot qui fait un signe de croix sur le terrain, ça suscite moins de commentaires. Il y a quelques années, on a eu des cas problématiques mais en ce moment ça va. Je croise les doigts! »

Une fois encore, l'alerte faite au président est, semble-t-il, restée sans réponse. Il a accordé sa confiance aux instances dirigeantes locales. Mais les remontées de « situations » vers lui sont rares. Quand les présidents de clubs de lutte ont un doute sur ce qui est acceptable ou sur ce qui ne l'est pas, au sein de leurs structures, une question sur la laïcité, sur le processus de radicalisation, ils se tournent vers Bruno Dedieu[201], référent radicalisation. « Ils m'appellent, je les conseille ! nous dit ce dernier. En trente ans, c'est vrai que j'ai vu évoluer la lutte avec des pratiques religieuses un peu plus présentes. »

Parfois, il arrive que les règles sportives, édictées par la fédération, soient remises en question par certains sportifs ou par leurs parents. Comment s'y prendre ? Qu'est-ce qui est acceptable ? C'est le genre de coups de téléphone que reçoit Bruno Dedieu. Il nous rapporte l'une des « situations » récemment vécue par un président de club à l'occasion d'un championnat de France. « Il me dit que les parents refusent que leurs garçons combattent avec les filles. » Bruno Dedieu lui demande plus de détails.

« Tous les parents ?

— Beaucoup de parents...

— Ils ont quel âge, tes lutteurs ?

— Moins de 11 ans.

— Pourquoi ils refusent, les parents ?

— Parce que... Enfin...

— Bon. L'important c'est de suivre la règle. Tu leur dis : "Pour des questions religieuses ou politiques, il est hors de question de céder, le règlement de la fédération indique que les garçons peuvent lutter avec les filles jusqu'à 11 ans. C'est mixte." Par contre, si tu estimes que c'est une question de sécurité pour les lutteuses en termes de niveau par exemple, là d'accord.

« En lutte, les combats se font par catégories de poids chez les jeunes, mais c'est ouvert à tout le monde. L'idée, c'est de lutter, de se rencontrer, donc pour des questions de sécurité, on peut séparer les garçons des filles, mais certainement pas pour des questions religieuses.

— *Là, précisément, c'était une question religieuse ?*

— Oui. Donc ce n'était pas acceptable. Mais j'ai été averti après coup. C'était fait. Le président avait pris la décision. Il s'est dit que ce n'était pas si grave. Bon. Les gens sont un peu démunis quand même... »

Le président du comité local de la compétition de lutte a pris une décision sans en référer à sa fédération, garante du respect des règles du sport, simplement parce que, à ce moment-là, la configuration lui paraissait exceptionnelle et sans enjeu.

Sa décision a permis à certains parents d'obtenir que les filles ne se battent pas avec les garçons, en application rigoriste d'une certaine pratique religieuse. Cette règle entérinée a été partagée par tous les compétiteurs ce jour-là. Le président local n'a pas été sanctionné. «On apprend de ses erreurs!», lui a-t-on simplement dit.

Soudain, l'histoire individuelle de la jeune lutteuse, Camille, quelques mois plus tôt prend un sens nouveau.

Sur le trajet de retour de la compétition, Camille a les yeux baissés dans la voiture.

«Elle n'a pu combattre qu'une seule fois, contre une fille. La seule de sa catégorie. Plus expérimentée qu'elle. Et elle a perdu. Elle m'a demandé pourquoi elle n'avait pas d'autres combats. Je n'ai pas eu le courage de le lui dire : "Les parents des garçons refusent que tu te battes contre eux, parce que tu es une fille, parce que leur religion, disent-ils, le leur impose. Le président régional a accepté leur requête. Voilà pourquoi tu ne peux pas avoir d'autres combats."

«Ma fille lève les yeux. Les mains posées à plat sur ses genoux. Elle a de nouveau dix ans.

— Il y en aura d'autres des compètes, ma chérie, tu auras plus de combats la prochaine fois.

«Dans le reflet de la vitre, les yeux rouges de ma fille qui a sans doute deviné ce que je n'ai pas réussi à lui avouer.»

Leila[202] *: «Écoute ce que dit ton frère»*

«Elle est debout devant moi. Dans le couloir du club. Dos au mur. Elle est ici, comme on serait nulle part. Ses longs cheveux noirs devant les yeux. Elle lève les yeux vers moi. Sans me voir. Je n'existe pas plus qu'elle. Rien n'est réel autour. La vie non plus. Avant qu'elle ne me parle, c'était différent. Avant qu'elle ne me parle, Leila avait 17 ans. Et des promesses de podiums.

«Les mots sont tombés comme ça, entre nous. Ne lui appartiennent plus déjà.

— Je ne vais plus pouvoir venir au club, Réza.

« J'ai compris tout de suite. Il fallait qu'elle le dise. Elle est face à moi. Elle tremble. Ça a commencé par les mains. Les larmes coulent sur son visage. Pas un mot.

— Pourquoi tu ne peux plus venir, Leila ?
— On me… Je ne peux plus faire de sport.

« Elle est effondrée. Elle renonce à ce qui était jusque-là toute sa vie, son horizon.

« Elle souffrait, oui. Plus que ça, même. Comment vous dire ? Elle était en pleurs ! On lui interdisait ce qu'elle aimait le plus au monde, sa passion, et toute sa vie sociale qui partait avec… Sa famille lui imposait de renoncer au sport.

« Elle m'explique d'une petite voix triste.

« Un soir, elle revenait du club. Le repas était prêt. La table mise. Elle ouvre la porte d'entrée. Court dans la cuisine pour raconter à sa mère qu'une fois encore, elle a battu tout le monde. Garçons, filles, tous K-O ! Elle est fière Leila, elle est tellement fière ! Sa mère n'est pas dans la cuisine.

« "Leila, s'il te plaît ?"

« C'est la voix de son frère derrière la porte de sa chambre, entrebâillée. Doucement autoritaire.

« "Leila, entre et assieds-toi."

« Elle ouvre la porte de la chambre de son frère. Sa mère est assise sur le lit. Elle ne regarde pas Leila entrer. Le frère explique que la religion lui interdit de faire du sport avec les hommes. Qu'elle ne pourra dorénavant plus retourner au club, qu'elle devra arrêter les compétitions et les séances d'entraînement. Qu'elle y croise beaucoup de garçons, en tenue non adéquate. Leila se tourne vers sa mère. "Maman, s'il te plaît, dis quelque chose ! Je suis devenue très forte, tu sais, j'ai battu tout le monde aujourd'hui !" Elle sourit.

« "Écoute ce que te dit ton frère, ma chérie." »

Les mots de Leila qui racontent la scène. Ses yeux. Et ceux de Réza, en face d'elle, éducateur qui reçoit la détresse d'une adolescente. Il n'est pas surpris des confidences de la jeune femme.

« Son grand frère était sincèrement convaincu que faire du sport avec les hommes, c'était mal. La famille était radicalisée. Enfin, le grand frère l'était. La mère validait ses arguments parce que cela lui permettait de garder sa fille à la maison. »

Leila est une amie de la petite sœur de Réza. Lui la connaît depuis toujours. Ainsi que sa famille, son frère. Quand il était adolescent,

« Espace interdit aux filles »

Réza a fait partie de ce club. Il a l'oreille de tout le monde, ici. Ici et dans le quartier. Depuis quelque temps, il voyait ce qu'il se passait, savait que le frère ne laisserait pas Leila pratiquer son sport très longtemps. Alors, il prenait des nouvelles, l'air de rien, régulièrement. Réza a compris très tôt pourquoi et comment le glissement vers la radicalisation s'est fait, sans réelle conscience, sans résistance.

« Un des gros problèmes que l'on rencontre aujourd'hui avec les Français d'origine maghrébine, de culture musulmane, et qui veulent garder un lien avec leur identité d'origine, c'est que cette génération-là ne maîtrise pas l'arabe littéraire, ne connaît pas réellement la religion ni la culture arabe. Les gens qui ne maîtrisent pas l'*écrit* de leur religion ne peuvent pas aller chercher l'information à la source. Ils sont donc influençables et appliquent à la lettre des prescriptions religieuses qu'on leur raconte – qu'ils croient être obligatoires pour être un bon musulman. »

Réza ferme les yeux un instant et revient au récit de Leila.

La sœur de Réza sort des vestiaires, à son tour. Voit Leila, dans le couloir sombre du club de sport, les yeux vides et tristes. Elle interroge Réza du regard. Elle a bien noté que Leila était différente aujourd'hui, mais Leila n'a rien voulu lui dire. Elle court vers son amie. « Réza, fais quelque chose pour Leila, s'il te plaît. » Réza réfléchit vite.

Il lui dit qu'il va trouver une solution. Qu'il faut qu'elle s'intéresse à la religion, qu'elle pratique avec sa famille, qu'elle ne se contente pas d'écouter ce qu'en dit son frère. « La clef, Leila, tu la trouveras à la source, pour prouver à ton frère qu'il a tort. Il n'y a que comme ça qu'il t'entendra. »

Leila n'est plus revenue au club de sport. Il a fallu de longs mois de négociations avec la famille avant de trouver une issue. Pour aider Leila, Réza adopte un rôle délicat. « Ce n'était pas facile, parce que vous vous mettez à dos toute la famille, vous êtes l'élément perturbateur.

— *La famille est-elle venue vous voir ?*

— J'ai beaucoup discuté avec la mère de Leila. Chaque fois, je défaisais les nœuds. Je lui ai fait valoir qu'elle interdisait à sa fille ce que d'autres jeunes filles font en Tunisie, au Maroc, en Algérie. Où elles pratiquent le même sport. Pourquoi auraient-elles le droit et pas elle, c'est la même religion !

— *Et le frère ?*

— Leila a trouvé un théologien respecté dans la religion musulmane qui a mis son frère devant ses contradictions. Il l'a fait réfléchir, lui à qui on avait expliqué que les filles ne devaient pas faire de sport, que c'était écrit. »

Réza connaît bien ces situations. Depuis plus de trente ans, il tente de « défaire les nœuds ». Dans le champ sportif, particulièrement. « Parce que la condition physique est capitale dans le processus de radicalisation. »

L'histoire de Leila est symptomatique d'une radicalisation qui a eu lieu à l'intérieur d'une famille et dont le sport « a été le révélateur ».

« Le pire, c'est que le frère était sincère. Il pensait vraiment que "c'était écrit", car on le lui avait dit. Sa mère était tiraillée entre son fils, qui représentait désormais une autorité morale dans la famille, voulait croire qu'il protégeait sa sœur, et la conscience que ses positions étaient radicales. Dans ces situations, il faut travailler de façon chirurgicale. Écouter, attaquer par le socle. Faire comprendre que ce n'est pas leur religiosité qui ne va pas, mais ce qu'on leur en dit. »

Cyrille[203] : un coach devenu rigoriste

Institut national du sport, de l'expertise et de la performance (INSEP).

« Chaque fois qu'elle arrivait en stage en équipe de France, elle était blessée, malade », confie un haut cadre d'une fédération de sport de combat.

Ils sont une petite dizaine, parfois moins. Détectés parmi des centaines d'athlètes, sélectionnés pour défendre les couleurs de la France. Pendant une semaine, plusieurs fois par an, ils se retrouvent à Paris. À l'INSEP : la « fabrique des champions ». Ils arrivent des quatre coins du pays. Certains viennent en navette, d'autres sont accompagnés par leurs parents. Les retrouvailles sont souvent chaleureuses. Avec l'impression d'appartenir à une même famille. Un clan. Celui de l'excellence qui s'entraîne au cœur du bois de Vincennes. Vingt-huit hectares, des pelouses, des pistes, des gymnases, des tatamis, foulés par les plus grands. Tous sont passés par là.

Pendant une semaine, Cyrille sera loin de chez elle, et de son coach qui l'entraîne depuis toujours mais ne l'accompagne pas à l'INSEP. Les résultats sont là. Cyrille gagne tous ses combats.

« Bienvenue à la maison, Cyrille ! »

Elle sourit. On la conduit dans sa chambre. Sa camarade de chambre n'est pas encore arrivée. Elle pose son sac, s'allonge sur son lit. Grimace. Le genou droit. L'épaule. Elle ferme les yeux. Masse son genou. S'assoit sur le lit. Se regarde dans le miroir de l'armoire centrale. Plisse le front. Sous ses yeux, des poches de fatigue. Vertige.

Rumeur dans le couloir. «Tous au réfectoire!» Sur le chemin de la salle de restaurant, un cadre de l'INSEP la prend à part :

«Tu as l'air fatigué, Cyrille.

— Tout va bien, ne t'inquiète pas.

— Comment ça se passe au club? Ça va mieux?

— Ça se passe bien.

— Viens me voir après l'entraînement, s'il te plaît.

— OK.»

Le cadre accepte de témoigner, sous condition d'anonymat. Il est encore en fonction aujourd'hui. «Parmi nos jeunes espoirs, il y avait cette fille. Une technicité de jambes incroyable. Une sacrée combattante!» Les poings en fer. Acharnée, en préparation comme en championnat, les yeux plantés en avant, la frappe directe, Cyrille cogne vite, et efficace. «D'une gentillesse! Et un sourire magnifique.»

Mais pas ce jour-là, le jour de son arrivée au stage. Cyrille a le corps marqué par l'effort. Le visage fermé. Ce n'est pas la première fois. «La précédente, elle était arrivée dans le même état. Elle venait récupérer en stage d'équipe de France, là où elle est au contraire censée être préparée aux championnats ; ce n'était absolument pas normal.»

Au lieu de s'entraîner avec les autres, Cyrille est assignée au repos. «On lui donnait deux jours pour dormir. Elle était cramée. Malade, même. Et ensuite on pouvait commencer la préparation.»

La semaine s'achève. Cyrille a retrouvé ses épaules, son genou et son sourire.

«Fais bien attention à toi, Cyrille, ne pousse pas trop.

— Oui, c'est promis.

— Ce serait bien que tu changes de club. On en parle si tu veux…

— Ça va aller, ne t'inquiète pas.»

Quelques mois plus tard, à l'occasion du stage suivant… rien n'avait changé. La situation avait même empiré.

«Et puis, il y avait autre chose. Nous avons été plusieurs à nous inquiéter quand nous nous sommes rendu compte que les licenciées féminines baissaient à vue d'œil dans ce club. À la fin, il ne restait plus qu'elle. Quand les filles s'en vont systématiquement, c'est qu'il y a un problème.»

Les mois passent. Cyrille refuse de changer de club. La communication avec l'entraîneur, explique-t-elle, devient de plus en plus difficile.

Pourquoi? Silence. Cyrille refuse de développer le sujet. Un jour, lors d'un championnat en Italie, elle s'écroule. Elle est battue. Son entraîneur n'est pas là. Il ne l'a pas accompagnée. Il répond aux journalistes français par messages, refuse de prendre les appels. L'isolement de la championne est manifeste.

« Le club était devenu cultuel. Son entraîneur était musulman pratiquant. Il y avait des temps de prière. Elle disait que ça ne la gênait pas », rapporte le cadre de la discipline. Un ancien membre du club, présent à cette époque-là, nous explique, sous couvert d'anonymat : « L'entraîneur de Cyrille pratiquait la religion musulmane, mais il n'imposait pas les prières. Sa garde rapprochée, elle, était très rigoriste, très en lien avec les thèses salafistes. »

Cyrille a fini par quitter son club et sa région. « Après le départ des autres filles, elle a eu de plus en plus de difficultés à échanger avec son entraîneur qui pratiquait un islam rigoriste. Nous l'avons encouragée à quitter cette structure, mais c'est certainement la systématisation de la prière qui l'a décidée », affirme un haut cadre de la discipline.

Quand elle a quitté la région, une note confidentielle est apparue sur le bureau de la Direction des sports au ministère. Faisant état du recul de la laïcité dans son champ disciplinaire, de l'islamisation de certains clubs, d'une religiosité exprimée dans le champ sportif, de la communautarisation du corps arbitral... et de son histoire.

Un signalement resté aujourd'hui en suspens. Pourquoi?

Qu'est-il arrivé dans ce club? Que s'y passe-t-il encore? Comment l'entraîneur responsable d'une athlète en équipe de France peut-il ainsi instaurer une pratique religieuse? Et ce sans la moindre réaction du ministère?

Quand la religion infiltre le champ sportif, quand elle se normalise à l'intérieur d'un club, d'une équipe, il y a des conséquences sur la pratique sportive. Comme dans le cas de Cyrille. Cette norme religieuse peut aussi perturber le vivre-ensemble, l'organisation sociétale du club, d'un groupe, et parfois même entailler les principes de la laïcité française.

26

La religion normalisée

Un matin de championnat de ju-jitsu brésilien. Les athlètes séjournent tous dans le même hôtel. L'un d'eux, Benjamin[204], descend prendre son petit déjeuner. Tout est prêt pour ne pas faire perdre de temps aux sportifs. La commande a été passée la veille au soir : café, œufs-bacon, pains, viennoiseries, jus de fruits, fromages. Protéines et vitamines. La salle de restaurant est calme. Il est encore tôt. Son petit déjeuner attend le sportif à sa table. Sur l'assiette chaude, le couvercle semble avoir été reposé à la hâte. Benjamin l'ôte. Le bacon a disparu de ses œufs, sur lesquels il distingue une marque de couteau. « J'ai compris tout de suite. Ce n'était pas la première fois que j'avais affaire à ce groupe-là », indique-t-il.

Derrière lui, quelques rires d'autres athlètes. Benjamin s'approche de ses coéquipiers, déjà attablés. Leur demande des comptes. Face à lui, les joueurs assument et répondent crânement. « On ne mange pas de porc, ici. » Ils avouent avoir retiré le bacon pour que lui aussi se plie à la règle alimentaire qu'eux tentent d'imposer aux autres membres du club. « Ces mêmes athlètes qui refusent de serrer la main des arbitres femmes en compétition, ou refusent de s'entraîner avec des femmes », rapporte Benjamin.

Un championnat départemental de lutte.
Dans les gradins, un lutteur[205], champion de France, dévore un sandwich à pleines dents. Observe les combats d'un œil. Répond aux messages d'encouragement de ses proches par téléphone. Quand, soudain, un homme grimpe les marches et vient à sa rencontre. Il est suivi, comme en procession, par deux autres lutteurs. L'individu d'origine tchétchène, est un ancien champion de France international, bien

connu de la direction de la fédération – et des services de police. Il lui demande ce qu'il a mis dans son sandwich.

« Du saucisson, lui répond l'athlète assis dans les gradins. – Il ne faut pas manger de saucisson, tu le sais, réplique l'ancien champion. – Je ne suis pas musulman, rétorque le premier. – Tu peux le devenir, on peut t'accompagner », propose alors l'ancien champion, encadré de ses deux acolytes.

« Voilà comment, insidieusement, la pression alimentaire et religieuse est imposée, moralement, marche après marche. Après cette interpellation, qui osera revenir avec un sandwich au saucisson ? Évidemment, on préférera être tranquille », rapporte le témoin.

Prières et propreté

Le poids du groupe. D'un groupe religieux. Qui, peu à peu, fait accepter ses propres règles. Et les fait passer avant celles du sport.
Autres histoires.
En région parisienne, un club de football. L'un de ses anciens dirigeants[206] discute avec l'entraîneur actuel et prend des nouvelles du club. Le coach est gêné. « Je vais te raconter quelque chose, mais... » Il fait signe à son interlocuteur de ne pas répéter ce qu'il s'apprête à lui confier. L'ex-responsable fronce les sourcils. Regard noir. « S'il se passe des choses, il vaut mieux en parler, tu sais. » D'une voix blanche, l'entraîneur raconte ce qui est arrivé lors du dernier match, le week-end précédent. Et admet qu'il a cédé, qu'il ne pourra plus revenir en arrière, qu'il devra céder à la prochaine rencontre, qu'il l'avait même senti venir. Qu'est-il arrivé au juste ? Qui est responsable ?

Est-ce que c'est si grave de céder aux demandes d'un groupe s'il ne fait « rien de mal » ? Depuis des mois, l'entraîneur résistait mais ça couvait. Avant chaque match, son équipe se confrontait à lui. Les joueurs n'étaient pas agressifs. Ils demandaient simplement de pouvoir prier entre eux. Ils insistaient. Juste un moment, avant le match, entre nous.
Sans l'entraîneur.

Alors ils se réunissent derrière la porte des vestiaires, et prient. « Quand ils sont dix à vouloir prier, ils le réclament constamment, c'est votre équipe, quand même, qu'est-ce que vous pouvez faire ? » L'ancien président demande si la prière a lieu avant tous les matchs. L'entraîneur ne sait pas. Ils ont un moment ensemble, porte fermée. « C'est tout ce qu'ils ont voulu?» Le coach hésite. Non. Après la prière, le groupe a imposé aux autres joueurs de se doucher en maillot.

Ils ont dit : «C'est plus propre, c'est plus correct!»

Un des joueurs, un seul, a résisté. Il a continué de prendre sa douche nu. Il leur a dit : «Si ça ne vous plaît pas que je me douche à poil, vous n'êtes pas obligés de rester!» Et puis, pour éviter les problèmes, il a fini par se doucher avant ou après eux.

Le maillot de bain

Un stage de haut niveau de jeunes, qui pratiquent les arts martiaux. L'entraîneur[207], inquiet, refuse d'être identifié et que son champ disciplinaire soit précisé. Respecté des jeunes, cet ancien athlète coache les cadets depuis peu. Dans sa fédération, il constate que la religion s'est banalisée, à un tel point qu'il a du mal à imposer les pratiques sportives habituelles. Après les sessions d'entraînement, les stagiaires sont dirigés vers les séances de «récupération». Balnéothérapie, repos, massage. Pour soigner leurs muscles endoloris par l'effort intense. Mais, depuis quelque temps, émerge une résistance nouvelle.

«Régulièrement, ils sont plusieurs, filles comme garçons, à refuser d'enlever leurs shorts et T-shirts, à ne pas vouloir se mettre en maillot de bain, comme les autres, comme on l'a toujours fait durant ces séances. Je leur rappelle les règles : "La récup, c'est en maillot pour tout le monde."»

Ils n'obéissent pas. Et veulent s'étendre sur la table de massage, vêtus de shorts et de T-shirts. L'entraîneur hausse le ton. C'est une question d'hygiène, en balnéothérapie et pour les massages. «Vous ne vous baignez pas à la piscine tout habillé? C'est pareil.» Les jeunes refusent d'obtempérer. Et l'accusent en retour.

«T'es un pervers! Tu veux voir les filles en maillot, c'est juste pour ça!»

«Parfois, c'est compliqué de faire respecter les règles les plus basiques. Ces jeunes, par exemple, ne mettent pas en avant la religion, mais utilisent un autre biais pour l'appliquer, alors qu'en fait il en est bien question. Et vous êtes coincé.»

« Il y a des mamans, ici »

Un autre biais. Le respect d'un certain code de conduite et du respect – pour ne pas évoquer le motif religieux.

Dans le sud de la France, un cours de ju-jitsu brésilien, dans un quartier sensible. L'un des pratiquants[208], habitué de la discipline et du club, remarque, peu à peu, un changement d'atmosphère. Un soir de l'été 2019, il fait une chaleur terrible dans la salle. En pleine canicule, sans ventilateur, les visages ruissellent. Vertige de l'effort. Le kimono colle à la peau, le coton lourd est tendu par la sueur.

Fin du cours. Salut général en kimono. « Bravo messieurs ! Félicitations ! » Soupirs et râles mêlés. Rêves de douche glacée. Mouvement vers les vestiaires. Déjà, la salle de sport se remplit. Un autre cours va commencer. Celui de boxe des enfants, surexcités, qui accourent par dizaines. Accompagnés de leurs mamans, dont beaucoup sont voilées. L'athlète s'éponge le front avec une serviette.

« J'enlève ma veste de kimono, ruisselante, j'avais gardé mon pantalon, la veste sur l'épaule, je me dirigeais vers les vestiaires. Ma veste était littéralement trempée de sueur. Là, une voix m'interpelle. Je mets quelques secondes à comprendre qu'on s'adresse à moi.

"Un peu de respect quand même, tu pourrais remettre ta veste !" »

L'entraîneur s'avance vers l'athlète, furieux. L'athlète lui demande, interdit, ce qu'il lui reproche.

« Tu pourrais remettre ta veste, s'il te plaît, il y a des mamans, ici. »

Sidéré par le ton de son coach, il se dirige vers les vestiaires. Sans rien dire. Et sans remettre sa veste. Il hésite un instant. Balaie le doute. « Ce n'était pas pour les mamans qu'il disait cela. Je n'avais pas l'impression d'être outrageant. De ne pas respecter les gens autour de moi. J'ai refusé de mettre ma veste. Ils m'ont dit que ce n'était pas correct », rapporte-t-il.

Aller prier

En pleine compétition de taekwondo à l'étranger, un groupe d'athlètes de moins de 21 ans décide de déserter l'entraînement. Sans rien dire, profitant d'une pause, les jeunes s'éclipsent du centre et cheminent vers la mosquée, située à quelques mètres de là. Si proche, que l'entraîneur[209], médusé, les distingue, au loin, en train de pousser la porte de l'établissement religieux. À leur retour, le coach les interpelle, furieux. « Votre religion ne peut pas entrer dans votre pratique du sport ! Vous vous croyez où ? Vous vous rendez compte de ce que vous avez fait ? » leur dit-il. Les jeunes ne répondent pas. « Nous ne pensions pas à mal », se défendent-ils. L'entraîneur hésite entre inquiétude et consternation. « D'eux-mêmes, ils avaient estimé qu'ils pouvaient arrêter de s'entraîner pour aller prier, en pleine compétition ! répète-t-il, marqué par cette scène.

— *Ils ont recommencé ?*

— Non. Ils n'y sont pas retournés pendant le stage. Ceux qui voulaient prier le faisaient dans leur chambre. En dehors des créneaux d'entraînement. Si on ne leur rentre pas dedans, ils poussent toujours les limites un peu plus loin. »

Que faire ?

Comment savoir ? Comment estimer ? Quelles limites ? À partir de quand peut-on dire que la laïcité est entamée ? De quelle manière juger la religion, la pratique qu'on en fait ? Le danger. Quel danger ? Et pour qui ?

27

Le prosélytisme : « Il pensait bien faire, tu sais[210] »

Stage de préparation d'une équipe de France masculine. Vingt-deux heures trente. Quarante. Cinquante. Vingt-trois heures. Vingt-trois heures dix. Les aiguilles tournent, lentement. Le temps s'étire. Nicolas[211], l'un des cadres sportifs présents cette semaine-là, en marge des entraînements, marche dans le parc. La nuit est claire. Dans la salle de restaurant, la lumière est allumée. De l'extérieur, on devine les silhouettes assises à table. Une voix au ton uniforme. Une seule voix. Qui parle. Qu'on écoute. Ils sont nombreux autour de la table. Hier soir, ils n'étaient pas autant. Avant-hier encore moins. Aucune incidence sur les entraînements, semble-t-il. Les athlètes commencent très tôt le matin. Et, chaque soir, ils sont un peu plus nombreux, à rester tard, autour de cette table. À discuter. À l'écouter.

« Il était tellement content au début, il avait l'impression d'avoir trouvé la lumière, je pense qu'il était sincère, il nous disait qu'il se sentait beaucoup mieux », se souvient Nicolas. Nassim en parle à tout le monde. La même histoire. Il le dit avec les yeux qui sourient. Dans la voix, tout est apaisé aussi. Il prononce des mots simples. Des mots qui donnent envie. Quand il en parle, ça paraît si facile. Il ne dit pas grand-chose au début. Juste : « J'ai trouvé un sens à ma vie. Je sais pourquoi je suis là, maintenant. »

La religion musulmane, celle à laquelle il s'est converti récemment, qui le rend heureux, depuis qu'il l'a trouvée quelques mois plus tôt. Elle l'accompagne partout et il le raconte à tous les athlètes, à tous les encadrants sportifs. Au début du stage de perfectionnement, rien n'a changé. Il s'entraîne avec ses coéquipiers, du matin jusqu'au soir, avec le même objectif commun : aller chercher la performance, la médaille. Se dépasser. Endurcir le corps. Battre des records. Le sport d'abord, et tout le temps. Il dit : « Je me sens bien. » Et il sourit en hochant la tête. Mais Nicolas se méfie. « Car cet athlète a bientôt commencé à ne parler que de religion. Tout le temps. »

Le soir, après les repas, il en parle encore. Et les discussions se prolongent. « Au début ils étaient deux ou trois, et de jour en jour, ils étaient cinq-six-sept autour de lui. » Cette nuit-là, Nicolas se promène donc dans le parc. La lumière du restaurant. Les silhouettes. Nassim parle. Il a compris avant tout le monde : Nassim a basculé.

Nicolas entre dans la salle de restaurant. Personne ne remarque son arrivée. Il prend une chaise et s'assoit autour de la table. Sans rien dire. Quelques têtes se tournent alors vers lui. Sourire machinal. Nassim poursuit. « Il raconte l'histoire de la religion, de l'islam, en expliquant pourquoi il faut faire et ne pas faire certaines choses. »

« Ce soir-là, il a commencé à dicter un code de conduite. Il fallait se comporter de cette façon-là avec les femmes, de telle autre avec les croyants d'autres religions. Il s'est mis à critiquer les autres religions. C'est là que j'ai pété un câble ! Je suis intervenu », se souvient Nicolas.

C'est arrivé très vite. Nicolas se lève brusquement. Ils sursautent tous. Nassim se tait. Nicolas est debout devant eux. « Je voudrais que cette thématique ne soit pas développée dans un stage de l'équipe de France. Il est tard, allez vous coucher. »

« Je crois que j'ai cassé l'ambiance ! Ils ont arrêté. »

Quelques jours plus tard, Nassim vient voir Nicolas.

« Je ne veux pas faire de mal, tu sais ! »

Il lui explique. Sa bonne volonté. L'engrenage quand on se met à parler et que les autres vous écoutent. Sa sincérité. Il insiste. « Je suis sincère. »

« Je lui ai dit que son impression de bien faire n'entrait pas en ligne de compte.

"Ce que tu fais, c'est du prosélytisme. C'est contraire aux valeurs du sport." »

L'engrenage. Glisser sans s'en rendre compte. Entraîner les autres en pensant « faire le bien », « bien faire ». Nicolas connaît parfaitement ces situations. Il les a vécues, par dizaines. Dans des dizaines de disciplines sportives. Nicolas est un lanceur d'alerte. « On m'a souvent appelé à des moments où il fallait dissocier deux situations, pour savoir si le sportif se rapproche de la religion ou bien s'il est en train d'être radicalisé. Il y a des personnes qui, à un moment donné dans leur vie, ont besoin d'être croyantes et qui veulent pratiquer leur religion.

À partir du moment où elles respectent les règles de la laïcité dans le sport, tout va bien, mais le problème, c'est que le basculement est rapide et soudain.

— *Dans le cas de Nassim, au départ il respectait les règles ?*

— Oui, il multipliait les témoignages religieux avec tous les athlètes et le staff, mais on était au niveau 1, celui de la simple piété. Le problème, c'est que, très vite, il est tombé dans le stade d'après. Il voulait "vendre" sa religion au sein de son équipe », décrypte Nicolas.

Détecter les situations à risque. Ne pas être là par hasard. Ils sont nombreux à avoir été formés, sensibilisés aux différents signaux indicateurs d'un basculement religieux radical dans le champ sportif. Sont-ils tous aussi réactifs que Nicolas ?

Chacun ses méthodes. Réza, l'éducateur « grand frère », fait parler les écrits, le Coran, pour bousculer les idées reçues, entendues et répétées par d'autres. Nicolas, lui, ne laisse passer aucun dérapage, met des mots sur les situations – « prosélytisme, radicalisation » – et sensibilise à la laïcité.

D'autres sont plus discrets.

La méthode

Dans le nord de la France, Christophe[212] a ouvert une salle de sport voilà quelques années. Les activités principales font recette. Musculation, cardio, cours de boxe. Depuis l'ouverture, la salle ne désemplit pas. Mais très vite l'attitude de certains l'intrigue. Le processus de radicalisation n'a aucun secret pour cet ancien professeur issu d'un quartier communautaire. Commence alors un travail de surveillance attentive.

« Les situations ont toujours commencé de manière identique : d'abord, c'est la mise à l'écart. Un nouvel arrivant se détache du groupe, il ramène du monde au club, des gens de son quartier, de sa communauté. Il n'accepte plus les réflexions sur son apparence physique. Sur sa barbe, par exemple. Et puis, il essaie d'entraîner les autres. Si ça n'accroche pas, il va dans un autre club, et ceux qui étaient venus pour lui le suivent.

— *Il essaie de faire quoi ? Avec qui ?*

— C'est arrivé récemment, rapporte-t-il. Un copain venait s'entraîner souvent ici, deux ou trois fois par semaine. Un peu de musculation

Le prosélytisme : «*Il pensait bien faire, tu sais*»

et des cours de boxe. Il est musulman. Un des clients, un jour, est venu lui parler pendant un cours. Il lui a demandé de boxer avec lui et lui parlait en même temps. Il le flattait. "Tu es un bon boxeur, tu as une carrure d'athlète"… Et puis il ajoutait : "Tu ferais un bon musulman!" Mon ami lui dit qu'il est en effet musulman, mais qu'il est satisfait de sa pratique et de sa vie. Il lui explique, en gros, de le laisser tranquille. L'autre continue. Chaque fois qu'il le voit, il l'encourage à venir prier avec lui à la mosquée, à aller prier un peu plus souvent aussi. "Allez, viens prier. Tu as fait tes prières?" Il est systématiquement sollicité. Jusqu'au jour où mon copain est venu m'en parler. Alors le garçon qui le poursuivait de ses démonstrations d'amitié, pourtant assidu à la salle, n'est plus jamais revenu. Pourquoi? Parce qu'il a compris que ça n'accrochait pas avec mon ami. Il a été signalé aux autorités. »

28

La radicalisation : « On avait atteint la phase 3 »

Des antennes à l'intérieur d'une structure sportive. Des personnes de confiance, qui relaient à Christophe ce qu'il se passe dans sa salle de sport. Et, à l'extérieur, Christophe qui surveille les comptes, sur les réseaux sociaux, des abonnés de sa salle. Ce qui lui permet de noter une évolution des comportements. « Il n'y a pas si longtemps, les adeptes de l'islam radical s'affichaient avec des barbes, la robe. Leur démarche commençait par l'apparence, ils venaient comme ça à la salle. Mais, aujourd'hui, c'est terminé, ils ont bien compris qu'il ne fallait plus attirer l'attention. Sauf sur les réseaux sociaux. »

Alors, Christophe reste aux aguets. Les commentaires, les liens vers les articles, les photos sur les autres réseaux sociaux, celles qu'on affiche publiquement et celles qu'on réserve à des groupes d'amis, dont il prend soin de faire partie, rien ne lui échappe.

« Ça prend du temps, mais ça permet de savoir ce qu'ils partagent et qu'ils n'osent plus afficher comme avant. » Un matin, sur le compte d'un de ses abonnés, il découvre des propos agressifs sur des forces de l'ordre. Les commentaires se multiplient, certains provenant d'autres abonnés de la salle de sport. « Je l'ai signalé aux autorités. »

Le lendemain, une nouvelle publication apparaît. Des images diffusées à son réseau pendant quelques minutes, supprimées ensuite, qui montrent des attaques terroristes à l'encontre, une fois encore, des forces de l'ordre. Les commentaires ne laissent pas de place au doute. Il a vu juste. Mais il s'interroge. « L'auteur, on ne l'a plus revu à la salle de sport. Là, il avait clairement basculé dans la phase 3, elle de la radicalisation violente, de l'appel au crime. La question ensuite est : qui a vu ces images ? Qui ont-elles inspiré avant d'être retirées ? »

Les indices que beaucoup n'interprètent pas

Savoir identifier les signaux inquiétants. Ceux qui représentent un risque. Ce qu'il faut surveiller. Ceux que l'on peut accompagner. Ce qu'il faut rapporter aux autorités compétentes.

Face à la menace réelle d'entrisme, de radicalisation dans l'espace sportif, les clubs ne sont pas prêts. Un haut responsable de la Fédération française de lutte[213] le confirme : « Beaucoup de présidents de club sont des bénévoles. Ils ont un autre travail à côté. Souvent, ce sont des passionnés qui veulent garder un pied dans le sport qu'ils ont pratiqué ou des parents de gamins qui pratiquent. Or beaucoup ne sont pas préparés à gérer ces situations. »

L'un des premiers à avoir alerté sur le sujet, Médéric Chapiteau[214], continue de parcourir la France pour sensibiliser le monde sportif à la lutte contre la radicalisation. Ancien gendarme, ancien DTN adjoint de la Fédération de sports de contact et disciplines associées, sportif de haut vol, il multiplie les interventions depuis trois ans.

Raconter ce qu'il a vu, déclencher les questions, bousculer les tabous, jusqu'à la prise de conscience. L'omerta – la voilà encore – est bien ficelée. Et lui la constate. Les écueils à la laïcité dans les clubs de sport ? Le manque de mixité ? La communautarisation ? La normalisation de la religion ? Le prosélytisme ? La radicalisation ? Souvent, personne n'a rien vu, personne n'a rien signalé. Lorsqu'on enquête sur le sujet, les réponses sont toujours les mêmes : « Peut-être que ça a existé, peut-être qu'on a entendu parler de certaines situations, mais ça s'est calmé. Il y a eu une prise de conscience, les gens sont attentifs, maintenant. » Une prise de conscience, disent-ils. Où en est-on, aujourd'hui, de la radicalisation dans le sport ?

À chacune des interventions de Médéric Chapiteau, de nouveaux témoignages s'ajoutent à sa longue liste, alimentée par des appels d'informateurs divers, qu'il consigne dans sa pochette noire. « Dans le milieu du sport, au départ, les fédérations ont croisé les doigts en espérant que ce serait un épiphénomène, que ça passerait vite. À partir de 2015, ils se sont rendu compte de la situation, mais entre se rendre compte et accepter le constat... il y a un monde. L'accepter voulait dire se mettre à dos des abonnés, perdre des licences, stigmatiser un club, une discipline plus qu'une autre... », explique-t-il.

Le silence. Le choix de ne pas s'informer, de ne pas voir. Mais à quel prix ?

« Je faisais ce jour-là une formation des cadres sportifs dans l'Allier », se souvient-il. Comme souvent, l'auditoire de la formation[215] est relativement restreint. Certainement pas volontaire dans son ensemble, et fortement invité à participer. À la fin de la journée, certains seront convaincus. Plus que d'autres. D'autres se sentiront moins seuls. Personne n'en ressortira indifférent. « En donnant la parole, en débattant sur le sujet, ils comprennent que ce n'est plus tabou. Ils sont aussi soulagés de voir que le conseil régional et les services de police prennent leurs responsabilités. Ça les rassure », ajoute Médéric Chapiteau. Souvent, les plus réticents se mettent à parler. « Autour de la table, je remarque que l'un d'eux ne dit plus rien. Il regarde ailleurs. » L'ancien gendarme anticipe la suite.

L'homme a le visage tourné vers la fenêtre. Il ne bouge plus. Il a posé beaucoup de questions au début de la journée. Et puis il s'est fermé. Il a croisé les jambes. Croisé les bras aussi, sur la table. Il regarde Médéric, n'écoute pas, ne dit plus rien.

Les autres stagiaires sont sortis de la salle s'aérer, sans rien dire. Ils sont sous le choc des informations données. « Dans les clubs de sport, aucune discipline n'est épargnée, ouvrez les yeux... »

Médéric s'approche de celui resté assis.

« Vous voulez sortir deux minutes ? On va prendre l'air avec les autres ? »

Les yeux se lèvent. Lentement. Quittent la fenêtre. Des yeux rouges. Et secs. Les mots de la douleur qui viennent tout bas. Se pencher pour l'entendre dire : « Si j'avais su. Si seulement j'avais vu. »

Les indicateurs présentés pendant cette matinée de formation, l'homme les connaissait tous. Il les a tous eus sous les yeux, mais sans savoir, sans y croire. Ces signaux décrits par Médéric ont un nom. C'est ce nom-là qu'il perçoit à ce moment-là. Celui d'un terroriste français passé à l'acte, sur le territoire français. Dont l'homme assis était l'entraîneur. Tétanisé, il revoit les images du journal télévisé.

Les entraînements dans le gymnase, les signaux faibles, Médéric les a consignés sur le tableau blanc. Au feutre bleu. Les signaux d'alerte, l'entraîneur les a vus.

Un jour, le jeune homme a arrêté le handball, il est parti en Savoie et le coach ne l'a plus jamais revu. Là-bas, il a fait de la boxe. Quelques mois plus tard, il assassinait le père Hamel, avec un autre terroriste, à Saint-Étienne-du-Rouvray.

Au bout d'un moment, il dit, glacé :

« J'aurais pu le signaler plus tôt. Si j'avais su. Si on m'avait appris les indicateurs. J'aurais pu le signaler. Vous croyez que ça l'aurait empêché ? »

La radicalisation diffuse

La radicalisation, au sein de l'espace sportif, n'est pas marginale. Pas massive non plus, mais diffuse. Elle inquiète les autorités. Dès 2015, les services de renseignement attestent un risque réel. Quand Olivier de Mazières[216] prend ses fonctions à l'état-major de la prévention du terrorisme, les services de l'État attirent immédiatement son attention sur le sujet. « C'est principalement la sécurité intérieure qui m'a fait remarquer que tous les auteurs des attentats depuis Mohammed Merah en mars 2012, et *a fortiori* depuis janvier 2015, avaient pratiqué le sport de façon intensive, soit en compétition, soit en entraînement quotidien. Il n'y a pas de contre-exemple. »

Si la majorité des fichés « S » pour radicalisation ne sont pas dans des clubs, en revanche, la quasi-totalité de ceux qui sont passés à l'acte[217] et ont commis des attentats en France et en Europe ont, eux, été des licenciés sportifs.

« Clairement, la pratique sportive était considérée comme un "risque aggravant" au passage à l'acte, principalement les activités sportives du type sport de combat, musculation, tout ce qui vise à endurcir son corps. Il y a aussi des pratiques qui peuvent préparer un passage à l'acte et le faciliter, potentiellement très graves, comme le tir sportif ou le pilotage d'un avion. On parle de "risque aggravant" lorsque cela trahit l'état d'esprit d'un individu qui est dans une logique d'aguerrissement, d'endurcissement de son corps par la fréquentation des salles de musculation et des sports de combat », précise Olivier de Mazières qui, à la tête de la préfecture de police des Bouches-du-Rhône[218], a été très souvent confronté aux situations concrètes de radicalisation.

Thierry et ses remords

Sculpter le corps. Combattre déjà. Sous couvert d'exploits sportifs. Garder le secret, celui de la fin, pour soi. Le chemin ne diffère pas de celui des autres sportifs du club. Quand on entraîne un groupe, quand ses membres suivent tous les mêmes règles, quand certains paraissent plus enthousiastes que d'autres à se dépasser, comment savoir ? Pourquoi faudrait-il se méfier ? Et surveiller les uns plus que les autres ?

Avoir coaché un terroriste français. Sans le savoir. En avoir honte. Se sentir et trahi et coupable. Se souvenir de l'avoir entraîné au combat. Accompagné en compétition. Se rappeler le fait qu'on ne pouvait pas y croire. Qu'on n'avait pas les mots. Radicalisation. On ne le disait jamais. Cela n'existait pas.

Ce jeune homme-là ne parlait pas souvent de religion. Il revenait de ses voyages avec des cadeaux et le sourire.

Sept ans ont passé.

Thierry[219] n'a pas changé de métier, ni de région. Son histoire, peu de gens la connaissent. Il n'en parle jamais. Quand il l'évoque, il dit qu'il ne sait plus. Qu'il n'a rien vu venir. Que l'autre était gentil. Respectueux. Il faut poser la question, encore et encore. Il faut lui demander de dire ce qu'il a vu. Thierry est professeur de boxe anglaise et thaïlandaise. Pendant deux ans, il a entraîné un bon élément, se souvient-il. Très souriant. Sauf pendant les combats.

« Il ne jouait pas comme les autres. Nous tous, ici, on est là pour se battre en suivant des règles strictes. Non, lui, il combattait avec rage, comme si sa vie en dépendait, il ne s'arrêtait pas. »

Un jour, pourtant, il a su. Le boxeur, le « bon élément » est arrivé en retard à l'entraînement, et un autre élève, bien plus jeune, a ri à son entrée. Le boxeur a pris le rire pour une moquerie, s'est rué sur le jeune garçon. Frappant. Cognant. Démolissant l'enfant. L'entraîneur s'interpose. Le repousse fermement. L'autre, le petit, est amoché. Thierry sort avec le boxeur. Lui demande de prendre conscience de son comportement. Lui dit qu'il ne peut pas le garder dans le club. Le violent ne répond rien. La colère est encore là, dans les poings serrés.

Thierry ne l'a plus jamais revu.

Jusqu'à ce fameux soir, devant sa télévision. Sept ans après, il le revoit frapper l'enfant. *J'ai entraîné Yassin Salhi.* Ces mots-là, il n'arrive pas à les dire aujourd'hui. Il n'ose plus prononcer son nom. Il se sent coupable.

Un père raconte

Frédéric Garnier, ancien militaire, a assisté à la conversion radicale de son fils. Romain était champion de natation très jeune et avec déjà un palmarès prometteur. « J'étais content car il était vraiment pris par ça, il était accro. Il faisait trois ou quatre séances par semaine avec un entraîneur qui était comme un second père[220]. » Quand il arrête la natation, « du jour au lendemain vers 18-19 ans », Frédéric s'inquiète. « J'ai appris qu'il voulait faire de la boxe, ça m'a surpris. J'ai l'impression que sa dérive a commencé à ce moment-là. »

Le père s'oppose au fils à maintes reprises, piste ses fréquentations salafistes. Il ne le reconnaît plus. Romain devient violent. La mort dans l'âme, pour le protéger et protéger la société, il le signale aux autorités. Après l'affaire Merah, il essaie encore de lui faire entendre raison. Mais son garçon le traite de mécréant. Romain Garnier est parti en Syrie avec une dizaine d'autres jeunes – la filière dite de Vesoul. L'ancien champion des bassins, devenu « la voix de Daesh », a été arrêté en décembre 2018 à la frontière kurde.

Le catholique converti

Quentin Roy, lui, est un passionné de football. Il veut devenir coach sportif. Il est doué. Aussi brillant sur le terrain de sport qu'à l'école. Il entraîne les enfants à l'occasion ; dans son club en région parisienne, « les poussins » l'adorent. Tout le monde l'apprécie. Sa famille est catholique. L'annonce de sa conversion à l'islam surprend ses parents, qui essaient de l'accompagner, de respecter son choix.

Mais Quentin change très vite de comportement, de code vestimentaire, de fréquentations. Bientôt, on ne le reconnaît plus. Et la religion, chez lui, se retrouve au centre de tout. Il passe ses nuits à la mosquée. Sa mère essaie de lui faire comprendre qu'il doit dormir dans sa maison, sans succès. Il n'est pas violent, respecte ses parents, mais ne suit plus leurs conseils. Il n'écoute plus de musique ni personne. Sauf « ses guides ».

« Il n'a jamais arrêté le football. Jusqu'au dernier moment, il allait au club. Depuis quelque temps, il faisait aussi du futsal. C'étaient des jeunes du club qui lui avaient proposé, et il affirmait que ça lui plaisait. Il en faisait de plus en plus. On se disait : tant qu'il continue le sport, au moins, il garde un lien social », se souvient sa famille[221].

Après son départ pour la Syrie, son père est allé voir les jeunes du futsal. Pour comprendre. « Ils n'ont rien voulu lui dire. »

Ses parents ont appris sa mort en 2016.

Le sport est-il une avant-garde de radicalisation ?

Quelle différence entre Romain, Quentin, devenus djihadistes, et les autres membres du club de sport, amateurs, professionnels, qui, eux, ne se sont pas radicalisés ni ne sont passés à l'acte ? Chacun pratique la même discipline au même moment, avec le même acharnement physique, qui surpasse la douleur pour permettre de dépasser l'adversaire et de se dépasser soi-même. Pourtant, certains s'éloignent des valeurs du sport : fraternité, fair-play, respect, partage, mixité, vivre-ensemble. Est-ce la pratique sportive en elle-même qui draine certaines personnes en voie de radicalisation, ou les gens qui s'y mêlent, que l'on rencontre à l'intérieur de ces espaces d'endurcissement du corps et du mental, qui facilitent, voire qui déclenchent ce basculement, cette adhésion soudaine aux théories de l'islam radical ?

Un peu les deux, décrypte Olivier de Mazières. « Dès 2015, nous considérions que les salles de sport et les groupes autoconstitués pouvaient en même temps représenter un lieu d'aguerrissement mais aussi d'embrigadement intellectuel. On voyait que des individus inscrits dans des clubs, dans des salles ou parfois sans licences sportives, se retrouvaient le dimanche pour faire des parcours santé. En général, émergeaient des gourous ou, en tout cas, des individus charismatiques qui étaient à la fois des enseignants sportifs, si je puis dire, et des éducateurs religieux. C'est ça qui est intéressant dans ce microcosme : on a les deux dimensions. »

Le sport, comme lieu de vie, de rencontres, de brassage, comme moyen de préparation à la force, à la discipline, au combat, peut être un espace propice, et utilisé comme tel par certains pour recruter des « fidèles » et nourrir les rangs de l'islam radical. Certains passeront à l'acte. Ils sont peu nombreux. Mais ils existent et le risque est réel.

Sur Internet

Sur Internet, les encouragements à pratiquer la course, les sports violents, à se faire une condition physique, à se préparer au combat, à la lutte, circulent, sous la forme de manuels et de conquêtes prêts à livrer. Sans source. Sans revendication avérée. Ils témoignent cependant d'un état d'esprit à fabriquer. Dans un manuel[222], il est par exemple conseillé de ne pas apparaître (pour les femmes) en voile noir (hijab) dans l'espace public (aéroport particulièrement), et aux hommes d'effacer tout indice qui suggérerait l'appartenance à la religion musulmane. Pour sortir des radars, ne pas attirer les regards, ne pas être surveillé. Il est recommandé de préférer le «darkweb» aux canaux traditionnels d'Internet pour ne pas laisser de trace, de s'entraîner au moins «trois fois par semaine». «Les moudjahidin courent pendant des heures tous les jours dans les montagnes avant de prendre leur petit déjeuner. Ils doivent suivre un entraînement physique sévère pour développer l'endurance et la force», est-il écrit. Et aussi : «En Occident, la course dans les parcs ou les entraînements dans les salles de sport sont ordinaires. Vous devez vous entraîner comme une personne ordinaire. Les femmes entre elles, et les hommes en T-shirt avec un pantalon de jogging qui tombe à mi-mollet.» Autres extraits : «Il est préférable d'aller s'entraîner avec un autre frère»; «Il est vital de pratiquer un art martial pour s'entraîner au djihad, pour apprendre à vous défendre, à endurcir votre corps, à développer une discipline personnelle et contrôler votre agressivité». Enfin : «La condition physique est un élément central de l'entraînement nécessaire au djihad.»

Si ces éléments ne sont pas vérifiables, nos services de renseignement, eux, attestent une appétence particulière pour le sport des réseaux terroristes, et y consacrent une surveillance tout aussi particulière, depuis près de cinq ans.

Le renseignement français attentif au sport

En 2015, au sein de l'état-major de prévention contre le terrorisme, la mission est claire : récupérer le plus de données possible sur les individus dangereux ou susceptibles de passer à l'acte. Le fichier des signalements pour la prévention de la radicalisation à caractère terroriste, le FSPRT, est créé par le décret du 5 mars, quelques mois après l'attentat de *Charlie Hebdo*. Les informations sur les individus *potentiellement dangereux* y sont collectées. Une rubrique sur la pratique sportive est spécifiquement indiquée.

Les données sont relatives à l'état civil, à la situation familiale, aux antécédents judiciaires ou psychologiques, aux lieux de sociabilité fréquentés, notamment les associations sportives, considérées comme l'un des risques «aggravants». Ainsi les services de l'État centralisent-ils le suivi des individus dont le niveau de radicalisation est susceptible de basculer vers le terrorisme. En novembre 2018, le fichier contenait 20 459 fiches dont 4 000 «objectifs» des services, le FSPRT recensant à la fois des individus considérés comme dangereux, et d'autres repérés sur des signaux faibles.

«L'avantage du FSPRT, à partir du moment où on le met en œuvre, c'est que l'on peut croiser des données. Et donc faire ressortir des lieux où se retrouvent plusieurs personnes qui sont inscrites dans le fichier. On commence à travailler sur des lieux qu'on soupçonne être des sites de rencontres et de radicalisation, commerces radicalisés, salles de prière mais aussi salles de sport. À partir de là, on voit émerger un certain nombre de clubs sportifs et de groupes», rapportent différentes sources au cœur de la lutte antiterroriste.

Toutefois, «le sport constitue l'un des points faibles du maillage territorial mis en place avec une batterie de référents dans les services publics, les entreprises, les associations. Les clubs de sport et les éducateurs sont plus difficiles à mobiliser, reconnaît le préfet Olivier de Mazières au colloque de la région Île-de-France, le 30 novembre 2017.

Dans des notes internes à ces services de renseignement – et strictement confidentielles –, des informations précises sont collectées, notamment sur certains éducateurs sportifs, sur ceux qui les entourent, au sein des clubs, sur ce qu'il s'y passe.

Clubs sportifs à surveiller

Plus globalement, ces rapports «à diffusion restreinte» rendent compte de situations qui se systématisent dans le sport amateur français. En voici quelques extraits.

«La pratique du sport dans les clubs et en compétition se doit de respecter une stricte neutralité. Pourtant, des comportements propres au

La radicalisation : « On avait atteint la phase 3 »

repli communautaire émaillent ici ou là le quotidien de certains clubs ou certaines équipes, notamment implantés dans des quartiers sensibles. » Et de décrire, au sein de ces espaces dédiés : « Des recrutements exclusivement menés au sein d'une communauté particulière, le prosélytisme au profit de la religion musulmane, des actions de solidarité en faveur de la Palestine, l'opiniâtre refus de la mixité, l'apparition de prières sur le terrain ou dans les vestiaires [...], la présence dans les clubs sportifs de salafistes et autres radicaux. »

Dans une autre note interne, le football est présenté comme le terrain des premières tensions communautaires. Nombreuses situations y sont retranscrites. « Sport populaire par excellence, le football se trouve en première ligne des visées communautaristes », analysent les services de l'État français, qui répertorient quelques exemples concrets à surveiller. Notamment, un club de football au nom « évocateur d'une région » d'Afrique du Nord, dont sont originaires de nombreux habitants d'un quartier sensible (ZSP), ainsi que le président. « La composition du bureau reflète le caractère peu œcuménique de la structure », notent les informateurs de l'État. Différentes situations sont collectées dans ces notes confidentielles. En voici quelques exemples. Au cours d'un match extérieur, une équipe jeune du club « était responsable d'incidents, [...] plusieurs blessés étaient à déplorer, de même qu'un contexte de crispations identitaires à l'origine de la rixe ». Une structure sportive voisine « a été phagocytée par nombre de ressortissants du même quartier sensible. Le président a démissionné après avoir reçu des menaces de mort, mais aussi constaté de nombreux bouleversements au sein du club. Il parlera par la suite d'islamisation du groupe et de communautarisme ».

Dans une autre région, « les joueurs d'un club de foot amateur ont revendiqué avec force leurs origines en associant des drapeaux d'Afrique du Nord et de la Palestine. Lors d'un tournoi, les matchs étaient ostensiblement « programmés en fonction des horaires de prières. Certains joueurs ont été vus en train de prier sur la pelouse. Enfin, les pages Facebook de plusieurs joueurs diffusent des contenus dédiés à la religion musulmane et notamment à la mouvance salafiste ».

Dans un autre département, « deux clubs de combat sont particulièrement affectés par le prosélytisme religieux. Ainsi, tous les licenciés du [...] sont de confession musulmane, la plupart ayant été cooptés pour leur profil religieux et les membres du bureau sont très ancrés dans une pratique radicale de l'islam ».

Un autre rapport confidentiel attire, lui, l'attention sur les sports de combat : «Au fil du temps, les quartiers sensibles dans les différentes villes de France ont vu l'émergence d'individus radicalisés dans les clubs de sport et plus particulièrement dans le milieu de la boxe, sport qui sert pour certain de défouloir [...]. Or ces jeunes, souvent en manque de repères et d'identité, présentent une vulnérabilité face à des religieux radicalisés.» Si, ailleurs, les «sports de combat» sont particulièrement cités, comme «susceptibles de rassembler des personnes dotées d'une certaine agressivité», une autre synthèse ciblant une salle de MMA rapporte que «l'arrivée récente dans cette salle de sport X., individu suivi pour sa radicalisation, ne laisse pas d'inquiéter : M. X., salafiste, est un combattant aguerri dans la discipline pour laquelle il voyage beaucoup à l'étranger». Et de conclure : «Le mélange des genres entre exaltation des origines ethnico-religieuses, délinquance voire criminalité, radicalisation religieuse et sport ultra-violent constitue à l'évidence un cocktail détonnant qui nécessite un suivi attentif.»

Un ancien sportif, membre de l'équipe de France de cette discipline, est même décrit comme ayant «épousé la doctrine salafiste en 2013», et, poursuit l'informateur, n'hésitant pas, «lors de compétitions internationales, à afficher son appartenance à la mouvance par le port d'une barbe conséquente traitée au henné ni à effectuer les cinq prières quotidiennes avec la plus grande ponctualité». Parmi les inquiétudes listées, on retient l'émergence de sports urbains, synthèse de gymnastique et de musculation, se pratiquant en extérieur. Et de citer le nom de «plusieurs individus suivis au titre de la radicalisation apparaissent au contact des entraînements se déroulant dans le quartier».

Certains clubs de lutte font eux aussi l'objet d'attentions particulières des services de l'État. «Plus qu'une activité physique, la lutte libre est considérée comme une tradition dans certains pays du Caucase. À ce titre, les populations émigrées provenant de cette région se réunissent souvent autour de cette discipline, en particulier en France.» Et de consigner l'exemple d'une association sportive affiliée à la Fédération française de lutte dont les dirigeants sont, pour la plupart, issus de la communauté tchétchène, et dont certains seraient «défavorablement connus des services de police pour "appartenance à la mouvance islamiste radicale"».

Dans un récent rapport rendu à l'été 2019 sur la radicalisation dans les services publics, les députés Éric Diard (LR) et Éric Poulliat (LREM) notèrent de leur côté : «Une fédération sportive, qui accueille de nombreux Tchétchènes, est sous observation. Il ne s'agit évidemment pas de dire que tous ses adhérents sont radicalisés, mais il faut faire preuve de vigilance.»

Un plan contre la radicalisation

En mai 2016, Manuel Valls, alors Premier ministre, a présenté un plan d'action contre la radicalisation et le terrorisme, énumérant 80 mesures. Une attention particulière y est accordée à la surveillance du secteur sportif, suggérant de «prévenir la radicalisation dans le champ sportif par le développement du contrôle des clubs et des éducateurs et la mise en jeu de "l'agrément sport" en cas de dérive avérée».

En résultait la création d'un canal de centralisation et de traitement des signalements de situations de radicalisation dans le champ sportif, dirigé par une mission nationale d'appui confiée à l'Inspection générale de la jeunesse et des sports.

Une cinquantaine d'inspecteurs référents dans les territoires, bénéficiant d'une formation dédiée, est alors mobilisable pour réaliser les contrôles des éducateurs et des clubs sportifs signalés. En cas de radicalisation avérée, «des décisions seront prises, pouvant entraîner la suspension des financements de l'État ou le retrait des "agréments sport" dont bénéficieraient ces structures».

Un an plus tard, en novembre 2017, au cours d'un colloque sur le sport et la radicalisation organisé par le conseil régional d'Île-de-France – en pointe dans le combat contre la radicalisation –, Loïc Garnier, alors responsable de l'UCLAT, diffusa pour la première fois les chiffres de ses services. «Il y a 5 868 signalements en France de personnes radicalisées, dit-il. Internet est un vecteur de radicalisation mais il faut un contact physique pour que le basculement se fasse. On peut superposer aujourd'hui la carte des mosquées salafistes et la carte des jeunes partis en Syrie et en Irak. C'est la même. Et le mouvement sportif n'est pas à l'abri puisque 829 personnes ont été signalées dans des clubs sportifs qui figurent dans le FSPRT. Parmi eux, 27 % des individus signalés radicalisés et pratiquants sportifs "manifestent sans ambiguïté leur soutien à des causes djihadistes", en faisant de l'apologie du terrorisme des incitations à des projets terroristes ou du soutien idéologique et logistique à des terroristes.»

En Île-de-France, ils sont 147, soit 18 % du total national ; à Paris même, 34 radicalisés ont été signalés ; 9 dans le Val-d'Oise. Ce sont essentiellement des hommes, 94 %, et 44 % sont déjà connus des services de police. Et ces chiffres sont sans doute sous-évalués.

En février 2018, Édouard Philippe a lancé le nouveau Plan national de prévention de la radicalisation (PNPR), en présence d'une dizaine de ministres, dont Laura Flessel, invitée à apparaître à l'image, aux côtés du chef de l'exécutif, le temps de son discours. Sur les 60 mesures annoncées, quatre concernent le sport, ce qui montre que les enjeux liés à la radicalisation dans ce secteur ont bien été identifiés et pris en compte au plus haut niveau de l'État.

La mesure 23 concerne la sensibilisation des acteurs pour développer les signalements et créer «une culture commune de la vigilance dans le champ sportif en lien avec les référents radicalisation du ministère des Sports». Sont concernés les directeurs des sports des municipalités, les cadres techniques des fédérations sportives, mais aussi ceux qui organisent des activités physiques et sportives non instituées, comme la musculation, le fitness, le paintball, l'air soft, etc.

Le plan prévoit également «d'intégrer la prévention de la radicalisation à la formation interfédérale des éducateurs sportifs et des formateurs de formateurs» et «d'identifier, dans chaque fédération sportive nationale, un responsable de la citoyenneté comme relais auprès des autorités déconcentrées et point de contact pour les forces de sécurité intérieure». Et un officier de liaison (gendarmerie ou police) est affecté auprès du ministre des Sports[223].

Parallèlement à ces actions de prévention, sont inscrites des actions de contrôle administratif, surtout vers les disciplines et les territoires impactés par la radicalisation, sous la coordination locale du préfet de département. Quant aux signalements, afin de lever d'éventuelles réticences ou peurs, l'anonymat total est garanti à ses auteurs.

La secrétaire générale du Comité interministériel de prévention de la délinquance et de la radicalisation (SG-CIPDR), Muriel Domenach, qui est à l'origine de ces dispositifs, considère que le sport est «l'une des priorités du plan», inspiré par celui mis en place deux ans plus tôt par le conseil régional d'Île-de-France.

Ce plan est censé sonner la fin de la longue léthargie du ministère chargé des Sports. Car, jusque-là, la radicalisation dans ce domaine restait l'apanage exclusif du ministère de l'Intérieur. Ses agents avaient même fait de certaines fédérations sportives leur terrain de jeu, notamment en plaçant des hommes du renseignement dans leurs instances dirigeantes ou en pistant les clubs et les hommes qui pouvaient alimenter la radicalisation.

Il faut dire que les ministres successifs et leur administration ont longtemps considéré le sport sous le seul angle de ses vertus éducatives et d'intégration, qui, en somme, n'apporteraient que des solutions. Pas question de l'envisager sous l'angle des dérives, qui résonnerait comme un aveu d'échec du modèle sportif!

Malgré les sonnettes d'alarme tirées très tôt, dès 2013-2014, par l'Inspection générale de la jeunesse et des sports, exemples concrets à l'appui, rien n'a changé à l'époque. Au plus haut niveau du ministère, le risque était balayé d'un revers de main. Faute de sensibiliser, et de mobiliser ses conseillers techniques et sportifs – agents de l'État placés auprès des fédérations pour mettre en place des formations –, rien n'avait été fait pour améliorer la détection ni pour créer un réseau d'alerte des agents territoriaux dans les directions départementales, qui eux peuvent contrôler les clubs et les associations.

Il a fallu attendre 2015, la note des renseignements et son titre terrible « Le sport amateur vecteur du communautarisme, voire de radicalité » pour que la réalité du terrain et de la menace soit dévoilée. Cataclysme dans le monde du sport. Sommé de s'expliquer, le secrétaire d'État aux Sports, Thierry Braillard, continue pourtant de nier le problème. Un flagrant délit de déshérence, au micro de RTL[224] : « Ce n'est pas mon rôle, c'est celui du ministre de l'Intérieur », tout en concédant avoir connaissance de ces dossiers – qu'il entend minimiser : « Ces phénomènes existent depuis plusieurs années, ils ne sont pas nouveaux[225]. Autre son de cloche de la part de son ministre de tutelle Patrick Kanner qui, lui, découvre la question : « C'est un phénomène nouveau qui nous frappe » et « On [en] a peut-être sous-estimé l'ampleur[226] ». Effectivement.

Un suivi plus attentif du sport

Le ministère des Sports souligne, dans une circulaire de novembre 2018 adressée à l'ensemble des préfectures, que, dans un souci de « protection des pratiquants », il importe aux préfets de programmer « avec discernement mais détermination » des contrôles administratifs ciblés sur les territoires impactés et les « disciplines à risques », en croisant ces différents critères. Et en soulignant que la mise en évidence d'une dynamique de groupe, de la communautarisation dans certains clubs sportifs, notamment sous l'impulsion de dirigeants, encadrants ou membres influents, peut être le ferment d'une radicalisation violente, ultérieure. Et que l'identification de pratiques sportives aggrave objectivement le risque en cas de radicalisation violente (sport de combat, tir sportif, pratiques aéronautiques sportives).

Dans les Bouches-du-Rhône, en décembre 2019, 400 personnes sont inscrites FSPRT. Dont 21 % avec une indication de pratique sportive. Au niveau national, environ 1 270[227] individus inscrits au FSPRT suivent une pratique sportive renseignée : 32 % en sports de combat, 28 % en musculation, 22 % en sports collectifs.

Toutes les semaines, à la préfecture de police de Marseille, le groupe d'évaluation départemental (très spécialisé dans la lutte contre la radicalisation, il est composé notamment du préfet de police, des services du ministère de l'Intérieur, des parquets et du procureur de la République) passe en revue et évalue les différents signalements de radicalisation obtenus notamment par des croisements d'informations au FSPRT ou par des alertes « humaines », des « capteurs de terrain », sensibilisés à la détection de signaux, d'indices de radicalisation.

« On examine l'ensemble des cas, on détermine la dangerosité, en fonction, on détermine le service "chef de file" qui va être responsable de sa surveillance – ce chef de file étant évidemment mentionné au FSPRT pour les individus qu'on considère comme les plus dangereux », rapporte l'ancien préfet[228] de police du département. Quand une alerte est donnée, les moyens de surveillance sont déclenchés pour analyser la nature de la dangerosité de la situation. La mission incombe à la sécurité intérieure pour les individus considérés « dans le milieu du spectre », ou à la gendarmerie pour ceux qui se situent « dans le bas du spectre », dont un suivi social serait jugé plus nécessaire qu'une surveillance policière.

Viennent ensuite les « contrôles administratifs » recommandés par le ministère des Sports dans le cadre du Plan national de prévention de la radicalisation du Premier ministre.

Dans le cas où des licenciés radicalisés infiltrent une salle de sport, et après enquête « humaine et technique » sur le terrain, qui démontre l'existence de ces situations de radicalisation, des « leviers de droit commun » sont mis en place afin de demander sa fermeture. Voilà qui explique les recommandations de « contrôles administratifs » à programmer, faites par la circulaire du ministère des Sports. Processus sur lequel l'ancien préfet de police s'est appuyé récemment pour fermer une salle de sport à Marseille.

« On va souvent utiliser les techniques de droit commun, sauf si véritablement on a la preuve qu'au sein d'un club, il y a des infractions de type pénales qui sont commises, genre apologie du terrorisme, incitation à la haine, à la ségrégation, à la violence. Cela n'est pas toujours facile à démontrer, d'autant qu'on est dans le domaine du renseignement, donc la logique c'est d'intervenir avant le passage à l'acte. On utilise tous les moyens à notre disposition pour fermer une association sportive. On vérifie, par exemple, que le club en question respecte toutes les réglementations liées aux associations sportives et à l'accueil de licenciés, et on va souvent s'apercevoir que ce n'est pas le cas dans des situations de radicalisation. On ne s'interdit pas, bien sûr, d'utiliser ces leviers-là pour les fermer, en tout cas pour faire en sorte qu'ils cessent d'être les lieux de prosélytisme qu'ils sont », décrypte Olivier de Mazières.

Le mouvement sportif sur la réserve

Le secteur sportif, lui aussi, est mis à contribution.
Chaque fédération, chaque ligue, chaque comité olympique régional doit désigner et former un référent aux signaux de détection de radicalisation. Mais cette « culture de la vigilance », promue par le plan du Premier ministre et relayée par la ministre des Sports, est appliquée de manière très variable. La vigilance tient plus au volontarisme individuel, lié à un combat personnel mené de longue date, qu'à une exigence ferme des directions fédérales d'œuvrer sur le sujet. Une fois encore, les signalements du milieu sportif se heurtent souvent à l'omerta. Le déni ; le silence ; surtout, ne pas faire trop de vagues ; régler les problèmes en famille ; ne pas stigmatiser… les excuses restent les mêmes.

Un observateur[229] de ces formations de sensibilisation adressées aux acteurs sportifs l'explique : « Comme souvent chez les intervenants dans le sport, la vigilance à ces questions n'est pas le premier réflexe. Ils sont dans une logique de cohésion, d'intégration par le sport, donc ils n'ont pas l'habitude de parler de ces sujets. C'est triste à dire, mais la vague d'attentats qu'on a connue en 2015-2016 a quand même permis de faire évoluer les consciences. Elle a mis les gens en alerte, et désormais ils ne sont pas totalement surpris quand on vient leur parler de l'état de la menace. »

Seulement voilà : ceux qui ne signalent pas des situations dont ils ont été témoins seront jugés responsables de non-assistance à personne en danger. Au chapitre de la radicalisation aussi, la responsabilité morale, éthique est intimement liée à la responsabilité juridique.

Les référents en première ligne

Pour remplir ces responsabilités, encore faut-il avoir conscience du contexte, des différents niveaux de menace, et connaître les codes de ceux qui nécessairement, pour pratiquer leurs dérives, usent de multiples leviers.

Mounir[230] est l'un des référents fédéraux désignés depuis deux ans sur les questions de citoyenneté, de laïcité et de radicalisation. Il a été formé au départ, comme tous les autres référents sportifs, à détecter les signaux. Mais, pour lui, ce combat n'a pas commencé il y a deux ans. La radicalisation dans le sport, il l'a vue se développer, dans les quartiers de son enfance. « Les personnes radicalisées disent aux jeunes de se rapprocher de la religion la plus fondamentaliste, la plus extrême dans la pratique. On leur recommande de faire des choses que même leurs parents et leurs grands-parents ne faisaient pas, c'est un niveau de pratique qui s'inspire du wahhabisme c'est-à-dire la façon dont les gens vivaient à l'époque du Prophète… »

Dans sa fédération, il est celui qui conseille, souvent dans l'ombre, les attitudes à adopter, les surveillances particulières à instaurer. Il rassure. Il accompagne. Et, parfois, il intervient.

« Notre objectif n'est pas de traiter les radicalisés. Il y a des étapes dans la radicalisation, et l'on ne peut revenir en arrière. C'est pourquoi il faut savoir identifier les signaux faibles et les forts. Quand la personne ne serre plus la main des femmes, qu'elle s'absente aux heures de prière, ça signifie qu'elle se rapproche d'un comportement radical, mais c'est un signal faible, parce que toute personne a le droit de pratiquer une religion, y compris de manière rigoriste. Ce n'est pas un algorithme, mais certains signaux alertent plus que d'autres ; par exemple, quand on a un jeune qui change son comportement, son apparence, qui ritualise sa pratique religieuse, qui tient des discours victimaires et complotistes, voilà un signal fort. Et quand il finit par couper les liens avec sa famille et avec ses proches, c'est presque trop tard… »

Un jour, Mounir a reçu un coup de fil. C'était arrivé : un sportif de haut niveau de sa connaissance avait entrepris des démarches pour se rendre en Syrie. « Il a été cueilli à l'aéroport, à Roissy. Je me suis mis en contact avec lui, il m'a expliqué ce qu'il s'était passé », nous raconte-t-il. L'homme n'avait pas été identifié dans l'espace sportif. « On avait affaire à un radicalisé 2.0 : il avait regardé des vidéos de Daesh sur Internet. Et était piloté de l'extérieur. On lui demandait notamment d'être en très bonne condition physique. » Personne n'avait remarqué un quelconque changement d'attitude chez lui. « Le sportif était arrivé avec un certain niveau de pratique religieuse, personne n'avait noté l'évolution. » Mounir, resté en contact avec lui, l'accompagne – et peut ainsi mieux le surveiller. « On a longtemps parlé ensuite. Souvent. De laïcité. Ce qu'on lui en avait dit. Des théories du complot. Aujourd'hui, il dit : "Je remercie le ciel d'avoir été stoppé à Roissy"… Malheureusement la radicalisation est quand même assez proche du combat pour la laïcité. Quand les règles ne sont pas respectées, ça veut dire qu'on crée un espace qui devient le terreau de la radicalisation, voire un incubateur. Le problème est que, sur notre territoire, chacun tire un peu la laïcité vers son idéologie, veut l'adapter à sa sauce, alors qu'elle porte un sens très clair. Dans ce cas précis, au départ on avait affirmé à ce sportif que la laïcité était faite contre la religion musulmane. »

La laïcité en question

La laïcité – ce que l'on en dit, ce que l'on en comprend – semble bien se trouver au cœur des questionnements de nombre d'acteurs sportifs et fédéraux. Voici, ainsi, quelques extraits de nos échanges avec ces derniers.

« Il y a des confusions. Plein de gens disent que la laïcité, c'est l'interdiction de pratiquer sa foi dans l'espace public ! Alors que non. La laïcité est la garantie de pratiquer sa foi, et la liberté de conscience ! Il ne faut pas que la salle se transforme en lieu de culte, ça, non, mais les gens ont quand même le droit d'avoir une croyance et de vivre leur foi » (fédération de lutte).

« Je ne vois pas pourquoi, au nom de la laïcité, je ne pourrais pas autoriser une jeune fille à se couvrir la tête. On ne parle pas de la burqa hein ! Mais un petit voile, franchement, ça ne dérange personne. Moi, ça ne me dérange pas » (fédération de football).

« Si vous voulez, la religion était devenue tellement normale dans le quartier, autour de nous, que, dans l'équipe, on ne faisait même plus attention. C'était pas une question de religion dans le sport ou de laïcité, c'était devenu la norme » (fédération de taekwondo).

Déplacer le curseur de la laïcité, d'après sa propre appréciation, sa propre sensibilité, le plus souvent sous l'emprise de l'émotion. Se faire de la laïcité, donc de la règle et du respect de son application, une idée personnelle de ce qu'elle devrait être. Voilà ce que beaucoup ont fait ou font. Mais est-on alors parfaitement à même de juger les situations où elle se voit entravée ? De déterminer ce qui sera acceptable ou pas ? De ce que sa propre interprétation tolère ou non ? Malheureusement, de telles incertitudes ouvrent le champ à des dérives qui laissent libre cours à de multiples possibilités d'interprétation.

Au chapitre de la radicalisation, le monde du sport est, ainsi, bien silencieux. Pire. Parfois, à trop fermer les yeux, il laisse s'installer, dans ses clubs, au milieu de ses adhérents, des situations qui, pour certaines, dépassent largement la simple « entorse » faite aux principes de la laïcité.

Le sport serait-il une principauté souveraine régie par ses propres règles, par elle-même et pour elle-même ? Ces phrases d'acteurs sportifs, anonymes, préposés au dispositif de prévention et de lutte contre la radicalisation, permettent de mesurer l'étendue de leur déni, une certaine impuissance ainsi qu'une naïveté difficilement conciliables avec la responsabilité de leur mission. Et les propos en ce sens ne manquent pas.

« Des remontées terrain ? Franchement non. Ça a existé mais dernièrement, on n'en a pas eu. Et je suis bien content de ne pas avoir grand-chose à vous raconter ! » (Cette fédération a pourtant nombre d'adhérents sous surveillance des services de l'État pour adhésion à des théories salafistes.)

« Quand vous avez une situation de radicalisation, il y a deux types de présidents de club : ceux qui leur rentrent dedans et ceux qui disent je vais éviter d'en parler pour limiter les ennuis. » Affligeant.

« Chez moi, à la fédération, je n'ai pas un moniteur qui veut aller à la formation radicalisation. On n'en a pas un non plus qui veut coller

les affiches de prévention avec les numéros verts sur les murs. »
Et alors ? On laisse faire ?

La lutte qui ne le fait pas assez

À la fédération de lutte, le sujet n'est pas tabou. La présidence de la fédération[231] et son référent attitré répondent volontiers aux sollicitations journalistiques sur leur gestion, en interne, de la radicalisation. Cependant, les signalements qu'ils ont reçus, notamment en 2019, sur des cas de radicalisation soupçonnés, semblent avoir été traités avec négligence.
D'après ce qu'ils acceptent de raconter eux-mêmes, sans réaliser l'aveuglement que leur récit traduit.
« On a été alertés, cette année, par un président de club qui disait que sa salle de sport était phagocytée par des islamistes radicalisés. Ensuite on s'est aperçu que c'étaient des rivalités. Plutôt une dénonciation calomnieuse qu'autre chose. On a alerté nos référents locaux. Et puis ça s'est calmé, il n'y a pas eu de suite, donc vous voyez ! On n'a pas grand-chose ! » Le président de club en question a pourtant alerté sa fédération. Il a également rédigé un courrier à la préfecture, informé les services de police. Après avoir été renseignée par des acteurs locaux de potentiels enjeux à la direction du club, la fédération a estimé que ce président en « avait fait un peu trop ». « Le président disait : il y a des islamistes dans mon club, sans preuve ni rien ! Bon donc on a été alertés et puis finalement le président du club a démissionné. »

« Radicalisation », le terme tabou

Le mot qui dérange. Ceux qui sont censés avertir, former, apprendre à détecter les signes, ouvrir les yeux de leurs confrères, des éducateurs sportifs, des présidents de club, des bénévoles entraîneurs, ceux-là, parfois, sont obligés de ruser pour sensibiliser le monde du sport. L'un d'eux le reconnaît : « Pour aborder le sujet maintenant, on dit "éducation et citoyenneté". Vous imaginez, dans les milieux sensibles du foot, de l'athlétisme ou de sports de combat par exemple, il existe des clubs entièrement communautaires. Lorsque vous tombez sur un éducateur de confession musulmane et que vous lui parlez de « radicalisation » et de ce qu'il faut mettre en place dans son club, j'aime autant vous dire que l'accueil est plus que tiède... »

À la fédération de tir, le président d'un club de la région parisienne[232] a été formé voici plusieurs mois à la détection des signaux faibles et forts. « On n'a pas affaire à des jeunes qui se radicalisent pendant qu'ils s'entraînent à tirer. On a un très fort taux d'encadrement. Vous ne pensez quand même pas qu'on va laisser les gosses avec des carabines ou des pistolets à air comprimé sans surveillance ! Là où on a des soucis, c'est avec des adultes qui veulent faire du tir pour apprendre à se servir d'une arme. On a eu un des gars du Bataclan qui était passé par le club de tir de la police, Porte de Champerret... »

Quand il remarque « un gars bizarre », le responsable se met automatiquement en lien avec les services de l'État. Qu'est-ce qu'un « gars bizarre » dans un club de tir ? « Un gars qui habite dans le 93, qui bosse dans le 95, qui vient s'inscrire dans un club du 92, avec une carte d'identité douteuse du point de vue de la validité... Alors on décroche le téléphone, on appelle la DGSI. Eux aussi savent venir me voir quand ils ont un pépin. »

Comme cette fois-là.

Le téléphone de notre homme sonne. Au bout de la ligne, la DGSI. Échange rapide. L'un des adhérents du club de tir semble attirer l'attention des services de renseignement français. « Je regarde le fichier. Le gars est cadre supérieur dans une boîte. Je leur dis que, pour moi, il est clean. On n'est pas dans le château de la Belle au bois dormant, ici, on ne s'y promène pas n'importe comment, n'importe qui ne peut y entrer. En plus, je sais qu'il fait du krav maga dans un club. Donc, s'il est intégriste et qu'il va au krav maga pour recruter, il a envie d'avoir des ennuis, le garçon[233] ! Bref, on regarde quand même avec qui il traîne au club de tir... Lors de ses séances de tir, en effet, l'adhérent est très souvent accompagné de visiteurs. Deux ou trois. Non licenciés. Il y a un an, les adhérents avaient le droit de s'entraîner avec des invités qui, eux aussi, pouvaient tirer. Et on découvre que les trois lascars étaient tous défavorablement connus des services de police, comme on dit. Des fichés S. On ne les a plus revus. Le type, lui, est toujours adhérent du club, mais il vient tirer seul. Ils ont dû être briefés... »

Quelques mois plus tard, un nouvel adhérent s'inscrit au club de tir. Fiche de renseignement habituelle, justificatif de domicile. « Il n'a pas de justificatif. Ce n'est pas lui qui paie sa cotisation, mais un copain. Le copain en question est domicilié ailleurs en France et tire ses chèques

La radicalisation : « On avait atteint la phase 3 »

dans une agence postale à des centaines de kilomètres de son lieu de domicile... Là aussi, on décroche le téléphone...
— *Et alors ?*
— Et alors, en effet, on n'avait pas affaire à un inconnu... !
— *Comment avez-vous géré la situation ?*
— Ça s'est bien passé. Ces gens-là n'ont peut-être rien fait de mal. Ce ne sont pas les petits poissons qui intéressent les enquêteurs, mais ils voudraient bien attraper ce qu'il y a autour... »
Aujourd'hui, la situation est différente.

Les codes ont évolué

On le voit, les codes des personnes radicalisées ont changé à mesure que les pouvoirs publics ont pris conscience de la menace. La société sportive se forme à détecter les signes marquants d'hier, qui aujourd'hui se feraient pourtant plus discrets. « Il faut être bien plus pointu dans la détection des signaux », reconnaît Médéric Chapiteau, l'un des premiers à avoir porté la lutte contre la radicalisation dans le sport dans l'espace médiatique.

L'ancien gendarme et sportif de haut niveau confie son relatif pessimisme : « Je dirais que, maintenant, ces comportements se sont normalisés. C'est du coup peut-être même plus grave. En se normalisant, le phénomène est devenu moins visible. Moins lisible. La religion dans le sport, plutôt la pratique religieuse et radicale dans le sport s'est banalisée et on n'a pas fait grand-chose pour l'empêcher... »

Au plus près du terrain, un directeur technique national[234] en exercice fait la même analyse. « Dans mes missions, je ressens une diminution des inquiétudes sur le sujet comparé à il y a quelques années. On me signale moins de cas et on n'en parle plus tellement. J'ai l'impression que le milieu du sport commence à s'habituer. Ceux qui, au départ, affichaient leur volonté de lutter contre la radicalisation commencent à s'essouffler. D'un point de vue plus global, quand on voit que la FIFA estime que le voile et la prière (pour les équipes de football iraniennes) ne sont pas cultuels mais culturels, les choses sont compliquées pour les fédérations nationales lorsqu'il s'agit de prendre le contre-pied des fédérations internationales. Et comme les situations sont moins visibles, on baisse un peu la garde. Et, à mon sens, il n'y a pas grand-chose qui ait changé sur le fond. »

Fermetures d'établissements

En octobre 2019, quelques jours après l'attaque meurtrière à la préfecture de police de Paris, Christophe Castaner, ministre de l'Intérieur, a rendu publics les contrôles pratiqués dans le monde sportif. « Parmi les 7 000 réalisés dans des établissements sportifs en 2019, 130 ont porté sur la prévention/détection de phénomènes de radicalisation », explique-t-on au ministère des Sports. Des contrôles effectués dans des établissements sportifs de 35 départements, dont 42 structures de sport de combat et 14 stands de tir, au sein desquels une dynamique de groupe avait pu être identifiée (fort communautarisme, encadrant radicalisé et prosélyte, etc.), et prioritairement les pratiques à risque (tir, sports de combat, musculation, etc.). Résultat, les autorités ont procédé à « 5 fermetures d'établissement », ordonné « 5 incapacités d'exercer », « 4 mises en demeure », « 23 rappels à la législation », ainsi « que 1 signalement au procureur de la République ».

Un an plus tôt, une circulaire conjointe du ministre de l'Intérieur et de la ministre des Sports rappelait le cadre d'action de ces contrôles à organiser et à multiplier, dans le domaine sportif. Sous la coordination des préfets, en lien avec les services de police, de gendarmerie et de renseignements, une trentaine de contrôles avaient déjà été menés cette année-là, notamment dans 6 salles de remise en forme, 5 clubs de lutte, 1 club de football et 11 salles de sport de combat. Comment s'effectuent-ils ? Entre le ministère de l'Intérieur et celui des Sports, un poste d'officier de liaison a été créé par le PNPR et attribué à un gendarme, Philippe Sibille[235], chargé « d'accompagner les mesures, de sensibiliser au maximum les sportifs, de développer cette culture de la vigilance. Par des formations, des circulaires et la mise en place de réseaux de référents », nous explique-t-il, dans son bureau au ministère des Sports.

Justement, ce jour-là, il est accompagné par l'un de ces référents.

Nous l'appellerons Jonathan. Il explique ses missions « de terrain », les difficultés auxquelles il est confronté, « comment un dirigeant doit expliquer à ses adhérents que l'espace sportif ne peut être un lieu de prière ». Et, quand les échanges sont hermétiques, comment « rassurer les éducateurs, les encadrants, qui sont sur la défensive et se sentent un peu trop souvent pointés du doigt ». Pour tenter de rendre le sujet moins sensible, il s'appuie sur les contrôles administratifs impulsés par les directions des sports et les préfets. « Nous, on est des spécialistes de la norme, rapporte-t-il (normes sanitaires, sécuritaires, administratives). Lorsqu'on visite les structures sportives, on est conscients que les usagers ne sont pas au fait de l'ensemble d'entre elles ; ensuite nous parlons des situations, et de la laïcité, sans que ce soit personnel. »

Ainsi, aucune fermeture d'établissements contrôlés et rendue publique par le ministre de l'Intérieur « n'a été motivée par un soupçon de radicalisation ».

« Dans l'un des établissements, une bonbonne de gaz obstruait la sortie de secours et il n'y avait pas de trousse de secours. Quand a été évoquée une situation de prière dans les vestiaires d'un autre établissement, nous sommes allés discuter avec les dirigeants et les encadrants. Ils nous ont dit qu'il n'y avait pas de sujet, qu'un seul sportif avait demandé à faire sa prière dans le vestiaire, que cela n'avait rien à voir avec un fait de groupe », atteste Jonathan.

Comment vérifier la véracité des témoignages des dirigeants sondés par les référents, après signalement ? « L'objectif, c'est la protection des usagers » par le respect des normes et des lois de la République, « sans se substituer aux enquêtes de police. La difficulté est de définir le moment où le caractère religieux devient inquiétant ».

Les cas précis de communautarisme, de prosélytisme ou de radicalisation dans le sport restent, en somme, difficiles à quantifier. « Une quarantaine d'encadrants sportifs (moniteur, coach, arbitre, membre de bureau dirigeant) sont inscrits au FSPRT. Nous ne disposons pas du détail, suivi par chaque préfecture, qui évalue l'opportunité d'en informer les services des DDCS(PP). Et n'avons pas eu de remontées particulières de leur part sur ce point. » Peu de chiffres détaillés, pas de remontées réelles : ceux dont le ministère dispose relaient les données de la mission parlementaire de l'été 2019, avec un millier de personnes inscrites au fichier FSPRT (sur plus de 20 000 individus) ayant une pratique sportive recensée.

« Ça ne veut pas dire qu'on est dans le déni », explique l'officier de liaison. Si on lui fait observer qu'il n'y a pas d'observatoire national des chiffres et des comportements sur ce sujet en France, que les chiffres sont éparpillés, les cas traités région par région, que nous manquons donc d'un outil d'observation pour poser un diagnostic sur la radicalisation dans le sport, le référent hoche alors la tête. « On me donne ce qu'on veut bien me donner. » Et c'est précisément tout l'enjeu de ces dérives – et de la lutte des uns et des autres pour tenter, *a minima*, de les contenir !

Or comment combattre une dérive que l'on a du mal à identifier, et plus encore à quantifier ?

« Dans un tiroir joliment rangé »

C'est à peine croyable, mais il existe encore très peu de remontées de signalement de la radicalisation dans le sport, même au plus haut niveau de l'État.

Un inspecteur général, nommé récemment, donne son sentiment sur cet état de fait dramatique. « Le problème auquel nous sommes confrontés, c'est que nous ne sommes pas descendus assez bas. Nous avons formé des gens qui ont, eux-mêmes, formé des formateurs, et nous avons considéré que, les formateurs ayant été formés, il n'y avait plus grand-chose à faire ! » Lors de ses missions de contrôles des clubs et fédérations sportives, il aborde la question de la laïcité « en lien avec les sujets qui font l'actualité, ça permet d'amener la discussion un peu plus naturellement ». Et comme ses visites sont annoncées et les interlocuteurs briefés…

« J'ai visité les grands clubs de football, par exemple le PSG ou l'Amiens Sporting Club, et je me suis rendu compte qu'ils savent bien que c'est un sujet (la laïcité, le communautarisme, la radicalisation), que ça existe, à peu près qu'il s'agit de leur responsabilité. Ils ont des éléments fournis par les formateurs… mais les éléments restent dans un tiroir, joliment rangés. » Comment répondent-ils aux questions concrètes d'un inspecteur général mandaté par le ministère ? « Ils se comportent en professionnels en difficulté », explique-t-il. Soit sans vraiment répondre aux questions. « Je crois qu'ils sont un peu en manque de pratiques concrètes. Au fil des contrôles et des entretiens que je mène avec les dirigeants sportifs, je ressens que nous sommes au milieu du gué. Ils savent l'existence d'un sujet, mais soit ils butent sur la façon de le gérer, soit ils pensent "Tant que ça fait pas de vague, ça passe, on verra si ça arrive"… Il y a une forme de retenue générale, par manque de savoir ou de courage, mais le résultat c'est qu'il ne se passe rien ! Pour activer une réelle prise de conscience, je crois que, malheureusement, comme toujours, il faudra attendre un drame. Alors on se décidera enfin à relever la tête et à faire des choses concrètes. »

La radicalisation : « On avait atteint la phase 3 »

Le rapport des parlementaires Éric Diard et Éric Poulliat, rendu public le 26 juin 2019, confirme son sentiment et les impressions des acteurs de terrain. Il dénonce ainsi les zones d'ombre qui persistent sur différents secteurs de l'action publique, dont le sport, le premier exemple cité, « soit [parce] que les dispositifs de prévention et de détection y sont encore incomplets, soit [parce] que l'enjeu posé par la radicalisation elle-même n'y a pas encore fait l'objet d'une prise de conscience suffisante ». Et les auteurs enfoncent le clou de l'échec relatif des politiques publiques dans le développement particulier consacré au sport, « lieu emblématique de l'intégration et de l'apprentissage des règles, devenu à bien des égards celui d'une forme de désociabilisation dans la mesure où la radicalisation, quoique difficile à quantifier précisément, semble y progresser ».

Selon ce rapport, 12 809 individus inscrits au FSPRT étaient suivis par les services de renseignements début 2019. Un profil type de personnalités radicalisées émerge, sous la plume des rapporteurs : jeune homme, coupé de la vie active, au chômage, ayant eu par le passé des démêlés avec la justice.

Il faut donc aider les clubs confrontés à ces défis. S'ils ne disposent pas des clefs pour lutter contre les différents processus, comment apporter une réponse adaptée à chaque situation ? Les parlementaires préconisent une première mesure forte : conditionner les subventions publiques au respect par les clubs de certaines règles de neutralité religieuse, comme le fait par exemple la région Île-de-France qui a imposé une charte des valeurs de la République et de la laïcité.

À l'époque de l'État islamique, certains enfants français, partis « combattre », ou nés en Syrie notamment, ont fait l'objet d'appels au meurtre. Au regard de l'exigence absolue de protection de l'enfance, leur parcours éducatif sportif doit être absolument sécurisé, et pour cela, s'agissant des éducateurs professionnels comme amateurs qui interviennent dans le champ des mineurs, il faut autoriser une vérification de leur honorabilité en suivant le circuit de signalement prévu par le plan d'action contre la radicalisation et le terrorisme, c'est-à-dire par la consultation du FSPRT.

Après tout, la loi du 1er mars 2017, qui prévoit que les faits liés au terrorisme sont susceptibles d'entraîner une incapacité d'exercer dès lors qu'ils font l'objet d'une condamnation, pourrait étendre cette interdiction à l'appartenance à une mouvance sous surveillance et inscription au FSPRT.

La réalisation de cette mesure semble compliquée voire irréaliste puisqu'elle prend le contre-pied des principes de liberté garantis par la Constitution, et entraverait le travail de surveillance et d'enquête des services du ministère de l'Intérieur, qui verraient les individus suivis avertis de leur état. Mais la protection des enfants doit être primordiale.

N'attendons pas que le pire se produise pour revoir le processus !

Cinquième partie

VIOLENCE, RACISME ET DÉNI

29

Tant de récits terrifiants

« L'image toute la nuit, en boucle »

Nuit noire. Route déserte. Abdel Hamzaoui[236], arbitre de basket professionnel, rentre chez lui après un match de Coupe de France. Les mains glacées. Le cœur froid. Les rares voitures qui arrivent en face éclairent son visage défait. « Je lui dis ? Je ne lui dis pas ? Je lui en parle ce soir ? » Il est pesant, le silence, dans le véhicule. Et long, ce retour. Les mots tournent dans la tête d'Abdel. Et la même image en boucle. « Sur tout le trajet, je me suis demandé si j'allais lui dire ou pas. On souhaite toujours protéger sa famille, vous savez. »

Il ouvre la porte de son domicile. Silence, encore. La lumière du salon est allumée. Abdel parcourt mécaniquement le couloir menant à la salle de bains. L'eau chaude de la douche ne brûle pas assez le corps pour le laver des propos et des visions. Les mots le poursuivent dans sa chambre. Abdel se couche.

« Le match s'est bien passé ? interroge la voix endormie de sa femme.
— Dors chérie. Dors. »

« J'ai revu l'image toute la nuit. La personne qui descendait des tribunes, les agents de sécurité sur les côtés… » Au matin, l'arbitre a un sursaut. Il fait jour maintenant. A-t-il dormi ? Et si ce n'était qu'un mauvais rêve ?

Dans la cuisine, son épouse prend le petit déjeuner.

« Chérie, hier sur la rencontre, il s'est passé quelque chose. »

Elle pose la tasse sur la table. Fixe son mari d'un œil inquiet.

« Un fait de match, qui d'habitude n'arrive pas.
— Mais qu'est-ce que tu racontes, Abdel ?
— […] À la fin de la rencontre… »

Abdel Hamzaoui se demande : « Comment lui raconter ce qu'il s'est passé ? Comment dit-on cela ? »

Il revoit une énième fois la scène de la veille. Les images s'accélèrent. Novembre 2019, Roanne, département de la Loire. Match de basket de la Coupe de France. La Chorale reçoit l'équipe de Boulazac. « Pendant quarante minutes, la rencontre se déroule de façon très classique », raconte Abdel Hamzaoui, arbitre professionnel de haut niveau depuis plus de quinze ans. L'équipe locale de Roanne est vaincue, perd deux points et se fait éliminer de la Coupe de France. Les supporters font grise mine. « L'ensemble des acteurs, Boulazac et les joueurs de l'équipe de la Chorale de Roanne viennent remercier les arbitres, nous serrent la main. Le capitaine de la Chorale s'excuse même d'un fait de match où il s'est un peu emporté, rien d'exceptionnel, ils acceptent la défaite, le match est fini, je ne suis pas du tout sur mes gardes. »

Abdel Hamzaoui est « premier » arbitre. Son collègue le précède dans « le tunnel », un espace sécurisé pour eux, qui les mène aux vestiaires. Selon le protocole, ils y sont accompagnés par les agents de sécurité. Mais, juste avant d'y entrer, il voit quelqu'un « descendre des gradins, débouler très rapidement, se pencher sur la barrière ». L'homme s'adresse d'abord à son collègue. Abdel n'entend pas. Puis il tourne la tête vers lui. « Et me traite d'une voix forte, en me montrant du doigt, de *sale bougnoule*. »

Une injure à caractère raciste. Pas seulement. Dans ces propos, la haine et une volonté de nuire sont évidents. Les mots parfois plus durs que les poings. Abdel s'arrête. Le monde s'arrête. « Je ne réalise pas tout de suite. Un autre de mes collègues, furieux, veut monter voir le supporter. Je tente de le calmer. Je dois rester professionnel, c'est ma fonction. Je le retiens pour qu'il ne fasse pas de bêtises. »

Assis sur le banc des vestiaires, Abdel accuse le coup. « Je prends la décision de faire un rapport au niveau fédéral pour relater les faits, je regarde mes collègues et leur dis : "Je ne peux pas laisser passer ça. Je vais porter plainte, et s'il faut que j'y passe ma soirée, ce n'est pas grave, j'irai jusqu'au bout. Je refuse que ça se reproduise, n'arrive, ni à mes autres collègues arbitres, ni à personne." » Les autres acquiescent. Dans les vestiaires, tous se sont approchés de lui, gestes de soutien, accolades.

Les services de sécurité frappent à la porte, ils ont interpellé l'homme. « On a son identité. » Au commissariat, Abdel Hamzaoui porte plainte pour insulte raciste envers un arbitre lors d'un match de la Coupe de France. « Je le fais pour moi, mais aussi pour tous, si ça peut servir d'exemple et donner un peu de courage à d'autres arbitres, en niveau inférieur, qui n'osent rien dire. J'ai reçu beaucoup de coups de fil de collègues qui m'ont remercié. Eux aussi avaient été victimes d'insultes, mais n'avaient pas porté plainte… »

Le lendemain matin, Abdel est dans la cuisine, chez lui, avec sa femme.

« Je me suis fait insulter, chérie.
— Mais tu te fais tout le temps insulter comme arbitre !
— Non, cette fois je me suis fait insulter sur mes origines.
— Qu'est-ce que tu veux dire ?
— Ils s'en sont pris à mes origines maghrébines.
— Ce n'est pas possible. Qu'est-ce qu'on t'a dit ? »
« Elle était choquée. C'était douloureux.

« Il y avait de la fureur sur son visage. Le pire, c'est qu'il pensait vraiment ce qu'il disait. Ça venait du cœur. De ses tripes. »

La semaine suivante, Abdel Hamzaoui arbitre à Limoges. Le match est télévisé. Le speaker fait un discours sur l'incident de la rencontre précédente. Sur les insultes. Sur le racisme. « On parle de moi. On me soutient. Les joueurs arborent un T-shirt "no racism". Je me tiens très droit pendant le discours. » Les supporters applaudissent. L'émotion monte.

« L'audience a lieu le 28 janvier. J'y serai. »

« C'est du passé »

Halluin, département du Nord, 16 décembre 2017. Les rues sont glaciales. Et paisibles. Quelques voitures passent les barrières du complexe sportif. L'excitation des supporters locaux est palpable. Et pour cause, les volleyeuses de l'Élite féminine d'Halluin rencontrent les joueuses de Romans. Match retour. « Une certaine tension régnait […]. Le match s'est déroulé comme se déroulent les matchs à enjeux, les joueuses ont tout donné, le public a soutenu son équipe », rapporte Éric Brilleman, président du club de volley-ball d'Halluin[237].

Deux ans plus tard.

Au téléphone, le silence de la volleyeuse Salimata Camara. Avant de répondre à son tour par une question.

« Vous voulez vraiment raconter cette histoire ?

— *Je voudrais comprendre ce qu'il s'est passé ce soir-là. Et après, en commission de discipline.* »

(Long silence.)

« C'est du passé. »

« L'équipe du Nord provoque la nôtre tout au long de la rencontre, pour la déstabiliser. Les filles ont des attitudes, des mots, des insultes, envers notre joueuse à la peau noire, Salimata Camara, et notre entraîneur d'origine maghrébine. Elles les poussent, elles les poussent à bout », se souvient le président du club de Romans, Philippe Galant[238].

Au troisième set, ce soir-là, le jeu bascule. Les faits seront consignés dans le rapport du premier arbitre, Philippe Merck. Suite à une attaque réussie de Salimata Camara, une joueuse d'Halluin l'invective. « La joueuse Camara lui a immédiatement répondu qu'elle devait se calmer. Afin de poursuivre la rencontre dans un bon esprit, j'ai averti les deux joueuses. » Quels mots ont été prononcés par l'adversaire d'Halluin, qui ont poussé l'arbitre à sanctionner ? Pas de réponse. Rien non plus dans les rapports officiels. Carton jaune pour les deux volleyeuses. La partie reprend. Nouvelles tensions. L'entraîneur de Romans se plaint au premier arbitre du comportement et des propos de l'équipe adverse. Arrêt de jeu temporaire. De nouveau.

L'arbitre s'adresse à son second. « Il me demande si le coach d'Halluin a des paroles déplacées. N'ayant pour ma part rien à reprocher au comportement de cet entraîneur, le premier arbitre reprend la rencontre », rapportera le deuxième arbitre.

« Rien à signaler » sur l'aire de jeu.

Au début des quatrième et cinquième sets pourtant, le premier arbitre rappelle aux capitaines des deux équipes qu'ils sont ici « pour jouer au volley-ball et rien d'autre ». Rien d'autre que le jeu. Rien d'autre que le sport, rappelle-t-il, par deux fois aux capitaines. Que se passait-il d'autre que le jeu, sur le terrain ce soir-là ? Pourquoi ce rappel au règlement ? Mais, pour les arbitres, rien à signaler sur l'aire de jeu !

Fin de la rencontre. Victoire de Romans.

La colère soudaine, éruptive, que la défaite provoque chez certains supporters va se libérer d'un coup. Les adversaires ont gagné. Humiliation. Frustration. Les joueurs du prochain match sont déjà là. Ils se mêlent au désarroi général. « À la fin de la rencontre, les joueurs locaux du match suivant étaient très désagréables avec notre équipe », raconte Philippe Galant, le président du volley-ball club de Romans (VBR). « Salimata, mais aussi son entraîneur d'origine maghrébine ont été pris à partie par des joueuses d'en face en anglais, par les joueurs d'Halluin après le match, et par des personnes dans le public. Les insultes proférées étaient à caractère raciste. *Dirty black. Tu viens d'où, toi ? Sors ta black du terrain.* Salimata a été poussée à bout », explique Mᵉ Sahand Saber, son avocat[239]. « Elle s'est levée, elle est allée voir la personne dans les gradins et s'est ensuivi un échange un peu physique. Ce qui est inquiétant, c'est de voir que ces propos racistes ne sont pas tenus par les hooligans d'un grand club de foot de première ligue puisque nous sommes dans un sport en division plus modeste, où l'ambiance est censée être familiale. Ce qui est préoccupant, c'est que cet état d'esprit gagne certains milieux qui, normalement, auraient dû être protégés », décrypte-t-il.

Les insultes que la capitaine de Romans entend. Le silence des arbitres. La voilà, sans doute, la mèche qui allume le feu et qui consume le sang-froid de Salimata.

Car pour les arbitres, ce soir-là, il n'y a aucun incident à rapporter. Ils n'ont rien vu, rien entendu. Confirmation écrite dans le rapport de match du premier d'entre eux : « Nous étions en train de contrôler la feuille de match, dos au terrain, quand l'entraîneur d'Halluin vient nous dire que la joueuse de Romans, Salimata Camara, avait frappé un joueur de son équipe masculine » – rentrée dans l'enceinte sportive quelques minutes avant la fin de la rencontre. « Comme j'étais tourné vers la table de marque à ce moment-là, je ne peux pas dire si ses propos sont justes ou pas. » Et par celui de son second : « Alors que j'étais devant la table de marque, un spectateur qui était descendu des tribunes a dit qu'une joueuse de Romans l'avait frappé. Ayant à cet instant le dos tourné, je ne peux confirmer les propos de ce spectateur. »

La capitaine de l'équipe de Romans marche alors à grands pas vers les deux arbitres, concentrés sur la fameuse feuille de match. Visage fermé, elle s'entretient pendant de longues minutes avec eux. Ils échangent un regard, avant de lui céder la place. La capitaine prend un stylo pour annoter le document à son tour.

« Avant de signer la feuille de match, la capitaine de Romans nous a dit qu'elle souhaitait noter sur la feuille que sa coéquipière avait été injuriée (propos racistes) de la part des numéros XX et XX d'Halluin. Je ne peux confirmer ses dires puisque je n'ai rien entendu, et de toute façon les deux joueuses en question ne parlent pas français. Si j'avais entendu quelque chose de raciste, j'aurais immédiatement stoppé la rencontre », assure le premier arbitre, une fois de plus soutenu par son second : « La capitaine de Romans a souhaité mettre une annotation pour des propos racistes [...], je ne peux confirmer les dires. »

Salimata Camara porte plainte au commissariat trois jours plus tard pour injures à caractère raciste.

La joueuse est alors convoquée en commission de discipline par la Fédération française de volley-ball. Le président du club de Romans en garde un souvenir cuisant. « On ne lui faisait pas confiance. On ne prenait en compte ni ce qu'elle disait, ni ce que racontait l'entraîneur. La séance a été très compliquée. On ne la laissait pas s'exprimer, on lui coupait la parole. Les insultes racistes ont été complètement occultées, elle s'est retrouvée au pied du mur, en tant qu'agresseur – et non pas agressée. » Ce jour-là, Philippe Galant publie un communiqué de presse pour faire état de son soutien à sa joueuse. « La Fédération française de volley-ball, en estimant que les preuves apportées pourtant dans tous les rapports rédigés par les témoins du club sur place étaient insuffisantes, n'a pas jugé utile de condamner ces propos pourtant inacceptables et qu'il convient de combattre sur les terrains de sport et partout ailleurs. » L'homme décide de faire appel du jugement de la commission de discipline. Verdict : neuf mois de suspension, dont trois avec sursis pour Salimata Camara !

« En première instance, j'ai eu le sentiment qu'on avait tout fait peser sur elle. On lui a fait porter l'entière responsabilité des incidents. Mais à quel point était-elle responsable ? Oui, les joueurs ont un devoir d'exemplarité. Quand on est une sportive de haut niveau, on doit performer dans son sport physiquement et en même temps avoir un mental solide. Mais on ne peut pas tout demander aux joueurs. Les athlètes ne sont pas garants de la sécurité et de la sérénité du match. Il faut que tout le monde prenne ses responsabilités ! » plaide son conseil. La peine, en appel, de la commission de discipline sera considérablement réduite. Quelques mois plus tard, Salimata Camara est réintégrée au club de Romans.

Les dirigeants du club d'Halluin nient tout propos raciste, rassurent la fédération et assurent de leur bonne foi. Le maire de la ville du Nord, qui n'était pas présent le soir du match, Gustave Dassonville, dans un communiqué, apportera « tout son soutien » aux personnes visées par la plainte de Salimata Camara. « Je me porte garant de la totale absence de racisme chez ces personnes, qui sont d'ailleurs habituées à jouer avec des coéquipiers et des coéquipières de toutes les nationalités depuis longtemps[240]. »

Au téléphone, Salimata Camara hésite encore à se confier. Longs silences.

« *Quel regard avez-vous aujourd'hui, sur ce qu'il s'est passé ? Comment vous sentez-vous ?*

— Je ne veux plus parler de cette histoire, c'est derrière moi. C'est oublié… Merci, et bon courage.

« Je me débrouille tout seul »

Finale du Championnat de France de Nationale 3 masculine de volley-ball. 26 mai 2019. L'équipe d'Agde (Hérault) reçoit celle d'Al Caudry (Nord). Le vainqueur gagnera le titre de champion de Nationale 3.

Les supporters de l'équipe du Nord ont fait le déplacement. Ceux du Sud aussi. La salle est comble. Le match bruyant. Les scores serrés.

Près de six mois plus tard, les témoins présents seront interrogés par la commission d'appel de la Fédération française de volley-ball, suite à de nombreux dépôts de plaintes pour injures racistes, coups et blessures après le match.

Dans les gradins, cet après-midi de mai, certains supporters sont alcoolisés, remarque un témoin assis non loin des arbitres. Constat né par l'entraîneur de l'équipe du Nord. « L'agitation, la joie, la passion, la tension », dira-t-il. L'ambiance est électrique, ce jour-là. Les supporters se lèvent. Parlent fort. Certains, même, se rapprochent des chaises arbitrales « en chantant et en dansant ». « Tout est fait, confirmera le deuxième arbitre, pour perturber les serveurs de l'équipe d'Agde. »

Dans les tribunes, on entonne les chants à la gloire des siens. La joie turbulente et nerveuse des uns, l'irascibilité des autres forment un vacarme, encore amplifié par l'écho du gymnase. Le responsable de salle est médusé. Des supporters descendent les gradins vers l'aire de jeu, jusqu'aux pieds de la haute chaise de l'arbitre, dont ils contestent violemment les décisions.

Le responsable de salle échange un regard avec l'entraîneur adjoint du club hôte. Il rapporte : « Voyant que les supporters s'énervaient de plus en plus, le coach adjoint d'Agde leur a demandé de retourner s'asseoir et d'arrêter de crier – ce qu'ils ont fait. » Puis il s'adresse à l'arbitre : « "Je dois faire quelque chose pour ces personnes ?" Ma demande était claire. Il m'a répondu tout aussi clairement. "Ne t'en occupe pas. Je me débrouille tout seul. Retourne t'asseoir." » Regard interrogateur. Mais il obéit aux ordres de l'arbitre. « L'arbitre a mal interprété la situation. Il est directement fautif de la suite », juge un cadre d'Agde présent ce jour-là, qui a assisté à l'échange rapporté par le responsable de salle.

Au troisième set, au milieu de l'agitation bruyante des tribunes, se détachent des cris, de plus en plus sonores. Des mots distincts, attestent les joueurs, entraîneurs et président du club d'Agde. « Des insultes racistes et des cris de singe ont été proférés à l'encontre de X., joueur d'Agde qui n'a jamais répondu à ces insultes, qui l'a simplement signalé à son entraîneur. » Des insultes et des cris de singe niés par l'entraîneur et les supporters de Caudry.

L'entraîneur d'Agde multiplie les injonctions au calme, à la patience, envers ses joueurs. « Il faut rester professionnels, ne répondez pas. Ne répondez pas », lance-t-il. Le joueur visé par ces propos reste impassible selon plusieurs témoins[241]. Il se confie : « Je me suis fait insulter pendant tout le match. J'ai averti mon entraîneur. Lorsque j'étais du côté des supporters de Caudry pour un service, j'ai été menacé physiquement. J'ai demandé au supporter d'arrêter. Le deuxième arbitre est intervenu. »

Le supporter menaçant quitte la zone de jeu, suite à l'intervention du deuxième arbitre, confirme celui-ci. Le premier arbitre demande alors au joueur d'Agde de renouveler son service. À ce stade du jeu, les cris de singe des supporters adverses ne sont ni mentionnés, ni sanctionnés par le premier arbitre. « Restez calmes! Restez dignes. S'il vous plaît ne répondez pas… », s'époumone l'entraîneur d'Agde. « Le joueur se faisait traiter de macaque, de Blanche Neige, de fils de pute, et dès qu'il touchait le ballon, l'agressivité des supporters de Caudry reprenait », rapporte une spectatrice « scandalisée » par la violence de la rencontre.

« Plusieurs fois, pendant le match, le responsable de salle a demandé au premier arbitre s'il devait intervenir, l'arbitre répondait que c'était bon », affirme un cadre de jeu assis non loin de la chaise arbitrale.

Ces décisions suscitent systématiquement des réactions hostiles. Sur l'aire de jeu, mais aussi dans les tribunes. Différents témoins feront état de nombreuses erreurs d'arbitrage qui, selon eux, ont entraîné un niveau de tension intense et de contestation permanente.

Fin du match. Victoire de l'équipe de Caudry au championnat de Nationale 3. Le terrain de jeu est envahi par les supporters, qui le quittent à la demande des arbitres. Lorsque l'équipe d'Agde regagne le vestiaire, quelques supporters de Caudry les y attendent pour insulter de nouveau le même joueur : « Fils de pute, sale macaque. »

Dans le bureau des enquêteurs, les auditions se succèdent. Le club de Caudy, lui, accuse les joueurs d'Agde d'avoir violenté ses supporters pendant la cohue – preuves médicales de coups et blessures à l'appui. « Des supporters se sont approchés de moi et m'ont empêché de sortir. J'ai essayé de les repousser, mais je n'ai ni agressé ni frappé personne, à aucun moment, j'ai tout fait pour fuir cette situation », raconte un volleyeur d'Agde.

Quelques minutes plus tôt, au moment du protocole de fin de rencontre, le premier arbitre aurait été menacé par « certains joueurs de l'équipe perdante : "Ils m'ont interdit de revenir arbitrer à Agde" ». Après la signature de la feuille de match, le premier arbitre indique que ses collègues et lui-même auraient quitté la salle « car des joueurs d'Agde voulaient se battre avec les supporters de Caudry ». Quand les hostilités démarrent, devant les vestiaires, le corps arbitral a déjà quitté les lieux.

« La gestion de la situation par l'arbitre, M. X., a été particulièrement insuffisante et peu en phase avec le déroulé des événements. À aucun moment il n'a utilisé la panoplie des mesures mises à sa disposition par les règles de l'arbitrage. » Des événements « qu'il ne pouvait ignorer puisqu'il les a vus, constatés et a été sollicité par le second arbitre et par le responsable de salle ainsi que par le président du club d'Agde », indique l'entraîneur aux enquêteurs.

« J'aurais préféré recevoir des coups »

Décembre 2019.

« Il a été courageux ce garçon. Les dirigeants du club qui recevaient la rencontre n'ont rien dit, rien fait pour que ça cesse » soupire Oren Gostiaux[242], ancien arbitre de basket-ball en charge des affaires sportives à la LICRA (Ligue Internationale Contre le Racisme et l'Antisémitisme).

« Tout ce que j'attendais, c'était que les dirigeants du RC Provence viennent me voir et qu'ils s'excusent pour ce qu'il s'était passé dans leurs tribunes. Un soutien, finalement », confie Omar Tabich[243], arbitre professionnel de football depuis une quinzaine d'années.

Les mots sont à vif. La blessure encore ouverte. L'histoire un peu trop récente.

Dans le Vaucluse, un match[244] de division départementale de football oppose le RC Provence à Sorgues, un dimanche après-midi de décembre. « Le terrain était à la limite du praticable, nous avions eu de très fortes pluies, ce n'était pas très agréable au jeu », commence Omar Tabich. « Au cours de cette rencontre, l'arbitre avertit un joueur du RC Provence pour un geste antisportif », raconte Oren Gostiaux. Le terrain est gras. L'herbe humide. Les crampons glissent et s'enfoncent dans la terre mobile. « Certains tacles étaient à la limite du geste dangereux. J'ai demandé au joueur de se calmer », poursuit Omar Tabich. Avertissement de l'arbitre. Sifflet. Protestation du joueur. Le verbe haut. Passion sous tension. « "Non ! Je ne suis pas d'accord avec vous, monsieur Tabich", me lance le joueur du RC Provence. Il s'énerve. Je lui demande de garder son calme. » L'échange tourne court. « Tout est allé si vite. »

Alors que la scène n'a pas encore basculé, l'arbitre a pris sa décision. « Dans le district, nous avons la possibilité de sanctionner les joueurs avec un carton blanc. Ce sont des arrêts temporaires de jeu, comme un dernier avertissement. » Donc carré blanc levé. Sifflet. Le joueur est suspendu quelques minutes. Son entraîneur fulmine. Le sportif quitte le terrain, les supporters locaux s'emportent.

« C'est là que l'arbitre entend crier », intervient Oren Gostiaux. Un cri, plus fort que les autres, en provenance de la buvette. Et qui s'adresse au banc des dirigeants. « Ne lui parlez pas ! Il ne voit que ce qu'il veut, ce sale Arabe ! » « Ce n'est pas possible. Je n'ai pas entendu ces mots-là… Pas ici, pas comme ça… Allez, c'est rien tu vas continuer la rencontre », pense Omar.

Coup franc, en faveur de l'équipe adverse. L'arbitre se replace, donne ses consignes. « Et ça reprend. » Une autre voix, plus proche, cette fois. « Sale *boulaya* [barbu], tu n'es pas chez toi ici, retourne dans ton pays. »

« Un de mes arbitres assistants me fait signe que ça vient de derrière le banc des dirigeants du RC Provence. » Certains joueurs de Sorgues sont maghrébins, l'équipe est sous le choc. « Il y avait de la tristesse dans leurs regards. » Omar ne bouge pas. Il attend, souffle, créant un moment de flottement, balaie le terrain du regard. Dans les tribunes aussi, le temps est suspendu. Les supporters. Les dirigeants. Les joueurs. « Moi, j'étais anesthésié. Je me suis dit : "Omar t'as fait une grosse bêtise, tu n'aurais pas dû laisser passer le premier *sale Arabe* et intervenir immédiatement" ».

L'arbitre regarde le banc des dirigeants du club. « La personne était juste derrière eux. » « Il leur montre à ce moment-là qu'il a entendu les insultes, rapporte Oren Gostiaux. On a un protocole dans le cas de propos injurieux ou racistes contre un joueur, un dirigeant, un arbitre ou autre : on fait rentrer les deux équipes aux vestiaires, temporairement, pour que le nécessaire soit fait, et afin que cela ne se reproduise pas durant le reste de la rencontre, poursuit l'arbitre. J'invite donc les deux équipes à retourner aux vestiaires. Les tribunes protestent bruyamment. »

Les arbitres eux aussi cheminent vers les vestiaires. Un homme dévale alors les tribunes. « Ce même monsieur qui m'insultait quelques minutes plus tôt se plante à trois mètres de moi et me dit : "Espèce de sale Arabe enculé, t'es pas chez toi, ici." Il insiste. »

Omar tourne ostensiblement le regard vers le banc des dirigeants du club hôte. « Je me dis : là, ils vont réagir ! Eh bien non. Il ne se produit rien. Le président de Sorgues essaie d'éloigner le supporter de l'équipe adverse. Moi, j'ai les larmes aux yeux. Sincèrement, ce que j'ai vécu, c'est inadmissible. »

Dans les vestiaires, ses assistants arbitres sont autour de lui. « Je dis : "Les gars, ce n'est pas possible ce qu'il s'est passé… Je ne vais pas pouvoir reprendre la rencontre. Je ne peux pas. Je ne peux pas." Mes deux assistants me suivent. Je convoque les dirigeants des deux clubs et leurs capitaines. "Messieurs, vous pouvez tous rentrer définitivement aux vestiaires vous doucher, la rencontre ne reprendra pas. J'arrête le match." »

La voix d'Omar est lourde de tristesse.

« Les dirigeants de Sorgues me disent qu'ils comprennent. » Un peu plus loin, venant du vestiaire du RC Provence, Omar entend l'un des responsables du club vitupérer : « C'est n'importe quoi, on ne peut plus leur parler à ces arbitres, maintenant… »

« Dans les vestiaires, ensuite, ils m'ont accusé d'avoir attisé la haine raciale sur le terrain, confie Omar en soupirant. J'aurais préféré me faire frapper, prendre des coups plutôt que de vivre ça. C'est ce que j'ai dit aux gendarmes lorsque je suis allé porter plainte ensuite. »

Encadré par ses assistants, Omar se dirige vers son véhicule. À la buvette, il aperçoit le supporter, celui des tribunes. L'homme est au milieu des joueurs et des dirigeants, boit « un verre avec eux, dans une atmosphère détendue », comme si de rien n'était. « Monsieur, vous n'avez pas honte de tenir de tels propos devant des enfants ? Sachez, monsieur, que je suis français. Mes parents sont français. Mes grands-parents sont français. — Bon, allez, dirigez-vous vers votre véhicule maintenant, me dit l'un des responsables du RC Provence. »

L'arbitre quitte les lieux, porte plainte et fait remonter les faits à sa fédération, la Ligue Méditerranée, avant d'avertir la LICRA, qui alerte à son tour la Fédération française de football.

« Le district m'a accusé d'avoir pris les choses trop à cœur. Ils étaient furieux que j'aie prévenu la LICRA. "Il nous met la LICRA sur le dos !" s'est plaint l'un des membres de la direction du district. Le problème, c'est que l'un des responsables du RC Provence est membre de la commission de discipline du district – et pour lui, j'ai sali son club, je suis le vilain petit canard », analyse Omar Tabich.

« Nous l'accompagnerons pour la commission de discipline. Puis en justice s'il veut se porter partie civile », reprend Oren Gostiaux. Quand il nous a contactés, il était très choqué. Mais déterminé. C'est assez rare.

— *Pourquoi si rare ?*

— Parce qu'il n'y a pas ou très peu de remontées d'insultes racistes dans les fédérations, à ces niveaux de pratique. Pas seulement en football. Partout.

— *La lutte contre le racisme est pourtant revendiquée par les fédérations – de longue date…*

— Les fédérations préfèrent ne pas ébruiter ces affaires. Les districts ne veulent pas gérer ces problèmes. Et certains arbitres, contrairement à M. Tabich, refusent d'être pénalisés dans leurs classements. On dira qu'il n'a pas su tenir le match, qu'il y a eu des incidents quand il arbitrait telle ou telle rencontre. Si on étouffe les affaires, ils pensent qu'il y aura moins de problèmes. »

Deux semaines plus tard, Omar s'apprête à arbitrer une nouvelle rencontre. Il est anxieux. Le lendemain du match qu'il a choisi d'arrêter, sa femme lui a demandé de ne plus arbitrer.

« Je ne veux pas te voir rentrer dans cet état, lui dit-elle.

— Il faut que je continue mon combat. Si j'arrête maintenant, je leur donne raison. »

Le week-end suivant, donc, les joueurs de différentes équipes ouvrent leur match en posant le genou droit à terre. Contre le racisme et en soutien à Omar Tabich.

Mais, quelques semaines plus tard, tombe la sanction de la commission de discipline. « Pour le RC Provence, un match de suspension sur son terrain, le match perdu pour cette rencontre contre Sorgues et 250 euros d'amende. Pour Sorgues, 100 euros d'amende. »

« Cela ne s'arrête pas là », précise Omar Tabich, car il est sanctionné, lui aussi. Par trois mois de suspension ferme pour propos ou geste excessif envers un supporter et manquement à l'éthique sportive. « Triste décision. Triste football dans notre district, commente cet arbitre professionnel. Mais je vais me battre, et on n'en restera pas là. »

« Si tu es connu, tu n'es plus noir, tu es "Olivier" »

« Si j'ai eu expériences de racisme dans le foot ? Oui. Par où je commence ? » Olivier Bernard débute dans sa carrière de footballeur professionnel au centre de formation de l'Olympique lyonnais. « J'étais jeune à l'époque ! »

En équipe de France Espoir, moins de 15 ans, des matchs extérieurs sont organisés. Au cours d'une saison, les Français rencontrent les jeunes Turcs, dans leur pays.

L'excitation du voyage, la fierté d'être là, les couleurs de la France à défendre, tout porte les jeunes footballeurs. Le match commence. Les tricolores se défendent bien. Depuis la pelouse, venant d'un peu partout dans les tribunes, ils distinguent un refrain inconnu. « On a entendu cela pendant tout le match, ils scandaient en rythme : "Tur/ky-e ! Tur/ky-e !" Nous n'avons pas cherché à comprendre, ça nous amusait plutôt ! », se souvient-il, des années plus tard. Les Français gagnent 1-0. Dans les tribunes, les mêmes refrains ponctuent la victoire. Olivier et ses coéquipiers sont hilares, fiers et victorieux. « Mais sur le chemin du vestiaire, l'interprète vient nous voir. "Vous êtes restés calmes !" commente ce dernier. On se regarde en souriant. "Pendant qu'ils vous insultaient, vous êtes restés bien calmes !" » Autour de l'interprète, un petit groupe se forme.

« Là nous comprenons que les supporters turcs ne disaient pas Tur/key-e ! Turk/key-e... mais monkey-e, monkey-e. » Les jeunes pouffent en expliquant qu'ils ont pris ces injures pour un chant d'encouragement à l'équipe turque. « Nous en avons rigolé sur le coup en disant : "Ils sont vraiment bêtes de dire cela !" » La méprise devient une plaisanterie car ils ne réalisent pas pourquoi l'interprète était choqué, ni pourquoi les supporters ont scandé ces mots-là. « Nous savions que c'était raciste, mais c'était quelque chose que nous n'avions jamais entendu, nous l'assimilions plus à de la provocation. À l'époque, ce n'était pas aussi clair, on ne comprenait pas comme aujourd'hui», raconte Olivier Bernard. Alors ils en rient. Pour oublier. «Aujourd'hui, je me rends compte que j'ai connu ça dès mon plus jeune âge.»

La commission de discipline est informée. «Et puis plus personne n'en a parlé. Je ne suis pas sûr que l'entraîneur de l'époque ait été suffisamment sensibilisé pour être capable d'en discuter avec nous. On ne disait rien, mais on n'en était pas moins marqués. On était deux Noirs dans l'équipe, on s'en souvient parfaitement tous les deux, je vous l'assure!»

Olivier Bernard passe ensuite la majeure partie de sa carrière en Angleterre, sous l'étendard des clubs de Newcastle United, Southampton, et Glasgow Rangers en Écosse. «J'arrive en Angleterre, dans le nord du pays, je devais être l'un des seuls Noirs du coin! Avec mon salaire, je venais de m'acheter une voiture de sport.» Il est donc tout heureux, crâne un peu au volant de son nouveau joujou, dans ce nouveau pays – où il réside aujourd'hui encore, avec femme et enfants. De retour d'un entraînement particulièrement intense au club de Newcastle, où il officie en latéral gauche, le jeune Français prend le temps d'apprécier la conduite sur les routes d'Angleterre désertes, serties du soleil de la fin du jour.

«Après quinze, vingt minutes de conduite, je me rends compte que je suis suivi. Dans le rétroviseur, toujours la même voiture. Elle tourne à gauche quand je tourne à gauche. À droite quand je tourne à droite. Pour en avoir le cœur net, et comme j'arrive à un rond-point, j'en fais le tour une fois, deux fois...» L'automobile est toujours là, coincée dans le rétroviseur. «Puis j'entends les gyrophares de la police et deux hommes qui s'approchent de mon véhicule. "Sortez, monsieur, mettez les mains sur le capot! Vos papiers! D'où venez-vous? Pourquoi êtes-vous là?" Le problème, c'est que je ne parlais pas très bien anglais à l'époque, je venais d'arriver, c'était assez compliqué de répondre, et ils étaient très agressifs!»

Le footballeur français leur tend ses papiers, essaie d'expliquer qu'il a été recruté par le club anglais, qu'il vient de France, qu'il est footballeur professionnel. Les policiers consultent les documents. Froncent les sourcils. Regardent Olivier. «Mais c'est vous, Olivier Bernard? – Oui, oui, je joue à Newcastle United! – Ah mais fallait le dire! Comment ça va Olivier?»

Le ton avait changé. Les amabilités arrivaient. Olivier récupère ses papiers et rentre chez lui, l'œil rivé aux rétroviseurs.

« Voilà le racisme qui me stresse le plus : au départ, tu es noir, on t'arrête, mais la célébrité change la donne. Cela m'a toujours posé un énorme problème. Tu es noir jusqu'au moment où les gens te reconnaissent, et quand ils te reconnaissent, tu n'as plus de couleur ! Tu n'es plus noir, tu es Olivier… Ce n'est rien d'autre que la peur de l'inconnu, mais cet épisode m'a marqué, à l'époque, témoigne-t-il. Et ce sont des choses qui arrivent très, très souvent. »

D'autres souvenirs lui reviennent. Sur un terrain, au milieu des joueurs de son équipe, il sait que la foule immense de supporters peut parfois devenir incontrôlable. Et pousser des cris de singe, qui résonnent longtemps ensuite. Combien de fois ? Combien d'années de souffrance pour ne plus se laisser atteindre ? Combien de larmes ravalées ? Et quel soutien ?

« À l'Inter de Milan, c'est là où j'ai ressenti le plus fort racisme. Je me suis senti très seul. Parce que pratiquement tout le stade faisait ça. C'était… très bruyant. »

Olivier a 22 ans ce soir-là. « C'est toujours la même chose. Les cris de singe sont leur truc. C'est la désolation à cet instant-là », confie-t-il. Un sentiment d'injustice face à l'ignorance. Qu'il combat aujourd'hui. Depuis dix ans, il a rejoint les rangs de l'association Show Racism the Red Card. En partenariat avec la FIFA et l'UEFA, il rencontre les jeunes des centres de formation, les athlètes dans les clubs professionnels et raconte ce qu'est le racisme. D'où il vient. Ce que ça signifiait à l'époque de ne rien pouvoir dire. Comme ce soir-là, avec l'Inter de Milan. « Nous étions plusieurs Noirs dans l'équipe. C'était un match de Champions League. » Il court, durcit son jeu et sa concentration, comme s'ils n'étaient pas là, tout autour de lui et d'eux, à crier. « J'étais jeune encore, j'essayais de faire abstraction des insultes. Surtout ne pas y penser parce que, si je n'étais pas concentré sur le match, je pouvais perdre ma place de titulaire. C'est là où notre situation était délicate. »

Après la rencontre, dans les vestiaires, « quand la tension est retombée, on en a discuté entre nous. "Il faut faire quelque chose. Ce n'est pas normal…" Ç'a été un tabou pendant des années. On l'a toujours vu, senti. Aujourd'hui, les gens ont l'impression qu'il s'agit d'une simple discrimination, d'une chose qu'il ne faut pas dire ou faire, mais non : le racisme est interdit par la loi. Ça vient de l'esclavage. Il faut le rappeler, l'expliquer, réexpliquer tout le temps et à tout le monde. »

« Quand vous criez, ça me touche »

« Mon père est sénégalais. Ma mère française. Je suis né à Laval, j'ai fait mes classes aux stades lavallois et rennais quand j'étais petit », commence Ousmane Dabo[245], footballeur professionnel à la carrière internationale. Il a le parcours de ceux qui savent, très vite, très tôt, quelle porte ouvrir et comment. À la force du pied. À 13 ans, Ousmane Dabo quitte sa famille pour intégrer le centre de formation, à 21 c'est l'Inter de Milan. « J'y ai passé beaucoup de temps, en Italie, presque toute ma carrière.

— *Le racisme dans le foot, vous l'avez découvert et vécu comment ?*

— La première fois, en pro, c'était à Lille et au PSG. J'étais jeune remplaçant, on s'échauffait sous les tribunes... J'ai commencé à entendre des cris de singe. »

Parfois, il y a les gestes aussi. Au milieu des rires. Au milieu du jeu.

— *Qu'est-ce que vous faisiez à cette époque-là ?*

— Rien. On subit, on ne fait rien. On se dit que c'est triste. On en parlait avec d'autres Noirs de l'équipe.

— *Et les arbitres ?*

— Ils ne disaient rien. Maintenant ils sont un peu plus à l'écoute parce qu'il y a trop de choses qui se sont produites. Ensuite, en Italie, dans quelques stades, on entendait pratiquement ces cris dès qu'on touchait le ballon ou si on faisait une faute. Mais seulement dans certains stades, je tiens à le préciser. On a l'impression que c'est partout pareil en Italie, or ce n'est pas vrai. J'ai subi ça à Vérone. Et à Cagliari. »

Un peu plus tard, Ousmane signe à la Lazio. « J'y ai joué pendant six ans. Il y a eu des problèmes récemment, mais à l'époque on ne m'a jamais insulté. Mais, effectivement, parfois, quand on jouait contre des équipes où il y avait un Noir, nos supporters poussaient des cris de singe. Après les matchs, il y a des rencontres avec les chefs de supporters de la Lazio. J'allais leur parler. "Les gars, arrêtez de faire ça. Quand vous faites ça aux joueurs adverses, moi, ça me touche. – Mais on fait ça pour les déstabiliser ! On n'est pas racistes, on t'apprécie dans l'équipe !" Ils y croyaient vraiment. Ils disaient : "Les cris de singe, ce n'est pas du racisme pur, le racisme pur, c'est dans la société, quand les gens n'ont pas de travail !" Ils le pensaient. Parce qu'ils n'ont pas la culture qu'on a en France de l'esclavage, du colonialisme, des symboles véhiculés par les cris de singe. Pendant un moment, après mon explication, ils ont arrêté de le faire. Mais c'est revenu. Je n'y étais plus. J'en veux aux instances dirigeantes, car c'est un scandale qu'elles ne soient pas intervenues bien avant. Ce n'est pas aux joueurs d'arrêter le match, mais aux arbitres. Qui doivent être soutenus dans leurs démarches par des instances fortes, qui imposent des règles et n'hésitent pas à prendre des sanctions, sinon, c'est trop de responsabilités. Il faut protéger les joueurs. On produit un travail qui rapporte de l'argent aux dirigeants du football, à eux de faire en sorte que tout se passe bien pour nous. »

Scène de cauchemar

En mai 2018, avant un match de football amateur, en 3ᵉ division alsacienne, les deux équipes s'échauffent en silence. Le public chuchote ou se tait. Les regards suffisent. Le président du club de Benfeld regarde au loin. « Le voilà. » La nouvelle se répand. Entre les rangs des supporters, on jette un coup d'œil aux entraîneurs, les joueurs aussi ont compris, s'immobilisent. Jean-Michel Dietrich avance. Une longue silhouette vient à sa rencontre.

« Je suis heureux de te voir, Kerfalla. » Les mots sont pesés et doucement posés entre eux. Le président est ému. Kerfalla Sissoko a le visage marqué, le corps meurtri. Il est silencieux. Jean-Michel Dietrich a demandé au footballeur de donner le coup d'envoi de la rencontre contre les équipes du FC Hipsheim, avec son fils de 8 ans. « C'était pour lui dire qu'on était tous avec lui, qu'on le soutiendrait, qu'on ne le lâcherait pas. » L'enfant trottine à côté de son père, le regarde et sourit.

Le jeune homme de 25 ans progresse lentement vers la pelouse. « Dès qu'on s'est approchés du terrain, il s'est mis à trembler », se souvient Jean-Michel Dietrich. Les mains d'abord, le long du corps, puis les jambes, les épaules. Chaque pas le ramène à une scène de cauchemar, dont il se souvient par bribes. La mémoire traumatique. Le corps, lui, n'a rien oublié. « Il était pris d'angoisse, psychologiquement atteint », raconte un témoin du coup d'envoi. Quelques minutes plus tard, assis sur le banc de touche, Kerfalla regarde ses coéquipiers jouer. Sans les voir. Les yeux fixés sur la pelouse. Une autre pelouse. Il tremble encore. « C'est devenu une phobie pour lui, il ne peut plus s'approcher d'un stade », dit-on à Benfeld. Ce jour-là, les équipes jouent péniblement. Deux autres joueurs de l'AS Benfeld manquent à l'appel. Suspendus eux aussi. Roués de coups, eux aussi. «Trois de mes joueurs ont été passés à tabac. Kerfalla, Loïc et Moubi. Les trois ont la peau noire. Et il n'y a pas d'acte raciste? Et vous n'avez rien entendu encore», fulmine le président de Benfeld, la voix étranglée de colère, d'impuissance.

Flash-back. Sur la pelouse du FC Mackenheim, c'est bientôt la fin de la saison footballistique. Mackenheim, 3e division, espère monter au classement. Benfeld joue le titre du «fair-play» qui récompense le bon comportement d'une équipe, sans carton rouge pour aucun des joueurs, tout au long de l'année.

«Dès le début du match, je sentais l'équipe adverse hyperagressive, hargneuse», raconte le président de Benfeld. «On était clairement dans une tentative d'intimidation, de provocation.» Sur le terrain, les insultes fusent, chuchotées, au gré de contacts, de plus en plus violents. «Nos joueurs d'origine africaine sont tout de suite pris pour cible», rapportera l'entraîneur de Benfeld, Gerald Cimolai. «Ne répondez pas! Restez concentrés», leur intime-t-il. La tension gagne les supporters dans les tribunes de Mackenheim. La secrétaire du président de Benfeld, venue assister à la rencontre, entend vociférer des insultes à caractère raciste. «Les Noirs, les nègres n'ont rien à faire sur le terrain.» Elle témoignera plus tard lors du conseil de discipline, sans être prise au sérieux par les membres de la commission d'arbitrage. Le match se poursuit. Le club hôte mène 1-0. Quand, soudain, la situation dégénère. Depuis les tribunes, Jean-Michel Dietrich assiste à la scène. «Kerfalla tente d'égaliser, tombe par terre avec un joueur de l'équipe adverse.» Faute. Carton jaune sifflé pour Kerfalla Sissoko. «Le joueur adverse se relève et lui marche sur la cheville. Il le repousse. Un autre de mes joueurs vient à la rescousse de Kerfalla, il reçoit un coup, et c'était parti.»

Le terrain est envahi dans une bousculade générale. De là où il se trouve, le président de Benfeld ne distingue plus rien. En quelques secondes, la situation devient incontrôlable. «Je vois un mouvement de foule des tribunes vers le terrain. Mon fils de 8 ans est dans les tribunes, je ne sais pas où il est, je tourne la tête, mes joueurs sont pris à partie. J'ai peur. Oui, à ce moment précis, j'ai peur. Je ne sais pas ce qu'il se passe. Je traverse le terrain, et là je vois mes joueurs d'origine africaine poursuivis par des gars avec des longs couteaux de cuisine...»

Kerfalla Sissoko et Loïc Huinan parviennent à dégager Moudi Laouali de la mêlée et des coups. Les trois joueurs de Benfeld tentent alors de s'échapper vers les vestiaires. Surpris par un supporter armé d'une longue lame, Kerfalla Sissoko fait demi-tour. Pris en chasse dans sa course vers le milieu du terrain, il rencontre alors un groupe de joueurs et de supporters, armés eux aussi de couteaux. Pris au piège. Terrorisé. Kerfalla est frappé au visage. Les crampons l'accrochent et volent dans son dos, sur ses côtes. Kerfalla Sissoko s'écroule.

L'entraîneur accourt. «Ils sont quatre ou cinq sur lui.» Jean-Michel Dietrich tente de les rejoindre. «Kerfalla est à terre en train de se faire massacrer, j'entends les coups, j'entends le bruit des fracas d'os. C'est horrible. Il hurle.» Déjà les cris du joueur à terre s'estompent. Le capitaine de l'équipe parvient le premier à lui porter secours. «Il se précipite sur Kerfalla pris de convulsions. Il maintient sa langue qu'il est en train d'avaler. Kerfalla a la joue gonflée, il va y passer. Les assaillants s'enfuient. Son fils arrive à ma hauteur, et demande, effrayé : "Papa, il va mourir?"», rapporte le président de Benfeld.

Sifflet court de l'arbitre. Deux cartons rouges pour Mackenheim, deux autres pour Benfeld. Kerfalla Sissoko ne se souvient pas du premier carton rouge de sa vie. Il s'est évanoui dans les bras du capitaine de Benfeld. «Appelez les secours!», s'écrie Jean-Michel Dietrich, en direction des hôtes du tournoi. «Aucun membre de l'équipe de Mackenheim qui recevait n'a daigné décrocher son téléphone, c'est ma secrétaire qui s'en est chargée. Je suis allé chercher l'arbitre pour constater les faits, il était caché derrière les tribunes.»

Sissoko est conduit, inconscient, aux urgences. Fracture ouverte de la tempe, multiples fractures des pommettes, traumatisme crânien, mâchoire déplacée, nombreux hématomes le long du corps. Les deux autres joueurs n'auront que des blessures superficielles, mais, psychologiquement, ils sont loin d'être indemnes.

Un peu plus tard, de retour au club, les footballeurs témoignent. «Pendant toute la rencontre, les joueurs de Mackenheim nous ont insultés. "Sale nègre", "Retourne dans ton pays", "Reste dans ta brousse"… Dès que l'arbitre avait le dos tourné, on subissait les pires injures. L'arbitre était seul, sans juge de touche. Il s'est laissé dépasser par les événements. Quand les échauffourées éclatent, il ne cherche pas à comprendre ce qu'il se passe, il écrit sur la feuille de match que deux joueurs se sont battus et qu'il y a eu une bagarre générale. Rien sur les insultes racistes, rien sur l'attitude agressive de l'équipe adverse déjà lourdement sanctionnée auparavant pour agressions et faits de violence…», dénonce Jean-Michel Dietrich qui publie ensuite une lettre ouverte à la ligue de football régionale.

Les trois joueurs agressés portent plainte à la gendarmerie pour violence et injures raciales. Accusé de diffamation par l'équipe de Mackenheim, le président de Benfeld sera finalement acquitté. « La ligue régionale d'Alsace et le club de Mackenheim m'ont dit : "Jean-Michel, le football alsacien c'est une grande famille, et le linge sale, on le lave en famille." Moi, je leur ai répondu : "Une famille, oui, mais vous avez pris des nouvelles des membres de votre famille agressés ?" Ils n'ont pas répondu. Et la fédération me dit que c'est à la ligue régionale de gérer. »

En commission de discipline, le caractère raciste des insultes n'est pas retenu. « Le dossier est vide, il n'y a pas d'éléments concrets », commence le président de l'audience. Malgré les plaintes et les certificats médicaux, malgré les témoignages. « Le racisme est accessoire dans cette affaire », conclut le président de la commission de discipline. Les deux équipes sont sanctionnées de dix matchs de suspension de terrain chacune. Amende d'une soixantaine d'euros pour Mackenheim « pour envahissement de terrain et menace avec arme de la part d'un spectateur ».

Aujourd'hui, Kerfalla Sissoko ne peut plus s'approcher d'un terrain de football, toujours hanté par des images de lynchage, de haine et de mort. « Il a failli perdre la vie. Et personne ne se soucie de son état. Les instances nient les faits de racisme. Vous imaginez, s'il était resté sur le carreau ? La ligue se serait empressée de communiquer, de rendre un hommage, on aurait même un stade à son nom aujourd'hui. »

Après des mois de combat, un procès se tiendra début 2020.

« Nous serons à ses côtés. »

30

Racisme et sport : l'autre match perdu

En novembre 2019, à quelques heures d'intervalle, en Italie, puis en Belgique, le football professionnel européen donne à voir des démonstrations honteuses de haine. Depuis les tribunes, certains supporters lancent des insultes racistes, des cris de singe, qu'ils assument visiblement. Tout est transmis à la télévision, à la radio, sur les réseaux sociaux, vu et entendu par le public. Et voilà véhiculée à toute vitesse vers le plus grand nombre l'expression de la haine de quelques-uns.

Sur le terrain, parmi les joueurs, l'un d'eux se sait visé. Il a compris dès les premiers cris. Et entame un combat intérieur – qui de l'homme ou du footballeur faut-il raisonner ? Or il est laissé bien seul face à un stade déchaîné. Qu'attend-on pour sévir ? Pourquoi l'expression raciste n'est-elle pas condamnée partout, avec une absolue fermeté et systématiquement ? En Europe – la France n'est pas épargnée –, l'attentisme d'arbitres et de dirigeants sportifs abîme un peu plus les victimes, minant chaque fois leur confiance et les valeurs du sport.

Il faut être bien plus vigilant qu'auparavant et ne rien laisser passer durant les rencontres. Et expliquer pourquoi ce racisme doit être banni des stades, des gymnases et de toutes les enceintes sportives. Il faut expliquer aux spectateurs, aux supporters, aux joueurs, aux encadrants, aux entraîneurs, aux arbitres, ce que signifie d'être noir ou arabe et subir pareilles violences. Il faut redire que le jeu ne permet pas tous les dérèglements. Qu'on ne gagne pas à tout prix, et jamais à celui de l'indécence. Il faut assener que le sport obéit aux mêmes lois et à la même justice que la société, que les tribunes n'en sont pas exemptées, que la compétition sportive n'est en rien une guerre où tout est permis, que l'on peut soutenir son équipe en poussant ses joueurs à la victoire sans détruire l'adversaire. Et, enfin, que les valeurs du sport et l'exemplarité doivent l'emporter sur le terrain comme autour. Le racisme continue de gangrener le sport.

La leçon de Balotelli

Novembre 2019, Hellas de Vérone contre Brescia. Sur le terrain, au beau milieu de la rencontre, Mario Balotelli, furieux, s'empare du ballon et l'envoie en direction des ultras de Vérone. Dégagement parfaitement maîtrisé. Une demi-seconde de surprise. Puis les cris reprennent, acclamations et huées mêlées. Les caméras se rapprochent, tandis que Balotelli, lui, se dresse maintenant face à la tribune visée.

D'un geste porté à l'oreille, il fait comprendre aux supporters qu'il a entendu les cris de singe à son endroit, insultes ignominieuses et racistes. « J'ai tout entendu », disent les yeux du joueur plantés droit sur les tribunes. Quand l'attaquant du Brescia file derrière la cage du gardien et semble décidé à quitter le terrain, les caméras zooment sur son visage où perlent sueur et colère. Il parle à voix haute, tout en faisant de grands gestes. L'homme est blessé, le joueur n'a plus le cœur à jouer. C'est sa dignité qu'il défend, son histoire.

Bien vite, ses coéquipiers le rejoignent, marquent leur soutien, tentent de le dissuader. « Reste avec nous, ne leur donne pas raison. » Vacarme des tribunes. Les caméras filment Balotelli entouré par les joueurs, se débattant avec sa conscience et sa solitude. Il plisse les yeux, baisse la tête, crie sa rage encore. On le voit hurler, soutenu par ses coéquipiers qui le retiennent à l'italienne, par le cou, et finalement, revenir sur le terrain, sous les applaudissements de la foule. Le speaker fait une annonce publique : « En cas de nouvelles insultes et cris racistes, la rencontre sera, cette fois, définitivement arrêtée. »

Quelques minutes plus tard, Mario Balotelli marque un but retentissant. Le public est en liesse. Regard en direction des ultras. Triomphe.

Les larmes de Ilaimaharitra

Quelques heures plus tard, en Belgique, des chants racistes retentissent depuis les tribunes du stade Argos Achter de Kazerne. Marco Ilaimaharitra interpelle le juge de touche. Lui aussi dit : « J'ai entendu. » Le joueur de Charleroi est ulcéré par les cris et par un geste : un salut

nazi, sans équivoque, depuis les tribunes du KV Malines, rapporte-t-il fermement à l'assistant de l'arbitre. À qui il demande de réagir, maintenant. Ilaimaharitra, agité, dit : « Il faut que ça cesse. » L'arbitre central, agacé par l'emportement contre son assistant, lui adresse un carton jaune.
Sifflet.
Marco Ilaimaharitra s'insurge. « Ce n'est pas possible. Pas maintenant, pas à moi, pas après les cris et le geste ! » Il lève les mains au ciel, implore l'arbitre, dans l'incompréhension totale de son sort. Ses coéquipiers accourent, comme d'autres en Italie quelques heures plus tôt. Demandent des explications à l'arbitre. Rien n'y fait. Carton jaune. Et coup de sifflet final. Rideau.
Marco Ilaimaharitra quitte le terrain, en larmes.

Toutes les disciplines concernées

Tous ces exemples l'attestent, le sport n'est pas épargné par le racisme. Aucune discipline ne l'est. « Ce qui est effarant, c'est que les sports que l'on croyait épargnés, comme le volley-ball ou le basket-ball, dans des divisions inférieures, sont de plus en plus gangrenés par ces affaires », constate Me Sahand Saber, avocat de récentes victimes.

Le football n'a pas le monopole de l'expression raciste – ni de sa diffusion –, mais il est particulièrement touché en raison de son caractère populaire et du nombre de ses licenciés.

Pourtant, tout portait à croire, ces dernières années, que l'engagement des autorités publiques, fédérales et associatives contre ce fléau avait modéré les débordements du début des années 2000. Que ces dérives avaient été canalisées par la loi, que les peines disciplinaires avaient progressivement marqué les esprits et dissuadé les expressions discriminatoires. Que la sensibilisation des acteurs sportifs avait endigué la banalisation inquiétante des propos et des attitudes ouvertement xénophobes, et des scandales qu'ils provoquaient.

Dès 2001, les autorités internationales s'emparent de la question et y voient le moyen de porter haut les valeurs de partage et le vivre-ensemble du football. La FIFA, à son congrès de Buenos Aires les 6 et 7 juillet 2001, avait pris l'engagement de sensibiliser l'opinion et de s'engager dans la lutte contre le racisme, par le football.

La Fédération française de football (FFF), quant à elle, avait créé un Observatoire des comportements et de nouvelles règles qui sanctionnaient, fin des années 2000, les joueurs, dirigeants ou officiels coupables de mots ou gestes à caractère discriminatoire ou raciste. Les arbitres, s'ils le jugent nécessaire, ont depuis la liberté d'interrompre temporairement ou définitivement une rencontre. Le football français était en avance sur ce point, et les instances internationales suivirent bientôt sa position. L'UEFA installe des dispositifs plus contraignants lors de ses compétitions, en mai 2013. La FIFA l'imitera, sur fond de concurrence entre les présidents des deux institutions.

Flash-back

C'est une tragédie transmise en direct qui avait ouvert les yeux et incité à agir.

En 1985, au Heysel de Bruxelles, à l'occasion de la Coupe d'Europe des clubs champions, le match entre le FC Liverpool et la Juventus Turin tourne au désastre. Les excès des hooligans anglais, la vétusté du stade et la désorganisation du service de sécurité belge provoquent un mouvement de foule. Le bilan est très lourd : 39 morts et 600 blessés, en grande majorité italiens, écrasés contre des grillages ou piétinés au sol.

La lutte contre le hooliganisme pousse à encadrer. Encore faut-il trouver la juste ligne, respecter les textes européens[246] et constitutionnels, garantir un «procès» équitable et protéger les libertés − comme celle d'aller et venir, d'expression, celle de réunion et d'association. C'est là l'ambition de la Convention européenne[247] sur la violence et les débordements de supporters, lors des manifestations sportives du 19 août 1985, à laquelle la France adhère deux ans plus tard. Le texte définit[248] certaines mesures préventives et sépare physiquement les supporters rivaux, notamment au moment de la vente de billets. Il[249] incite, par des campagnes de presse, à promouvoir la notion de fair-play et de respect de l'autre, cible les violences physiques dans les tribunes et la lutte contre les discriminations. Les associations sportives peuvent être dissoutes − à condition de s'accorder sur le principe de proportionnalité entre le respect de l'ordre public et celui de la liberté associative.

En 1993, chez nous, la loi Alliot-Marie va plus loin sans parvenir à contenir un phénomène en expansion qui gangrène bien d'autres sports[250]. La loi LOPPSI 2 relative à la sécurité des manifestations sportives complète ces manquements, dix-huit ans plus tard, soit le 11 mars 2011. C'est au ministère de l'Intérieur[251] de gérer, et à lui seul, les débordements violents – en lien direct avec la Ligue de football professionnel.

En 2003, la Résolution 1092 de l'Assemblée parlementaire du Conseil de l'Europe rassemble les combats contre les discriminations. Désormais, l'homophobie, le racisme et les autres formes de discriminations – celles à l'égard des femmes notamment – sont considérées contraires à la Convention européenne des droits de l'homme[252]. L'Union européenne propose pistes de travail et orientations dans le Livre blanc sur le sport en 2007. Les engagements des autorités restent toutefois timides, témoignant d'une prise de conscience relative et sommaire du phénomène – de son ampleur et de ses expressions diverses, selon les disciplines et la pratique professionnelle ou amateure, entre 2006 et 2011.

En vérité, la question dépasse le sport. Peu à peu, l'opinion se réveille et alerte les pouvoirs publics. La lutte contre le racisme doit être identifiée et encadrée par des institutions, mais surtout par la loi. La Halde fusionne avec différentes structures, le statut défenseur des droits est créé, une délégation interministérielle voit le jour et, avec elle, d'autres postes dédiés à cette lutte. Plusieurs textes se succèdent, et les sanctions peu à peu se durcissent[253] jusqu'à la loi du 5 juillet 2006 qui permet de dissoudre les associations de supporters dont les membres ont commis en réunion des actes de violence sur les personnes, ou des incitations à la haine ou à la discrimination raciale.

Après une première réponse sécuritaire, l'administration des sports s'implique dans la lutte contre ce phénomène, qui discrédite le vivre-ensemble, les valeurs éthiques, le rôle éducatif et sociétal essentiel du sport. Ici, un cap donné par l'administration centrale du sport aurait permis de définir une même ligne de travail coordonnée, et efficace, à développer sur le terrain, mais l'opportunité est manquée ! Sans instruction précise, les services déconcentrés de l'État s'engagent, mais en ordre dispersé et sans concertation. Diverses initiatives contribuent néanmoins à certaines avancées. L'objectif premier est de mieux identifier et comprendre les dérives, de mieux informer et, surtout, de sensibiliser et de former les acteurs sportifs à la lutte contre le racisme.

L'opinion des acteurs est sollicitée. Différentes enquêtes sont publiées, analysées, et servent de base de données aux campagnes d'information, de prévention, de sensibilisation et de formation des directions régionales et départementales de la jeunesse et des sports, en lien étroit avec le mouvement sportif.

Les éducateurs, les arbitres, les dirigeants de clubs, les supporters et les licenciés sont initiés à différents programmes de proximité[254] en région. Mais souvent les thématiques sont multiples et concernent le handicap, les origines, le genre et l'homophobie. Si les incivilités et les violences font l'objet d'une attention particulière dans les programmes et les lignes budgétaires d'un département, on n'y mentionne pas forcément la lutte contre les pratiques discriminatoires, qui ne bénéficient d'aucun crédit spécifique. Une absence de ligne claire, identifiée et budgétisée, dans la lutte contre le racisme et dans la mise en œuvre des politiques publiques et sportives qui se fait sentir sur le terrain. Pas d'identification ciblée, pas de prévention ciblée! Même la Seine-et-Marne, le département d'Île-de-France à l'époque le plus en pointe et le plus structuré en matière de lutte contre les incivilités et la violence dans le sport[255], ne mentionne pas nommément de «lutte contre les discriminations et le racisme» dans ses programmes[256]. Et comme c'est un sujet sensible, bien des instances se font frileuses et ne vont pas plus loin.

Le Comité Flessel

En 2011, sous l'égide du ministère des Sports, le Comité national de lutte contre les discriminations est présidé par Laura Flessel, double championne olympique d'escrime – qui deviendra ministre en 2017. Une trentaine d'experts s'y regroupent, issus de structures institutionnelles, sportives, associatives, médiatiques, du monde de la recherche, des analyses et du conseil[257]. Les axes sont tracés et définis par le ministère.

Sa mission? Identifier le racisme dans le sport. Quelles sont les victimes? Comment est-il vécu? Et informer les différents acteurs qui devront, eux, mettre en place les moyens de lutter contre les discriminations : les agents de l'État, les éducateurs, les formateurs, et les former à agir, par le lancement le 23 janvier 2012 à Limoges, de clips vidéo contre les discriminations dans le sport[258], par la diffusion d'interviews de personnalités sportives[259] et d'un livret pédagogique. Un module de formation de formateurs est aussi mis en place. Deux sessions sont programmées. Dont l'une se tient en région parisienne en mars 2012, avec un éclairage trop conceptuel qui ne répond pas à la question principale des stagiaires censés, plus tard, appliquer et transmettre ce qu'ils ont appris. Comment mettre en pratique, sur le terrain sportif, la lutte contre le racisme ? Quelles clefs ? Quels moyens ? Il faudra intégrer l'expertise d'associations qui luttent, sur le terrain, au quotidien, pour mieux aiguiller les futurs formateurs et transformer les directives en processus concrets. L'autre session sera même annulée, faute d'un nombre suffisant de participants ! La prise en compte de la problématique, nouvelle, reste encore peu comprise par les acteurs sportifs.

Elle est aussi parfois peu appréciée et donc freinée par certains chefs de service opposés aux demandes de cadres souhaitant se former à la lutte contre le racisme sur le terrain. Le refus de la direction des sports d'établir une note claire signalant le caractère important de la formation, comme le demandait le Pôle ressources créé en 2006 par le ministère des Sports, sonne le glas du procédé. Pourquoi mettre en place autant de moyens, humains et financiers, et ne pas se donner ceux de réussir ?

Outil de recensement des comportements

Pour sensibiliser les acteurs sportifs, encore faut-il identifier et quantifier les dérives. Un « outil de recensement des comportements contraires au respect de l'autre dans le sport » est créé. Qui vise à observer, recenser, exploiter et archiver des phénomènes de discriminations relevés sur le terrain. Cet outil national, qui ne recherche pas l'exhaustivité, doit permettre de définir des politiques publiques préventives ou répressives mieux adaptées au terrain et s'inspirer d'expériences existantes.

Une première phase d'expérimentation locale est prévue en 2012 pour assembler une base de données commune pour une « méthodologie de recensement » définissant les critères, les lieux et les disciplines sondées. Mais, une fois encore, sans ligne définie des discriminations dans le sport, la méthode de recensement est malmenée par l'appréciation que les fédérations se font des phénomènes d'incivilités, de violences ou de discriminations. Le comité, lui, ne s'attache alors qu'à la seule construction de l'outil statistique.

Faut-il se servir des expériences régionales réunies au niveau national ou au contraire bâtir un édifice national que les régions devront appliquer ? Les deux approches seront retenues, l'outil national consolidé par les données locales, et les disciplines sportives associées, sur la base du volontariat aux recensements des discriminations.

La charte de lutte contre l'homophobie est alors étendue à toutes les formes de discriminations – en engageant les fédérations sportives dans une démarche préventive et répressive. Les recommandations du Comité Flessel[260] seront articulées à la proposition de loi n° 3581 du 22 juin 2011 visant à rendre obligatoire, pour chaque association sportive, la signature par les licenciés d'une charte de respect des partenaires, des adversaires ainsi que de l'ensemble des dirigeants. Où « le sportif s'engage à combattre les discriminations liées à la nationalité, la couleur de peau, le sexe, la religion, le handicap ou toute autre discrimination fondée sur des caractères illégitimes dans le sport ». Et où tout manquement[261] se verra sanctionné par une exclusion temporaire ou définitive du licencié et éventuellement par une amende[262].

La charte du respect de l'autre dans le sport oblige enfin, à présent, les fédérations à s'engager dans la lutte contre les discriminations. En mobilisant les moyens nécessaires à l'application de la charte, en la diffusant, en l'annexant dans les statuts de la fédération et dans le règlement disciplinaire, mais surtout en renseignant les éventuelles sanctions de ceux qui s'y déroberaient. Un référent chargé de remonter les informations collectées dans les territoires devra être désigné, pour composer, chaque année, un bilan[263].

Un guide[264] est mis à disposition des services déconcentrés du ministère chargé des sports. À ses agents de s'y référer. Et aux fédérations d'y trouver les clefs[265] d'une mission essentielle de sensibilisation et prévention auprès des associations affiliées, des structures régionales, départementales et locales.

La commission Flessel, malgré sa perfectibilité et ses débuts un peu lents, a somme toute permis une évolution des services de l'État, et la mise en place d'actions de formations clé en main – qui restaient à développer – sur le terrain. Elle est, néanmoins, absorbée dans une nouvelle commission Éthique et valeurs du sport, disparue depuis, puis par le Conseil national du sport, créé le 6 avril 2013 par décret[266] pour regrouper le Comité de lutte contre les discriminations dans le sport et le Comité du supportérisme. Ce nouveau dispositif centralise toutes sortes de problématiques – parmi lesquelles la lutte contre les discriminations n'a pas d'espace dédié.

L'arsenal juridique contre les discriminations

L'arsenal législatif français de lutte contre les discriminations est trop souvent méconnu mais c'est l'un des plus complets d'Europe, or le « monde » du sport n'en est pas exempté. Et les sanctions sont dissuasives, à condition d'être appliquées. Les fédérations sportives, les associations et les clubs doivent se conformer aux dispositions législatives d'abord en tant qu'employeurs, mais aussi en tant que fournisseurs de biens et services[267].

Néanmoins, l'application de ce principe au secteur fédéral sportif est difficile. Et des exceptions à la règle existent. Si bien que toutes les différences de traitement entre individus, même liées à un critère prohibé comme le handicap ou la nationalité, ne sont pas forcément reconnues comme des discriminations. Sauf que, parfois, elles les favorisent. Où est alors la limite, entre la discrimination listée par la loi, et celle qui ne l'est pas – mais qui sera de nature à en créer ? Et, surtout, comment s'en protéger ?

31

Un déficit de représentation

Pour nourrir cette réflexion, il est nécessaire de garder à l'esprit la composition des sphères dirigeantes de l'encadrement des fédérations. Pour la plupart déconnectées de la mixité de la société et de leurs athlètes, ces instances politiques, administratives, techniques, ne reflètent en rien la sociologie des licenciés. Du sommet au socle de la pyramide sportive, du niveau national aux districts locaux, très peu de diversité apparaît parmi les décideurs sportifs. Mais comment prouver cette réalité quand il n'existe aucun constat chiffré de la non-représentation des personnes issues de la diversité ou des ultramarins? Quand il n'existe aucun bilan de leurs réussites sportives par rapport à leur taux de licences, ni de leur présence dans les fédérations et dans les instances dirigeantes ou techniques par rapport à leur poids démographique? De quel indice disposer pour mesurer l'ampleur de ce manque de représentativité dans le monde du sport, puisque le Conseil constitutionnel a rejeté l'idée de statistiques ethniques sous le contrôle de la CNIL dans le cadre de la « conduite d'études sur la mesure de la diversité des origines des personnes, de la discrimination et de l'intégration », idée proposée en 2007.

Sans données statistiques, l'absence de représentativité des licenciés dans les instances dirigeantes demeure. Et les problématiques de discrimination sont gérées, identifiées et condamnées au bon vouloir de ceux qui n'ont que trop rarement été concernés par ces problèmes et qui cultivent, souvent, le règne de l'entre-soi, une certaine idée de la société aussi. On en voit les conséquences lors de commissions de discipline où les victimes d'actes racistes ne sont pas soutenues et, pire, récemment, sanctionnées[268].

Les sociologues ouvrent des pistes

Pour identifier la problématique, *a minima*, les sociologues Patrick Mignon et Muriel Paupardin[269] ont recoupé différentes sources (INED, INSEE, sites des clubs et des fédérations, magazines, journaux), recueilli les patronymes, les photographies, les références aux origines, et même les informations données par de multiples acteurs sportifs. Et, d'après eux, sur trois JO (Atlanta, Athènes, Pékin), les Noirs et les Maghrébins représenteraient 22 % des athlètes, mais seulement 2 % de la délégation officielle et 2 % de l'encadrement technique.

Dans certains sports de haut niveau et professionnel, à les en croire – leurs données ne sont pas scientifiques, mais offrent une tendance, une photographie de la réalité –, les athlètes noirs et maghrébins représenteraient 50 % des effectifs dans le haut niveau du football (L1, L2), 45 % en basket-ball (pro 1 pro 2 et LFB), 33 % en handball (pro 1, pro 2 et LFHB) et 10 % au rugby (Top 14 et Top 6)[270].

Les entraîneurs issus de ces populations seraient, eux, 2 % pour le football L1 et L2 ; inexistants pour le rugby, 3 % pour le basket masculin, 7 % pour les féminines, et 7 % pour le handball masculin ! Dans le monde des dirigeants, ils ne seraient que 7 % au total, 5 % pour les présidents de club de football L1 et L2, 7 % de rugby, 12 % de basket, 3 % de handball.

S'agissant de la boxe anglaise, la diversité représenterait 65 % des boxeurs professionnels en France, 48 % des inscrits sur les listes de haut niveau, mais 32 % des entraîneurs, 38 % des présidents de club en région parisienne et seulement 6 % des membres de l'Assemblée générale[271].

Les minorités visibles constituent pourtant l'ossature des équipes de France dans différents sports collectifs, ajoutent les chercheurs. Ainsi, selon leurs estimations, en football, elles représentaient dans la catégorie espoirs 64 % (59 % de Noirs) et 71 % (59 % de Noirs) en U16 ; 62 % en basket-ball hommes et 42 % en cadets ; mais 47 % pour les femmes et 38 % pour les cadettes. En revanche, au handball, les femmes de la diversité sont plus nombreuses (57 %) que les hommes (27 %).

Et si l'on prend la part des minorités dans les équipes de France de foot en Coupe du monde de 1998 à 2010, on arrive à 53 % de Noirs, 3 % de Maghrébins. En 1998, les Français d'origine africaine représentaient 32 % et les Français d'origine maghrébine 4 % ; en 2002 : 41 % et 4 % ; en 2006 : 65 % et 5 % ; en 2010 : 65 % mais aucun Français d'origine maghrébine sélectionné. Ce qui montre une proportion des minorités plus importante dans les équipes de France qu'au sein des championnats.

Au fil de leurs enquêtes, ces sociologues évoquent une pratique répandue au sein des fédérations : les instances sportives prendraient en compte l'origine des candidats pour leur attribuer les postes de directions[272]. Selon eux, les présidents de fédération, les entraîneurs de haut niveau pour le football et d'autres catégories de dirigeants feraient l'objet d'une désignation par cooptation. Dès lors que les postes prestigieux sont limités, l'effet de réseau ou de réputation pénaliserait donc la diversité[273]. Un président de fédération qui veut préparer son départ choisit celui qu'il croit meilleur pour le remplacer. Et, généralement, il puise dans le vivier de ses propres collaborateurs. Résultat, selon Patrick Mignon, ceux au sommet cooptent des profils qui leur ressemblent par l'expérience ou les origines. Et comme les préjugés jouent un rôle dans ce processus...

Plafond de verre pour les uns et « ascenseur de verre » pour les autres, car certaines écoles de football, selon ces chercheurs, favoriseraient le recrutement d'entraîneurs et d'éducateurs issus de la diversité. Et ce pour mieux communiquer avec les jeunes joueurs et les discipliner, ce que d'anciens encadrants ont peine à faire. Si ce phénomène paraît logique et tend à mieux adapter l'encadrement à l'environnement dans un but de jeu universel, la question peut se poser – en cas d'exclusion volontaire, voire formalisée, d'autres profils d'encadrants – d'une dérive vers une pratique communautaire. Car les multiples auditions de responsables de fédération, de ligue, de district, de club, amateurs ou professionnels, témoignent d'un manque de contrôle des processus de recrutement au sein des instances sportives. Lesquelles n'auraient pas les moyens de surveiller ni les recrutements ni les promotions de cadres en interne.

Le foot plus ouvert

Le football est un cas d'école de ces problématiques. Particulièrement pour certaines zones comme les régions parisienne, lyonnaise ou marseillaise (voire, dans une moindre mesure, le Nord-Pas-de-Calais) qui présentent un même profil de licenciés issus de la diversité. Dans ces territoires, de nombreux entraîneurs ou éducateurs d'origine maghrébine exercent au sein de clubs amateurs. Mais ils sont bien moins nombreux dans les clubs professionnels. Pourquoi un tel écart, alors qu'il est essentiel que toute la France (sportive) soit représentée dans les fédérations, dans les instances élues comme dans les corps techniques ?

Reste que, depuis quelques années, de nouveaux profils émergent dans les structures dirigeantes amateurs de la région parisienne. Ceux qui, dans les années 1980 et 1990, ouvraient des clubs de football « de quartiers » avec leurs amis et voisins s'investissent aujourd'hui dans des enceintes sportives plus traditionnelles et déjà existantes. Ces clubs sont ainsi devenus des lieux d'échange et de rencontre où la diversité s'exprime, où les dirigeants ressemblent aux pratiquants, où les licenciés sont mieux représentés par leurs encadrants.

Ce processus, amorcé en Seine-Saint-Denis dans les années 2000, a par exemple porté à la tête de ce district en 2008 Jamel Sandjak. Tout au long de son mandat, le président actuel de la Ligue de foot de Paris a fait évoluer les gouvernances, et notamment au sein de clubs du département comportant 600 à 800 licenciés, à Bobigny, au Blanc-Mesnil, à Villepinte, à Montreuil, à Sevran. Un quart d'une quinzaine de ceux de Seine-Saint-Denis est concerné par cette politique d'accélération de la représentativité des licenciés. En témoigne l'enquête des sociologues[274] cités plus haut qui estiment la représentativité des personnes issues de la diversité entre 30 et 50 % aux postes de dirigeants des clubs amateurs, 48 % des présidents, 74 % des éducateurs diplômés et 56 % des entraîneurs dans le département.

Pour autant, si l'évolution est bénéfique pour les jeunes, elle aurait nécessité une formation technique et managériale des nouveaux dirigeants. Les sportifs issus des quartiers sont souvent élus à la tête d'équipes de football « alors qu'ils n'ont pas forcément les compétences et l'expérience pour gérer des clubs de taille importante. Ils ne savent pas comment s'organise une saison. Ils ignorent la réglementation sportive ainsi que les obligations financières et réglementaires. Avant, les dirigeants avaient une moyenne d'âge minimum de 50 ou 55 ans, les nouveaux cadres ont entre 35 et 40 ans. Ils sont bien armés pour gérer tous les publics, y compris les plus difficiles. Mais ils ont besoin d'être formés », explique un haut dirigeant de la Ligue de Paris.

Et, en dehors de la Seine-Saint-Denis, où les joueurs sont issus pour beaucoup de la diversité et de l'outre-mer, les instances d'encadrement gardent une représentation quasiment monocolore. Un public de dirigeants non mixte et sans diversité aux effets désastreux et qui donne une image terriblement excluante.

32

Présupposés, clichés et mots racistes

« Vous avez des grands Noirs costauds ? Même s'ils ont les pieds carrés, c'est pas grave, on les redressera », lance un recruteur lensois qui a le mauvais goût de se croire drôle, mais qui ne fait que révéler les courtes vues de quelques dirigeants sportifs. Pour gagner, il faut « un grand Noir derrière et un petit Arabe devant », professent certains[275]. Et d'autres entraîneurs ajoutent : « Et le petit Blanc comme stratège et technicien. »

Quand les stéréotypes raciaux résistent et se diffusent dans l'imaginaire collectif du monde du sport, alors la discrimination est proche. Comment marquer – et le faut-il ? – la limite à la sélection d'un joueur ou d'un autre ? En fonction de quel critère ? Quelle idée le sélectionneur se fait-il de la performance, la stratégie ou la nécessité de représenter équitablement la nation ? De l'histoire d'une équipe ou de la technique et des qualités physiques supposées de ses joueurs ?

La couleur de peau des uns et des autres pose-t-elle encore problème quand il s'agit de représenter la performance du pays sur un terrain de sport ? Le racisme est-il à ce point latent, tabou, inavoué et incompris que le monde du sport ne peut y faire face, seul ? Les polémiques successives, au lieu d'interroger les instances sportives, de forcer les échanges et les réflexions partagées, cristallisent les passions, écument les passes d'armes médiatiques et superficielles – et qu'en reste-t-il quelques années plus tard ? L'incompréhension de tous et la blessure de certains.

Quotas : racistes ou pas ?

L'affaire des quotas, qui continue de diviser les clubs et leurs encadrements, montre l'ambivalence du secteur sportif quant aux présupposés sur les physiques et origines des joueurs.

En avril 2011, le site d'information Mediapart publie une longue enquête dévoilant, notamment, le contenu d'une réunion technique à Ouistreham six mois plus tôt. Où François Blaquart, directeur technique national, se dit « tout à fait favorable » au projet de « limiter » le nombre de joueurs d'origine étrangère formés en France, au motif qu'ils seraient trop nombreux, après leur formation, à ne pas choisir la sélection en équipe nationale mais dans leurs pays d'origine. Également présents, le sélectionneur national Laurent Blanc et Erick Mombaerts, celui des Espoirs, valident ce projet.

Immédiatement, la machine médiatique s'emballe. De communiqués en conférences de presse, tous les intervenants de la FFF s'expliquent. À la hâte, François Blaquart est « suspendu[276] ». Deux enquêtes sont lancées, l'une par le ministère des Sports et l'autre par la fédération qui, un an plus tard, démontrent l'absence d'éléments matériels visant à la mise en place d'une politique de quotas. Les rapports relèvent qu'il n'existe pas d'éléments statistiques, d'outils opérationnels ou de procédures formalisées axés sur les quotas. Ainsi, le système d'information « Foot DTN », une base de données comportant des fiches détaillées de chaque joueur participant aux compétitions nationales, ne révèle aucune indication sur la possibilité d'être sélectionné dans une équipe nationale étrangère, sauf s'il a déjà joué dans l'équipe première d'une sélection étrangère.

D'étonnantes répercussions

Cette affaire est pourtant interprétée par les uns comme une machine à discriminer, comme une volonté des instances nationales et du DTN de réduire la présence des Noirs dans l'effectif des Bleus, et par les autres comme l'occasion de dévoiler une problématique jusque-là ignorée.

Le témoignage du dirigeant d'un district est révélateur du malaise et des non-dits qui découlent du sujet dit des quotas. Lorsqu'il réunit les clubs pour en discuter, il assiste à l'affrontement de deux groupes : «D'un côté les Noirs qui étaient tous pro-Thuram[277] et, de l'autre, les Blancs qui soutenaient tous Laurent Blanc. Les Maghrébins, quant à eux, se sont sentis peu concernés.» Un coordinateur sportif dans un club francilien confirme que l'affaire a «blessé nombre de personnes, suscité des réactions très négatives et laissé des séquelles : désormais, les éducateurs ne font plus confiance à la FFF». Dès lors, toute décision de Laurent Blanc est suspecte, et «les gens ont noté qu'il a terminé le match de préparation contre l'Espagne au Stade de France sans Noirs, à l'exception de Yann M'Vila», remarque un dirigeant de club francilien.

Des dégâts durables

L'affaire est éminemment plus complexe qu'une somme de propos «cités hors de leurs contextes», comme l'ont clamé pour leur défense les protagonistes de l'article de Mediapart. Mais, plutôt que d'en expliquer les réels enjeux, le monde du sport a préféré se taire. Ne rien expliciter. Ne susciter aucun débat. Attendre que la vague médiatique passe, et s'en protéger. Enfin, croire pouvoir s'en protéger.

Il apparaît regrettable qu'aucune pédagogie n'ait été déployée en direction des clubs et de leurs licenciés, et qu'aucun rectificatif n'ait été apporté sur le terrain, laissant perdurer l'idée que la fédération au plus haut niveau pratiquerait la discrimination, voire nourrirait des intentions racistes. Cette histoire a alimenté les rancunes et aussi les procès d'intention faits à certains cadres ou joueurs issus de la diversité. Des critiques sur «ces étrangers en bleu» ou sur l'équipe «Black-Black-Black» ont entraîné un sentiment d'injustice, dont les effets sont délétères dans un contexte sportif aux prises avec la violence et le racisme.

Des précédents pas plus glorieux

Au fil du temps, différentes affaires marquent la mémoire du sport, creusant un sillon d'amertume et d'incompréhension. Pourquoi l'omerta résiste-t-elle, au risque de créer un réflexe de protection et de rassemblement identitaire ?

Un ancien joueur de l'équipe de France indique qu'en 1998, lorsque «l'hymne national jouait, plusieurs joueurs blancs rigolaient, sans jamais susciter de tollé. Pourquoi quand c'est un Blanc qui ne chante pas l'hymne national cela ne pose pas de problème, et quand c'est un Noir ou un Maghrébin, cela soulève-t-il des polémiques ? », interroge Luc Sonor[278], ajoutant : « Dès que certains joueurs dérapent, on les ramène à leurs origines. Alors que tous les joueurs professionnels quittent leurs familles très jeunes pour les centres de formation et y reçoivent les mêmes enseignements. C'est donc bien la formation qui doit être interrogée. »

« Avant, les problèmes de l'équipe de France restaient dans les vestiaires. Aujourd'hui tout est sur la place publique. » Cet ancien footballeur de haut niveau poursuit : « On a le sentiment que lorsqu'on gagne, on est français, et lorsqu'on perd on est rattrapé par ses origines. Les jeunes Antillais, Maghrébins, Africains ont ce sentiment. Cela perturbe les jeunes et cela les blesse. »

Ce sentiment d'une intégration à deux vitesses – une reconnaissance naturelle des uns et, pour les autres, sous condition de performance sportive – est répandu et souvent rapporté par les jeunes sportifs français issus de la diversité.

Un terrain miné

Comment est-il véhiculé ? Par qui ? Dans les centres de formation, dans les clubs, sur le terrain, dans les vestiaires, parmi les gradins, sur les réseaux sociaux... Cette idée, rationnelle ou non, étayée ou non, mesurée ou non, a la puissance des croyances et se diffuse au gré des polémiques, renforcée par l'incapacité du monde sportif à prendre position sur les dérives sociétales qui le terrorisent et le désarment. Comment faire face à ces idées tenaces, comment combattre ceux qui les incarnent, et comment ranimer la confiance de ceux qui les subissent ? La seule lutte contre l'expression raciste dans les stades ne suffira pas à déminer le terrain, ni à apaiser le sentiment d'exclusion des uns, le besoin de répit des autres. Interroger les consciences, lutter contre les idées reçues, forcer l'analyse et la contradiction nécessite une première réponse éducative, en responsabilités partagées avec les acteurs sportifs. La question de l'expression raciste dans le sport concerne la société tout entière, exigeant une prise de conscience immédiate et une intervention urgente des pouvoirs publics. Encore faut-il définir clairement le racisme et son expression.

L'expression raciste en question

Jacco van Sterkenburg[279] distingue trois formes de discrimination avec des conséquences différentes en termes de racisme. D'abord la discrimination instrumentale, qui permettrait de faire pression sur le concurrent pour nuire à son jeu et le déstabiliser. Il considère que, bien qu'utilisant la race comme référence, la violence exprimée ne serait pas caractéristique de racisme car elle ne se manifesterait qu'au moment de la rencontre et n'entraînerait pas de conséquences en termes d'agression en raison de la race. La discrimination impulsive, serait, elle, une réaction spontanée, fondée sur les préjugés, mais n'aurait aucun lien avec l'idéologie et pas de conséquences sur les actes. Et la discrimination institutionnelle, selon le chercheur de l'université de Rotterdam, verrait les préjugés des institutions maintenir les minorités visibles dans un état d'inégalité.

Contre ce genre de classification « exonérante », les associations antiracistes s'insurgent. Comment ne pas reconnaître le caractère raciste d'un propos « utilisant la race comme référence », sous prétexte qu'il serait proféré dans l'enceinte d'un stade pour déstabiliser l'adversaire, et oublié en dehors du stade ? Catégoriser le degré raciste ou non d'un propos en fonction du lieu où il est tenu paraît en effet injustifié et non conforme aux lois de la République. On l'a vu, déjà, dans le cadre des injures homophobes plus haut.

Christian Bromberger[280] donne aux injures racistes deux significations : une origine idéologique, en premier lieu quand elles seraient instrumentalisées par des groupes politiques. Mais il y décèle aussi l'une des lois du football qui consisterait à déstabiliser et à dégrader l'adversaire en jouant sur tous les registres possibles de ses émotions. L'essence même du racisme doit-elle être relativisée en fonction d'une tradition sportive ? Une même injure, en référence à la race d'un être, est-elle acceptable dans un cadre professionnel ? Au sein d'une classe d'enfants ?

Citons l'exemple du Camerounais Joseph-Antoine Bell, gardien de but de Marseille, adulé par les supporters marseillais entre 1985 et 1988, qui signe ensuite à Toulon puis à Bordeaux, grands rivaux de l'OM. De retour au Vélodrome, sous les couleurs de Bordeaux, il est victime de jets de bananes par les mêmes supporters qui avaient prémédité leurs gestes. Est-ce l'identité de Joseph-Antoine Bell qui est visée, et sa couleur de peau, ou le joueur qui a changé de camp sportif et que les supporters chercheraient à déstabiliser ? Peut-on réellement dissocier l'acte raciste brut, ici, les jets de bananes, d'une « stratégie de défense » sportive ? Le même raisonnement conviendrait-il pour un joueur qui « dérape » et s'en prend à un adversaire ? Et pour juger faudrait-il, comme le proposent certains sociologues, faire une double évaluation, c'est-à-dire se demander si l'action incriminée est raciste ou non. Et si les arguments invoqués sont appuyés sur des positions racistes.

Autre point à noter : l'interprétation donnée par les commissions de discipline de football varie suivant la géographie française : le Sud serait moins sévère que le Nord. Là encore, les traditions « culturelles » de certaines régions peuvent-elles infléchir les sanctions ? Faut-il, en d'autres termes, accepter un relativisme en matière d'interprétation des propos racistes ou homophobes ? Évidemment non.

Il faut même plaider pour une fermeté totale et essentielle sur ces questions. En raison, d'abord, de l'application simple du principe d'égalité de tous devant la loi, autant pour le justiciable, qui a le droit de demander des comptes sur des propos qui l'ont heurté, que pour l'auteur qui ne peut être sanctionné différemment suivant le lieu où il commet le délit. Soyons clairs : contre le racisme, aucun laxisme.

33

De quels types de violences parle-t-on ?

En l'absence d'un dispositif étatique organisé pour recenser les comportements répréhensibles dans le sport, les initiatives se multiplient, avec des approches différenciées de ces phénomènes.

En région Poitou-Charentes, les services déconcentrés recensent les incidents commis contre les arbitres dans quatre disciplines : le football, le handball, le basket-ball et le rugby. Dans la période 2009-2010, sur 11 202 matchs, 71 ont fait l'objet d'un incident visant un arbitre, générant 75 actes d'incivilité ou d'agression, principalement des propos grossiers et injurieux.

Le rapport du ministère des Sports relatif à la « prévention des actes d'incivilités et de violences dans le sport », de janvier 2010, pointe les violences les plus fréquentes : les propos grossiers ou injurieux et les coups. Les joueurs (52 % des victimes) et les arbitres (42 % des victimes) constituant les principales cibles. L'Observatoire national de la délinquance et des réponses pénales (ONDRP) a publié, de son côté, une étude sur l'ensemble des sports en collectant tous les chiffres existants, ceux de l'État mais aussi ceux des fédérations. Eh bien, en 2010, 2 857 infractions sont recensées dans le monde du sport, dont 85 % de violences volontaires sur les personnes. S'agissant des interdictions de stade, 740 pour les supporters violents ont été inscrites au casier judiciaire entre 2005 et 2010, le PSG étant le club le plus concerné. Les sanctions pénales sont en augmentation, preuve d'une réaction forte. Ainsi, entre 2005 et 2010, le nombre d'infractions condamnées au titre d'une manifestation sportive a progressé de 69 %, passant à 456 en 2010. Dans la moitié des cas, il s'agit d'atteintes aux personnes.

De quels types de violences parle-t-on ?

Des données incertaines

Seul le football possède et utilise aujourd'hui des outils – vidéo, humains… – pour recenser, analyser et identifier les faits et les auteurs de violences et d'actes racistes, qui sont certes perfectibles et doivent être développés, mais qui au moins ont le mérite d'exister. D'autres fédérations envisagent de mettre en place un observatoire. Ainsi la Fédération française de lutte et disciplines associées a créé en 2012 une Commission pour les incivilités, mais dont les retours sont très faibles. Il manque, par ailleurs, une échelle de sanctions et une traçabilité des infractions.

Dans une enquête sur les dérives du sport amateur et professionnel, la LICRA[281] – en partenariat avec le ministère des Sports – a sondé les communes et plus de 600 offices municipaux hexagonaux sur les dérives constatées en 2018. «Le taux de retour est de l'ordre de 14 %», indique-t-on, avant de préciser : «Plus l'information demandée est sensible, plus le taux de retour est faible. Malgré la promesse d'anonymat, certains destinataires de l'enquête ont pu pratiquer une forme d'autocensure ou bien même ne pas se sentir concernés par ces problématiques. » Et de résumer ce travail en ces termes : «L'enquête est confrontée à une méconnaissance ou une sous-estimation par les acteurs locaux des dérives existant dans les territoires ciblés. » De fait, les communes ayant observé des dérives ont signalé, au total, seulement 70 cas. C'est 43 de plus que l'année précédente, mais malheureusement peu réaliste. Géographiquement, les régions s'étant le plus mobilisées pour répondre à l'enquête sont l'Auvergne-Rhône-Alpes (23 % des réponses), le Grand Est (18 %) et l'Île-de-France (14 %). Les quelques dérives signalées ont eu lieu majoritairement dans des villes de Bourgogne Franche-Comté (38 %), Auvergne-Rhône-Alpes, Grand Est et Île-de-France.

Les violences évoquées sont majoritairement verbales (91 %), rarement physiques (9 %), même si c'est toujours trop. Elles concernent 30 cas de racisme[282]. Quant aux injures, elles font, semble-t-il, l'objet d'un signalement rare et minimisé. «L'injure est parfois si courante que les répondants disent ne pas pouvoir la quantifier. Aussi, on peut supposer que bon nombre de cas ne nous ont pas été communiqués […] et tendent à être banalisés par les sportifs et les victimes elles-mêmes, et à ne plus être perçus comme de véritables actes racistes. Ce qui est présenté comme de la plaisanterie ou de la taquinerie sur un terrain de sport doit toutefois nous alarmer et ne plus être toléré », explique la LICRA.

Quelles sont les disciplines touchées ? Quatre-vingt-neuf pour cent des communes qui parlent de dérives les constatent dans le football et le futsal. Mais le racisme s'observe aussi dans le basket-ball, la boxe anglaise, le rugby, l'athlétisme, le sport en salle et la musculation. Les victimes sont essentiellement les arbitres, les joueurs et les encadrants ; les auteurs identifiés : les supporters et les joueurs entre eux.

Ces délits sont punis par la loi et par certains règlements disciplinaires des fédérations. Mais les sanctions sont-elles effectives ? Dans l'enquête de la LICRA, sur les 70 cas signalés, seules 11 % des dérives ont été suivies d'une sanction, dont deux interdictions de stade temporaires ou provisoires[283]. Sur l'ensemble des communes ayant répondu à l'enquête, seules 8 % d'entre elles sont impliquées dans des actions de lutte contre le racisme ; 42 % souhaitent néanmoins être accompagnées pour lutter contre ces dérives.

Pour comparaison, en 2012[284] la LICRA décomptait 200 actes racistes au cours des quatre dernières saisons et indiquait qu'environ la moitié des stades de L1 et L2 avait été le théâtre d'incidents racistes. Mais les chiffres sont là encore relatifs car certains territoires comme la Corse ou la Bretagne n'ont tout simplement pas voulu répondre aux questionnaires de la LICRA[285]. Qui le signale et déplore en ces termes : « Même des incidents très médiatisés n'apparaissent pas dans les questionnaires renvoyés. » L'association affirme que « les municipalités nient et étouffent les cas de racisme », et même qu'« elles se désengagent » de cette lutte. Seules « quelques rares villes exercent des pressions, notamment financières, sur les clubs qui ne remédient pas aux problèmes les affectant… ». Selon les équipes de la LICRA, à l'inverse, des pressions viseraient des joueurs victimes de discrimination, parfois même exercées par des équipes municipales, afin de convaincre les plus déterminés à ne pas porter plainte. Enfin, insultes et agressions à connotation raciste sont souvent présentées comme de simples « violences » sur les feuilles de match. Dès lors, une triste vérité s'impose : aucune statistique ne pourra être fiable et véritablement fidèle aux actes pratiqués et endurés sur le terrain.

De quels types de violences parle-t-on ?

Un observatoire un peu borgne

Il en va de même pour l'Observatoire des comportements du football et son occurrence *discrimination* ou *racisme* créée en 2005 par la Fédération française de football et mis en œuvre pour la saison 2006-2007[286]. L'idée de collecter les faits recensés par les districts et par les ligues régionales, d'en faire des statistiques et une base de données, et de les comparer, année après année, devait permettre aux instances nationales de mieux appréhender la réalité du terrain. Et d'être aussi un outil précieux pour identifier par avance les rencontres à risque, puisqu'il permet d'identifier les clubs les plus concernés par les incidents. Mais, là encore, les signalements sont minimes et les responsables chargés de cette responsabilité bien prudents.

« C'est dans la nature humaine d'être frileux sur ces sujets. Quand ils voient la catégorie *actes racistes et discrimination*, cela les braque, les crispe, ils ne savent pas comment traiter le sujet et infligeront des sanctions sans véritablement prendre en considération la victime », explique un responsable de la Fédération française de football[287].

Peu de signalements, une appréciation minimisée des faits racistes et discriminatoires, et une utilisation trop partielle des données par les responsables de l'Observatoire qui, semble-t-il, « ne veulent pas établir de comparaison entre territoires… » et préfèrent « éviter toute stigmatisation des ligues, des districts ou des clubs »… Voilà qui en dit, hélas, long sur le déni. Sous le tapis, on préfère cacher la réalité du terrain. « Cela ne sert à rien de sanctionner brutalement les ligues ou les districts et de générer des crispations qui ne seront pas dissuasives à l'avenir », commente-t-on à la Fédération française de football[288]. La réalité serait-elle trop difficile à assumer ? « Non, le but, c'est d'accompagner. De leur faire comprendre quel est le bon comportement. Ceux qui ne jouent pas le jeu, qui ne renseignent pas les actes racistes ou de discrimination, peuvent être sanctionnés par les instances mais il faut d'abord qu'ils comprennent quelles sont les nouvelles règles, pourquoi il faut prendre en considération les victimes, avant même les commissions de discipline, comment on fait la différence entre une injure discriminatoire et raciste… », ajoute un responsable de la FFF.

« *Quels sont les districts les plus frileux ?*
— Nous aurons les chiffres en fin de saison.
— *Et pour la saison passée ?*

— Il faut d'abord apprendre à tous comment qualifier le phénomène, c'est la base. Ensuite on pourra quantifier réellement les propos et actes racistes par saison. »

Notons qu'en 2019, sur 750 000 matchs amateurs, 95 rencontres ont fait l'objet d'un signalement à l'Observatoire pour acte raciste et discriminatoire, que 76 rencontres avaient été signalées la saison précédente, 74 l'année d'avant et 63 pour 2015-2016. « Il y a donc une augmentation du phénomène, à la fois des signalements et des actes », confirme ce responsable de la fédération.

« *Ces chiffres reflètent-ils vraiment la réalité du terrain ?*

— Non, évidemment non, soupire-t-il. On est très certainement à bien plus de cas. C'est pour cela qu'il y a urgence aujourd'hui et qu'il faut foncer pour accompagner les districts et les ligues. Les membres des commissions ne peuvent qualifier seuls les actes ou propos racistes, ils doivent se faire accompagner par les experts.

Si elles ne sont pas comptées et contextualisées comme il le faudrait, ces données collectées par l'Observatoire constituent néanmoins une avancée dans la connaissance des actes de violences et de racisme dans le sport. Et invitent les acteurs à en prendre conscience. Reste que, souvent, l'opiniâtreté individuelle, la volonté de reconnaissance et de justice des victimes sont plus déterminantes que les « remontées de terrain » pour faire reconnaître le caractère raciste d'un acte. Certains sont prêts à attendre des années et choisissent de faire appel à la justice. En Alsace, Jean-Michel Dietrich[289], président de l'AS Benfeld, continue de porter son combat en soutenant Kerfalla Sissoko, son ancien joueur, et en dénonçant l'attitude des instances locales.

34

L'arbitrage en question

Le nombre anormalement faible des atteintes à caractère raciste répertoriées et le fait que celles qui le sont ne donnent pas lieu à des plaintes montrent, sur ce sujet encore comme dans quasiment tous ceux évoqués dans ce livre, les fortes réticences à traiter le sujet. Les clubs craignent, on l'a vu, une atteinte à leur image et n'assument que rarement leur part de responsabilité. Mᵉ Sahand Saber[290], récemment contacté par plusieurs clients dans des affaires de racisme au sein du volley-ball amateur, met en avant, de son côté, un manquement de l'arbitrage. « Dans mes derniers dossiers, il y a une insuffisance terrible des arbitres. On a encore eu un dossier où des propos racistes tenus, entendus par des témoins, avec l'arbitre interpellé pour le notifier sur la feuille de match qui ne le fait pas. Dans un autre, les joueurs font savoir qu'ils ont été insultés, l'arbitre n'intervient pas. En fait, tous ont peur que cela dégénère, peur des représailles. Il y a même une histoire où les arbitres sont partis en courant parce que les supporters les menaçaient... Problème de culture, manque de sanctions, absence de gestion par les arbitres du match comme des supporters, le bilan est triste. Si les incidents ne sont pas réglés en direct, il faut les renseigner dans la feuille de match et cela permet à la fédération d'agir, mais quand rien n'est signalé dans les dossiers, c'est parole contre parole. »

Lorsque des propos racistes, homophobes ou sexistes sont tenus sur le terrain, l'arbitre est tenu de les consigner sur la feuille de match. Y procède-t-il réellement ? A-t-il envie d'aller en commission disciplinaire un soir de semaine après 18 h 30 s'il signale quelque chose ? Alors, quand la rencontre n'est pas altérée par les propos ou les gestes, beaucoup hésitent à ouvrir une procédure.

Un niveau qui baisse

Oren Gostiaux, ancien arbitre de basket-ball, aujourd'hui dédié aux affaires sportives de la LICRA, avance une explication. « Si les fédérations n'ont pas de remontées, c'est parce que les districts préfèrent éviter de gérer les incidents sur le terrain pour ne pas être associés à ce type de problèmes, bien sûr, mais aussi en raison des arbitres, qui peuvent arrêter ou non les matchs. Or, depuis quelques années, on a de moins en moins d'arbitres. Et surtout sur le petit niveau, où ils sont remplacés par des bénévoles ou de très jeunes joueurs auxquels on a forcé la main en disant "sinon on ne renouvelle pas ta licence". Résultat, on se retrouve avec des jeunes de 16 ans contraints de prendre le sifflet, de gérer une rencontre et ses problématiques de tensions et violence sans avoir les épaules... » À ses yeux, il est urgent de renforcer les équipes arbitrales des niveaux semi-professionnels et amateurs pour permettre une remontée d'information plus fiable des incidents, toutes disciplines confondues.

« Les terrains de football sont devenus des défouloirs, témoigne un ancien grand arbitre de la FFF. Il est irréaliste de demander à un arbitre de district d'inscrire les injures racistes ou homophobes sur sa feuille de match, car il risque d'avoir ensuite des problèmes. Comment peut-il le faire dans un vestiaire ouvert avec plusieurs dizaines de personnes qui hurlent ? Et de surcroît quand il a quelques centaines de mètres à parcourir seul pour regagner sa voiture ? Il met donc RAS pour ne pas avoir d'ennuis. » Nombre d'incidents sont dès lors occultés par les arbitres de district. Ce dont ceux mieux encadrés et protégés, lors de matchs de ligues par exemple, ou durant les rencontres fédérales, souffrent moins... même s'ils sont victimes d'autres pressions.

Pour arbitrer 30 000 matchs hebdomadaires, soit environ un million par saison, la FFF ne dispose que de 25 000 arbitres licenciés, ce qui la contraint à recourir à ces bénévoles moins enclins à prendre des risques personnels, donc à relever les incidents à caractère raciste.

Des arbitres eux aussi victimes

Il faut dire que les arbitres sont souvent la cible de violences. Un rapport du Sénat[291] pointe la chute continue et inquiétante du nombre d'arbitres actifs : « En cinq ans, plus de 20 000 arbitres sur 153 000 auraient ainsi quitté la profession, faute de soutien des instances sportives et de l'État [...] La fédération de football qui compte 27 000 arbitres constate un taux de rotation extrêmement important : 60 % des nouveaux arbitres abandonneraient l'activité après trois ans d'exercice et 30 % après une année d'activité seulement [...] on compte moins de 1 000 plaintes déposées chaque année pour agression, ce qui est modeste pour plusieurs millions de rencontres. Ces chiffres ne reflètent toutefois qu'une partie de la réalité, car de nombreux arbitres agressés s'abstiennent de déposer plainte[292]. » Et ce pour cause, bien souvent, de pressions et violences, comme différents faits divers le prouvent.

Ainsi, en avril 2019, lors d'une finale de deuxième série régionale d'Occitanie, un footballeur a porté un coup de poing à l'arbitre de touche et l'a menacé de mort. Une bagarre a éclaté dans les tribunes de supporters et, à la 73ᵉ minute, le match a été interrompu définitivement. L'arbitre témoigne[293] : « C'était extrêmement choquant. J'ai indiqué que le ballon était sorti en touche. Le joueur est venu vers moi contester ma décision. Je lui ai demandé de se mettre à dix mètres, et c'est là qu'il m'a insulté. L'arbitre de champ l'a très bien entendu et lui a attribué un carton rouge. Il s'est alors dirigé vers moi, menaçant, mais je n'ai pas reculé car je ne pensais pas qu'il allait me frapper. J'ai pris un coup de poing entre la tempe et la mâchoire. Et il s'est mis à hurler : "Je vais te tuer." Sans l'intervention de ses coéquipiers et de la sécurité du stade, je ne sais pas ce qui se serait passé. »

Fin décembre 2019, c'est un jeune collègue aquitain qui reçoit un coup de poing en plein visage au terme d'une rencontre de rugby, cette fois. « Le coup reçu a entraîné une ITT de huit jours. C'est le deuxième en peu de temps. Un geste inadmissible que nous ne voulons plus voir sur un terrain de rugby. Le sport en général et le rugby en particulier doivent être porteurs de principes, de respect et de loyauté envers les officiels. L'arbitre est un acteur du jeu comme les joueurs. Il a le droit, comme les joueurs, à une pratique en sécurité », a précisé le directeur technique national adjoint[294].

À la fédération de basket, Gérald Nivelon[295], ancien arbitre en charge des affaires ethniques et de discriminations, ouvre le débat. « Quand on est arbitre et que l'on entend des propos qui touchent notre fonction, qui contestent nos décisions par exemple, nous sommes formés à durcir notre concentration et à faire abstraction de l'environnement hostile.

On ferme les écoutilles, on entend les contestataires mais on n'y prête pas attention. Certains arbitres sont dans cette configuration lorsqu'ils entendent des propos qui touchent à l'humain, à l'identité. Ils en font abstraction pour rester attentifs au match... Mais ça, c'était avant l'incident de Roanne [voir p. 292], et aujourd'hui on ne peut plus laisser passer. Je souhaite vraiment qu'on arrête de fermer les yeux, les oreilles et qu'au contraire on les ouvre. Il faut porter plainte en cas d'injures racistes. Et il faut des exemples forts de condamnation pour dissuader et freiner les personnes qui pourraient être tentées de proférer ce genre de propos. »

35

Le foot, hélas, en première ligne

Est-ce parce qu'il est le sport le plus populaire ou parce qu'il génère en lui-même, par effet de reproduction, les travers de la société française que l'on voit dans le football se multiplier les incidents, les violences et le racisme ? En tout cas, il est bel et bien la discipline où ces dérives graves se manifestent le plus visiblement et violemment. En amateur comme en pro.

Des zones à risque

Dans le football amateur, les tensions sont nombreuses. Et s'expriment quartier contre quartier, région contre région, même, y compris lorsque l'origine des joueurs ne diffère pas. Des rivalités territoriales qui prennent une dimension étonnante lorsqu'elles opposent des équipes du monde rural composées de joueurs majoritairement blancs à d'autres, urbaines, avec une prédominance de sportifs noirs ou originaires du Maghreb. L'ancien président d'un club francilien issu des quartiers populaires se souvient par exemple que son équipe était accueillie, dans l'est de la France, avec la *Marseillaise*, comme s'ils étaient des étrangers.

Un responsable de la FFF confie, lui, sous couvert d'anonymat, que « sur la trentaine d'équipes dont les noms sont signalés régulièrement dans le fichier des incidents, figurent souvent des clubs corses. Un indice ne trompe pas : les clubs de CFA1 et 2 hésitent à aller jouer là-bas, on doit même régulièrement déplorer des défections. Les clubs corses amateurs gagnent parfois à domicile car les visiteurs ne viennent pas ou ne se livrent pas à fond, de peur de subir des violences en cas de victoire». De fait, le ratio des matchs classés à risque est important en Corse, ou face à une équipe corse dans l'Hexagone même.

Par ailleurs, certains clubs situés près des zones urbaines sensibles, notamment en région parisienne, et qui recrutent dans les quartiers difficiles connaissent des incidents répétés. À cause de quoi ? De la pression des spectateurs venus en bande, souvent à l'invitation de joueurs eux-mêmes issus de ces quartiers. La Seine-Saint-Denis n'est pas le seul département concerné car dans toute la France on voit ces irruptions de violence, emmenées par quelques-uns, munis de battes de base-ball, de barres de fer ou de bombes lacrymogènes. Aucun territoire n'est épargné, l'évolution des mentalités et une forme d'hostilité à la discipline et à l'autorité de certains jeunes accentuant le phénomène.

Dans le Nord et l'Est, des dérapages sont liés à la concurrence entre quartiers ou clubs qui ne présentent pas la même identité. Violence verbale ou pressions psychologiques émanent des supporters, parfois d'anciens joueurs, contre l'équipe adverse, voire de parents de joueurs un peu trop investis dans une passion non assouvie. Le phénomène des «parents violents» est un fléau répandu dans les disciplines amateurs, comme le football donc, mais aussi la lutte, voire le rugby. «Ils ont tous l'impression d'avoir mis au monde un nouveau Zidane, et se prennent pour leurs coachs particuliers», confie un haut responsable du monde sportif[296]. «J'ai même vu une grand-mère insulter un jour son petit-fils sur un terrain de rugby», ajoute le sociologue Philippe Liotard[297].

Si certaines équipes refusent de se déplacer sur les terrains «à risque», les clubs où la situation dérape sont souvent privés de dirigeants aguerris et en situation financière précaire. La spirale infernale.

Le football professionnel en première ligne

Fin décembre 2019, Didier Quillot, directeur général de la Ligue de football professionnel, fulmine : «Depuis le début de la saison, le nombre de fumigènes a été multiplié par trois par rapport à l'année dernière. C'est interdit, dangereux et inacceptable. Il y a une espèce de radicalisation chez les supporters qui est absolument incompréhensible, compte tenu de toutes les mains tendues ces derniers mois. Il faut faire en sorte que les spectateurs aient envie d'aller au stade, que ce soit une fête[298] !»

Le foot, hélas, en première ligne

Le sport pro n'est donc pas en reste, le foot en tête. De fait, cette semaine de décembre 2019 a été mouvementée. Avec des échauffourées à Lyon, l'exfiltration de la ministre des Sports violemment prise à partie par des supporters du stade Jean-Bouin, des tentatives d'intrusion au sein des tribunes présidentielles à Toulouse, et ce « feu d'artifice », en fin de match PSG/Saint-Étienne, auquel fait allusion Didier Quillot.

Pour mieux appréhender les incidents dans et autour du stade, la LFP a, elle aussi, mis en place un observatoire[299] dès la saison 2006-2007. Avec des indicateurs qui permettent la collecte et le traitement des incidents concernant la sécurité. Où sont pris en compte les rapports de match transmis par les délégués de la LFP, les rapports de sécurité d'après-match saisis par les directeurs de l'organisation et de la sécurité des clubs, le tout croisé avec les informations fournies par la Division nationale de lutte contre le hooliganisme (DNLH). Un bilan annuel est réalisé pour chaque saison.

L'outil est différent de celui de la FFF, notamment quant aux priorités affichées. Contrairement à l'Observatoire des compétitions amateurs, ce sont les directeurs de sécurité qui remplissent les fiches une fois la rencontre terminée. Ce qui fournit à la Ligue une vision globale après chaque journée de championnat. La Ligue focalise son attention sur l'environnement du match, et plus particulièrement les supporters dans l'enceinte du stade. Les dérives sur le terrain ne sont pas prises en compte, notamment pour ne pas avoir à remettre en cause l'arbitrage. En conséquence, là encore apparaît un manque de lisibilité de la responsabilité dans le déclenchement de l'engrenage. Or il est établi que certains matchs peuvent dégénérer du fait des joueurs ou de l'arbitrage eux-mêmes.

Des violences en hausse

Dans le milieu professionnel, les chiffres[300] de janvier 2019 présentés par la Division nationale de lutte contre le hooliganisme indiquent que « les interpellations pour violence autour des matchs de football ont dépassé celles liées à l'utilisation d'engins pyrotechniques ». Sur les 350 individus évoqués en 2018-2019, toutes compétitions confondues, en Ligue 1 et en Ligue 2, 114 l'ont été pour des faits de violence. « Un nombre très limité de clubs sont concernés […] et un nombre encore plus limité de rencontres sportives, a précisé Antoine Mordacq, patron de l'organisme. Ces violences ont souvent été constatées sur certains matchs où les rivalités s'expriment, comme les derbys Montpellier-Nîmes et Valenciennes-Lens. » Et d'égrener : + 21 % d'interpellations pour violences en Ligue 1 par rapport à la même période, 73 individus interpellés pour utilisation d'engins pyrotechniques, toutes compétitions confondues, et « aucun incident raciste constaté depuis le début de la saison lors des matchs de football professionnels en France, contre deux sur l'ensemble de la saison passée ». Or, on l'a vu, l'observatoire de la LFP sous-estime les actes de racisme et l'incitation à la haine raciale, puisque nombre de personnes interpellées, y compris dans l'enceinte du stade, n'y figurent pas.

Des chiffres officiels aussi faibles parce que certaines plaintes ou mains courantes sont déposées en dehors des matchs, et donc ne rentrent pas dans les statistiques, et parce que les actes racistes ne sont pas tous recensés comme tels quand ils font l'objet d'autres incriminations. Enfin, demeure le problème de l'identification des fautifs, de leur interpellation et des preuves à apporter afin de permettre des inculpations sous ce chef d'accusation.

Il y a donc un net décalage entre la réalité statistique et le vécu sur le terrain. Tout semble même indiquer que cette situation, analysée et signalée depuis plusieurs années aux services du ministère des Sports, n'a pas été prise en compte – ou pire, perdure.

36

L'engagement des fédérations

Selon un sondage commandé par l'UCPF et la LICRA[301], 48% des interrogés se disent préoccupés par le racisme dans le football professionnel et 46% considèrent le phénomène en augmentation. Quatre-vingt-dix pour cent des Français condamnent les insultes de ce type à l'égard des joueurs. À la question de savoir s'il y a plus de racisme dans le football pro que dans d'autres disciplines, ils sont partagés : 40% sont d'accord, 37% réfutent l'affirmation. Seulement 5% des Français considèrent qu'il y en a plus que dans le reste de la société. Interrogés sur les affaires de racisme les ayant le plus marqués, les questionnés évoquent les banderoles sur les Ch'tis à 29%, contre seulement 3% celles à caractère raciste. Ce résultat est significatif de l'écho médiatique de cette affaire et de l'attention portée à la discrimination régionale bien plus qu'aux insultes contre les Noirs et les Maghrébins. Il y a confusion sur la nature des violences, mais l'impact des phénomènes racistes est avancé par près de 1 Français sur 2 pour expliquer qu'il ne se rend pas dans les stades. L'enjeu est donc considérable pour les acteurs sportifs car ces freins à l'attractivité ont des répercussions économiques et financières. Ils contribuent à la baisse des recettes et à la fragilisation des clubs. La violence sur les terrains mine le développement du foot et affecte l'engagement des bénévoles.

L'enjeu, longtemps les instances du football l'ont perçu mais ont cru se prémunir du risque en termes d'image et de droits télévisés qui vont avec, en gardant le silence sur les incidents constatés et en reléguant à l'ombre des podiums les dérives, l'omerta et la douleur des victimes. La Coupe du monde 1998, et l'image d'une France diverse et victorieuse, n'y ayant rien changé, progressivement les yeux se sont ouverts, et ne plus se voiler la face apparut comme une évidence. L'expression du racisme dans les stades, ou lors de rencontres amateurs, et sa transmission médiatique ont obligé, peu à peu, les responsables du football à agir.

Des conventions sont alors signées avec les associations antiracistes afin de tenter de juguler ces phénomènes dégradants pour l'image du sport, pourtant exemplaire sur bien d'autres points. Les fédérations élaborent un certain nombre d'outils visant à contenir la violence et les dérives racistes. C'est dans ce contexte que la Commission nationale mixte de sécurité et d'animation dans les stades est née ! Dans les clubs, certains salariés sont désignés et formés aux questions de sécurité. D'autres, délégués à la sécurité, gèrent les relations avec les forces de l'ordre et les pompiers. Un coordonnateur national placé auprès de la Direction centrale de la sécurité publique établit les contours de concertation entre les forces de sécurité et les instances footballistiques.

Les clubs professionnels, l'Union des clubs professionnels de football (UCPF) ou la Ligue et la FFF engagent par ailleurs des actions avec des associations spécialisées contre le racisme comme SOS Racisme, son émanation Sportitude, ou la LICRA, à travers la charte « pour mettre le racisme définitivement hors-jeu » signée le 11 mai 2005. Promesse est faite de vigilance, de sécurité et d'harmonie « favorisant le rapprochement des personnes dans tous les lieux qu'ils contrôlent et à tous niveaux hiérarchiques ». Les forums en ligne se voient dès lors surveillés, les tags ou inscriptions racistes au sein des enceintes systématiquement effacés, et les banderoles, les chants et slogans pouvant inciter à la haine raciale proscrits ; enfin, consigne est donnée de recourir à la justice pour tout incident à caractère raciste. Suivent aussi des guides contre le racisme dans le football professionnel, des sondages, des colloques et l'ouverture d'une ligne téléphonique dédiée au racisme en octobre 2010. Les clubs professionnels participent par ailleurs aux « semaines européennes contre le racisme dans le football », avec le réseau FARE (Football Against Racism in Europe), la LICRA (membre du réseau d'ONG de FARE) et avec l'appui de l'UCPF et de la LFP.

Pour accompagner les mesures sécuritaires de l'exécutif, quelques campagnes de publicité et de communication se sont succédé, prenant le relais des opérations de sensibilisations ponctuelles et/ou visuelles.

Et puis le mal est revenu

Mais, on l'a constaté, les actes délictueux et honteux sont réapparus. Parce qu'un système de prévention durable – comme le fait l'Allemagne depuis plusieurs dizaines d'années avec, selon Nicolas Hourcade[302], la « répression des violences combinée à un travail préventif important et un dialogue avec les supporters » n'a pas pris le relais. Parce que, aussi, les initiatives de prévention ont longtemps été déconnectées du public. Ainsi, la tenue de la semaine contre le racisme bénéficie d'une communication officielle, mais trop institutionnelle. Or il est nécessaire de travailler avec ceux qui composent le public des stades, de trouver chez eux des relais permettant de faire émerger une prise de conscience auprès des jeunes supporters. C'est là l'esprit de la Fondation du Football (aujourd'hui du Fondaction Football), tant il paraît essentiel de multiplier ce type de programme à destination des jeunes supporters, mais aussi des joueurs, histoire de leur insuffler l'esprit de responsabilité civique et sociale qu'ils auront à manifester sur le terrain et autour.

L'exemple de Diandra Tchatchouang

Dans le basket-ball, c'est ce que fait Diandra Tchatchouang[303], ailière de l'équipe de France, avec son association Take Your Shot. « L'idée m'est venue au moment où j'ai commencé le basket à la Courneuve. Contre le sport, il y avait toutes les influences que la vie, en dehors du basket, pouvait faire peser sur moi : sécher les cours, par exemple, et tout un environnement qui fait qu'à un moment donné, à 11 ans, on ne fait pas ce qu'un enfant devrait faire. J'aurais bien aimé être guidée par une personne, à l'époque. »

Avec son ancien club, elle réunit rapidement une centaine de jeunes filles de Seine-Saint-Denis, bientôt rejointe dans le projet par son équipementier. Elle invite des femmes issues de la diversité aux parcours exemplaires. Et, au cours des sessions, laisse un temps pour le basket, un autre pour les échanges.

« Quel que soit le métier qu'elles veulent faire plus tard, le but est de leur expliquer que c'est possible. Qu'elles ne seront pas toutes basketteuses professionnelles, mais que tout est possible. Et qu'il faut d'abord combattre les préjugés sur les jeunes filles issues de la diversité et des banlieues.»

Pendant les échanges, le racisme est abordé afin de lutter contre une vision fataliste, très ancrée dans l'esprit des femmes présentes. «Lorsqu'on est en banlieue, l'immigration est présente et véritablement laissée à l'abandon par les pouvoirs publics, raconte la joueuse de Montpellier. La Seine-Saint-Denis, par exemple, est le département où il y a le moins d'infrastructures sportives par rapport au nombre de licenciés. On part avec un handicap. Et c'est ce que j'annonce aux filles à Take Your Shot, en précisant qu'on ne peut pas se placer en victimes, qu'il existe une réalité défavorable, mais qu'elle doit être une source de motivation.»

Action de sensibilisation à la FFF

La FFF a créé la Fondation du Football[304] avec cette même ambition : utiliser ce sport pour lutter contre les inégalités, prévenir les violences et créer un levier social et éducatif. Autour de centaines de clubs pilotes, elle a engagé le monde amateur à tester certains de ses dispositifs[305] et notamment sur les discriminations, malgré la faiblesse des moyens financiers dévolus. Reste que si, à entendre certains responsables de clubs, la fondation, peu présente sur le terrain, aidait en priorité les équipes sachant monter un dossier au détriment des autres, elle n'avait, par son positionnement institutionnel, ni l'indépendance ni les moyens de développer le «football citoyen» dans les clubs. Et c'est dommage.

Il semble aussi que les instances de la FFF ne se sont pas toutes approprié la fondation. Ses programmes d'action ont été difficilement articulés, et entre les deux instances le dialogue s'est tendu au fil des années. Le manque de retombées médiatiques a découragé certains sponsors, et peu à peu la fondation a semblé carrément annihilée par la FFF.

Malgré ces réserves, l'institution a été novatrice à plus d'un titre. Et sa transformation, en 2014, en Fondaction du Football a le mérite d'installer ses programmes dans le temps, en y adossant quelques outils supplémentaires nécessaires à l'évaluation.

37

Les supporters entre la carotte et le bâton

La mise en place du comité du supportérisme en 2010 a engagé les clubs à mener une politique très active en direction de leurs supporters[306]. Des mesures préventives passant par le dialogue entre les responsables de la sécurité des clubs, les cadres, les arbitres, les sportifs et les dirigeants des associations. Les associations de supporters se sont vues encouragées à mener des opérations de sensibilisation, notamment sur les dangers de l'alcool. L'idée générale est alors d'intégrer les supporters à la vie du club, de les identifier, de nouer un espace de dialogue pour casser l'idée d'appartenance aux seules tribunes, de les associer à ceux qu'ils supportent afin de mieux les canaliser, ensuite, durant les matchs.

Mélange des genres

Force est de constater que ces mesures n'ont pas eu tous les effets escomptés. En associant les supporters à la vie interne, certaines lignes ont été franchies. Comment ne pas vouloir plus de pouvoir et d'influence sur le club qu'on adule lorsqu'on n'était auparavant qu'un simple défenseur de l'équipe dans les tribunes, et que l'accès aux dirigeants, aux entraîneurs, aux joueurs est facilité, voire encouragé par le ministère ? Les supporters ne peuvent prétendre diriger les clubs ni influencer leurs décisions. Mais, une fois de plus, la limite est ténue et, franchie, il semble difficile d'imposer les mêmes règles qu'autrefois. Des dérives, il y en a donc eu dans ce domaine, la « cogestion » n'ayant rien à voir avec la démarche initiale. La nomination d'un responsable des relations avec les supporters par certains clubs pros, installé à côté du directeur de l'organisation et de la sécurité, a permis de créer un espace de médiation, de liaison mais aussi de distance.

Les sentences tombent

Un an après la création du Comité du supportérisme, une campagne d'information intitulée « Sortons la violence du stade » est lancée en avril 2011 avec le ministère de l'Intérieur, l'Union des clubs professionnels de football et la LFP. Il s'agit de lutter contre les violences physiques et verbales, le racisme, la xénophobie et les incivilités de toutes sortes à travers des échanges. Un dialogue qui connaîtra, au fil des années, bien des remous.

La stratégie contre les dérives des supporters s'appuie également sur des sanctions collectives, édictées par la Commission de discipline de la Ligue, type « parcages visiteurs » fermés ou huis clos partiels, voire totaux. À cela s'ajoutent des interdictions administratives de stade ou de déplacement (plus ou moins justifiées et qui suscitent l'incompréhension et la colère des supporters). S'estimant victimes de mesures liberticides, ceux-ci n'hésitent pas à assumer, rapidement, des actions de désobéissance civile.

La réponse des autorités est alors ferme. Ainsi, les ultras du club bordelais qui, en février 2018, tentent de s'installer dans le stade de la Meinau à Strasbourg sont délogés par la force. Et, le 21 décembre 2019, un convoi de cars de supporters nîmois échauffés se dirigeant vers Marseille est reconduit sur le parking du stade des Costières par la police.

Ces dernières années, les interdictions de déplacement[307], qui devaient garder un caractère exceptionnel avec une justification liée à un risque de « trouble inacceptable à l'ordre public », se sont en vérité multipliées. Et, parfois, sans justification sérieuse ou sous couvert de motifs ou de risques manifestement exagérés, il faut le reconnaître. On a vu certains préfets trouver avantage au recours à cette mesure préventive, efficace et commode, en publiant les arrêtés au dernier moment afin de laisser peu de temps à une procédure de contestation en justice. Des pratiques qui découragent un peu plus le dialogue des supporters avec les instances, qu'ils accusent de stigmatisation répétée à leur endroit. La légalité de certaines décisions préfectorales est d'ailleurs contestable. Le 4 janvier 2020, en atteignant Bayonne, 150 supporters nantais ont ainsi découvert qu'ils ne pourraient accéder au centre-ville alors même qu'il n'existait aucun arrêté préfectoral d'interdiction !

Conscient de telles dérives, le ministère de l'Intérieur a édicté une circulaire, le 18 novembre 2019, exigeant des préfets une limitation et une justification des arrêtés, circulaire à certaines occasions ouvertement contournée. La restriction d'une liberté fondamentale, celle «d'aller et de venir» pour une catégorie de citoyens, a été portée devant le Conseil d'État, qui désavoua le tribunal administratif de Besançon le 17 janvier 2020, lequel avait fait droit à l'interdiction de déplacement prise par le préfet du Territoire de Belfort à l'encontre des supporters nancéens désireux de se rendre à Belfort dans le cadre d'une rencontre de Coupe de France. La suspension en référé de l'interdiction de déplacement, intervenue le jour du match, était liée au fait qu'elle portait «une atteinte grave et manifestement illégale aux intérêts des plaignants», représentés par l'Association nationale des supporters (ANS), et que le préfet n'avait pas respecté l'obligation d'organiser une réunion de sécurité, imposée par la circulaire du ministère de l'Intérieur, au moins trois semaines avant la rencontre.

Ce genre de mise en garde suffira-t-elle à inverser ces pratiques et à conduire préfets comme tribunaux administratifs à se montrer plus exigeants quant à l'analyse de la gravité du trouble à l'ordre public ? Pas si sûr. Il faut rappeler qu'en matière de police administrative le contrôle du juge est minimal, celui de «l'erreur manifeste d'appréciation».

Au fond, il serait souhaitable que les tensions avec les supporters – liées à cette politique sans nuance, faite de liberté totale hier et de sanction systématique aujourd'hui – soient déminées par un dialogue formel et dépassionné avec la Ligue de football professionnel. Certes, une nouvelle étape a été amorcée après la crise liée aux suspensions de matchs à la suite de chants homophobes, mais elle doit se poursuivre sur des bases plus constructives.

L'accompagnement des victimes

Notons que, pour accompagner les victimes de racisme, la FFF s'est constituée partie civile dans différentes affaires. Dès décembre 2009, une convention a été signée avec l'association de défense de victimes, l'INAVEM, afin de soutenir notamment psychologiquement les arbitres victimes d'agression verbale ou physique. Mais, les années passant, aucun fait de racisme envers eux n'a été soumis à cet organisme. En septembre 2012, l'action est alors étendue à d'autres publics : les joueurs, les entraîneurs, les dirigeants et même les spectateurs.

S'agissant de l'Union des clubs professionnels de football, un partenariat est conclu avec la LICRA qui met en place un numéro vert, financé par l'UCPF, s'adressant aux joueurs comme aux spectateurs, à l'instar de la lutte contre les discriminations dans le sport et les stades déjà appliquée en Angleterre. Mais la ligne reste désespérément silencieuse.

Est-ce dû à un manque de communication, de diffusion de ce numéro vert ? À l'absence de faits de racisme dans le sport ou à sa mauvaise appréciation ? Ou, plus généralement, à la loi du silence et à une certaine idée de la délation ? L'autocensure, l'« omerta », sont soulignées par le défenseur des droits qui, reconnaissant être « peu » sollicité, a lancé, le 5 décembre 2013, un « appel à réclamations » en direction des personnes victimes de discrimination dans cet univers. L'appel visait à faire un état des lieux des discriminations liées à l'âge, à l'origine, au sexe, à la nationalité et au handicap, et à « diffuser des guides de bonnes pratiques[308] ». Il n'a guère été entendu.

38

Les sanctions

Les fédérations sportives, délégataires ou agréées, peuvent exercer une responsabilité disciplinaire dans le cadre d'une délégation de pouvoir ou d'un agrément par le ministère chargé des sports. Mais les décisions judiciaires ne sont pas assujetties aux considérations des autorités sportives, et l'arrêt Festina (Cour de cassation, chambre criminelle, 8 juin 1999) rappelle la supériorité des lois sur les règlements sportifs.

Seules les personnes – en sus des salariés – liées à une fédération par une licence risquent une sanction disciplinaire, c'est-à-dire les sportifs, mais aussi les dirigeants, les éducateurs, les entraîneurs, les clubs, les supporters et, en des cas très rares, les spectateurs lorsqu'ils sont précisément identifiés, par exemple, par la FFF. Ces sentences peuvent intervenir lors d'une rencontre sportive mais aussi dans les vestiaires. Chaque fédération, agréée par le ministère, doit mettre en place son propre règlement, dans le respect du cadre juridique imposé par l'État. Qui définit notamment la nature de la faute et la sanction, mais aussi l'organisation, le fonctionnement et les décisionnaires de la procédure disciplinaire éventuelle. La sanction prise en commission de discipline peut faire l'objet d'un recours devant le juge civil si la fédération est agréée, ou devant le juge administratif si elle est délégataire. Au préalable, et sous peine d'irrecevabilité[309], la personne sanctionnée doit cependant avoir fait appel auprès des instances compétentes de la fédération, puis solliciter une conciliation auprès du CNOSF (Comité National Olympique Sportif Français)[310].

Si chaque fédération édicte ses propres définitions, classifications et gradations des sanctions, tous les règlements disciplinaires présentent des similitudes. Ils renforcent les sanctions pour certaines catégories de victimes et d'auteurs, et prennent en compte le lieu où intervient le comportement visé. Les arbitres ou les juges bénéficient d'une protection spécifique, eu égard à la crise de vocation de l'arbitrage perceptible depuis les années 2000 et à la fréquence des violences constatées. Est également considéré le moment de l'acte : au cours ou non de la rencontre sportive. Une réaction dans le feu de l'action bénéficie de circonstances atténuantes, alors qu'un règlement de comptes au-dehors suppose une préméditation. La condamnation est alors plus sévère.

Les arbitres ont un rôle central dans l'application de ces punitions puisque, on l'a vu, il leur revient de consigner sur une feuille de match les faits susceptibles d'être verbalisés et qui seront l'élément déclencheur de la procédure disciplinaire.

Au rugby à XV, l'infraction peut être signalée par différents intervenants : l'arbitre, le directeur de match, le délégué sportif ou encore le délégué sécurité. Ce qui permet de multiplier les possibilités de signalement et de responsabiliser plusieurs acteurs à la bonne tenue des compétitions.

L'individualisation des peines

La sanction disciplinaire doit respecter le principe d'individualisation des peines, comme l'indique un arrêt du Conseil d'État du 21 octobre 2013[311]. En annulant les décisions prises par la Chambre d'appel de la Fédération française de basket-ball (FFBB), cette institution rejetait les sanctions automatiques et disciplinaires relatives à un nombre de fautes techniques commises (plus de 3) sur le terrain. Des pénalités alors appliquées indistinctement et automatiquement à tous les licenciés concernés sans s'adapter aux circonstances ni entendre au préalable le plaignant. Ce que les magistrats ont jugé contraire à l'article 8 de la Déclaration des droits de l'homme et du citoyen de 1789[312]. L'arrêt, notifié au ministère chargé des Sports, a touché l'ensemble des fédérations sportives et entraîné un profond changement des pratiques disciplinaires. Il a induit en effet la tenue d'un véritable procès civil au sein des commissions de discipline, avec procédure contradictoire, droits de la défense, notamment quant à la présomption d'innocence.

Les fédérations ont dû en conséquence modifier leurs règlements disciplinaires et supprimer tout article lié à cet automatisme.

Les sanctions

La prise en compte de la discrimination

Les sanctions automatiques qui visent les faits de discrimination sont concernées. Et certains dispositifs mis en place par les fédérations ont dû être revus afin de faire une place aux procédures contradictoires et à l'individualisation des peines. Il aurait toutefois été nécessaire d'instaurer dans les nouveaux règlements fédéraux un barème spécifique lié aux phénomènes discriminatoires et de ne pas généraliser tous les faits de violence. Car si les discriminations ne sont pas identifiées spécifiquement, comment engager une prise de conscience et des actions de lutte particulières ? Certaines fédérations ont, au gré des incidents rencontrés, œuvré en ce sens. Celle de hockey sur glace, notamment, confrontée à des manifestations de racisme entre ses joueurs, a adapté ses règlements.

Quand les sanctions sont nommément prévues dans le code disciplinaire, soit les actes à portée discriminatoire sont considérés en circonstances aggravantes – c'est le cas pour la Fédération française de cyclisme –, soit ils constituent des infractions aux barèmes spécifiques. Devant la multiplication des violences physiques, gestuelles, verbales ou psychologiques à connotation raciste, lesquelles se banalisent en raison du sentiment d'impunité lié à la non-prise en compte de certains comportements dans la définition des infractions ou à la rareté des poursuites civiles ou pénales, certaines fédérations, conscientes de l'image déplorable qui en résulte et des conséquences pour les victimes, ont construit une échelle de peines durcies.

Le règlement disciplinaire du rugby à XV a, par exemple, évolué. Sa fédération a créé des barèmes spécifiques pour les actes racistes et homophobes lors de l'assemblée générale du 3 juillet 2010, modifiés de nouveau en 2015. Pour toutes «Insultes, injures, agressions verbales sur la religion, la race, la couleur, le pays ou l'origine ethnique ou autre… », les sanctions encourues vont de la suspension à la radiation.

Dans le football français, les propos et comportements racistes ou discriminatoires sont définis et pris en compte de manière spécifique. Les statuts et règlements de la Ligue de football professionnel prévoient d'interdire l'entrée des stades aux personnes en possession de banderoles, insignes, tracts « présentant notamment un caractère raciste et xénophobe ». La FFF définit de façon plus générique le racisme et la discrimination : «Sont constitutives de propos ou comportements racistes ou discriminatoires les attitudes et paroles portant atteinte à la dignité d'une personne en raison notamment de son idéologie, race, appartenance ethnique, couleur, langue, religion ou sexe. »

Mais s'il est capital de faire apparaître le racisme dans les règlements disciplinaires et les listes de sanction, encore faut-il que ces dispositions soient appliquées par ceux chargés de les faire respecter au sein des commissions de discipline !

Sanctions aléatoires dans le football amateur

Les décisions, prises en première instance, des commissions disciplinaires apparaissent en effet trop souvent peu favorables aux victimes, qui doivent attendre de faire appel de la décision et parfois se constituer parties civiles au tribunal pour voir reconnues les violences subies. C'est pourquoi il est nécessaire de former les commissions de discipline – en amateur, elles sont dirigées par des bénévoles – à ces infractions. Mais comment obliger ces membres, non rémunérés, accordant déjà un certain temps au district et à la gestion de clubs, à consacrer encore plus de temps pour se former sans prendre le risque de les voir démissionner ? D'autant qu'ils manquent d'outils, de textes, de règles et de recul parfois, pour faire la part des choses entre des propos qui sont destinés à déstabiliser l'adversaire et l'expression raciste.

Le football professionnel en première ligne

Dès la fin des années 2000, des sanctions sont prévues à l'égard des joueurs, des dirigeants ou des officiels, liées aux discriminations et aux actes à caractère raciste. Dans ce cadre, les arbitres peuvent interrompre temporairement ou définitivement une rencontre.

En mars 2006, la FIFA, dont le pouvoir réglementaire s'impose à toutes les organisations amateurs comme professionnelles, révise son code disciplinaire pour sanctionner les joueurs, les officiels, et même les supporters par une amende, une interdiction de stade, un retrait de point, ou des matchs à huis clos en raison de propos ou de comportement discriminatoire. Le foot pro adapte par la suite ses règlements disciplinaires, intégrant des barèmes spécifiques quant aux actes racistes ou homophobes, et des sanctions individuelles et collectives qui peuvent aller jusqu'au retrait de points ou à l'exclusion d'une compétition.

L'UEFA, quant à elle, prévoit des sanctions spécifiques aux actes racistes ou discriminatoires pour les compétitions qu'elle organise : suspension pour un joueur auteur de propos raciste et pour les clubs ou associations en raison de comportements racistes de leurs supporters, matchs à huis clos, suspension de stade, déduction de points au classement ou exclusion de la compétition.

Après les incidents de 2007, Frédéric Thiriez, alors à la tête de la LFP, met en place une procédure qui se déclenche lorsque des signes racistes atteignent un certain niveau. Par exemple, si des cris de singe se font entendre, un message du speaker est diffusé pour avertir le public : « Attention, arrêt imminent du match. » Et si les incidents persistent, le délégué principal du match suggère à l'arbitre de faire une suspension temporaire. Les joueurs rentrent alors au vestiaire et une réunion avec la cellule de crise décide de la suite à donner. En cas de poursuite des incidents, l'évacuation du stade et l'arrêt définitif de la rencontre sont entérinés.

Le Comité exécutif de l'UEFA, réuni à Vilnius[313], a décidé de mettre en pratique cette procédure dans l'ensemble des compétitions de l'UEFA en 2009, en cas d'incidents racistes graves. Toutefois, l'application dans les compétitions nationales dépend des fédérations. Un processus qui incite les esprits les plus obstinés à la provocation ou à des tentatives d'instrumentalisation de part et d'autre, et, en cas d'évacuation du stade, qui génère des problèmes d'ordre public et de violence. Le signal de fermeté est néanmoins important pour la LFP. « La lutte est gagnable contre les violences et les discriminations dans les stades, dit alors un de ses responsables. Il s'agit d'un petit milieu d'une quarantaine de stades et de quelques milliers de fauteurs de troubles. Notre détermination et notre fermeté rencontrent de surcroît un écho positif auprès de la grande majorité des clubs qui nous suivent complètement. »

À l'occasion de son congrès de Londres, en mai 2013, l'UEFA renforce les sanctions pour les compétitions qui relèvent de sa compétence. Elle impose dix matchs de suspension minimum aux auteurs d'actes discriminatoires et, pour les supporters concernés, une fermeture partielle du stade à la première infraction, puis une fermeture totale assortie d'une amende en cas de récidive. Perpétuel concurrent de la présidence de l'UEFA, le président de la FIFA renchérit, une semaine plus tard[314]. Avec des décisions plus drastiques qui amorcent un changement d'optique. Jusque-là, la FIFA et nombre de fédérations préféraient privilégier les mesures éducatives et la sensibilisation pour lutter contre les discriminations. Cette fois, le président Blatter donne le ton : « Aujourd'hui, nous devons renforcer les sanctions. À mon sens, les amendes ne sont pas suffisamment dissuasives. Je pense que les déductions de points ou l'exclusion d'une compétition seraient plus efficaces[315]. »

La résolution repose sur trois principes : éducation, prévention et sanctions[316], avec une mesure innovante : la création d'un poste d'officiel antidiscrimination dans les stades pour identifier les actes de racisme, recueillir les preuves et soulager le travail de l'arbitre. Il ne s'agit que d'une résolution, mais le préambule mentionne clairement aux fédérations membres de la FIFA que l'élimination du racisme et de la discrimination relève de leur responsabilité et les rappelle à leurs obligations d'appliquer le code disciplinaire.

Et, depuis juillet 2019, la FIFA sanctionne plus sévèrement encore les injures discriminatoires dans les stades. Les matchs interrompus définitivement sont désormais perdus[317]. Et la sentence vise aussi l'équipe dont les supporters sont responsables des incidents et pourrait même, techniquement, s'appliquer lors d'une rencontre de Coupe du monde.

Après avoir ordonné une première annonce du speaker, puis une suspension de la partie avec renvoi des joueurs aux vestiaires, l'arbitre avait déjà la possibilité d'arrêter définitivement un match si les incidents persistaient. Cette fois, le champ des injures et comportements considérés comme discriminatoires est spécifié : c'est-à-dire, ceux qui visent la « couleur de peau, l'origine ethnique, géographique ou sociale, le sexe, le handicap, l'orientation sexuelle, la langue, la religion, les opinions politiques, la fortune, la naissance ou tout autre statut ».

Notons que ce code disciplinaire ne concerne que les matchs de la FIFA, c'est-à-dire les éliminatoires de la Coupe du monde 2022. Donc que les rencontres de la campagne de qualification pour l'Euro 2020, émaillée par exemple par le comportement raciste de supporters du Monténégro face à l'Angleterre en mars de cette année-là, dépendent… de l'UEFA.

Les sanctions

Les sanctions disciplinaires à l'encontre des clubs

En France, les mesures prises sont globalement en avance sur d'autres pays, notamment du sud de l'Europe. Le poste d'officiel antidiscrimination, rempli par les délégués de match, est un progrès – il est toutefois certain qu'une plus grande fermeté dans l'application des textes est souhaitable, et c'est là l'esprit et la lettre de la résolution.

En 2012, le directeur adjoint de la Division nationale de lutte contre le hooliganisme a déclaré que la tolérance zéro appliquée aux supporters racistes faisait partie des objectifs prioritaires de sa mission. Les policiers chargés d'assurer la sécurité ont dû prendre en compte de manière prioritaire les actes et comportements racistes, xénophobes, homophobes et antisémites[318]. Dans leurs règlements, les fédérations intègrent désormais une condition générale de sécurité – obligeant les clubs à la responsabilité vis-à-vis du public, de l'agissement des supporters mais aussi de leurs dirigeants et de leurs joueurs.

Après des années d'absence de régulation et de contrôle, la tendance, à la fin de la première décennie des années 2000, était bel et bien au durcissement des sanctions. Les propos racistes d'un seul supporter entraînant des conséquences pour le club et suscitant une prise de conscience de toutes les parties prenantes. La situation, peu à peu, semblait donc s'améliorer dans le football professionnel. A-t-on alors baissé la garde ? Comment expliquer, pour l'année 2019 notamment, une recrudescence des actes racistes – dans les footballs amateur, professionnel, ainsi que dans les autres disciplines sportives ?

Des réponses contre le racisme

Si les réponses existent désormais pour lutter contre le racisme dans le sport, si la loi sur le sport a été modifiée pour que les associations antiracistes se constituent partie civile quand les instances sportives ne le font pas, les associations de supporters peuvent être dissoutes ainsi que les groupes de spectateurs, si un barème spécifique de sanctions pour les actes racistes, en plus de celles pour les faits de violence, a été créé, si les clubs sont responsabilisés financièrement et menacés par des retraits de points voire l'exclusion de compétition lorsqu'ils ne s'engagent pas afin d'empêcher les méfaits de certains supporters, pourquoi cette recrudescence ? D'autant que, avec la multiplication des actes délictueux, certains tribunaux se montrent en outre plus vigilants qu'auparavant, sanctionnent plus vite et plus sévèrement parfois. Et que les fédérations se portent partie civile et engagent aussi des sanctions contre le club incriminé, comme le Code du sport le leur permet[319]. Parce que les mentalités globales n'ont pas évolué voire dégénèrent ? Parce que le sport ressemble à la société où violences et discriminations en tout genre éclatent plus vite et s'expriment ouvertement ? Ou parce qu'une hypocrisie du «pas vu pas pris», du «soutenons d'abord le public qui rapporte» a pris le pas sur l'éthique initiale ?

Ainsi, bien que la FFF se soit portée partie civile au procès d'un supporter du club de Metz, accusée d'injures à caractère raciste contre le capitaine de l'équipe de Valenciennes lors d'une rencontre de février 2008, et pour celles-ci condamné en première instance à trois mois de prison avec sursis, ce type d'engagement n'a pas toujours duré. Et on a vu à travers plusieurs exemples cités dans ce livre que la volonté de sanctionner dépend souvent de l'ampleur de la couverture médiatique des expressions racistes retransmises et commentées ou non. Dès lors, les associations contre le racisme et l'antisémitisme, qui, elles, continuent d'œuvrer intensément en coulisses, ont un rôle essentiel. Comme dans l'affaire, jugée au TGI de Paris le 5 février 2008, s'étant déroulée durant un match de football opposant le PSG à l'équipe du Mans, où un spectateur avait mimé les gestes d'un singe chaque fois qu'un joueur noir touchait le ballon. Ce dernier n'avait pas souhaité déposer plainte, mais la constitution partie civile de la LICRA avait permis l'aboutissement de l'affaire. Le prévenu sera condamné, à titre principal, à une interdiction d'un an de pénétrer dans une enceinte sportive lors d'une manifestation sportive[320].

Des exemples édifiants

Le 22 février 2008, le coup d'envoi de Bastia/Libourne-Saint-Seurin (Ligue 2) est retardé. Sur deux banderoles déployées par des supporters bastiais, un message s'adresse au joueur libournais Boubacar Kébé : «Kébé, on n'est pas racistes...» et «La preuve, on t'encule». Les banderoles sont retirées à la demande des instances avant le coup d'envoi. À l'aller, le joueur libournais a déjà été victime d'insultes racistes de la part de supporters corses. Et Bastia s'est vu retirer un point. Cette fois,

Les sanctions

le verdict de la commission de discipline de la Ligue condamne Bastia à un match à huis clos sur ses terres. Sanction aggravée par la commission supérieure d'appel de la FFF avec retrait de deux points au classement de Ligue 2 pour le club. Le signal, fort, est adressé à tous.

C'est une première en Europe. Que le président du directoire de Bastia, Pierre-Paul Antonetti, qualifie d'«acharnement», ajoutant : «Je demande simplement aux vingt présidents de L 1 et aux dix-neuf de L 2 de réagir, si ce sont des hommes.» Malheureusement pour l'affichage, les tribunaux jugeront la mesure autrement et casseront le retrait de points.

Autre exemple déjà évoqué, l'affaire des injures contre le capitaine de l'équipe de Valenciennes le 16 février 2008, à l'occasion d'une rencontre Valenciennes-Metz. Ses propos injurieux de nature raciste valent au supporter messin responsable trois mois d'emprisonnement avec sursis, une mise à l'épreuve pour une durée de trois ans ainsi qu'une interdiction de stade de même durée. Avec un prononcé de peine intervenu moins de trois mois après les faits. Les instances dirigeantes du football sanctionnèrent ensuite le club de Metz et lui imposèrent un match à huis clos (contre Lorient). Les conséquences financières pour le club furent donc directement ressenties, et les supporters furieux.

Dans le cas des injures contre le capitaine de l'équipe de football de Rossillon en 2009[321], la cour d'appel de Lyon a, dans une décision du 22 octobre, aggravé les peines prononcées par le tribunal correctionnel de Belley. Pour avoir proféré des propos racistes[322], le joueur prévenu a été condamné à quatre mois d'emprisonnement avec sursis, une mise à l'épreuve de deux ans, l'indemnisation de la victime dans le cadre de l'action civile, ainsi qu'à s'abstenir de paraître sur les terrains et dans les stades durant trois ans, enfin à supporter – à ses frais – la publication de l'extrait du jugement dans les journaux *L'Équipe* et *Foot Ain*[323].

En décembre 2012, Bastia, qui affronte Marseille, joue à huis clos sur son terrain. Cela n'empêche pas les incidents, notamment des jets de pétards sur le bus de l'OM et des échauffourées autour du stade. La commission de discipline de la LFP décide ensuite la délocalisation, à Gueugnon, en Saône-et-Loire, du match suivant contre Nancy. Le président du club de Bastia, Pierre-Marie Geronimi, est même suspendu de toutes fonctions officielles en raison de son comportement envers le corps arbitral. Afin de protester, l'un des dirigeants historiques du club entame, lui, une grève de la faim en déclarant : «Même si j'ai 73 ans et que bon nombre de personnes m'ont prévenu des risques encourus, je continuerai cette grève de la faim pour protéger toutes les familles qui vivent grâce au Sporting[324]. » La polémique enfle. Le président de la LFP de l'époque, Frédéric Thiriez, soutient la commission de discipline en estimant, dans un communiqué, que sa décision est « courageuse et justifiée ». Pendant plus de trois mois, les matchs du SC Bastia seront délocalisés dans l'Hexagone.

Pendant la saison 2012-2013, la main de fer semble toujours en action : des interdictions de déplacement seront édictées contre les supporters de Paris, Nice, Marseille. Et des matchs à huis clos imposés aux clubs de Nice et Saint-Étienne en raison d'utilisation excessive d'engins pyrotechniques.

Des années plus tard, même combat. Le 12 avril 2019, la rencontre Dijon-Amiens est interrompue. Car le défenseur et capitaine d'Amiens, Prince Gouano, est visé par des insultes racistes venant des tribunes, et le fait savoir. Deux jours plus tard, la justice place l'auteur présumé des cris de singe – encore ! – sous le statut de témoin assisté. Nathalie Boy de la Tour, présidente de la Ligue de football professionnel, explique au micro de RTL que « la LFP se constituera partie civile avec la Ligue internationale contre le racisme et l'antisémitisme », saluant la réaction du joueur sur le terrain, qui « a fait preuve de beaucoup de sang-froid. Il a eu la bonne réaction [...] L'ensemble des officiels ont pris la bonne décision [...] Le racisme n'a pas sa place dans les stades ». Le directeur général de la Ligue plébiscite, de son côté, « le sang-froid de l'arbitre et du délégué du match, qui ont su gérer l'incident et faire les annonces dans le stade qui permettent de calmer tout le monde, ensuite le comportement efficace du club du Dijon, qui a permis d'interpeller immédiatement le spectateur et qui a porté plainte. Et puis, bien sûr, le comportement remarquable de Prince Gouano, qui a su prononcer des mots de tolérance et de bienveillance après la rencontre ».

Des sanctions trop souvent faibles

Ces exemples montrent, globalement, des sanctions sévères, en phase avec les textes, et donc volontaires. Hélas, ce n'est pas toujours le cas. Et quand un manque de fermeté est à déplorer, s'ouvre le débat sur l'implication et la réaction régalienne quant aux actes de racisme dans et autour des stades. Certains incidents donnent en effet lieu à des condamnations faibles, d'autres font l'objet d'un classement sans suite.

Les sanctions

Ainsi, dans l'affaire Kébé, le retrait d'un point au club de Bastia par les instances disciplinaires de la LPF, le 30 octobre 2007, est annulé – on l'a lu plus haut – par le tribunal administratif de Bastia un an plus tard. Qui estimait que rien ne prouvait l'origine des insultes entendues, envoyant par là même un mauvais signal aux clubs et freinant la politique de fermeté qu'entendait mettre en place la Ligue[325].

Deux plaintes déposées par l'Olympique lyonnais et SOS Racisme contre les supporters de Lyon pour apologie de la haine raciale n'ont ainsi donné lieu qu'à des condamnations faibles – et peu dissuasives : l'auteur de la vidéo partagée en ligne, et visible par le plus grand nombre, mettant en scène des cris et des slogans nazis, ne sera condamné qu'à 750 euros d'amende.

Le 10 avril 2012, pendant une demi-finale de la Coupe de France qui oppose le Gazélec Football Club Ajaccio à Lyon, les médias font état de l'attitude d'une partie du public ajaccien. Une fois encore, des cris de singe retentissent chaque fois que l'attaquant lyonnais Gomis touche la balle, assortis de jets de bananes. La FFF préférera, semble-t-il, ne pas enquêter.

Un mois plus tard, l'un des dirigeants du Gazélec d'Ajaccio insulte l'entraîneur du Paris FC, Alain M'Boma, et des joueurs parisiens sont victimes de propos et de violences racistes par ce même directeur sportif. Les menaces proférées devant des policiers ne donneront lieu à aucune réaction de leur part[326]. Aucun témoignage, des menaces niées et des preuves difficiles à fournir... le directeur sportif écopera d'une suspension de deux ans.

Chaque année apporte donc son lot de dérapages sans sanction. Comme le 10 février 2018, lors du match Dijon-Nice, où le Niçois Mario Balotelli dénonce des insultes racistes venant d'une tribune de supporters adverses. L'attaquant italien alerte l'arbitre, qui... lui inflige un carton jaune ! Cette affaire n'a donné lieu à aucune suite judiciaire, et la commission de discipline de la Ligue, qui avait placé le dossier en instruction, l'a classé sans suite faute de preuves suffisantes. SOS Racisme a fustigé la passivité du club bourguignon : « Pas un mot des dirigeants [du DFCO], pas un communiqué sur le site Internet du club. Le fait qu'aucune image ne vienne confirmer l'existence des cris racistes dont s'est plaint Mario Balotelli devrait déclencher l'ouverture d'une enquête. Ou le lancement d'un appel à témoins, comme le font les clubs anglais dans de pareilles situations. »

Des poursuites systématiques par les fédérations concernées auraient pourtant permis, à l'époque, de clarifier un message de fermeté affiché par les textes fédéraux à l'endroit des clubs. Que penser, dès lors, de la sensibilisation à la question des discriminations raciales des magistrats? De la faiblesse des sanctions? De la lenteur de la procédure judiciaire, laissant les fauteurs de troubles sévir avant leur condamnation en justice? Des mesures préventives sont-elles envisagées? La traduction sur le terrain des textes législatifs, réglementaires, disciplinaires, et de la jurisprudence n'est, on le voit, pas toujours effective, tant s'en faut. Car si les textes répressifs sont globalement suffisants, comme on l'a vu, il existe de l'aveu même des différents interlocuteurs interrogés une sorte de «loi du silence» qui conduit les dirigeants sportifs ou les entraîneurs à privilégier une gestion interne des faits discriminatoires et à ne pas les signaler aux référents institutionnels.

Des dirigeants parfois aveugles

En niant la violence de cette dérive, l'expression raciste perdure et continue de se diffuser, en toute impunité, faisant toujours les mêmes victimes. Ne rien dire. Ne pas signaler. Ne pas se démarquer. Ne jamais faire de vague. Parfois, ce sont les dirigeants qui freinent la judiciarisation d'affaires pour éviter d'entacher l'image de leur club.

Ainsi en 2012, lors d'un match en demi-finales, Lyon rencontre Ajaccio sur l'île de Beauté. Un joueur de Lyon, Cristiano Gomes, accuse les supporters corses de lui avoir lancé des bananes sur le terrain pendant la rencontre. Quelques jours plus tard, il se rétracte, refuse de porter plainte et de s'exprimer de nouveau sur le sujet. Était-ce une décision personnelle? A-t-il été influencé? Par qui? Pourquoi? Pourquoi le club de Lyon ne l'a-t-il pas épaulé? À qui profite ce silence? Ne faudrait-il pas envisager le dépaysement de certaines affaires?

S'agissant des joueurs ciblés par ces violences, leurs réactions divergent selon l'âge des uns, la médiatisation des autres, le soutien des proches, l'évolution de leur carrière, leur caractère ou leur conscience du poids de l'histoire – parce que ce sont bien les hommes et leurs identités personnelles qui sont touchés par de telles insultes. Quelques rares professionnels, lors de rencontres diffusées en direct à la télévision, exigent réparation et dénoncent en direct les supporters qu'ils identifient, mais beaucoup d'autres préfèrent ne pas donner suite.

Les sanctions

« Il faut avoir le statut et le caractère [!] d'un Balloteli pour arrêter le match complètement, pour dire que ce n'est pas possible aujourd'hui de laisser passer ces cris de singe, ces injures, dans les tribunes, analyse Olivier Bernard[327], ancien footballeur professionnel, qui sensibilise aujourd'hui le monde du football au racisme dans les centres de formation des clubs professionnels d'Angleterre. Mais Balloteli, à 17 ou 18 ans, n'aurait peut-être pas eu les épaules assez solides pour le dire… En fonction de l'expérience, du vécu, de la répétition des scènes aussi, parce que, vous savez, ça pèse très lourd au bout d'un moment tous ces cris, chacun va réagir à sa façon. »

Dès lors – et pire –, sur le terrain, ce sont encore trop souvent les réactions des victimes qui sont sanctionnées et non les auteurs des provocations. Ce phénomène n'est malheureusement pas nouveau tant l'histoire se répète. On se souvient qu'en Ligue 2, en septembre 2007, les supporters bastiais avaient proféré de nombreuses injures racistes[328] contre Boubacar Kébé, l'attaquant africain du club adverse Libourne-Saint-Seurin. Excédé, le joueur leur avait fait un bras d'honneur, ce qui lui avait coûté une expulsion[329]. Son équipe termina la rencontre à 10 et perdit le match. Le 15 février 2009, au Havre, un même geste de colère transforma une nouvelle fois une victime en agresseur. Insulté à plusieurs reprises par un supporter normand, John Mensah, défenseur de l'Olympique lyonnais, finit par commettre deux fautes successives qui lui valurent autant de cartons jaunes et son expulsion du terrain.

Que de messages contradictoires et, surtout, d'injustices flagrantes et choquantes.

39

Le PSG, de l'enfer à l'action

S'il est une équipe qui, sur le sujet des violences et injures des supporters, a longtemps défrayé la chronique, c'est bien le PSG. Avant de prendre le taureau par les cornes, de décider de mesures fortes et de résoudre nombre – pas tous, n'exagérons rien – de ses problèmes. De l'enfer à l'action, le club parisien s'est mis sur la bonne voie.

Gérer les supporters

Contre ses aficionados aussi bruyants (pas grave) qu'ingérables, et régulièrement pris en flagrant délit de violences et injures, la direction du PSG, lorsqu'elle s'est résolue à bouger, a su multiplier les dispositifs de contrôle. Avec les achats de places conditionnés à la présentation de la carte d'identité, des caméras dans l'enceinte, un effort particulier entrepris pour lutter contre la violence et le racisme dans ses stades. Il faut dire que le club revenait de loin.

Le premier acte ouvrant aux exactions est arrivé par la tribune de Boulogne, et ces quelques mots de supporters indiquant aux autres « Ici c'est Paris », manière de défier les passionnés venus, eux, des banlieues franciliennes. Paris contre ailleurs. Bientôt, les affrontements entre supporters, la violence, le racisme affiché, assumé, entraînent la séparation des groupes de supporters par l'actionnaire de l'époque, Canal+, à la fin des années 1970 et au début des années 1980. Avec la tribune de Boulogne composée de supporters blancs, d'identitaires, de skinheads ou même de Russes – dès lors qu'ils sont blancs – d'un côté et, de l'autre, la diversité à la tribune d'Auteuil avec les jeunes issus des banlieues, franciliennes notamment.

Première erreur ! Car cette décision, loin de régler les problèmes, a contribué à cristalliser l'animosité entre ces factions et à créer de nouvelles formes d'identités factices. Entre les deux camps, la guerre est vite déclarée. Et tout devient propice à la confrontation. Dans les chants, sur les banderoles, les insultes jouent la riposte d'une tribune à l'autre, et les affrontements physiques se déroulent aussi bien au Parc des Princes, à l'extérieur de l'enceinte, qu'à l'occasion des déplacements.

Et ce alors que les associations de supporters, même violents, continuent à bénéficier de locaux au sein même du PSG, d'avantages pendant les déplacements, d'abonnements réduits. On en verra même chargées de gérer les abonnés du club (!) et obtenir des tribunes réservées. Au fond, en quelques années, le PSG devient l'otage de ses supporters, « soit parce qu'ils sont utiles au club, soit parce que certains dirigeants en partagent l'idéologie », dénonce Hermann Ébongué[330], vice-président de SOS Racisme en charge du sport.

À partir des années 1980, ces groupes multiplient les provocations et les violences à connotation raciste, sans grande réaction des instances sportives. Face à l'absence de sanctions, les provocations se renouvellent, se durcissent dangereusement – cris de singe récurrents, saluts nazis, injures racistes et haineuses parfois ponctués d'agressions physiques. S'ensuit l'escalade de la violence, avec blessures graves, agressions contre les joueurs, et finalement la mort d'un supporter parisien en marge du match PSG-OM. L'attentisme des instances devient difficile à tenir. Le décès d'un second supporter[331], en 2007, constitue un tournant dans la prise de conscience de la gravité de la situation et dans la nécessité urgente de réguler les dérives dans le football professionnel.

Nicolas Sarkozy intervient

Il faut l'intervention des plus hautes autorités de l'État, et surtout celle du président de la République Nicolas Sarkozy, qui prend la question à bras-le-corps et pose un ultimatum. « Il a appelé plusieurs fois le président du PSG et, à partir de là, des consignes d'extrême fermeté ont été données », se souvient un ancien responsable de l'Union des clubs professionnels de football. « Le président de la République convoque la direction du club et la menace de dissoudre le club si l'affaire ne se règle pas », témoigne Hermann Ébongué[332]. Ordre est donné « de supprimer les emplacements réservés aux organisations de supporters. Ce qui semblait impossible pour mille raisons est subitement devenu possible et s'est réalisé après l'appel», confirme l'un des responsables de la Ligue de football professionnel.

Autour du directeur du cabinet du ministre de l'Intérieur, une concertation est mise en place, réunissant toutes les parties prenantes : le préfet de région, le ministère de la Justice, la police et les représentants du football professionnel et des clubs. Les pouvoirs publics rendent dès lors plus opérationnels les dispositifs répressifs. Ainsi, les interdictions des stades, auparavant marginales et touchant quelques dizaines de supporters (contre 3 000 en Grande-Bretagne), vont passer à plusieurs centaines. Le président du PSG, Robin Leproux, est contraint de dissoudre tous les groupes de supporters. Il supprime alors leurs locaux, leurs abonnements dans les deux tribunes, procède à des placements aléatoires, leur interdit l'achat de plus de cinq billets à la fois et identifie toutes les places vendues par la présentation d'une pièce d'identité.

Ces mesures inédites, prises sous la pression de l'Élysée, suscitent l'incompréhension des associations de supporters et leur colère. Un autre rapport de force essaie de s'installer. Par des sit-in, des boycotts de match ou des tentatives de blocage. Les camps des supporters, hier ennemis, se mobilisent contre les dirigeants. En vain. Le PSG a décidé, enfin, d'agir, malgré les conséquences financières de ces décisions courageuses, qui provoquèrent, dans un premier temps, une perte significative d'affluence et donc de recettes.

Des mesures originales et radicales

Pour accompagner les mesures sécuritaires et disciplinaires de fermeté, le club prend l'attache de SOS Racisme (et de son émanation Sportitude créée par la suite), et cible les dérives racistes et homophobes trop longtemps passées sous silence. Une convention est signée en 2010 entre ces partenaires. Une Commission d'observation, de surveillance et de contrôle pour toutes les rencontres du PSG est ainsi formée, avec une quarantaine de bénévoles, répartis en groupes restreints dans les tribunes, équipés d'appareils photo et de caméras cachés.

La mission des «observateurs» commence à l'extérieur de l'enceinte, avant le coup d'envoi, et se poursuit pendant le match, le long des gradins, qu'ils parcourent à la recherche d'individus ou de groupes tenant des propos racistes, homophobes ou discriminatoires. Leur travail consiste à identifier les suspects, à les filmer, à enregistrer leurs propos xénophobes, à les photographier pour obtenir la preuve du délit. Ils n'interviennent pas en direct pour préserver l'anonymat, se contentant de collecter les preuves rapportées à la fin de la rencontre à la commission dédiée. En cas de violence grave, consigne leur est donnée d'alerter le responsable de mission, lequel se trouve en lien permanent avec les services de sécurité et de police sur place. «Les observateurs ne doivent pas intervenir, ils sont là pour regarder ce qu'il se passe, se fondre dans la foule et avoir des preuves de délit – quand délit il y a», explique Hermann Ébongué, fondateur du dispositif pour le PSG, il y a une dizaine d'années. «C'est lors d'une réunion d'après-match, en commission des comportements avec le club, que l'on identifie les supporters – tous sont identifiés au PSG, vous savez –, et étudie à froid chaque cas et quelle sanction il convient d'infliger, plutôt ferme, plutôt pédagogique, ou les deux à la fois... On ne fait jamais les choses en direct, sauf en cas de flagrant délit majeur d'une grande gravité qui appelle une intervention rapide. Sur les fumigènes, les stewards interviennent tout de suite pour les éteindre, mais les sanctions viennent après. On ne sort pas la personne du stade pendant le match, cela risquerait de créer des crispations et des tensions supplémentaires, on évite les émeutes! La logique est d'aller petit à petit vers un changement de mentalité. Après le premier message de fermeté du plan Leproust[333], il faut mettre le curseur entre sévérité et pédagogie – en gardant un contrôle permanent des tribunes.»

Le partenariat établit également une plainte systématique du PSG en cas d'incidents, avec constitution de partie civile de SOS Racisme.

Des progrès salués

SOS Racisme et Sportitude considèrent que le racisme est désormais endigué au PSG et que ce type d'actes a quasiment disparu dans l'enceinte du club depuis 2010. Toutefois, l'association reconnaît une situation non stabilisée en raison de nouvelles formes d'action des supporters, qui utilisent les réseaux sociaux, des autocollants ou des tags xénophobes autour du Parc des Princes.

«Il faut maintenir la garde, ajoute Hermann Ébongué. Toutes les rencontres du PSG sans exception sont contrôlées par nos brigades dans les tribunes, et toutes les tribunes le sont, même les plus huppées!

Les supporters ont évolué sur les questions de racisme et de violence qui sévissaient avant 2009. Ceux qui n'ont pas évolué savent qu'ils sont contrôlés et surveillés par nos observateurs… Cela ne veut pas dire qu'on ne pourra pas avoir des cas isolés, mais il n'y a plus ces situations organisées avec des chants, des jets de bananes. Le problème est que, pendant très longtemps, il y a eu un laisser-faire, y compris de la part des dirigeants, obnubilés par la logique mercantile. Pourtant, ces scènes de violence font perdre de l'argent au club, éloignent les supporters familiaux, les investisseurs et les sponsors! Je crois que tout cela est en train de bouger, que les sanctions sont prises et que ce qui a été fait au PSG constitue un tournant. Avec un vrai travail de fond, on y arrive!» assure-t-il, déplorant toutefois que rien ne soit fait pour donner un autre modèle de supportérisme au public des stades.

Un modèle de supportérisme à revoir

Oren Gostiaux, à la LICRA, acquiesce. «Le modèle français de supportérisme a commencé il y a quarante ans, et se perpétue aujourd'hui, par habitude sans doute. Vous savez, dans les derbys par exemple, toutes les semaines, on voit que la qualité des chants reste exceptionnelle…», explique-t-il, avec humour. «C'est dans notre culture, nous sommes en dualité. En France, on s'occupe de l'adversaire essentiellement. Qu'il faut déstabiliser. En Angleterre, à l'inverse, on s'occupe de son équipe, et les supporters chantent à la gloire de celle-ci pendant le match! J'ai même assisté à des rencontres où l'adversaire se fait applaudir pour un fait de jeu exceptionnel! Chez nous, on a abandonné ce côté-là. On ne *soutient* pas, on est *contre*.»

L'idée mûrit d'un dispositif européen de lutte contre le racisme et la violence qui permettrait d'uniformiser une même fermeté et pédagogie, de protéger les joueurs en matchs intérieurs et extérieurs, et de ne pas pénaliser tous les supporters pour le comportement insupportable de ceux qu'il faudrait bannir des stades.

Cent fois, sur le métier…

Mais croire que tout est gagné serait faux. Car le football est, aussi, un espace d'expression de nouvelles formes de revendications régionalistes et identitaires sur fond de racisme, d'homophobie, de xénophobie. On le sait, certains réseaux de supporters ont des connexions fortes avec l'extrême droite. Et vont même jusqu'à revendiquer l'idéologie nazie. Des groupes identitaires souvent dissous qui se reconstituent sous une autre dénomination.

Inlassablement, les associations montent au créneau pour appeler les pouvoirs publics à réagir et à envoyer un signal fort au monde sportif afin qu'il agisse contre les groupes identitaires dont les discours de haine hostiles aux joueurs ou arbitres noirs et d'origine maghrébine sont inadmissibles. Et si les ultras sont considérés moins violents que les supporters extrémistes du PSG avant leur dissolution, leur comportement est tout aussi insupportable.

Différentes chapelles de l'extrême droite et des mouvements nazis tentent bel et bien d'instrumentaliser certains groupes de fans. Souvent ils échouent, les supporters voulant conserver leur absolue autonomie. Parfois, ils tissent des liens, et la politique s'immisce. D'autres fois, certains jeux politiciens compliquent la relation avec les groupes de supporters. Plusieurs responsables du football estiment qu'à Paris, avant la «pacification» du Parc des Princes, certains élus auraient été bien moins sévères à l'endroit de l'ultragauche qu'à l'égard des groupes identitaires.

Reste que le PSG a agi et que, globalement, il faut l'en applaudir.

40

La violence et le racisme toujours au menu des rencontres !

D'année en année, au bout du compte, malgré des espoirs, rien ne semble pouvoir réduire définitivement les violences et le racisme sur les terrains de football. Pis : les incidents paraissent, depuis une période récente, se multiplier.

On l'a vu, en avril 2019, le capitaine d'Amiens, Prince-Désir Gouano, est insulté et ciblé par des cris de singe lors d'un match de Ligue 1 contre Dijon. La rencontre est arrêtée. La veille, des supporters de Chelsea traitaient le joueur égyptien de Liverpool, Mohamed Salah, de « poseur de bombes ». Quelques semaines plus tard, plusieurs incidents racistes se déroulent en Angleterre, puis en Italie. Un peu partout en Europe, le football professionnel devient le théâtre de comportements et d'insultes racistes – qui semblent proliférer, même s'il n'existe aucune donnée statistique permettant d'étayer ou d'infirmer cette impression partagée par les chercheurs qui travaillent de longue date sur la question.

« Dans toute l'Europe, on assiste depuis quelques années à une montée des nationalismes, ainsi qu'à la libération d'une parole qui est longtemps restée tue parce que honteuse, et qui ne l'est manifestement plus », explique Nicolas Bancel, historien du sport à l'université de Lausanne. « La médiatisation du football et les passions qui y sont à l'œuvre accentuent la visibilité du racisme latent au sein des populations. Le stade demeure l'un des seuls espaces publics où les voix racistes peuvent se faire entendre », complète Patrick Clastres, depuis la même université.

L'Inter Milan a joué deux matchs à huis clos en janvier 2019 après les insultes racistes proférées par ses supporters contre Kalidou Koulibaly (Naples) en décembre précédent. Des supporters sont interdits de stade, les communiqués de presse multiplient les propos de fermeté et les conventions avec les associations antiracistes, mais le phénomène n'est pas endigué pour autant.

Des années auparavant, un haut représentant de la Ligue de football professionnel confiait sa priorité en matière de lutte contre les violences et les discriminations : « Pour lutter contre les dérives en tout genre, le pivot de l'action est le ministère de l'Intérieur. Le ministère des Sports n'est pas engagé sur le volet répressif que nous mettons en place, et ne nous soutient pas. Le ministre demande un dialogue avec les supporters, ou d'organiser un congrès national du supporter, alors que la réponse doit être répressive. Depuis dix ans, nous n'avons eu sur cette question aucun soutien clair du ministère des Sports. Aujourd'hui encore, le travail se poursuit avec le ministre de l'Intérieur et le Premier ministre. »

Qu'en est-il aujourd'hui ?

En juillet 2019, la LFP s'associe à la LICRA pour créer des fiches de signalement disponibles en ligne permettant « à toute personne présente dans les stades, témoin ou victime, de signaler un acte discriminant (raciste, antisémite, homophobe, sexiste ou autre). Tout signalement transmis déclenchera une procédure définie en étroite collaboration entre la LFP et la LICRA », souligne la Ligue de football professionnel, qui, par la voix de sa présidente Pascale Boy de la Tour, explique : « Nous disposerons de nouveaux moyens pour cibler les sanctions. Le comportement inacceptable de quelques-uns ne doit pas pénaliser la grande majorité de nos supporters car, je le souligne, les actes discriminatoires sont le fait d'une minorité. »

Selon Albert Couriol[334], dirigeant du Black Stars International et frère de joueurs professionnels de football, « on a donné un peu trop de liberté aux supporters dans le football moderne… Il faut donc des actions collectives, fortes, qui marquent les esprits, pour pousser les instances à prendre des décisions, tant il est facile maintenant de savoir qui profère tel propos avec les caméras dans les stades. Ensuite, je crois que l'action marquante doit venir des joueurs : ce sont eux qui sont idolâtrés, ce sont eux qui peuvent parler et dire stop au racisme, ce sont eux qui seront entendus par les enfants, les adultes… Encore faut-il qu'ils aient envie de porter le drapeau contre le racisme ! ».

Sixième partie

LES MANIPULATIONS DES COMPÉTITIONS SPORTIVES

41

La mafia des paris en ligne

Scandale, coups de filet inédits et « tsunami » de matchs truqués dans le tennis mondial[335], titrent, en avril 2018, les médias, se fiant aux premiers résultats d'une longue enquête de police – encore en cours, en France, en Belgique, en Espagne, aux États-Unis – orchestrée par le parquet belge.

Dans la presse, le procureur général adjoint de Belgique est volontiers alarmiste et la médiatisation de « l'affaire belge » amorcée. Jour après jour tombent les révélations de nouvelles interpellations, quelques noms de joueurs français sont dévoilés, qui auraient accepté de truquer leurs matchs pour 1 000 ou 2 000 euros. D'autres confient avoir été approchés, insistent sur la nécessité de briser le silence et d'aider les joueurs à faire face à ce fléau. Car c'en est un. « Il s'agit du réseau d'une mafia de paris [en ligne] qui s'est propagé dans sept pays en Europe. La triche est à très grande échelle », affirme ainsi la justice belge, par la voix de son procureur général adjoint, Éric Bisschop. Des interdictions de jeu sont immédiatement prononcées contre plus d'une vingtaine de joueuses et de joueurs de tennis dans le monde.

La médiatisation des interpellations et la fermeté des sanctions disciplinaires, dénoncées par les avocats des joueurs soupçonnés suffiront-elles à éradiquer cette pratique? Pas sûr. Elles sont nécessaires, donnent le ton et conduisent à une nouvelle approche de la lutte contre les manipulations des compétitions sportives, mais comment lutter contre les manipulateurs qui viennent du monde entier sans l'harmonisation des législations européennes et internationales qui permettrait aux autorités judiciaires de mener à bien leurs enquêtes, en relais, sur différents territoires? Comment lutter contre des opérateurs hébergés à l'étranger, non agréés en France, et sur les sites desquels les Français peuvent néanmoins parier, en l'absence de coopération des États d'origine[336], ce qui paralyse la judiciarisation des affaires, la recherche des preuves et des coupables à l'origine des tricheries ?

Un monde pas virtuel du tout

Pourtant, tout est prêt ! Les structures existent *via* le Groupe de Copenhague, créé par le Conseil de l'Europe en 2016. Les 33 pays membres de celui-ci ont défini « les bases d'une coopération transnationale permettant l'échange d'informations, d'expériences et d'expertises indispensables à la lutte contre les manipulations de compétitions sportives[337] » dans la Convention de Macolin[338] qui, quatre ans plus tard, reste suspendue au refus de ratification de certains États et au blocage de Malte.

Or le phénomène est réel. « Toutes les semaines, des joueurs sont approchés[339] » par des réseaux mafieux ou de simples parieurs anonymes, animés par la même volonté de gagner avec certitude et sans hasard.

La multiplicité des jeux d'argent dans le sport a fait de certains joueurs des ambassadeurs du monde de la « gagne », du sport business, et les complices de réseaux mafieux. Ces joueurs, qui acceptent de fausser les jeux, trompent les adversaires et les autres parieurs pour, finalement, n'enrichir que les corrupteurs qui, eux, ne laisseront aux corrompus que le poids de la défaite, de la honte et de la culpabilité.

Il ne s'agit pas seulement de l'histoire d'une dérive du « sport business » et de pratiques malhonnêtes, mais véritablement d'un point d'entrée des réseaux criminels dans le sport, d'une omerta, de la souffrance des joueurs manipulés, sans véritable prise de conscience du phénomène par les pouvoirs publics et le monde sportif.

Des lanceurs d'alerte

Dans ce dernier, pourtant, quelques rares lanceurs d'alerte rapportent leurs inquiétudes. « C'est une gangrène, nous ne sommes pas dans une affaire marginale. Il s'agit d'une véritable explosion… », confie Jean-François Vilotte, à la Fédération française de tennis, qui met en place des formations et tente de sensibiliser les sportifs aux risques de manipulation.

Le tennis ne détient pas le monopole de la corruption. Aucune des disciplines les plus populaires de chaque pays, qui engagent les volumes de paris les plus importants – le football, le tennis de table, le handball, le base-ball ou encore le criquet –, n'est épargnée par ces tricheries.

Pour remonter la chaîne des manipulateurs, il faut des lanceurs d'alerte, un partenariat solide entre les services de police et de justice des pays concernés – et des aveux. Dans cette affaire belge, apparaît ainsi un certain «Maestro», que les enquêteurs ont réussi à identifier, et à interpeller.

L'enquête s'accélère[340] en 2019, avec des révélations qui viennent d'Allemagne : «Un joueur du Top 30 serait impliqué», apprend-on, alors que les interpellations concernaient seulement jusqu'alors des joueurs de troisième catégorie. Son identité n'est pas révélée, mais il «aurait remporté plusieurs tournois ATP». Fin 2019, le bilan de l'enquête est impressionnant : 135 tennismen ont été interpellés et entendus par les enquêteurs, dans sept pays différents. Dont une trentaine en France. Et, en coulisse, les investigations se poursuivent.

«Cette mafia est très structurée, elle a des agents qui sont responsables des comptes, ceux qui blanchissent l'argent, et d'autres qui établissent le contact avec les joueurs», rapporte, devant la presse, le procureur général adjoint en Belgique.

Pour quelques milliers d'euros, des joueurs acceptent de perdre un set, selon un score convenu au départ, fléchissent leur jeu, puis reprennent la pleine maîtrise de leurs moyens une fois le score réalisé. Ceux-là feront gagner beaucoup d'argent aux parieurs bien informés, et permettront aux réseaux criminels de blanchir leurs fortunes mafieuses.

Un premier match. Un deuxième. Une dizaine… Comment sort-on de l'engrenage, après la première tricherie? Quelle relation entretient-on alors avec le corrupteur, aisément ajustable en maître chanteur, en cas de refus, la fois suivante? Les joueurs corrompus connaissent-ils les risques de leur faiblesse? Car ils sont perdants, à tous les coups. Les autres, les corrupteurs, empochent l'argent, disparaissent et fondent sur d'autres proies, dans d'autres pays. Et le manège se répète inlassablement. «Les manipulateurs ne sont pas des passionnés du sport, ils viennent là où ils ont de l'argent à se faire», ajoute le commissaire Philippe Ménard, à la tête de l'unité de la police judiciaire en charge de ces affaires.

Et chez nous ?

La France prend très tôt au sérieux ces dérives avec, notamment, la création de l'Autorité de régulation des jeux en ligne (ARJEL) qui contrôle les opérateurs agréés. Mais cette instance est bien en peine d'enrayer à elle seule un vaste système de corruption dont les autorités publiques comme le monde sportif tardent à reconnaître l'ampleur. Et la justice, pendant longtemps, a semblé s'en désintéresser, jusqu'à la création du parquet national financier (PNF), chargé de traquer la grande délinquance économique et financière, en décembre 2013. Les premiers procès pour corruptions passives d'une compétition sportive eurent lieu des années plus tard, en 2019.

Qui sont-ils, ceux qui succombent ? Souvent, les joueurs les plus vulnérables, à des niveaux professionnels de troisième catégorie, bien loin de l'or des podiums et des salaires de vedettes. Que l'argent facile pourra plus facilement faire vaciller.

Comment les fédérations protègent-elles leurs troupes ? Comment ce fléau a-t-il pu se développer, quels freins empêchent aujourd'hui de le combattre ? Quand le hasard n'a plus sa place dans le sport, quand le jeu ne dépend plus de la seule volonté du sportif et de ses capacités, quand la performance des uns fait l'argent des autres, alors l'intégrité des hommes et du sport est ébranlée.

42

La France aussi

Le Service des courses et jeux a été créé en France en 1892 pour contrôler les manipulations des courses hippiques. Plus d'un siècle a passé et, aujourd'hui, à l'entrée de cette cellule spéciale du ministère de l'Intérieur, en banlieue parisienne, quelques machines à sous aux couleurs vives attendent patiemment de nouveaux joueurs, qui ne viendront pas. Objets de saisies ou de collections, trafiqués par leurs anciens propriétaires ou non, ces appareils campent le décor de l'unité spécialisée dans la surveillance des casinos, des cercles de jeu, des points de vente de la Française des Jeux (FDJ) et du PMU... en parallèle avec les divisions judiciaires sur les affaires d'infractions propres aux jeux eux-mêmes. Les maisons de jeu, les loteries clandestines, les jeux en ligne sans agrément et les affaires de blanchiment ont amené ces unités à devenir expertes en corruption sportive. «Le premier cas connu de nos services, c'était l'affaire de l'OM-VA en 1993, se souvient Philippe Ménard[341], commissaire général du Service courses et jeux. Il ne s'agissait pas de paris sportifs, c'était Marseille qui voulait préserver ses joueurs en obtenant une victoire facile à Valenciennes avant la finale de la Coupe fédérale des champions», ajoute-t-il. «C'est l'affaire qui lance un pavé dans la mare – et médiatise la corruption dans le sport.»

Les textes existent

Vingt ans plus tard, tandis que les paris sportifs se sont fortement développés, créant de nouvelles opportunités illégales, le délit de corruption sportive[342] est institué, avec le pouvoir de sanctionner à la fois le corrupteur et le corrompu, incriminés respectivement de corruption active ou passive.

« Est punissable le sportif en tant qu'acteur d'une manifestation sportive donnant lieu à des paris sportifs qui, en vue de modifier ou d'altérer le résultat de paris sportifs, accepte des présents, des dons ou des avantages quelconques, pour lui-même ou pour autrui, afin qu'il modifie, par un acte ou une abstention, le déroulement normal et équitable de cette manifestation[343]. »

« Est également punissable toute personne qui promet ou offre, sans droit, à tout moment, directement ou indirectement, des présents, des dons ou des avantages quelconques, pour lui-même ou pour autrui, à un acteur d'une manifestation sportive donnant lieu à des paris sportifs, afin que ce dernier modifie, par un acte ou une abstention, le déroulement normal et équitable de cette manifestation[344]. »

Le hand touché

Corrompu comme corrupteur encourent cinq ans d'emprisonnement et 75 000 euros d'amende. De quoi décourager les manipulateurs de compétitions sportives ? Pas vraiment ! « Hélas, juste après, on a eu l'affaire Karabatic, en handball », se souvient Philippe Ménard, en charge du dossier à l'époque.

Mai 2012. Le club de Montpellier Agglomération Handball est sûr de remporter le titre de champion de France – quels que soient les résultats de la fin de saison. Pas d'enjeu dans les dernières rencontres pour les champions, même sans leurs joueurs vedettes, assignés au repos avant les Jeux olympiques. Le club de Cesson Rennes Métropole, lui, a enchaîné les défaites et doit l'emporter face à Montpellier pour assurer son maintien en élite, la saison suivante... Et, contre toute attente, le Breton gagne 31 à 28. « On reçoit le champion de France et on obtient notre maintien en le battant. Au niveau émotionnel, c'est énorme », réagit, devant la presse le directeur du club de Cesson, à l'issue du match[345].

« L'alerte nous avait été donnée par la Française des Jeux un peu plus tôt en raison des volumes de paris engagés à Montpellier pour un match de handball qui s'annonçait pourtant sans grand enjeu, commence Philippe Ménard. Nous avions des relations de travail étroites avec la FDJ. Elle a été très réactive. Il faut dire qu'elle allait subir un important préjudice financier ! Dans ces affaires de défaites inattendues, le doute subsiste toujours : l'équipe peut avoir levé le pied sans une manipulation liée aux paris. »

Mais, cette fois, les éléments sont accablants. Les paris concernent les résultats à la mi-temps. Et les suspicions de tricherie sont confortées par des résultats correspondant exactement au montant des paris engagés. La FDJ prend une décision radicale, bloque tous les paris du match et donne l'alerte aux services de police – le Service courses et jeux est alors chargé de mener l'enquête « avec les moyens classiques ».

Première énigme à résoudre : qui a joué et dans quels points de vente engageant ces enjeux de paris suspects ? « Nous nous sommes aperçus que ces gens étaient en relation avec les joueurs de l'équipe de Montpellier. » Quel est le point commun entre ces parieurs ? À qui profite la manipulation ? « Ensuite, nous avons fait du bornage téléphonique pour savoir s'il y avait eu des relations entre les uns et les autres. »

Quelques jours plus tard, les joueurs sont interpellés par le service du commissaire des Courses et Jeux. Certains reconnaissent avoir parié, d'autres nient catégoriquement, raconte Philippe Ménard, « et notamment ceux qui étaient à la base de la manœuvre. Les frères Karabatic, qui ne jouaient pas ce soir-là, assurent qu'ils n'ont rien à voir avec cette affaire, qu'ils n'étaient pas concernés – sauf qu'ils avaient un ascendant évident sur l'équipe, et qu'il leur suffisait de dire aux autres ce qu'il fallait faire pour qu'ils s'exécutent ! ».

En 2017, Nikola et Luka Karabatic écopent de 10 000 euros d'amende assortis d'une peine de prison avec sursis de deux mois. Les peines prononcées à l'encontre des quatorze autres prévenus s'échelonneront de 10 000 euros d'amende avec sursis à quatre mois de prison avec sursis et 40 000 euros d'amende.

Le commissaire Philippe Ménard reprend : « Nous avions découvert que la tricherie avait pour but d'offrir à l'équipe un voyage tous frais payés sur une île paradisiaque avec femmes et enfants... Comme s'ils avaient besoin de ça ! Ce n'était pas du tout un profil mafieux, c'était de l'argent facile, de l'opportunisme ; ils se sont dit que cela ne se remarquerait sans doute pas. »

« Je suis étranger à tous ces paris », s'était une nouvelle fois défendu Nikola Karabatic à la barre lors du procès en appel, niant tout trucage du match. Son frère Luka avait, en revanche, reconnu avoir parié avec sa compagne, évoquant la « bêtise d'un jeune joueur ».

« La difficulté dans ce genre d'affaire, c'est la preuve. Comment montrer que les joueurs ne jouent pas à leur plein niveau ? » s'interrogent régulièrement les enquêteurs.

43

Un Fréjus-Colomiers ahurissant

Un soir de printemps, sur le terrain du club de Fréjus-Saint-Raphaël, les supporters affluent dans les tribunes. Le parfum des arbres, la chaleur douce de la fin du jour, l'été est en avance dans le sud de la France. Fréjus, hôte de la rencontre, est favori, et le match de Championnat de France de Nationale pas un grand enjeu à domicile. Tout semble écrit à l'avance. Alors on vient, en famille, pour L'Étoile, L'Étoile-Club-Fréjus-Saint-Raphaël.

Mais qui sait ce qu'il se passe réellement ce soir-là ? Avant le match, tout paraît normal. Les joueurs entrent sur le terrain. Le public s'échauffe. Les équipes aussi. Les footballeurs de l'US Colomiers, eux, sont fébriles : ils le savent, le match est déterminant pour leur maintien en Nationale. Un match apparemment sans histoire. Les rouges contre les bleus. Que le meilleur gagne ? Mais ce soir-là, les règles n'étaient pas les mêmes pour tout le monde.

Une vidéo édifiante

Bureau des enquêteurs de la police judiciaire, Service central des courses et jeux. Derrière son ordinateur, lunettes vissées sur le nez, le commissaire Philippe Ménard[346] déclenche la vidéo du match de mai 2014, de nouveau au cœur de l'actualité sportive et judiciaire, cinq ans plus tard.

« Regardez bien le gardien. »

Action rapide. Une passe, un but.

Le commissaire rembobine la bande-vidéo, repasse le tir et le but. « Regardez encore. Maintenant, regardez l'arrière, regardez ce qu'il fait. C'est la FFF qui nous a transmis les images. Premier but de Matar Fall marqué contre son camp. Le goal n'essaie même pas de plonger, commente le commissaire. Écoutez : même le public se marre ! »

Deuxième but contre Fréjus, cette fois de l'équipe adverse. Troisième but contre Fréjus. Quatrième but contre Fréjus. En vingt minutes de jeu, ce jour-là, l'équipe de Colomiers, qui n'avait pas gagné depuis treize rencontres, mène le score contre le favori. Sifflet de l'arbitre. Fin de la rencontre. 4-1 pour Colomiers. Sidération collective. Une simple histoire de contre-performance sportive ?

Trop d'argent d'un coup

« On a un partenariat avec une société suisse qui fait de la cotation, l'un de ses départements de veille est très compétent pour voir ce qu'il se passe dans le domaine des paris sportifs », témoigne le chef du Service central des courses et jeux. Et, ce soir-là, trois minutes avant le coup d'envoi, un montant inhabituel est misé sur cette rencontre de troisième division. Près de vingt fois les paris classiques. Ceux-ci, faits sur un site international officiel, ont été pris depuis l'Asie, en Thaïlande, et la cotation elle aussi semble exceptionnelle. Les enquêteurs de police sont immédiatement avisés. « Sur un même niveau de match les mises atteignent au maximum 3 500 euros. Et là, ça s'envole à 27 000 euros. En moins de trois minutes », se souvient Philippe Ménard.

L'information est immédiatement envoyée aux instances du football. Le message est alarmiste. « Nous avons une suspicion de match arrangé. » La Fédération française de football porte plainte.

Une longue enquête judiciaire commence. Elle va durer cinq ans.

Sur le terrain, ce soir-là, le public s'est vite rendu compte que le gardien de but, comme l'un des footballeurs de L'Étoile-Fréjus, n'était pas à son meilleur niveau. Qui savait, parmi les joueurs ? Qui se taira pendant la rencontre et après ? Et pour le public, comment aurait-il pu imaginer que la partie engagée sur le carré vert, en direct, est déjà jouée pour une grosse somme d'argent ?

Dans les tribunes, en ce jour de mai 2014, l'incrédulité fait pourtant place à la suspicion. Chez les supporters de L'Étoile de Fréjus, la colère, les cris, la rancœur, l'incompréhension apparaissent.

La séquence sportive est dramatique. Et leur équipe humiliée, malgré une victoire promise.

Indices maladroits

Quelques jours plus tard, dans les bureaux de la police judiciaire, les bandes-vidéo sont passées au crible. « Regardez le gardien, comme il se couche. Et ici, il refuse de plonger. Et là, il saute carrément dans le sens opposé de la trajectoire du ballon... On voit que sa passivité est anormale, il laisse passer quatre ballons en vingt minutes ! », commente le directeur du service de la police judiciaire de Nanterre, en charge de l'enquête pour corruption supposée de compétition sportive. Mais ce n'est pas suffisant pour authentifier la manipulation.

Le comportement « assez troublant » du défenseur, si prompt à mettre une balle contre son camp dès les premières minutes de jeu, intrigue aussi. Les enquêteurs visionnent de nouveau les images, au ralenti. Identifient certaines pistes. Dominique Jean-Zéphirin, le gardien de but, n'officie pas très souvent devant les buts de L'Étoile de Fréjus. « On apprend même qu'il n'avait jamais joué de la saison, sauf ce jour-là et pour la rencontre d'avant », ajoute Philippe Ménard. Encore plus troublant, rapportent les enquêteurs, le gardien de but titulaire qu'il remplaçait « n'était pas forcément blessé » – contrairement à une première explication du club. Encore une information qui éveille la curiosité des enquêteurs : l'homme est aussi gardien de l'équipe haïtienne de football.

Des pistes internationales

Or, quelques mois plus tôt, l'un des plus grands manipulateurs de compétitions sportives au monde, du moins autorevendiqué, a rapporté dans un livre avoir contribué au truquage d'une centaine de matchs dans le monde. Et évoqué parmi ses contacts un Singapourien qui parle d'un certain « Jean », précisément gardien de but haïtien. « C'est Interpol qui nous alerte là-dessus, ajoute Philippe Ménard. Europol nous met aussi sur la piste slovène. » Et voilà que, parmi l'entourage et les contacts entretenus par le gardien de but, les enquêteurs français identifient « la piste slovène » évoquée par les renseignements européens : « un mec tombé en Slovénie pour corruption de match ».

L'enquête avance. « On apprend ensuite qu'il fréquentait un gros voyou marseillais, qui à un moment donné de ses pérégrinations a eu besoin de prendre l'air en Thaïlande, s'est initié aux paris sportifs là-bas et, en rentrant en France, a voulu faire fructifier ses connaissances », raconte le commissaire.

Des aveux

Parallèlement, les auditions des sportifs ont commencé chez nous. Face aux enquêteurs, plusieurs coéquipiers du défenseur et du gardien de but passent aux aveux. Les manigances d'avant-match sont révélées. Et les témoignages des joueurs sont accablants : « Le gardien de but […] est venu me voir en début de semaine pour que je lève le pied pour la rencontre Fréjus-Colomiers […] Il m'a dit : "J'ai fait le con et j'ai des personnes qui me menacent ainsi que ma famille." En voyant leur attitude, j'ai pensé qu'ils avaient réussi à truquer le match. »

Les enquêteurs soupçonnent une première tentative de truquage – une semaine avant la rencontre Fréjus-Colomiers. Là aussi, le gardien de but remplaçait déjà le goal en titre – pour de mystérieuses raisons. « Le matin du match précédent (Fréjus jouait face à Dunkerque), il est venu me voir dans le hall de l'hôtel. Il m'a dit qu'il y avait beaucoup d'argent à se faire, si on perdait », confie un joueur aux enquêteurs, version confirmée par d'autres témoins. « Seulement, se souvient le directeur du Service central des courses et jeux de la police judiciaire, les joueurs refusent. Tous. »

Une semaine avant la rencontre contre Dunkerque, des volumes de paris anormaux sont constatés, déjà, venus d'Asie. Sans pouvoir obtenir le soutien des joueurs. Les truqueurs, alors, se ravisent. Et les soupçonnés auraient pris les choses en main. « Pour la rencontre contre Colomiers, le voyou marseillais a voulu placer 400 000 euros en Thaïlande. Mais au moment où il sort de prison, il se fait abattre avec son garde du corps, à Marseille. » Piste close. « On ne peut s'occuper des corrupteurs, mais on progresse, avec les joueurs suspectés », se souvient-on, au bureau d'enquête[347].

Après différentes auditions, les enquêteurs estiment que la manipulation a bien été établie et que « tout le monde savait ». Qu'en disent les deux joueurs suspectés ? « Le gardien de but, entre-temps, a disparu dans la nature ! », ajoute Philippe Ménard. Le défenseur explique aux enquêteurs avoir accompagné son coéquipier lors de « trois rendez-vous louches » où le gardien de but aurait été menacé « pour l'inciter à perdre». Il reconnaît avoir freiné son jeu lors du match, sans pour autant avoir touché «10 000 euros», somme promise au joueur qui acceptera de lever le pied pendant la rencontre. Finalement, quelques mois plus tard, le gardien de but, présenté par ses coéquipiers comme le «moteur de la combine», est retrouvé «dans une télé-réalité américaine à Los Angeles»; le commissaire marque une pause dans son récit avant de reprendre : «Il est revenu en France un jour, par avion. À Nice il s'est fait interpeller, on l'a récupéré, il a reconnu les faits, en assurant avoir agi à la demande de son coéquipier. Parole contre parole… Mais on voit bien que tous les contacts sont passés par lui. Le réseau singapourien a amené la technique, les voyous marseillais, l'argent, et ce sont eux qui ont mis la pression sur les joueurs pour truquer le deuxième match…»

Les deux anciens joueurs de L'Étoile Fréjus-Saint-Raphaël seront jugés en février 2020, cinq ans après la rencontre de Fréjus contre Colomiers, pour «corruption passive» et «association de malfaiteurs» au tribunal correctionnel de Paris. Mater Fall – qui a fait appel, est condamné à un an de prison avec sursis, 10 000 euros d'amende et une interdiction d'exercer dans le sport pendant cinq ans. L'ancien gardien a lui obtenu le renvoi de son procès[348].

44

Aucune coopération internationale

« L'un des problèmes majeurs de la lutte contre les manipulations de compétitions sportives vient des réseaux mafieux qui paient mais qui restent dans l'ombre. C'est tout le paradoxe de ce phénomène : les sportifs sont, en fait, les principales victimes, qui se font menacer, acheter, et qui ensuite se retrouvent interdits de pratiquer leur sport à vie, qui sont parfois même incarcérés tandis que les réseaux disparaissent et sont déjà passés à d'autres sports…, explique Corentin Segalen[349], coordinateur de la plateforme nationale de lutte contre les manipulations de compétitions sportives. Alors que si les approchés par les manipulateurs nous contactent, la police peut remonter vers les réseaux de manipulateurs ! »

La convention dite « de Macolin » contre les manipulations

Le signalement d'une tentative de manipulation est encore difficile à entendre pour le monde sportif. « C'est pourtant la seule réponse possible », insiste Jean-François Vilotte[350], qui fut le premier coordinateur de la plateforme française de lutte contre la manipulation sportive au sein de l'ARJEL[351], à sa création en 2016. « Les paris sportifs peuvent être enregistrés dans le monde entier, et donc échapper à l'ARJEL. Toutes les opérations de manipulations ces dernières années répondent aux mêmes schémas. Les paris ont été pris auprès d'opérateurs dans des pays faiblement ou pas régulés, qui se trouvent très loin du lieu d'organisation des compétitions sportives, afin d'être le moins possible détectables par nos activités de veille, puis par les services de police. Il faut bien avoir à l'esprit que ce sont des réseaux criminels extrêmement mobiles qui sont à l'œuvre. Ces réseaux vont corrompre les acteurs d'une compétition pour supprimer l'aléa sportif, maximiser leurs chances de gain et blanchir de l'argent.» Et Jean-François Vilotte de dénoncer le blocage de la Convention de Macolin, instrument juridique contraignant, qu'il a en partie contribué à rédiger. Il soupire : «La convention n'est toujours pas ratifiée par la France pour des raisons de droit européen qui sont, de mon point de vue, des prétextes que l'on devrait réussir à écarter ou au moins à transposer dans une loi nationale ! »

La convention dite «de Macolin» du Conseil de l'Europe sur la lutte contre les manipulations des compétitions sportives s'est ouverte à la signature en 2014, lors de la 13ᵉ Conférence des ministres du Conseil de l'Europe responsables du sport, à Macolin, en Suisse, et est entrée en vigueur le 1ᵉʳ septembre 2019 grâce à sa ratification par six pays : l'Italie, la république de Moldova, la Norvège, le Portugal, la Suisse et l'Ukraine.

Malte bloque

Depuis 2014, un seul et même État européen paralyse toutes les négociations, et met à mal la coordination globale et judiciaire de la lutte contre les manipulations de compétitions sportives. Souvent présentée comme la «capitale» européenne des jeux d'argent en ligne, Malte refuse en effet unilatéralement d'apposer sa signature au bas du texte en partie rédigé par la représentation française.

«En coulisses, nos émissaires français tentent de convaincre La Valette de venir à la table des négociations», ajoute le coordinateur de l'ARJEL. Mais le secteur des jeux d'argent en ligne rapporte gros à l'État maltais – plus de 11% de son PIB – et représente des milliers d'emplois directs. Alors, depuis près de six ans, les négociations achoppent. La fin du blocage pourrait venir des opérateurs de paris en ligne, basés à Malte», suggère l'ARJEL…

La France, quant à elle, n'a pas souhaité ratifier la convention. Une position paradoxale et contraire à la politique volontariste et avant-gardiste de notre pays dans la lutte contre les manipulations de compétitions sportives. «La France tient au principe de l'unanimité européenne, explique Corentin Segalen. Puisque l'Europe n'a pas encore réuni l'unanimité des votes pour ratifier la convention, notre pays préfère, pour le moment, s'abstenir.»

La raison tient à l'avis juridique du Conseil européen qui considère que l'Union européenne ne peut signer des traités relatifs aux compétences mixtes sans l'unanimité de Conseil, ce qui, en raison du veto de Malte, bloque toute ratification de l'UE ou même de ses États membres. Les enjeux ont pourtant conduit le Portugal et l'Italie à passer outre en procédant à la ratification.

Des actions malgré tout

À l'approche des JOP Paris 2024, notre pays aurait toutefois tout intérêt à ratifier cette convention et à donner ainsi un signal politique fort à l'international, celui de la défense de l'intégrité sportive. D'autant plus que le Comité international olympique s'est prononcé en faveur de ladite convention. Le temps presse, puisque le Comité de suivi de la convention était prévu pour 2020. Notre pays doit y trouver sa place afin de participer au mieux à cette dynamique et de peser sur les décisions.

« Sans avoir ratifié, nous avons tout de même décidé de l'appliquer et, en juillet 2016, conformément à l'article 13 de la Convention de Macolin, nous avons créé un réseau de plateformes nationales de lutte contre les manipulations sportives. La réunion avait lieu à Copenhague avec les représentants de la Belgique, des Pays-Bas, du Royaume-Uni, de la Finlande, du Danemark et de l'Espagne. Nous nous sommes appelés le Groupe de Copenhague. Nous étions 7 au départ, à présent l'Australie nous a rejoints, ainsi que le Népal et le Canada. Nous avons une dimension internationale, et notre objectif, c'est d'être 40 pays pour les JO et 80 pour Paris 2024, témoigne le coordinateur de la plateforme française, l'ARJEL. Vous comprendrez bien que l'on ne travaille pas de la même manière à 7 ou à 80 ! Nous sommes en train d'essayer de créer des outils pour avoir un langage commun, pour bien nous connaître et partager les mêmes processus. »

Différents acteurs ont accès à cette plateforme, collectent et partagent les informations relatives à la surveillance des cotations et aux compétitions sportives : le ministère des Sports, le Comité national olympique et sportif, la cellule Courses et Jeux de la police judiciaire, le parquet national financier, TRACFIN… « Toutes les instances nationales qui luttent contre le blanchiment d'argent et la corruption s'y trouvent. Il y a une coordination nationale mais aussi internationale, en réseau, en sécurisant les données personnelles nationales, assure

Corentin Segalen. Si un joueur nous alerte parce qu'il a été approché par un corrupteur, si nous voyons une cote baisser brusquement ou si nous enregistrons une mise atypique, nous faisons tourner l'information dans les autres pays, pour repérer l'existence d'anomalies sur le même match ailleurs. Mais, évidemment, nous ignorerons ce qu'il se passe chez un opérateur de paris qui ne coopère pas, basé dans un pays qui ne coopère pas non plus avec notre justice. »

Faute d'harmonisation des législations internationales, certains opérateurs de paris sportifs en ligne agréés peuvent donc proposer des paris interdits en France sur des compétitions mineures ou des enjeux anodins – le premier carton jaune, la première touche, le score du premier set de tennis –, laissant la porte ouverte aux manipulateurs, pour qui la corruption d'acteurs vulnérables du monde sportif semble un jeu d'enfant. Des paris sur des compétitions où «les enjeux sportifs sont insuffisants» que la Convention de Macolin, aujourd'hui en suspens, avait nommément interdits.

45

Dans les filets du Maestro

Quelques heures après un match d'un tournoi international de tennis de table, disputé en France et retransmis en direct, une jeune athlète étrangère est contactée par un inconnu sur les réseaux sociaux. Elle s'apprête à rejouer le lendemain.

« Salut, Marina[352], bravo pour ton match ! Je t'ai vue en live sur un site russe. »

(Pas de réponse.)

« Faudrait qu'on s'arrange ! »

(Pas de réponse.)

— Faudrait que tu gagnes *serré* un match.

— Salut. Tu te rends compte que je peux te dénoncer pour ce genre de message ?

— ? ? ? ? ? ?

— On n'a pas le droit de truquer les matchs.

— Ce n'est pas truquer un match, c'est juste gagner 4 sets à 1 au lieu de 4-0 ! »

Son interlocuteur lui propose 2 000 euros pour perdre un set.

« Pourquoi c'est à moi qu'il propose de l'argent ? », se demande Marina.

Alerte rouge

Au siège de l'Autorité de régulation des jeux en ligne, dans le bureau du coordinateur de la plateforme de contrôle, Corentin Segalen[353] inspecte des lignes de dépêches qui défilent sur son ordinateur, classées selon l'urgence par des codes couleur.

Ces informations strictement confidentielles, alertes plus ou moins inquiétantes à propos de manipulations et de paris en ligne présumés truqués, sont partagées aujourd'hui par 33 pays, mus par une même volonté de protéger l'intégrité des compétitions et des paris sportifs, en lien permanent avec les services de police et de justice nationaux. Sur la plateforme française, chaque alerte est livrée avec une mention explicative, qui résume brièvement les premiers éléments de contexte du signalement.

Ce jour-là, une nouvelle alerte attire l'attention de Corentin Segalen. « Nous avons une rupture de cote en Belgique, pour un match de basket-ball. La cote est passée de 1.60 à 1.15. C'est énorme! En chute de moitié[354]! Voyons le commentaire. Apparemment, l'entraîneur d'une des équipes a été démis samedi dernier, cela peut expliquer la baisse de cote... Mais on va surveiller quand même. »

Des notices jaunes, orange, rouges, celles qui constituent les alertes maximales pour des tricheries avérées; un même langage partagé entre les services de police et de justice.

Corentin Segalen[355] se souvient de l'affaire du tennis de table, et de Marina. « C'était ma première notice rouge. Le corrupteur lui proposait de gagner 2 000 euros en perdant un set, sachant qu'elle était quand même assurée de gagner le match parce que son adversaire avait un niveau bien inférieur au sien et qu'elle était hyperfavorite. C'était faisable discrètement et la cote intéressante. On avait calculé que si le manipulateur pariait 2 000 euros, il multipliait sa cote par 14! Il allait se faire beaucoup plus d'argent que la joueuse... »

Marina n'avait jamais été approchée avant. « Pourquoi moi? Pourquoi aujourd'hui? » De l'argent facile contre un peu de sa conscience. Marina refusa de tricher et sa conversation avec l'inconnu lui parut irréelle. Elle était pourtant loin d'être la seule athlète à recevoir ce type de proposition. « Des alertes de tentatives de corruption sportives? Mais j'en ai tous les jours, ici! », témoigne le coordinateur de la plateforme française de surveillance.

Marina a prévenu immédiatement la fédération de tennis de table de son pays, qui a alerté la fédération française, puisque la compétition avait lieu sur ce territoire. « C'est cette dernière qui me transmet une capture d'écran de l'échange entre l'athlète et son interlocuteur », explique Corentin Segalen. L'alerte est donc sérieuse. Il faut faire vite, le tournoi international est en cours. Qui sait si d'autres athlètes n'ont pas, eux aussi, été contactés ? Et ce qu'ils ont répondu ? Y a-t-il plusieurs manipulateurs ?

Corentin Segalen parcourt la conversation. La proposition est claire. Pas de doute, la tentative de manipulation est avérée et les preuves en sa possession suffisent pour déclencher l'alerte rouge. Le code couleur est à présent visible par tous les partenaires de la plateforme de surveillance des jeux en ligne. Notamment par la Direction centrale du Service courses et jeux de la police judiciaire et par le parquet financier national. «Quand on est en notice rouge, nous sommes certains de faire face à une tentative de manipulation. C'est un moyen de dire aux forces de l'ordre qu'on a des informations et qu'il faut ouvrir une enquête judiciaire.» Le code couleur fonctionne. L'enquête est ouverte.

Insistant

Quelques jours plus tard, le mystérieux interlocuteur de Marina la recontacte. Il semble craindre – ou le sait-il déjà ? – qu'elle l'ait signalé à la fédération et aux services de police. Dans ses messages, le manipulateur la tutoie sans l'avoir jamais rencontrée. «C'est le moyen classique de rabaissement, et, dans ce cas-là, l'idée est d'installer une proximité affective visant à culpabiliser la destinataire du message et à l'empêcher de dénoncer les faits si elle ne l'a pas déjà fait», analyse une psychologue de la région parisienne[356].

« Tu m'as dénoncé ? »

(Pas de réponse.)

« C'était une blague ! »

Cette fois, Marina ne répond plus. « Je savais très bien que ce n'était pas une plaisanterie », confiera-t-elle un peu plus tard.

« L'athlète a très bien réagi, ce n'est pas toujours évident pour les sportifs de refuser des sommes importantes alors qu'ils ne gagnent pas bien leur vie. Mais, grâce à ces informations, l'homme a été interpellé », explique-t-on au sein de l'Autorité de régulation des jeux en ligne[357]. Depuis, l'interlocuteur de Marina s'est réfugié en Moldavie. « Mais ça, c'est un autre problème. »

Pour identifier les corrupteurs, Corentin Segalen incite les athlètes à signaler la moindre approche. « La meilleure source d'information, ce sont les athlètes eux-mêmes. Pour les protéger, tout simplement ! »

Où Maestro entre en scène

Sur les courts de tennis, le phénomène est bien plus répandu qu'on ne l'imagine. Depuis plusieurs années, un certain « Maestro » a mis au point un système de corruption massif, international et très lucratif pour les parieurs. Son plus grand allié ? Internet, ses réseaux et l'accès facile aux athlètes. Malgré le travail de sensibilisation de la Fédération française de tennis, ces pratiques perdurent. Notamment dans les circuits éloignés des grandes compétitions médiatiques, comme les tournois Challenger, ou Futures, à l'ombre des podiums et des grands chelems, en troisième division, là où l'argent manque pour les jeunes. Là où la compétition pour les meilleures places du classement est plus rude qu'ailleurs. Perdre un set, envoyer la balle à quelques centimètres de la ligne, discrètement, et en tirer bien plus d'argent qu'on n'en recevrait en gagnant le tournoi sans tricher, c'est une tentation. Ne plus se serrer la ceinture, simplement pour participer aux compétitions, pour régler le billet d'avion, de train, la note de l'hôtel, c'est humain.

Les joueurs qui acceptent les propositions malhonnêtes n'ont souvent aucune idée de ce qu'ils vont découvrir. Mafia, crime organisé, associations de malfaiteurs. Le tennis et le football sont aujourd'hui les deux disciplines les plus touchées par ces trafics. Certains cèdent, d'autres ne répondent pas aux sollicitations, mais rares sont les athlètes qui avouent avoir été approchés par « les truqueurs ».

46

Les tournois Futures : une cible

Les tournois Futures sont une des cibles favorites des manipulateurs de compétitions sportives. En Alsace, un jeune joueur de tennis prometteur[358] est contacté sur les réseaux sociaux par un utilisateur anonyme qui se fait appeler « aucun bazar ».

« Salut ! C'est super ce que tu fais ! Tu sais qu'on peut miser sur toi sur un site en Allemagne ? Ça te dirait de gagner 1 000 euros ? »

L'inconnu lui propose 1 000 euros pour perdre 6-0 au premier set.

L'homme peut alors remporter 10 ou 15 fois sa mise sur un score exact que peu de parieurs auront ciblé, car ce sont généralement les athlètes favoris des tournois – censés gagner tous les sets – qui sont approchés. Pour que la mise rapporte, il faut que le risque pris par le parieur paraisse important, le score exact et inattendu.

Le jeune joueur prévient son entraîneur qui interpelle le juge arbitre du tournoi, qui lui-même signale l'incident à la Fédération de tennis, et voilà, une fois encore, comment l'information collectée par la plateforme fait l'objet d'une notice rouge.

Quelques semaines plus tard, un autre tournoi Futures a lieu dans la même région. Le joueur de tennis y participe. Une nouvelle fois, l'homme lui propose de truquer son jeu contre la même somme d'argent, payée « cash ou par virement ».

Pas de réponse du joueur. Les services de police analysent alors les communications. L'homme, interpellé dans la banlieue de Strasbourg, avoue avoir tenté à deux reprises de corrompre le jeune tennisman. « Là, ce n'était pas la mafia, mais un gamin qui avait des problèmes d'addiction au jeu et qui espérait se refaire facilement. Il a pris quatre mois avec sursis, assortis de deux ans de mise à l'épreuve », explique une source[359] proche de l'enquête.

Ainsi, avec des comptes différents sur des sites de paris étrangers et des coordonnées bancaires adaptées, un jeune parieur isolé peut adopter les méthodes du crime organisé. «Mille euros par semaine, ça n'arrive pas souvent pour un jeune pro quand on débute sur le circuit, c'est plutôt entre 100 ou 200 euros au mieux», explique le joueur approché.

47

Quid de l'affaire belge

« Cela faisait quelque temps qu'on enregistrait des alertes de différents niveaux, rouges, orange, jaunes, avec le tennis. Autant vous dire que, au moment où l'affaire éclate avec les Belges, je n'ai pas vraiment été très surpris », se souvient Corentin Segalen, coordinateur de la plateforme de l'ARJEL. En janvier 2019, le parquet fédéral belge fait savoir qu'une enquête en cours touche au moins sept pays (Belgique, France, Allemagne, Pays-Bas, États-Unis, Bulgarie, Slovaquie) et concerne « un groupe très structuré d'Europe de l'Est, spécialisé dans les matchs de tennis, qui agit en Belgique. On s'est rendu compte que les alertes tennis étaient liées, c'est comme ça qu'ils ont réussi à identifier le Maestro ». Grigor S., le fameux Maestro présenté comme un Belge d'origine arménienne, est le seul, parmi les six personnes inculpées côté belge, à être mis en détention provisoire.

Viser les enjeux réduits

Depuis des années, Maestro et ses troupes concentraient leurs cibles sur des matchs à enjeux réduits. C'est le cas du tournoi de Bressuire, dans les Deux-Sèvres, où les premières interpellations françaises auront lieu. Les gains maximums pour les vainqueurs avoisinent 1 500 euros, contre 3,5 millions d'euros pour les vainqueurs du championnat de Melbourne.

« Un jour, les Belges nous disent qu'ils veulent faire une intervention. Ils ont pu travailler sur le téléphone portable du fameux Maestro, il y avait tellement de contacts avec les athlètes français qu'ils ont décidé d'ouvrir un volet judiciaire en France », indiquent différentes sources proches de l'enquête lancée en 2015, lesquelles aboutiront trois ans plus tard à des perquisitions simultanées dans six pays d'Europe et aux États-Unis. Cinq Arméniens, dont le cerveau présumé du réseau, Grigor S., donc, sont depuis écroués en Belgique et «inculpés de corruption, blanchiment d'argent, faux en écriture et appartenance à une organisation criminelle».

En France aussi l'enquête avance. Et, en janvier dernier, les premières interpellations d'athlètes français font grand bruit dans le circuit sportif de «troisième division».

Dans les Deux-Sèvres, le tournoi «Futures» de Bressuire accueille des dizaines de jeunes athlètes, venus de toute la France, avides de compétition, de récompenses et de progression au classement ATP. Un matin, avant le début des tournois, la police se présente à l'hôtel où demeurent deux jeunes joueurs, J. et M.

Au cours de l'année, d'autres athlètes tricolores sont interpellés et entendus par les polices belge et française. Certains reconnaissent avoir truqué leurs matchs, moyennant finance. D'autres nient. Les auditions des sportifs sont douloureuses et dévoilent un système de corruption endémique chez des joueurs de «troisième zone», précaires, et bien souvent seuls à gérer leur début de carrière.

Mais le témoin le plus prolixe, pour les enquêteurs, reste le téléphone portable de Maestro. Ils y découvrent que les sportifs français ont truqué une soixantaine de matchs, à l'instar de M., qui avoue avoir «arrangé» depuis 2015 des simples et doubles contre des sommes comprises entre 600 et 2 000 euros, pour un total de 30 000 euros. Le joueur de tennis français est loin d'être le seul, confiera-t-il lors de son audition.

«Le match-fixing[360] est courant dans le tennis, à tous les niveaux, même en grands tournois ATP. Cette pratique concerne surtout les joueurs classés à partir de la 50ᵉ place. Si on leur propose un montant à cinq chiffres, rares sont ceux qui refusent[361].»

Comment M. a-t-il croisé la route du Maestro ? Au cours d'un tournoi à Bangkok, il a été approché par l'homme qui lui propose 600 euros pour perdre un match en double. Accord donné. Match perdu. À son retour en France, Maestro lui remet en liquide le montant convenu.

Le conseil du jeune athlète – qui refuse aujourd'hui toute interview – dénonce les conditions d'interpellation de son client, un «outrage médiatique[362]», une «mise en scène effroyable», s'indigne Mᵉ Karim Beylouni. M. est interpellé, devant les caméras, en bas de son hôtel, en pleine compétition sportive, comme un criminel. Son nom est donné en pâture aux médias, étalé dans tous les journaux... «Vous vous rendez compte de ce qu'il a vécu? Il a été entendu, et relâché. Mais aujourd'hui, QUI acceptera de jouer contre un athlète que l'on présente comme un tricheur? QUI acceptera qu'il participe à une nouvelle compétition? On se méfiera toujours de lui. Mon client n'est pas un criminel, il est l'une des innombrables victimes de cette pratique des réseaux mafieux, comme beaucoup de joueurs qui connaissent des difficultés financières et se laissent tenter par des arrangements. Il l'a lui-même dit aux enquêteurs : "Tant qu'il y aura des paris à l'appui des matchs de tennis, il y aura des problèmes de match-fixing. Qu'attend-on pour mettre fin à ces pratiques?"»

Une vraie question

À cette question, les coordinateurs, anciens et actuels, de la plateforme française chargée de surveiller le marché des jeux en ligne font inlassablement la même réponse : «L'harmonisation des législations des pays membres du Groupe de Copenhague, et l'intégration de nouveaux États.» Justice commune, sanctions communes pour combler les zones grises qui protègent les réseaux de corrupteurs.

Malgré les freins législatifs et diplomatiques, l'enquête sur l'affaire belge est parvenue à infiltrer et identifier le réseau mafieux à l'origine des tricheries. La médiatisation du dossier a endigué un temps les tentatives de manipulation, assure l'Autorité de régulation des paris en ligne : «Depuis l'arrestation de Maestro, dit-elle, nous avons eu 30% d'alertes en moins sur le tennis au niveau mondial. Cela montre bien que le tennis ne pouvait pas continuer comme ça. Pour nous, il s'agit d'une énorme victoire. Pour la première fois, c'est le réseau criminel qui est arrêté et qu'on met hors d'état de nuire!»

48

Caen-Nîmes : « Respect, monsieur le président »

Printemps 2014. Le club de football de Nîmes est en position de relégable. Ses nouveaux dirigeants, Jean-Marc Conrad et Serge Kasparian, le principal actionnaire, redoutent le pire. Il faut assurer le maintien en Ligue 2, et les onze derniers matchs de la saison seront décisifs. Pour le prestige compétitif, le nom du club, l'identité de la région, mais aussi la réputation des nouveaux acquéreurs.

« L'enjeu, au départ, il est là, il s'agit simplement de protéger les intérêts d'un club qui vient d'être racheté. Il n'y a pas d'histoire d'argent, en tout cas rien qui n'ait pu être prouvé, mais vous savez, vous n'avez pas besoin d'argent pour corrompre quelqu'un ! », explique Aurélien Létocart, vice-président du parquet national financier. L'affaire, qu'il a suivie et qu'il commente pour nous, deviendra la pièce maîtresse du premier procès pour corruption sportive tenu en France, en 2019.

Un cas d'école

Deux jours avant la rencontre entre les clubs de Nîmes et de Caen, des contacts se nouent entre le nouveau président du premier, Jean-Marc Conrad, et Kaddour Mokeddel, dit « Pilou », responsable de la sécurité du stade normand où se tiendra le match. Nîmes joue sa relégation. Caen, le bon élève de la Ligue 2, peut espérer une montée en Ligue 1. L'enjeu est important pour les deux équipes.

Entre les deux hommes, le président et, semblerait-il, le messager, l'échange téléphonique est bref. Ils l'ignorent encore mais c'est précisément à ce moment que l'affaire commence.

Caen-Nîmes : «Respect, monsieur le président»

Voici la retranscription d'extraits de conversations entre Mokeddel du stade de Caen et Conrad du club de Nîmes.

Mokeddel : «Jean-François [Fortin, le président du club de Caen] m'a dit qu'un point lui suffit. Il va faire en sorte d'essayer d'avoir un point. Voilà la seule chose qu'il souhaite.

Conrad : — Ce qu'il veut, c'est un point. Et nous, ce qu'on veut, c'est notre point!»

Cliquetis sec sur la ligne téléphonique. Fin de l'échange. Immédiatement, Pilou contacte son président et rapporte à Jean-François Fortin sa conversation avec son homologue de Nîmes.

Deux jours plus tard, donc, quelques heures avant la rencontre footballistique, les deux présidents s'entretiennent, là aussi, très brièvement.

Fortin : «Toi, c'est un point aussi?

Conrad : — Ouais, il nous faut un point, voilà.

Fortin : — Ben, si on n'est pas trop cons, hein?

Conrad : — Dis-toi bien que le nouveau président de Nîmes, il n'est pas trop con. Il s'est même bonifié et a amené un cadeau pour tout le monde.»

Le verbe est court, le ton faussement détendu, railleur même, les présidents ne s'attardent pas, on n'est jamais trop méfiant – ou pas assez cette fois. «Quand Conrad appelle Fortin, le président de Caen, il ne le prend pas à froid, il sait très bien pourquoi il l'appelle, et d'ailleurs ils tombent très vite d'accord», commente le vice-président du PNF.

Les présidents des clubs auraient-ils cherché à déterminer, avant la rencontre, un score qui les arrangerait, au détriment des règles d'intégrité du sport, de la compétition et des paris sportifs en cours? Et si oui, comment le prouver?

Lorsque le match commence, ce 13 mai 2014, au stade Malherbe de Caen, l'ambiance est plutôt joyeuse entre les supporters des «Croco» normands et les soutiens gardois. En quelques minutes, les joueurs ravissent leur public. Jubilation immédiate de l'un et de l'autre camp, un but partout, la balle au centre! Pendant la deuxième mi-temps, le temps s'étire et les frappes des joueurs aussi. Les supporters s'ennuient. Des passes d'un joueur à l'autre, sans attaque réelle... tant et si bien que, depuis les tribunes, des sifflets se font entendre! Les spectateurs veulent du jeu et tentent de pousser à l'action. L'atmosphère houleuse agace les présidents qui ont les yeux vissés sur le terrain et le score. À la fin du match, visiblement satisfait, Jean-François Fortin laisse éclater son émotion. Le point est gagné pour Caen, la montée en Ligue 1 se rapproche. L'espoir aussi. Et, peut-être, un peu de fierté personnelle. Il s'apprête à rejoindre la conférence de presse d'après-match.

Mais, dans les tribunes, ce sont de nouveau sifflets et cris des supporters dont la colère monte, qui retentissent. Comment ont-ils osé ?

Devant la presse, le visage de Fortin s'est fermé.

« Ce qui m'a surpris, ce sont les réactions du public. À croire que, contrairement à moi, ils n'avaient pas envie de remonter en première division. » Visiblement sur la défensive, le président de Caen n'en reste pas là, il salue « une façon de jouer très professionnelle de la part du stade Malherbe, et de Nîmes, d'ailleurs », et défend, déjà, sans s'en rendre compte, l'intégrité des joueurs et des présidents ! « Lorsque pointait la fin du match, ce qui pouvait intéresser les deux clubs, c'était le match nul. Il est bien évident, que ce soit les deux coachs ou les joueurs de chaque côté, tous ont essayé effectivement de ne pas prendre un but, et voilà ! »

Une plaidoirie de défense ? Pour le président de Caen, le déroulement du match et son résultat seraient le fruit d'une tactique sportive.

Jean-François Fortin l'ignore encore à l'époque, mais certaines de ses conversations téléphoniques feront basculer le cours de sa vie pendant de longues années.

Sur écoute

L'affaire Caen-Nîmes n'aurait sans doute jamais existé si, au hasard d'une enquête en cours et d'écoutes téléphoniques, les services de police n'avaient été intrigués par une information singulière, sans rapport avec leur enquête initiale.

« Au départ, les écoutes pistaient les conversations téléphoniques de Serge Kasparian, un homme d'affaires du sud de la France qui avait des brasseries, des boîtes de nuit, raconte Aurélien Létocart. Une information judiciaire avait été ouverte dans le cadre du Cadet qu'il venait de reprendre, l'un des derniers cercles de jeu en France. » Or Serge Kasparian parle football. De plus en plus. Il a repris le club de Nîmes avec Jean-Marc Conrad, et les enquêteurs interceptent une discussion, puis une autre avec son associé, puis avec d'autres acteurs sportifs, « en vue de s'arranger pour obtenir des résultats tronqués et favorables à Nîmes », rapportent les services de police. À un intermédiaire, chargé d'entrer en contact avec un club de la région parisienne que Nîmes doit rencontrer, Kasparian donne ses consignes : « Écoute c'est tout simple. Tu dis : "On est en mauvaise position tous les deux." Tu dis : "Celui qui a besoin laissera l'autre, est-ce que vous êtes d'accord ? S'il faut jouer le match, on joue." »

À leur insu, les deux hommes renseignent donc les enquêteurs. « Ils prennent contact avec tout un tas de gens : "Connais-tu Untel qui pourra nous être utile pour contacter telle personne ?" Ils essaient à tous les matchs, mais leurs tuyaux sont un peu percés, si ça ne prend pas, ils passent au match d'après », rapporte une source proche de l'enquête. Dans son ordonnance de renvoi, le juge d'instruction Serge Tournaire fera la même analyse : « L'intention des dirigeants nîmois d'arranger l'issue des dernières rencontres de la saison 2013-2014 du championnat de Ligue 2 apparaît manifeste. Ce n'est le plus souvent qu'en raison soit de l'absence de contacts réels, soit du manque de réceptivité de leurs interlocuteurs directs ou indirects, ou soit d'intermédiaires peu fiables que leur entreprise corruptive a échoué », indique le magistrat. « Il y a ce contact, un moment donné, qui semble bien engagé avec Bastia. » Une source proche de l'enquête de police confirme qu'un dîner est même organisé dans un restaurant de Bastia la veille du match entre les deux équipes ! Autour de la table, Jean-Marc Conrad aurait tenté de convaincre son homologue corse. Un échec, qu'il confiera, dépité, à son associé par téléphone : « C'est compliqué... Demain, il y a le maire de Bastia qui sera là, le président du conseil territorial, c'est un nationaliste ! On a bien discuté... Mais ils ont eu des problèmes avec la brigade des jeux sur des paris... »

La rencontre se soldera par un résultat nul. « C'est pas faute d'avoir essayé », dira Jean-Marc Conrad lors d'une conversion téléphonique interceptée. À en croire ces écoutes téléphoniques, une contrepartie financière pour le club corse aurait été évoquée. « Ouais, y avait 50 K pour le club [...] y avait la même chose... euh... pour les onze » (matchs), dira le fils de Serge Kasparian, lui aussi placé sur écoute.

Selon le témoignage du président bastiais, les intentions de Jean-Marc Conrad étaient évidentes, mais il n'aurait jamais clairement formulé une offre au cours du dîner. « Pour qu'il y ait corruption, il faut prouver qu'elle a été énoncée », explique d'ailleurs le vice-président du PNF. Le 25 avril 2014, Serge Kasparian est formel : la rencontre avec Dijon est « réglée ». « C'est sûr, ils lâchent le match », dit-il au téléphone. Manque de chance, les Bourguignons ne l'entendent pas de cette oreille : Dijon l'emporte 5 à 1. Dépité, Kasparian laisse éclater sa colère et renseigne une nouvelle fois les enquêteurs à son insu : « Le 5, le 6 et le 2 de chez nous, ils ont été contactés, c'est pas possible ! Ils ont joué à l'envers ! »

« Corruption sportive »

Il n'y a donc qu'avec le club de Caen que la manœuvre, supposée, des dirigeants de Nîmes semble avoir porté ses fruits. La rencontre fait aussitôt l'objet d'un rapport du corps arbitral en raison du peu d'engagement des deux équipes à partir de la 60e minute. Dans ce document, un arbitre indique, en outre, avoir constaté la livraison par les dirigeants nîmois de 24 cartons de 12 bouteilles de vin dans les vestiaires des joueurs normands. « C'était insignifiant comparé à ce que l'on avait, on a décidé de ne pas en tenir compte », confie le vice-président du PNF, dans son bureau du tribunal de Paris.

« Là où l'exercice était intéressant de mon côté, ajoute Aurélien Létocart, c'est que le juge d'instruction avait mis tout le monde sous le coup de "corruption sportive". Mais pour qu'il y ait corruption, il faut qu'il y ait rencontre de volonté, c'est-à-dire la formalisation d'une offre et, derrière, l'acceptation d'une volonté. J'ai donc requalifié tous les faits d'instruction, sauf le match Caen-Nîmes, en associations de malfaiteurs en vue de la corruption, et là le juge d'instruction m'a suivi. C'est donc la première condamnation en France pour corruption sportive !

— *Pour le match Caen-Nîmes, personne n'a avoué ?*

— Non, personne. Mais les conversations sont accablantes ! reprend le vice-président du PNF. Ils donnent des explications complètement vaseuses pour justifier ce que l'on a recueilli dans les écoutes : "Les mots ont dépassé ma pensée" ou "C'était une plaisanterie !". À la fin du procès, Kasparian s'est approché de moi et m'a dit : "Monsieur le président, bravo pour les réquisitions, je suis d'accord avec vous ! – Merci d'être d'accord, mais vous n'avez pas avoué !" Et quand le délibéré a été rendu, il est revenu me voir une nouvelle fois pour dire : "J'accepte la peine, monsieur le président, respect..." Kasparian et Conrad avaient fait appel du jugement, mais ils se sont désistés de l'appel, on peut dire, d'une certaine manière, qu'ils ont accepté leurs peines, à défaut d'avoir avoué... »

Caen-Nîmes : « Respect, monsieur le président »

Le 28 janvier 2020, la cour d'appel de Paris a ramené à six les dix mois de prison avec sursis du premier jugement, tout en ne prononçant pas de peine complémentaire d'interdiction d'exercer dans le milieu du football contre Michel Moulin, ex-conseiller du PSG, qui s'est pourvu en cassation. Franck Toutoundjian, patron de club amateur et intermédiaire, condamné à un an de prison avec sursis, affiche quant à lui sa satisfaction : « C'est une excellente nouvelle pour moi, je n'espérais que ça, pouvoir m'occuper encore de mon club », ajoutant : « Après, j'ai fauté, c'est normal de payer[363]. » L'ancien président de Caen, Jean-François Fortin, et le préparateur mental et ancien joueur nîmois, Mohamed Regragui, eux, ont été relaxés.

Prise de conscience

« Il est certain que, ces dernières années, il y a eu une professionnalisation des parquets en première instance, mais ensuite [en cour d'appel], ce sont les parquets généraux qui prennent la main et qui, parfois, ne sont pas aussi sensibilisés que les parquets spécialisés aux mêmes délits », concède-t-on au parquet national financier[364].

Ce procès n'est pas le premier puisqu'il y a eu la fameuse affaire OM/VA jugée en mars 1995, mais il est révélateur d'une prise de conscience grandissante du phénomène par les autorités publiques et de la nécessité de lutter contre ces pratiques pour démanteler les réseaux, sanctionner les récidivistes et protéger l'intégrité des compétitions.

49

Dès le plus jeune âge

« Voilà pourquoi l'idée principale pour lutter contre les manipulations de compétitions sportives, c'est d'abord de mettre les athlètes de notre côté, insiste l'Autorité de régulation des jeux en ligne[365]. Il faut les sensibiliser le plus tôt possible. » Car certains sportifs sont contactés par les manipulateurs alors même qu'ils sont encore en formation. « Le but, c'est que, dès le départ, ils sachent comment réagir pour ne pas être tentés d'accepter de corrompre leurs jeux. Il faut qu'ils deviennent conscients de ce qu'ils risquent, avant d'être démarchés… », ajoute le coordinateur de la plateforme française.

Un stage… formateur

En 2019, pendant un stage de deux jours se déroulant à l'INSEP[366], la team « BNP PARIBAS jeunes talents » a été sensibilisée par différents acteurs de l'ARJEL aux risques de manipulations des compétitions sportives. Ces espoirs du tennis français ont été choisis parmi les plus prometteurs pour recevoir un entraînement de haut niveau, en partie financé par la banque française.

Les formateurs leur présentent différents faits d'actualité, les décryptent et donnent quelques clefs préventives. « La question n'est pas de se demander si cela va vous arriver, mais quand… » martèlent-ils[367]. Le dialogue avec les athlètes se noue progressivement. Et soudain, une première confidence depuis le banc des sportifs arrive. Puis surgit une deuxième. Les langues se délient. Et voilà que deux jeunes filles racontent, elles aussi, avoir reçu des menaces d'insultes de parieurs mécontents, entrés directement en contact avec elles *via* les réseaux sociaux : les messages sont d'une virulence inouïe. Après ces aveux, d'autres admettront aussi avoir été insultés. Et, finalement, presque toute l'équipe le reconnaîtra. « Ce n'est pas la première fois que les sessions de formation se sont transformées en confessions généralisées. Les filles racontant qu'elles recevaient souvent ce genre de messages : "T'as perdu, t'es vraiment une sale p…", ou alors "Va mourir en enfer", et autres propos encore plus injurieux sur leurs familles ou sur elles-mêmes… », rapporte-t-on, au sein de la plateforme française de lutte contre les manipulations sportives. « J'ai prévenu la déléguée intégrité de la FFT. Elle fait un gros travail sur le sujet, mais était aussi marquée que moi après ces nouveaux témoignages. Le phénomène est massif. Ces athlètes-là sont très jeunes, sans doute influençables, mais surtout elles resteront marquées par la violence de ces injures. Il faut recueillir un maximum de messages d'approche et d'intimidation pour étayer les soupçons de manipulation, un maximum de preuves signalées par les joueurs pour planifier une action globale et internationale. On ne pourra avancer qu'en coordonnant la lutte et les sanctions, assure Corentin Segalen.

— *Pourquoi ces athlètes n'avaient-ils pas signalé ces messages avant de se confier le jour de la formation ?*

— Ils sont jeunes, très jeunes. Ils espèrent faire carrière et sont dans un cursus d'élite. Tout est fait pour leur rappeler qu'ils ont une chance inouïe que d'autres leur envient, et donc qu'il est préférable, semble-t-il, de ne pas faire de vagues et de rester concentrés sur leurs performances.

— *Qui sont les auteurs des insultes ?*

— Il y en a un que l'on a pu tracer. Il habitait en Géorgie. Sur les réseaux sociaux, il présentait l'image du bon père de famille, en photo avec enfants et femme. Et dans les messages privés avec nos athlètes, il insultait les gamines de 16 ans, rapporte une source proche du dossier.

— La plupart du temps, ce sont des parieurs mécontents, parce qu'ils ont perdu de l'argent, mais cela peut être aussi, notamment autour des tournois de mineurs, une stratégie pour déstabiliser les joueurs et parier sur celui d'en face…, résume la même source. La corruption de compétitions sportives a un volet psychologique de manipulation mentale qu'il ne faut pas prendre à la légère. »

Manipuler par tous les moyens

Ainsi quelques lignes d'insultes peuvent être moins banales qu'il n'y paraît, et causer de véritables traumatismes. Parfois, les manipulateurs ne proposent même plus d'argent. Leur méthode ? La terreur. « On nous a signalé un cas terrible, en tennis, se souvient Corentin Segalen. Le parieur disait au joueur : "Je sais où tu habites, je sais dans quelle école vont tes enfants, si tu ne perds pas ton match, ça va mal se passer pour toi et ta famille…" »

En 2014, Marius Copil, tennisman roumain, est classé au rang 172. Il raconte : « À Miami, on m'a proposé de truquer un match. Un homme a pris contact avec moi sur Facebook et m'a proposé 30 000 dollars juste pour perdre un set. Je l'ai immédiatement signalé. Si vous ne signalez pas ce genre de fait et qu'on découvre que vous avez été contacté, vous vous retrouvez avec bien des problèmes sur le dos. Il a fallu que j'efface mon profil Facebook. Ceux qui existent maintenant sont des faux, ce n'est pas moi qui les ai créés. Je l'ai effacé parce que j'ai reçu des messages négatifs, des insultes et même des menaces de mort. » Quand on lui demande ce que les manipulateurs lui ont proposé, il a cette réponse terrible : « Ils m'ont proposé… de me laisser en vie. »

Harcèlement numérique quotidien

Pour mesurer l'ampleur du phénomène, un jeune espoir du tennis français accepte de nous raconter à son tour les pressions qu'il subit presque quotidiennement. Les insultes, le harcèlement en ligne dont il est l'objet et, parfois, les propositions de manipulation de compétitions sportives. Corentin Denolly[368] a 22 ans. Il est 290ᵉ au classement ATP.

« Il y a quelques jours, j'étais favori dans une rencontre mais il se trouve que j'ai perdu le match. On m'a incendié sur les réseaux sociaux, j'ai eu d'un coup énormément de commentaires sur toutes mes photos Instagram. Il fallait que j'arrête le tennis, on me disait que j'étais complètement nul. J'ai tout supprimé parce que je n'ai pas envie que ça traîne sur mon profil…

— *C'était la première fois que cela vous arrivait ?*

— Ah non ! C'est très fréquent. D'ailleurs, avec mes amis du circuit [professionnel], on partage les messages d'insultes qui nous sont envoyés par les parieurs, pour montrer l'envers du décor.

— *Comment vous abordent-ils ?*

— Très simplement. Sur les réseaux sociaux. Parfois je ne vois pas les messages tout de suite. Là, par exemple... *Il consulte les messages provenant de comptes qui ne sont pas "amis".* Ah oui, j'ai encore des messages en attente... Il y en a un qui n'est pas content de mon dernier match apparemment ! C'est en anglais : "Tu es nul, tu ne sais pas jouer au tennis. Trouve-toi un travail. Tu es un désastre, tu ferais mieux de jouer aux échecs" ! Mais souvent je reçois des menaces de mort : "Tu vas mourir" ou sur ma santé ou celle de ma famille : "J'espère que tu vas avoir mal toi et ta famille, j'espère que tu vas mourir d'un cancer" – cela revient très souvent ! Il y a quelques mois, je me trouvais au Cameroun sur des compétitions de Futures. Je jouais la tête du club[369] qui avait une très belle cote, et j'ai reçu un message où l'on me proposait 15 000 euros si je perdais le premier set. C'est une somme énorme. On sait bien tout ce qu'il se passe et à combien généralement les corrupteurs proposent de vendre des sets. Cela se fait autour de 1 500 euros ou 2 000 euros ; 15 000, c'était vraiment beaucoup ! Alors je suis allé directement voir le juge arbitre, qui était français. Il a prévenu immédiatement la Fédération internationale qui m'a contacté, m'a demandé la copie écran de la conversation et le contexte des messages reçus. Je n'ai plus entendu parler de cette personne ensuite. J'ai signalé le message tout de suite parce que si l'on ne respecte pas la procédure anticorruption, au niveau de l'ITF, on peut être considéré comme complice de la tentative de manipulation. »

Quand « l'affaire belge » sort dans la presse, Corentin et les jeunes espoirs du « circuit » ne sont pas surpris. Il le dit avec la sincérité de ses 20 ans : « On savait que *le réseau* était très implanté en Belgique. » Mais les offres de manipulation n'ont pas de frontière et peuvent se présenter sous différentes formes. Si les contacts interviennent le plus souvent par le biais des réseaux sociaux, il arrive aussi que les rencontres soient physiques. « Il y a deux ans, je jouais en double avec un autre Français. Nous sortions du court de tennis quand une fille nous aborde. Je l'avais déjà repérée parce qu'elle regardait tous les matchs du tournoi depuis quelques jours, mais elle n'était jamais venue au club auparavant. On les repère vite, vous savez. Elle me tend un papier et me demande, en anglais, de le lire un peu plus tard. "Tu as une admiratrice secrète !", plaisante mon coéquipier ! Une fois dans la voiture, nous ouvrons le feuillet, et voilà ce qui était écrit : *"I have a deal, text me on Telegram !*[370]*"* On a eu un peu peur pour le coup, parce que cette fois c'était une personne qui venait directement nous proposer de truquer le match... Le lendemain matin, nous avons averti le juge arbitre. »

Quelques heures plus tard, les jeunes Français se retrouvent pour déjeuner. La messagère est assise dehors, à quelques mètres d'eux. « Notre table faisait face à une baie vitrée qui donnait sur un banc. La fille était assise dos à nous. On voyait tout ce qu'elle faisait sur son téléphone, les conversations qu'elle écrivait sur la messagerie Telegram, les copies écran de tournois qu'elle envoyait », se souvient Corentin. La jeune fille sera interpellée par la police le jour même.

La corruption en face-à-face

« Les tournois intermédiaires sont ouverts au public, décortique Jean-François Vilotte. C'est une façon de faire vivre le club. Malheureusement, cela permet aux parieurs de venir dans les gradins et de parier en direct sur le score du match en cours. Le temps que le score de la rencontre soit rentré par l'arbitre sur sa tablette, qu'il parvienne à la Fédération internationale qui l'envoie aux sites de paris, ces truqueurs utilisent leurs téléphones pour diffuser le résultat en direct à certains sites de paris avant l'annonce officielle. Ils gagnent donc à tous les coups... »

Parfois, ils ne se trouvent même pas dans l'enceinte mais sont à l'extérieur et suffisamment proches pour entendre les résultats en direct.

« Le tennis est facile à corrompre, notamment dans les pays où l'on fait du *live betting* [paris en direct], commente Philippe Ménard[371], du Service des courses et jeux. Ce qui explique, sur les terrains de tennis du monde entier, la présence de ces courtsiders[372] installés au fond du court, qui transmettent les résultats en direct à des opérateurs de paris en ligne installés à l'étranger, particulièrement en Asie. »

« On en voit tout le temps », témoigne le jeune Corentin Denolly. Ceux qui sont pris sur le fait sont évincés de l'enceinte sportive par la police. Et bannis de certains stades. »

À Roland-Garros, ces dernières années, les équipes[373] des Courses et Jeux de la police judiciaire ont investi les tribunes le temps de la compétition. « Récemment, nous en avons démasqué 40 en quelques jours de tournoi ! raconte Philippe Ménard. Généralement, ils encaissent

2 000 euros par semaine, tous frais payés – transport, hébergement, accès au stade – uniquement pour donner le résultat en direct avec des appareils électroniques très sophistiqués. »

Pour les courtsiders, l'enjeu est la rapidité, tout étant une question de vitesse de diffusion. Ils disposent d'un créneau très serré de 45 à 60 secondes pour transmettre le score à peine validé par l'arbitre à des opérateurs de paris à l'autre bout de la planète. « C'est interdit dans le règlement de Roland-Garros, évidemment, mais ils utilisent un matériel perfectionné, qu'ils dissimulent adroitement sous leurs vêtements. »

50

La loi des courtsiders

« Il y a quelques mois, preuve de son ampleur, les services d'Interpol ont été sensibilisés au phénomène et ont découvert l'ingéniosité technique de ces transmetteurs de scores, rapporte une source proche des unités spéciales de la police européenne. Or ces affaires peuvent aller très loin. La première difficulté est que le courtsiding n'est pas encore pénalisé en France. » Comment combattre un système évident de fraude si, dans le code pénal, rien n'est illégal? Comment empêcher la diffusion en direct des résultats de matchs à l'autre bout de la planète? « En éloignant les courtsiders des cours de tennis! », explique l'Autorité de régulation des jeux en ligne. Aux services de la police judiciaire de Philippe Ménard d'intervenir. « D'abord, nous effectuons un contrôle d'identité et vérifions si la personne suspectée fait partie de nos fichiers ou si elle est recherchée, en France comme ailleurs, nous explique-t-on. Ensuite, elle est expulsée du tournoi et à nous de la pister. Il faut savoir que ces individus rencontrés en France, nous les retrouvons souvent, lors de tournois internationaux, en Australie ou en Angleterre. »

Masques et autres astuces

Pour éloigner ces « agents de corruption », la Fédération internationale de tennis a mis au point une liste des courtsiders à bannir des tournois. « Mais, récemment, certains dissimulent leur visage pour ne pas se faire reconnaître dans les gradins, ce sont des masques très bien faits, comme dans le film *Mission impossible*! », explique Philippe Ménard. D'où la complexité du problème.

« Au départ, voici quelques années, les courtsiders faisaient tout avec leurs smartphones et ne s'en cachaient pas ! » Un simple brouilleur suffirait-il à neutraliser leurs communications ? « Le matériel utilisé est de plus en plus perfectionné, ils attachent de minuscules boîtiers le long de leurs jambes, sous leurs pantalons, reliés par des fils à leurs portables, de sorte qu'ils n'ont pas besoin de saisir leur téléphone. Sur le boîtier, il y a deux boutons, le A et le B, qui correspondent aux deux joueurs de tennis évoluant sur le court, devant eux. Il leur suffit d'appuyer sur le bon en fonction des résultats, le plus rapidement possible, dès que la balle effleure le sol, avant que le score soit transmis par la fédération aux opérateurs de paris. C'est très ingénieux », commente le commissaire Ménard.

« On a eu la même chose en tennis de table », rapporte de son côté le Service courses et jeux de la police judiciaire. Ailleurs, les affaires concernent les disciplines les plus populaires des différents pays. « Aux États-Unis, la majeure partie des cas de manipulation visent le baseball – les autorités commencent d'ailleurs à prendre au sérieux ces problématiques », ajoute-t-on au sein de cette unité de la police judiciaire française.

Immoral, oui ; illégal, non

L'ennui est que la pratique n'a rien d'interdit. Donc que les courtsiders n'ont jamais fait l'objet d'une procédure judiciaire en France. « C'est immoral, mais légal, explique le vice-procureur du parquet national financier, Aurélien Létocart. Il est compliqué de retenir une qualification pénale et de poursuivre ce type d'acte. Ce qui représente une vraie faille dans le dispositif législatif avec lequel les courtsiders jouent. Nos partenaires institutionnels nous en parlent, cela fait partie de leurs préoccupations mais, en l'état, on ne pourrait poursuivre ce type de faits », rapporte celui qui veille à la bonne application des lois. « On constate un certain retard dans la prise en considération de ce risque par les autorités publiques, intervient Jean-François Vilotte[374], de la Fédération française de tennis française. On est encore loin de la lutte antidopage, par exemple, et de son dispositif intégré. Nous n'avons pas d'agence ou de code mondial qui pourrait être un levier supplémentaire et global permettant de garantir et surveiller l'intégrité de nos compétitions, puisque la Convention de Macolin n'en tient pas lieu et est peu ratifiée. »

Live betting et sport business

Il arrive que le mouvement sportif, par son silence et sa méconnaissance d'un phénomène, accroisse les risques de corruption. En matière d'économie des paris sportifs, l'essentiel du chiffre d'affaires des opérateurs se fait sur le marché du *live betting*. Une montée d'adrénaline en plus de l'immédiateté des résultats qui excite les parieurs du monde entier. Avec les risques d'envie de fraudes qui vont avec.

Pour qu'un opérateur propose en direct des paris sur des compétitions, il faut que lui-même accède aux résultats. Or la Fédération internationale de tennis a autorisé une société prestataire à capter les scores des compétitions en direct, pour les céder à des opérateurs de paris établis dans le monde, permettant à ceux-ci d'offrir à leurs clients la possibilité de parier en live sur des tournois inconnus et de petits niveaux à l'autre bout du monde – lesquels paris sont interdits en France. «C'est ainsi que le marché du *live betting* s'est développé de façon considérable» et avec lui une «exposition au risque» décuplée pour les joueurs de petits tournois, vulnérables aux propositions de manipulation. «Et ça, c'est une faute, eu égard aux risques de manipulations dans le tennis que nous connaissons depuis 2007-2008...», révèle Jean-François Vilotte. D'une certaine manière, la Fédération internationale de tennis, en vendant ses informations en direct, facilite la multiplication des paris qui risquent d'être utilisés par les manipulateurs pour corrompre ces mêmes compétitions ! Le serpent se mord la queue.

Heureusement que la fédération française, elle, a mis en place des dispositifs de formation et sensibilisation de l'ensemble des acteurs aux risques de manipulation et créé un système de remontée des signalements, hélas rarement utilisé par les joueurs et les acteurs des compétitions. D'autres dispositifs, anonymes, *via* des applications sur les téléphones portables, sont à l'étude. Histoire de tenter de responsabiliser les joueurs mais surtout de briser cette loi du silence commune que l'on retrouve dans toutes les dérives connues par les disciplines sportives.

51

La corruption, un enjeu enfin admis

Le 28 octobre 2019, l'UEFA a publié un communiqué étayé et transparent sur l'ampleur du phénomène des matchs truqués dans le football. « Ce n'est pas un discours classique et un peu vague portant sur la lutte contre le trucage des matchs, non ! Il faut réaliser l'événement : l'UEFA a lancé publiquement un appel à l'aide. Comme quoi il y a vraiment le feu au lac », commente le journaliste suisse indépendant Romain Molina, spécialiste des enjeux politiques et économiques de ce sport.

De fait, la déclaration du président de l'instance du football européen sonne comme un *mea culpa*. « Nous devons faire plus pour lutter de manière agressive contre les matchs truqués, car, collectivement et individuellement, nous n'en avons pas fait assez », a lâché Aleksander Čeferin. Des mots graves, une prise de conscience réelle.

Sur le site de l'UEFA, les recommandations aux acteurs sportifs sont désormais claires et témoignent du risque encouru : « Ne vous laissez pas impliquer dans le trucage de matchs, ce serait la fin de votre carrière. Votre avenir dans le football dépend de vous. Si vous êtes reconnu coupable de trucage de match, vous serez sanctionné aussi bien par l'instance dirigeante du football que par la police. La sanction pourra être : une suspension à vie d'exercer toute activité dans le football, une lourde amende, l'emprisonnement, et se traduira dans tous les cas par le déshonneur pour vous et votre famille. Si quelqu'un vous demande de truquer un match : réalisez ce qui vous arrive. Refusez. Rapportez. Ne vous laissez pas impliquer dans le crime organisé ! »

S'ensuit, fin 2019, un appel à candidatures de l'UEFA « pour mener une étude visant à examiner les moyens de renforcer les capacités du football en matière d'enquêtes et de poursuites concernant les matchs truqués».

En somme, un aveu à peine voilé de l'impuissance du monde du football; la révélation de son incapacité actuelle à endiguer le développement des rencontres corrompues par ses propres moyens.

Des paris truqués aux enjeux colossaux

En marge d'une conférence de l'ONU sur le crime organisé se tenant à Doha, les experts[375] alertaient déjà, courant 2015, sur la nécessité d'agir. «L'ensemble des paris sportifs mondiaux représente un millier de milliards [de dollars], dont 90% seraient des sommes illégales», expliquait l'expert en paris sportifs Patrick Jay lors de ce colloque consacré aux rencontres sportives truquées dans le monde[376]. Un chiffre qui serait une estimation bien inférieure à la réalité. D'autres spécialistes évoquent des chiffres «deux à trois fois supérieurs, et en hausse», particulièrement en Chine, «en train de devenir l'épicentre du problème», avec des montants d'enjeux pouvant atteindre un milliard d'euros pour un simple match de foot.

Si les manipulations jusqu'ici observées et médiatisées concernent généralement les niveaux de compétition «inférieurs» – où les salaires des joueurs sont relativement bas, bien plus bas que les offres des corrupteurs –, faut-il revoir les revenus des professionnels de deuxième zone? Et qu'en est-il des compétitions de premier niveau?

«La question de l'argent ne peut pas être une excuse! martèle Jean-François Vilotte, à la Fédération française de tennis. On peut débattre à l'infini du montant des *prize-money* [primes] versées à l'occasion des tournois. C'est un sujet en soi, mais qui ne peut servir de prétexte pour excuser ou banaliser ce qui relève de la corruption tacite de joueurs qui acceptent de se faire acheter. On peut prévenir de tels délits par la formation, l'exemplarité des sanctions et par le traitement de l'information. La lutte contre les manipulations des compétitions sportives est un art du renseignement. Il s'agit d'affaires judiciaires et de police, certes, mais le mouvement sportif doit s'impliquer en amont, sensibiliser ses acteurs, détecter les anomalies», résume l'ancien coordinateur de la plateforme française de surveillance des jeux en ligne. Pour qui la lutte contre la corruption des compétitions doit être menée conjointement à celle contre le dopage.

Un même combat

« La grosse différence entre la corruption en lien avec les paris sportifs et le dopage, c'est que dans un cas on corrompt un joueur pour qu'il perde – or c'est simple de perdre –, tandis que dans l'autre on triche pour gagner, analyse l'ancien directeur de cabinet du ministre chargé des Sports, Jean-François Lamour. On gagnerait en efficacité si on luttait de manière commune contre ces fléaux que sont les manipulations, le dopage et le blanchiment d'argent dans le sport. Et ce en créant des agences d'intégrité nationales et internationales qui pourraient s'occuper de ces trois calamités en usant des mêmes méthodes de renseignement et de partages d'informations. »

Identifier les manipulateurs signalés par les sportifs, démanteler les réseaux de corruption et de blanchiment, protéger les athlètes… un vaste programme qui ne pourra se faire sans harmoniser les systèmes judiciaires internationaux. Et sans une prise de conscience sportive, sociétale, nationale et… internationale.

Épilogue

Le sport, irremplaçable levier éducatif

Formidable moyen d'apprentissage de la citoyenneté et d'intégration à la société, la pratique sportive encadrée porte des valeurs humaines, universelles et éducatives fortes. Au-delà de l'entraînement physique, de la découverte de son corps, de la confiance en soi, d'une nouvelle conscience de soi aussi – essentielle, notamment à l'adolescence –, l'initiation à une discipline sportive incite à la poursuite d'un projet personnel, inculque au pratiquant le respect de l'autre, de lui-même, des règles de compétition et de sécurité.

Cet espace sportif offre en outre un levier pour inculquer aux jeunes quelques grands principes qui constituent le socle d'un futur engagement citoyen : enjeux relatifs à leur santé, règles de vie en commun, notions démocratiques et de développement durable, solidarité. Dans les territoires fragilisés, le développement du sport chez eux relève de la mission d'intérêt général, vu le contexte de dérives liées à la paupérisation des populations, les problématiques sociétales spécifiques et le taux de chômage insupportable.

La pratique sportive répond encore aux enjeux importants de santé publique induits, dans certains territoires, par la sédentarité, l'obésité, le diabète et le vieillissement. En un temps de crise économique, identitaire, avec tensions sociétales et perte de repères, le sport, par la médiatisation de ses compétitions notamment, reste encore, dans l'imaginaire collectif, un rêve de gloire et de victoire, un «ascenseur social» qui pourrait résoudre bien des maux individuels comme collectifs.

Mais le sport constitue également un lieu de maintes dérives, un vecteur de comportements contraires non seulement à l'éthique qu'il promeut mais aussi au respect des personnes et des valeurs qui fondent la société. L'esprit de compétition peut être détourné, voire dévoyé, par les contestations de décisions arbitrales sur le terrain et, autour du terrain, par les accompagnateurs, les spectateurs, les parents des jeunes athlètes.

C'est plus largement la conception du « sport performance » et la violence qu'elle engendre parfois qui doit être interrogée. Des recherches effectuées par l'université d'Artois et l'atelier Sherpas en collaboration avec la DDJS (Direction Départementale de la Jeunesse et des Sports) du Pas-de-Calais notaient déjà, au cours des années 2005 et 2006, que « la plupart des faits sont individuels. Mais qu'ils sont le produit d'interactions entre les joueurs et les arbitres, entre un public et les joueurs, entre un public et l'encadrement, entre un public et l'arbitrage ».

Certes, le monde sportif ne crée pas l'incivilité et les écarts, mais il est le réceptacle et le thermomètre des excès de la société contemporaine. Il devient responsable des dérives dès lors que celles-ci s'installent dans les clubs ou les stades. L'engrenage de la violence, son origine, les dynamiques négatives d'un groupe sur un autre doivent aussi, dans le sport comme ailleurs, être interrogées, et modifiées.

La France, qui n'est pas épargnée par les manifestations racistes, homophobes, discriminatoires, et les agressions sexuelles – ce livre l'a démontré –, a adapté sa réponse en tenant compte des impératifs liés à l'ordre public. Elle s'est dotée d'outils répressifs construits autour des problématiques sécuritaires ou de protection des mineurs, elle a mis en place des leviers pour combattre les discriminations.

Au-delà du seul cas du football se pose la question de l'identification des supporters à l'équipe professionnelle ou nationale, lorsque celle-ci est composée en majorité de joueurs aux origines différentes. Ce qui vaut pour les clubs, mais aussi *a fortiori* pour l'équipe de France.

Cette vision racialiste de la nationalité, qui contredit l'histoire politique et culturelle de notre pays, s'impose surtout dans les échecs, alors que le succès rassemble. Comme si s'ouvrait, au moment de la défaite, le procès d'appartenance à la nation française. Cette idée, partagée par quelques-uns, cachée par d'autres, véhicule une matière de haine et de violence insupportable. Par ailleurs, les tentatives de noyautage de clubs ou d'organisations de supporters par des mouvements religieux, politiques, sectaires, l'existence de regroupements communautaires, les nouveaux enjeux liés à l'intrusion de la religion dans le champ sportif, doivent être suivis avec attention.

Les trafics humains

Reste un certain nombre de problématiques que cet ouvrage n'a pas abordées, considérant qu'il y avait, dans les divers sujets évoqués, matière suffisamment abondante. Mais la prise de produits dopants fait par exemple partie des sujets qui dévoient, déshonorent les champions et jettent l'opprobre sur leur performance.

Ainsi que le « trafic » d'enfants étrangers, qui mérite lui aussi d'être mis en lumière, approfondi, rigoureusement identifié, sanctionné et quantifié. Dans de nombreux sports, en effet, des joueurs étrangers, de plus en plus jeunes, sont démarchés par des agents, voire de pseudo-agents n'ayant ni licence professionnelle ni vrai club sportif à proposer. Une pratique répandue dans le football qui touche d'autres disciplines : le basket-ball, le rugby ou encore l'athlétisme sont concernés.

Au centre de la migration de jeunes joueurs se trouvent des intermédiaires non homologués qui agissent en relative impunité, font miroiter une carrière sportive pour soutirer aux parents des sommes importantes. Et arrivent en France, parfois par des filières mafieuses, des mineurs étrangers sans document d'immigration valable, généralement d'origine africaine en raison des pressions migratoires classiques et de la langue commune, qui rêvent de gloire footballistique mais vont déchanter. Livrés à eux-mêmes, ils sombrent dans la précarité. Quelques-uns sont pris en main par d'autres réseaux, qui assurent leur entraînement et tentent de les placer dans des clubs en France ou en Europe, moyennant rémunération, mais beaucoup non.

Même avec un visa lié à une formation, le joueur mineur qui ne réussit pas les essais pour entrer dans un centre de formation de club ou n'est pas retenu à l'issue de la formation n'obtient aucun contrat de travail et se retrouve en situation irrégulière. Pas question pour autant de rentrer dans son pays d'origine. Car il lui faudra rembourser la dette familiale, soutenir financièrement les proches qui se sont sacrifiés pour son rêve et, bien souvent, taire ses illusions perdues.

Il existe également une suspicion de falsification des papiers d'identité de ces mineurs étrangers, qui les rajeunirait de plusieurs années, ce qui leur donnerait un avantage physique par rapport à d'autres jeunes, leur permettrait de bénéficier de certaines aides plus longtemps.

Épilogue

Le sport comme ascenseur social ?

Autre sujet dont l'enjeu n'a rien de négligeable : le miroir aux alouettes de la réussite sportive qui résout tout.

Certains jeunes, souvent issus de milieux défavorisés, font très tôt le choix de poursuivre une carrière sportive, en se déscolarisant, portés par l'idée que les diplômes ne les préserveront pas du chômage et que seul le sport leur permettra l'ascension sociale attendue. Ils investissent alors les centres de formation de l'Hexagone et à l'étranger, associant sport et études.

Or les taux de réussite – et la concrétisation d'une carrière professionnelle – sont minimes, en tout cas très insuffisants. À la sortie de ces établissements, peu d'élus et beaucoup de rêves brisés. Et les enfants, qui, pendant des années, ont privilégié le sport et négligé les cours, se trouvent sans ressources.

Autre point lié à ces espoirs exagérés sinon exacerbés, la pression familiale, en effet. Les quartiers populaires, grands pourvoyeurs de champions, souffrent, comme les zones rurales, d'une densité des équipements sportifs quasiment deux fois inférieure à la moyenne nationale (20 pour 10 000 habitants dans les quartiers en politique de la ville contre 40 pour 10 000 en moyenne nationale et 35 dans les aires urbaines)[377]. Le prix de la licence et de la cotisation du club devient un élément discriminant supplémentaire qui limite le nombre de sportifs issus des quartiers populaires. Car les familles nombreuses issues de l'immigration récente, ont du mal à inscrire tous leurs enfants en raison des coûts liés à la fois à l'équipement et au nombre de licences. Dès lors, des arbitrages sont faits, et généralement au détriment des filles, qui peuvent également subir le poids des traditions culturelles. Le coût de l'équipement et des licences constitue un frein manifeste à la pratique sportive.

S'il ne s'agit pas d'une discrimination parmi d'autres, certains veulent voir dans le prix de certaines d'entre ces dernières une sorte de régulateur social qui ne dit pas son nom, en clair un moyen de freiner la mixité sociale en limitant l'accès des populations les plus paupérisées, le plus souvent issues de l'immigration et d'origine africaine. Si cela peut être le cas, il s'agit d'exceptions car, en vérité, plus les territoires sont paupérisés, moins la cotisation est élevée, au contraire des clubs situés sur des territoires plus riches. Par ailleurs, face à l'urgence sociale, les collectivités locales ont développé des dispositifs qui prennent en charge une partie de la cotisation, ce qui indique une volonté contraire à ce qui est dénoncé.

Trop demander au sport

On demande aujourd'hui au sport, et en particulier au football, de régler des questions et des maux de société qui dépassent ses capacités d'intervention. Il est important de relativiser cette idée – partagée par le monde sportif – et de contextualiser les dérives auxquelles il est confronté, car en vérité, le travail des dirigeants de club, la mobilisation de l'encadrement, les millions de bénévoles et tant d'engagements constants évitent le pire et maintiennent une certaine stabilité sociale. Il appartient au monde sportif de détecter les dérives qui évoluent en son sein, mais c'est bien à l'État de l'aider à y faire face. Le sport contribue, en certains endroits, à structurer des territoires fragiles et en déshérence, retissant les liens oubliés d'une cohésion nationale, mais est-ce vraiment sa mission initiale ?

De fait, la multiplication des charges et enjeux est trop lourde à gérer pour les dirigeants des clubs, les comités territoriaux ou les fédérations, animés par des bénévoles. De nouveaux profils de salariés destinés à assumer les missions de cohésion sociale sont donc nécessaires, ce qui nécessite un effort financier. Comment, autrement, réussir à atteindre les multiples objectifs fixés par l'État au mouvement sportif au fil du temps, liste qui s'allonge à tel point que tous en viennent à perdre le sens des priorités.

Entre les fédérations et l'administration des sports, les tensions sont vives à ce sujet. Sont-elles des fédérations *sportive*s ou doivent-elles répondre aux maux de l'époque et remplir des missions délaissées par les autres institutions ? S'agit-il uniquement de sport ou faut-il répondre à des questions sociales ? Convient-il de privilégier le haut niveau ou de favoriser la cohésion ? Doivent-elles donner à consommer des matchs, rencontres, ou investir d'autres champs ? L'esprit de compétition – parfois dévoyé – devrait les préoccuper, la performance à tout prix créant une forme de violence et d'exclusion qui doit être interrogée.

Épilogue

Réfléchir à demain

Dès lors, il faut repenser le club de demain. Un club du futur qui offre à la fois le loisir et la compétition, développe un projet sportif en même temps qu'un projet éducatif.

Les clubs, qui portent une partie de la solution, ont été les grands oubliés des politiques publiques. Et, aujourd'hui, ils sont à bout de souffle. De nombreuses structures ont vu leur situation financière se détériorer et en sont arrivées à connaître une certaine précarité. La cotisation représente une bonne part des recettes, or, en période de crise, les familles peinent à réunir l'argent. Quant aux collectivités locales, elles réduisent leurs subventions tandis que les sponsors se font moins généreux. Reste que les dépenses, elles, s'envolent. Le seul défraiement des éducateurs représente un budget important, auquel il faut ajouter l'augmentation des missions de qualité imposées par l'État ainsi que par la fédération, et le coût toujours plus grand des équipements sportifs. Comment tenir ?

Ces contraintes financières poussent parfois le mouvement sportif à réduire la voilure, alors même que les clubs sont en première ligne dans l'éducation et la formation de jeunes, ces citoyens en devenir. Comment gérer efficacement l'apparition de nouveaux publics et phénomènes culturels ou confessionnels, qui interrogent la République et ses valeurs ? Dans ce contexte de mission éducative et d'enjeux sociétaux, il est important d'être attentif à l'équilibre financier des clubs amateurs qui maintiennent une cohérence sur des territoires difficiles et se trouvent confrontés à une nouvelle donne liée à des populations disparates, paupérisées, qui se replient sur le sport en y trouvant souvent un équilibre salvateur.

De nouvelles pistes peuvent être explorées. Une véritable synergie entre les clubs sportifs et les enseignants de l'éducation nationale est possible. À l'école, l'autorité du maître ou du professeur est parfois interrogée, voire ouvertement contestée par des jeunes en perte de repères. Recréer du lien entre elle et le club serait une solution gagnante à bien des égards. Pour le second qui y puiserait de nouvelles sources de développement, pour la première qui s'épargnerait nombre de dérives. Et, enfin, pour la société, qui canaliserait des générations entières.

Le sport n'est certes pas la solution miracle à tous les maux de la société. Son maillage territorial et les valeurs éducatives qu'il porte contribuent néanmoins à donner des réponses structurantes au devenir collectif. Des politiques publiques autour de l'exemplarité pourraient renforcer son impact sur la société. À condition de ne pas être les grands perdants des arbitrages budgétaires imposés par Bercy ou des réformes successives remettant profondément en question le modèle français.

ANNEXES

Annexe 1

Lutter contre le sexisme, quelques pistes pour avancer

Le développement de la pratique sportive féminine devrait être érigé en véritable priorité nationale, pour l'égalité, pour le droit des femmes, pour la société, mais aussi pour une justice sociale équitable.

Différentes solutions pourraient utilement être mises en œuvre au niveau local, le plus pertinent pour lever les freins à la pratique féminine et le plus à même d'impulser une véritable révolution des mentalités :

• solliciter l'expertise des sportives avant toute création ou rénovation d'équipements sportifs, mais également sur l'existant déjà ;

• adapter les horaires d'ouverture des équipements au mode de vie des familles ;

• élaborer une offre de pratiques sportives en famille, voire de garde d'enfants, et adaptée aux attentes spécifiques des parents, et aux parents accompagnant leurs enfants en club, proposer des activités physiques ;

• sécuriser dans la ville les parcours sportifs qui s'adressent aux femmes afin qu'elles se réapproprient ces espaces en accès libre ;

• porter la féminisation – la mise à disposition des équipements, par exemple – comme une contrepartie aux financements des associations ou des clubs avec des objectifs annuels chiffrés ;

• former et sensibiliser l'encadrement professionnel ou bénévole aux questions de mixité et de parité dans le sport, à la prise en compte des femmes aux rôles de direction dans les conseils d'administration des clubs et des associations, comme à l'éducation des jeunes à travers des pratiques mixtes encadrées ;

• organiser dans les formations initiales et continues des encadrants, enseignants, éducateurs, animateurs et dirigeants des modules de déconstruction des représentations sexuées ;

• prioriser les manifestations sportives portant un volet féminin par le fléchage des subventions ;

• porter une attention particulière aux filles dans les quartiers en politique de la ville, et afficher une mixité obligatoire pour les associations qui bénéficient des équipements ou des financements municipaux ;

• encourager les filles issues des quartiers sensibles à suivre un cursus STAPS ou à préparer les diplômes BP JEPS (Brevet Professionnel Jeunesse, Éducation Populaire) ou BEEP (Brevet d'État d'Éducateur Sportif) et adapter les référentiels de certifications pour les filles ;

• porter – grâce à des conventions d'objectifs avec les fédérations pour l'État ou avec les instances déconcentrées du mouvement sportif – un fléchage financier sur l'accompagnement en formation d'athlètes féminins et prévoir également le double projet, c'est-à-dire la carrière sportive et professionnelle à mener dans le même temps, avec des indicateurs permettant de mesurer les évolutions ;

• poursuivre les plans de féminisation des fédérations sportives avec l'accès à la pratique et aux responsabilités, la formation des dirigeantes, des éducatrices et de la pratique de haut niveau ;

• poursuivre aussi la politique de ces fédérations visant à développer une offre sportive davantage liée aux loisirs qu'à la compétition pour les disciplines réputées masculines. Et dès lors que sont organisées des compétitions pour les hommes, prévoir également le pendant féminin ;

• assurer, par la voie du ministère chargé des Sports, la parité dans la composition des jurys des concours de recrutement et des commissions de sélection ; de même que faciliter l'accès des femmes aux emplois d'encadrement dans les services centraux et déconcentrés, et, à cet égard, multiplier les entretiens professionnels pour identifier les potentiels et accompagner la création d'un vivier. La contractualisation des parcours de carrière est fondamentale pour permettre l'accession des femmes à des postes de direction. Puisque bon nombre de femmes renoncent à des promotions en raison de contraintes familiales, les conditions d'exercice de la mobilité dans les critères et les procédures de promotion ne doivent pas être discriminantes. Les employeurs publics devront s'efforcer de proposer des formations et des mutations proches géographiquement des lieux de travail. Si pourtant la mobilité est absolument obligatoire, des contrats de mutation géographique doivent permettre un retour dans la région d'origine au bout de quelques années.

- ne plus pénaliser l'absence longue durée, la maternité, les congés parentaux, comme les temps partiels ou les maladies liées à l'accouchement ; permettre une remise à jour de l'accès à une promotion ou à un déroulement de carrière au moment de la reprise de l'activité professionnelle par une formation d'adaptation à l'emploi ;
- reporter les limites d'âge de l'arbitrage de deux ans par enfant et adapter les tests physiques avec des barèmes différenciés suivant le sexe ; enfin, féminiser les tenues vestimentaires des arbitres femmes ;
- rappeler à tous l'obligation de signalement en cas de discrimination, de prise en charge et d'accompagnement des victimes, y compris dans les démarches judiciaires, et prévoir des sanctions disciplinaires fermes afin de faire reculer le sentiment d'impunité ;
- assurer le soutien de la pratique sportive féminine en milieu scolaire, notamment à l'adolescence, par une politique proactive du ministère chargé de l'Éducation nationale ainsi que par ses associations bras armés comme l'USEP (Union Sportive de l'Enseignement du Premier degré ou encore l'UNSS (Union Nationale du Sport Scolaire) ;
- prendre exemple sur l'Allemagne et la Suède, où les marques ont mis en place un système vertueux, conscientes de l'opportunité que présente le sport féminin, avec ses larges audiences permettant un message différent adressé à des publics nouveaux ;
- inscrire dans le cahier des charges du CSA un suivi des obligations de féminisation des programmes télévisés traitant du sport en imposant un quota de diffusion en lien qui progresse chaque année.

La France a du retard sur toutes ces évolutions. L'augmentation de l'exposition médiatique des compétitions féminines dans notre pays est un enjeu majeur pour progresser dans l'égalité en revenus. Car plus le sport féminin sera diffusé, plus les téléspectateurs seront demandeurs, déclenchant par ricochet l'intérêt des marques et des sponsors, et par conséquent l'augmentation des revenus des sportives. La pratique de masse suivra. Cet engrenage vertueux est un gisement de développement important pour les acteurs de l'économie, et c'est l'exploitation de ce potentiel qui permettra une mutation en profondeur du sport féminin.

Annexe 2

Lutter contre les violences sexuelles, quelques pistes pour avancer

Les différentes formations initiales ou continues, tant des dirigeants, des bénévoles que des éducateurs devraient comporter un module obligatoire de sensibilisation au droit et aux bonnes conduites.

La nomination de référents sportifs formés et sensibilisés, en lien continu avec un référent fédéral responsable d'un système de veille et d'alerte, permettrait une meilleure remontée d'informations, des régions aux départements, relatives à ces questions

L'obligation d'alerter qui pèse non seulement sur les dirigeants, mais aussi sur tous les intervenants, y compris le réseau médical, devrait être rappelée au moins une fois par an par tous les moyens.

Le délit de non-dénonciation de crime ou d'agression sexuelle réprimé sévèrement par la loi pénale n'est pas suffisamment connu pour lever l'omerta. Il faut changer cela.

Les différentes structures devraient afficher un document simple sur les lieux d'entraînement rappelant les règles, comportant les référents, les associations à joindre et garantissant l'anonymat du lanceur d'alerte, quel que soit son statut.

Le code disciplinaire de chaque fédération et le règlement intérieur des établissements devraient définir les violences sexuelles et prévoir explicitement des sanctions graduées pour tout manquement.

De même, la fédération devrait accompagner en justice les victimes, prendre en charge les frais d'avocat et se constituer partie civile.

Les douches et les vestiaires doivent aussi faire l'objet d'une attention particulière. Il apparaît nécessaire d'en interdire l'intrusion à un adulte seul. De manière plus claire encore, ces douches doivent se prendre entre licenciés qui relèvent de la même situation, mineurs avec mineurs, filles avec filles, dans le respect de la pudeur, de la dignité et de l'intimité de chacun. Aucune photo ou vidéo ne peut être autorisée dans une telle enceinte privée. L'hébergement doit également être sanctuarisé, et séparer encadrants et pratiquants, garçons et filles, mineurs et majeurs.

Les encouragements doivent éviter tout ce qui peut être perçu comme attouchements, tapes sur les fesses, mains sur les cuisses, geste trop appuyé sur le corps, et se voir strictement limités à des secteurs de celui-ci éloignés des parties intimes, comme les mains et les épaules. Les marques d'affection, les confidences, les cadeaux doivent être prohibés entre cadres et sportifs. Bref, chacun doit rester à sa place et éviter la tentation de la familiarité qui peut vite déraper ou ouvrir des espaces ambigus dans la relation entre les sportifs, les médecins, les dirigeants, les bénévoles, les entraîneurs, les éducateurs.

Faire confiance à la parole de la victime est un principe de bon sens, mais respecter également la présomption d'innocence pour éviter des dérapages et des accusations infondées susceptibles de détruire une vie, aussi. La ligne de partage entre les deux injonctions n'est pas simple, et les fédérations doivent pouvoir compter sur le ministère pour les aider dans leur analyse et leurs réactions.

Bien entendu, le risque existe de casser les liens et la convivialité que le sport crée, et sans doute l'appréciation devrait se faire au cas par cas. Le signalement de toute situation doit être obligatoire et le ministre chargé des Sports ne pas hésiter à diligenter une inspection, y compris par les inspecteurs généraux de l'éducation, du sport et de la recherche, lorsque la situation l'exige.

N'oublions jamais – et rappelons-le – que les enfants et les jeunes sont les premières victimes des prédateurs sexuels. Aussi les parents des 8,225 millions de licenciés de moins de 20 ans[378] doivent-ils pouvoir compter sur l'institution pour les protéger. Mais le sport ne saurait véhiculer un message uniquement anxiogène, assimilé à la destruction de l'individu. Dans la réalité, des fédérations et de nombreuses structures locales portent dans leur quotidien le message positif du sport comme moyen et du club comme lieu de reconstruction personnelle et sociale des victimes, et ce dans le cadre de programmes thérapeutiques qui réparent et redonnent la confiance en soi. Dans l'espoir d'aider à une renaissance, à un nouveau départ dans la vie.

Annexe 3

Lutter contre l'homophobie, quelques pistes pour avancer

Lutter contre l'homophobie dans le sport est une tâche de longue haleine qui mérite qu'on y consacre temps et attention. Toutefois, il ne faut pas se leurrer, les habitudes sont ancrées, les mentalités difficiles à faire évoluer, les résultats ne seront pas immédiats. Il existe néanmoins des leviers capables d'accélérer les choses.

D'abord, le renouvellement de campagnes choc de sensibilisation sur les réseaux sociaux, dans les stades ou dans les salles, et utilisant les mêmes codes que les jeunes, s'avère indispensable.

Il faut prévoir des modules de formation continue sur le sujet pour les entraîneurs de pôles, de filières de haut niveau, les centres de formation, les éducateurs et les dirigeants, ainsi que les arbitres et les membres des commissions de discipline sur cette question; et le référentiel de formation des diplômes d'État dans les cursus BPJEPS, DJEPS et DSJEPS doit le programmer. Cette formation doit porter également sur les techniques de régulation des comportements. À cet égard, la mutualisation de l'action des fédérations serait un atout permettant l'harmonisation des outils développés, donc des modules de formation communs à tous les acteurs à l'échelon départemental et régional.

Chaque association sportive doit rendre obligatoire la signature par les licenciés d'une charte de respect des partenaires, des adversaires ainsi que des dirigeants, comportant une partie sur l'homophobie, et prévoir une sanction pour tout manquement allant jusqu'à l'exclusion temporaire ou définitive du licencié, quel que soit son statut. En début de saison, le premier entraînement comporterait nécessairement un temps sur le rappel des règles et des valeurs par l'éducateur.

Dans les établissements, des formations sur les valeurs du sport et l'exemplarité des compétiteurs de haut niveau peuvent aborder utilement la question des discriminations sous toutes leurs formes, à destination des jeunes des pôles, des sections sportives élites et des centres de formation des clubs professionnels pour les footballeurs.

Afin de disposer d'outils juridiques qui sanctionnent clairement les comportements et les propos homophobes, le ministère doit inciter à l'inscription, dans les règlements disciplinaires des fédérations sportives, d'un article qui identifie clairement les actes et les propos homophobes, et dont il faudrait harmoniser la définition des faits et prévoir une échelle de sanctions disciplinaires spécifiques, renforcées avec une matrice commune imposée par le ministère des Sports.

L'action des fédérations contre les discriminations, sous toutes ses formes, doit faire l'objet d'indicateurs évalués par le ministère ou la nouvelle Agence nationale du sport, et qui conditionneraient l'octroi et le retrait de l'agrément ou de la délégation, ainsi que le montant des dotations publiques. Et la mobilisation des conseillers techniques sportifs d'État, agents de l'État placés auprès des fédérations sportives, à commencer par le directeur technique national (DTN), offrirait un levier important pour définir et appliquer les stratégies relatives à la lutte contre l'homophobie. Ils pourraient également faire le suivi des sanctions disciplinaires et alerter en cas de laxisme des commissions *ad hoc*.

Pour mieux mesurer le phénomène et encourager les victimes à s'exprimer, il convient d'envisager la création d'un observatoire national de l'homophobie, saisi de manière anonyme, avec des ramifications régionales.

S'agissant de la protection des victimes, il faut inciter les fédérations à faire jouer la protection du joueur, de l'arbitre, des dirigeants, des entraîneurs, et à déposer plainte ou à se constituer partie civile de manière systématique en cas de racisme et d'homophobie. Tout en développant un système d'assistance à la victime, en proposant un service d'aide psychologique et juridique individualisé, en l'accompagnant dans l'exercice des poursuites civiles et pénales.

Il est nécessaire, dans ce cadre, de faire connaître les dispositifs existants comme les différents services d'écoute anonyme téléphonique en adaptant, par convention, le dispositif ou en créant un service *ad hoc* au ministère des Sports. Le ministère devrait lui-même avoir une cellule juridique dédiée à la question, qui pourrait être consultée par les fédérations ou les clubs, notamment ceux qui n'ont pas les capacités matérielles et humaines de traiter le sujet.

S'agissant des jeunes joueurs qui dérapent dans le monde amateur, des sanctions pédagogiques devraient être créées avec la mise en place de formations sur le comportement, l'exclusion devant être envisagée en dernier recours comme arme ultime. Il vaut mieux tenter de canaliser des jeunes à la dérive que de les laisser livrés à eux-mêmes, sans encadrement. Et la sensibilisation à l'homophobie par des associations de défense des homosexuels serait la meilleure réponse à leur apporter en ce qu'elle permettrait de faire tomber les préjugés par un face-à-face pédagogique.

Pour les clubs professionnels, il est impératif de mettre en place des amendes réellement dissuasives, en lien avec le poids économique du club. Les interdictions individuelles de stade et de déplacement, les retraits de points, les peines d'intérêt général, les matchs à huis clos, la délocalisation devraient être plus largement utilisés, afin de changer les mentalités des supporters mais aussi des dirigeants qui craignent la réaction des supporters. En revanche, un travail préalable de concertation doit être absolument mené avec les associations de supporters concernées, et une grille claire des comportements, des qualifications et des gammes de sanctions établie afin d'éviter autant que possible la colère et le sentiment de victimisation aux effets dévastateurs.

De même, l'appréciation des sanctions doit être laissée aux responsables des commissions de discipline, mieux à même de juger des cas précis, à condition toutefois d'avoir été formés sur ces questions lourdes.

Arrêter un match à cause du dérapage insupportable de quelques-uns semble contre-productif, au vu des actualités récentes. Mais la sanction doit produire des effets dissuasifs, à condition pour les ligues professionnelles, comme les Ligues 1 et 2 en football, de prévoir la recherche de la preuve, de l'identification des auteurs de propos homophobes, et d'élargir la mission des stadiers en L1 et L2 à la lutte contre le racisme et l'homophobie, après y avoir été formés. À eux de localiser le lieu et l'auteur de l'infraction afin d'orienter les agents qui manipulent le système de vidéo-protection. Une fois les coupables identifiés, il reviendrait aux forces de police de procéder aux interpellations. Les clubs pourraient également s'appuyer sur les associations qui combattent l'homophobie pour assurer la surveillance et l'identification des fauteurs de troubles, dans les stades, avec des membres non identifiés, chargés de cette surveillance, placés dans des axes stratégiques.

Il faut progresser dans la signalisation des faits sur les feuilles de match des arbitres, dans le cadre des rencontres amateurs et professionnelles, y compris en dématérialisant et en simplifiant la procédure. Reste la crainte des représailles que peut régler, sur le modèle du rugby, un dispositif de commissaire à la citation qui regarde le match à la télévision et qui fait également un rapport.

La responsabilisation des associations de supporters, auxquelles seraient confiées des missions de prévention dans le stade en échange d'un certain nombre de facilités dans la gestion des places et de la billetterie, inciterait à un comportement exemplaire.

Dernier point, qui n'est pas le plus anodin, la sensibilisation des sponsors, afin qu'ils ne refusent pas un joueur en raison de son homosexualité, serait de nature à rassurer ceux qui craignent un outing ou de faire un coming out.

Les solutions passent toujours par les mêmes outils de prévention, de formation et de répression. Ce sont des conditions nécessaires à une amélioration du climat homophobe mais qui ne sont certainement pas suffisantes, tant l'omerta liée à la peur de la marginalisation est ancrée dans les consciences.

Il faudra du temps, et l'évolution progressive des mentalités, pour éradiquer l'homophobie dans le sport, mais dès lors que le mouvement sportif s'en emparera avec vigueur et que l'État exercera pleinement son rôle de prescripteur et de surveillance, tous les espoirs seront permis.

Annexe 4

Lutter contre la radicalisation, quelques pistes pour avancer

Tout le mouvement sportif doit adhérer à la volonté d'agir contre la radicalisation et ses signaux et prendre conscience de sa responsabilité éducative, condition *sine qua non* de la réussite. Il faut convaincre le mouvement sportif, mais aussi le rassurer et dépasser ses réserves, pour ne pas dire son hostilité, à faire face à la menace. Il est urgent que ses acteurs comprennent qu'il ne s'agit pas de les stigmatiser ou de les transformer en auxiliaires de police. Il ne s'agit en rien de délation mais bien de les conforter dans leur mission de protection des mineurs ou de leurs licenciés. D'aider des personnes en dérive, de préserver la réputation de leur club et de leur discipline, et de leur permettre de remplir pleinement le rôle éducatif assigné au sport.

Il faut bâtir un réseau de lanceurs d'alerte, sur le modèle du dispositif de la région Île-de-France, qui identifierait un référent dans chaque comité régional ou ligue et lui ferait remonter les informations du comité départemental. Ce réseau de veille des atteintes à la laïcité et aux valeurs du sport, ainsi que des tentatives de radicalisation, doit permettre une intervention en amont de la radicalisation, comblant ainsi le vide existant – avant l'utilisation du numéro vert qui alerte les services de l'État. Leur mission : identifier la nature et la gravité du phénomène (est-ce un problème de religiosité, de radicalisation ? À quel degré ?), ensuite apporter la réponse appropriée.

Évidemment, ces référents doivent recevoir une formation spécifique sur les valeurs de la République et la laïcité, afin d'apprendre à poser un premier diagnostic. Cette formation doit, de façon très concrète, donner à étudier des cas précis qui permettront d'identifier tous les questionnements et toutes les natures de conflits. Le deuxième volet concerne la prévention de la radicalisation islamiste à partir, là aussi, de cas concrets pour apprendre aux référents à établir un diagnostic et à apporter une réponse éducative. Le nombre de référents formés doit être établi en fonction de celui de licenciés. Et leur rôle consiste à briser la solitude des clubs face à la radicalisation ou aux tentatives d'atteinte aux valeurs de la République.

Il s'agit aussi et avant tout d'aider les familles dans le désarroi le plus complet. En cas de soupçons, puis de doutes avérés, il faut pouvoir tout mettre en place pour renouer le dialogue entre les parents, le jeune licencié et le club. Face aux discours radicaux, mêlés de complotisme et de postures victimaires, il est urgent d'offrir une réponse éducative. C'est la mission essentielle des éducateurs qui épauleront les référents.

Le succès de ce dispositif en réseau repose sur la confiance. Les clubs faisant des signalements doivent avoir l'assurance que les informations les concernant ne seront pas divulguées au grand public, avec des intervenants astreints à une obligation de confidentialité.

Par ailleurs, les formations de formateurs dans le mouvement sportif faciliteront le déploiement de ce réseau de lanceurs d'alerte au plus près des clubs. Ces formations en e-learning comporteront des niveaux différents pour ceux qui passent ou ont passé les concours du ministère, aussi bien celui d'inspecteur, que le BPJEPS et le DEJEPS afin de démultiplier l'impact du réseau dans les délais les plus courts.

Une sensibilisation/formation pourrait s'adresser aux éducateurs et aux élus locaux, maires ou adjoints à qui seraient proposés de rejoindre le réseau d'alerte. Une information/formation allégée et simple viserait les gardiens de gymnase et d'équipements sportifs et le personnel d'entretien, ceux qui sont en contact régulier avec les associations et voient, bien souvent, tout ce que l'on cache.

Il est aussi essentiel que l'État joue pleinement son rôle. En l'état actuel du droit, la vérification de l'honorabilité des éducateurs sportifs n'est pas possible. Si l'un d'eux figure sur le FSPRT (le fichier des signalements pour la prévention de la radicalisation à caractère terroriste), le club ne peut avoir accès à l'information, pour des raisons de secret défense – que l'on comprend –, mais qui entravent la prévention de la radicalisation au sein des clubs. D'ailleurs, même si le club venait à en avoir connaissance, il lui serait impossible juridiquement d'évincer l'individu fiché de son poste. De la même façon, un club qui aurait des doutes sur l'un de ses pratiquants, même lorsqu'il s'occupe de tir sportif, n'a aucun moyen de le dessaisir de sa licence de tir, puisqu'il n'a pas accès aux informations des services de police. Parfois, lorsque ces clubs signalent aux autorités leurs soupçons sur l'un de leurs membres, la réaction des pouvoirs publics peut tarder, sans doute à cause des besoins de l'enquête et de l'identification du réseau – mais en laissant la direction du club seule face à son désarroi et, surtout, les individus concernés évoluer au sein de la structure sportive.

À travers ces dispositifs novateurs et ambitieux, et par une démarche volontaire et déterminée, sera impulsée une dynamique locale qui permettrait d'apporter une réponse efficace aux problèmes de la laïcité et au phénomène de radicalisation.

Mais la route est encore bien longue !

Malgré tout, le sport reste un vecteur formidable de citoyenneté et un vaccin contre ces dérives. Il peut fonctionner comme une sorte d'antidote. C'est ce que tente de mettre en place Erasmus + « Sport Identity », qui a retenu le CREPS d'Île-de-France dans le cadre de son appel à projet européen avec des partenaires italiens, portugais et autrichiens pour « analyser le phénomène et réfléchir à la façon dont le sport peut permettre de développer une identité sportive qui serait une identité secondaire préalable à la construction d'une identité nationale et européenne ».

Il s'agit, au fond, de réaffirmer le rôle du sport dans le développement d'une citoyenneté active, ouverte au vivre-ensemble, à la tolérance, et de permettre l'adhésion aux valeurs démocratiques et humanistes ainsi qu'à l'État de droit. Cette construction vise clairement à établir un cordon sanitaire en développant l'adhésion aux valeurs de la République, à la citoyenneté active et ouverte, et à détecter les risques de radicalisation pour mieux les combattre.

Reste à voir son efficacité dans les prochaines années. Il faut toujours avoir en tête que le sport ne porte pas des vertus éducatives en lui-même, mais que c'est l'éducateur qui les transmet. Et si les éducateurs n'ont pas une formation adéquate, si l'on affaiblit les clubs et le mouvement sportif fédéral – comme cela semble être la tentation dans les différentes réformes en cours –, toutes ces recommandations resteront des vœux pieux.

Les mesures mises en place par le PNPR (Plan National de Prévention de la Radicalisation) et le ministère des Sports ne sont-elles que l'expression d'un coup de com' politique pour se donner l'illusion d'agir et de répondre à une urgence publique, ou un véritable levier au service de l'intérêt général et de la prévention et de la détection de la radicalisation ? Tout dépendra d'une prise de conscience du ministère chargé des Sports, des moyens financiers et humains attribués à cette prévention, et des priorités données aux missions assignées aux agents.

Au regard de l'urgence budgétaire, plusieurs niveaux de réformes déstabilisantes et sans doute contre-productives pour le monde sportif ont été conduits. Le ministère des Sports s'est même trouvé dépouillé d'un certain nombre de ses leviers traditionnels d'intervention. Les politiques «haut niveau et sport pour tous» et ses moyens financiers ont été confiés à une agence indépendante. Les agents de l'État au sein des fédérations, les CTS (Conseillers Techniques Sportifs), ne devraient donc plus relever de l'autorité hiérarchique du ministère des Sports et seraient sous la coupe des fédérations. Ses bras armés dans les territoires, les services déconcentrés du ministère ont rejoint l'Éducation nationale. La tutelle du ministre sur les fédérations devrait officiellement disparaître dans la prochaine grande loi sur le sport. On pourrait multiplier les exemples qui n'augurent pas d'un avenir radieux pour contrer les dérives.

Annexe 5

Lutter contre la violence, le racisme, le déni, quelques pistes pour avancer

Il est impératif de coordonner les instances sportives, les clubs et les pouvoirs publics dans la lutte contre les violences et le racisme dans le football. Le club, seul, est désarmé face à ces phénomènes, et aura, logiquement, les plus grandes difficultés à engager des décisions délicates. Le soutien des instances dirigeantes n'est pas suffisant. Les commissions de discipline doivent mener de véritables enquêtes sous l'égide de professionnels des services de police et de la justice.

Les responsabilités sont trop lourdes, notamment pour les bénévoles qui exercent dans nombre de commissions disciplinaires. Le monde du sport ne peut régler seul, en son sein, les violences et les actes racistes venus de la société. Pourtant, quelques années plus tôt, le fichier antihooligan a permis d'écarter des stades les trublions les plus violents. Dans l'arsenal répressif qu'avait obtenu l'ancien président de la Ligue de football professionnel, le SIR (Section d'Intervention Rapide) avait entrepris de mobiliser – vêtus de survêtements sportifs – des agents spécialisés de la BAC (Brigade AntiCriminalité), équipés de micros et de petites caméras, pour mieux identifier les voyous et les délinquants des stades. Financé par la LFP, le dispositif avait fait ses preuves.

Pour lutter contre les dérives, de nouvelles pistes liées au modèle même de construction du sport en France pourraient également être testées. Et notamment chez les plus jeunes.

En 2013, dans le Val-de-Marne, deux arbitres avaient été pris à partie, et frappés, en pleine rencontre de football amateur entre les clubs d'Ivry et de Val-de-Fontenay. Le terrain avait été envahi par de jeunes supporters, et une bagarre générale avait éclaté – à coups de batte de base-ball. Patrick Wincke, ancien cadre de la FFF à l'époque,

Lutter contre la violence, le racisme, le déni, quelques pistes pour avancer

annonçait que la Fédération française de football envisageait de modifier l'organisation des compétitions pour les jeunes jusqu'à 13 ans, voire 15. « La compétition ne sera plus liée à des montées ou des descentes mais à l'aspect éducatif du jeu. Les jeunes auront tous le même temps de jeu et ils pourront arbitrer. Ils auront ainsi une autre approche de l'arbitrage. » Et d'ajouter : « Le premier problème chez les plus petits, ce n'est ni les jeunes, ni l'encadrement, mais les parents dont les comportements envers l'arbitre sont souvent très indélicats[379]. »

Sept ans plus tard, les compétitions des plus jeunes n'ont pas été modifiées. Et aujourd'hui, le « sport performance » cristallise les passions et creuse une certaine différence de vues entre les anciennes et les nouvelles générations de sportifs. Là où l'incompréhension s'installe, la brèche se creuse et laisse un espace propice à toutes sortes de dérives.

Un président de club de football amateur résume l'état d'esprit général : « La conception du "sport performance" pose problème. On détermine qu'un joueur sera bon parce que performant, sans tenir compte de ses autres qualités. Il faudrait faire des formations auprès des jeunes sur le respect de soi. Il faut travailler sur autre chose que le spectateur et le spectacle. Il faudrait un espace de sensibilisation dans les clubs autour des principes d'éthique[380]. »

Un jeune retraité, ancien CTS de la FFF, confirme lui aussi que « les jeunes ne se retrouvent pas dans l'organisation actuelle du football. Ils veulent s'amuser et ils sont confrontés à des obligations qui ne correspondent pas à leur âge. Et dans la pratique, on privilégie des jeunes plus mûrs, plus forts dans l'optique de compétition qui prévaut. Le football a été organisé à partir du football professionnel et on a oublié les autres. On a commis beaucoup d'erreurs. Nous avons mené une enquête auprès des clubs amateurs, et aucun d'entre eux ne pouvait définir son projet éducatif avec précision. Tous ne sont qu'une association d'équipes, tournées vers la performance. Les clubs ont développé un système de compétition élitiste. On subit de plein fouet l'ascenseur social que représente le football professionnel et on tombe dans les excès. Il faut éviter la licence trop précoce car l'enfant doit pratiquer plusieurs sports[381] ».

Les clubs réalisent un réel travail avec les jeunes sportifs qui leur sont confiés, à la fois éducatif, social, collectif et humain, mais la valeur de la performance et de la victoire à tout prix dépasse la mission sportive qui leur est assignée et favorise l'émergence de la violence, sur le terrain, mais surtout autour.

Les fédérations ont un rôle essentiel à jouer, notamment en mettant en œuvre les chartes éthiques et déontologiques qu'elles ont l'obligation d'instituer. Le ministère devrait prendre à son compte le contenu de ces chartes qui préciserait la responsabilité des dirigeants et des éducateurs des clubs pour que la mission de prévention et d'éducation soit efficacement assurée.

Notes

Prologue

1. À la demande de l'entourage proche de la victime, son nom et les lieux où se sont tenues les différentes étapes du récit ont été modifiés.
2. Entretien du 11 mars 2020.
3. Selon les estimations du CNOSF communiquées fin août 2018 à l'occasion de son congrès extraordinaire, le poids économique du mouvement sportif révélé dans une étude commandée au Centre de droit et d'économie du sport de Limoges est de 11,69 milliards d'euros répartis entre le sport professionnel (3,03 milliards), la dépense personnelle des pratiquants (2,41 milliards) et le sport amateur (6,25 milliards).
4. Évaluation de la MEOS (Mission des Études, de l'Observation et des Statistiques) au sein de l'INJEP qui publie chaque année des statistiques relatives au poids économique du sport. En 2017, les administrations publiques y consacrent 17,5 milliards, les ménages 17,3 milliards et les entreprises 2,1 milliards. Ces chiffres sont toutefois incomplets car ils n'intègrent pas les dépenses fiscales et de Sécurité sociale consacrées au sport, les dépenses des petites communes de moins de 10 000 habitants qui représentent tout de même 2 milliards, et sous-évaluent les dépenses des entreprises, notamment le mécénat sportif non pris en compte.
5. Selon la députée de la Nièvre, Perrine Goulet, auteure du rapport remis au Premier ministre le 26 novembre 2018, la dépense publique dans le sport est passée de 17,5 milliards en 2014 à 14,6 milliards en 2016 et sa part dans l'ensemble de la dépense sportive nationale de 47 % à 38 %, deux ans plus tard. Les collectivités y consacrent 9,2 milliards en 2016 contre 12,6 milliards en 2014.
6. En 2018, ils sont issus des fédérations françaises agréées par le ministère des Sports.
7. Bien loin devant les deux fédérations du tennis avec un peu moins de 1 million de licenciés et de l'équitation, autour de 600 000 licenciés.
8. L'arrêt de la CJCE, 15 décembre 1995, Bosman, C-415/93, pose le principe de la liberté de circulation des professionnels du sport et a favorisé les transferts et l'inflation sur les salaires.
9. Dans son rapport bisannuel d'évaluation des risques supranationaux.
10. Dans son ouvrage *Le Désenchantement du monde*, Gallimard, 1985.
11. Paul Yonnet, *Travail, loisir*, Gallimard, 1999.
12. Dont la Convention européenne de sauvegarde des droits de l'homme et des libertés fondamentales en date du 4 novembre 1950.
13. Garantissant un procès équitable et protégeant les libertés comme celle d'aller et venir, la liberté d'expression et la liberté de réunion et d'association.
14. Article 3, paragraphes 4 et 5.

Notes

15. Après les violents affrontements dans les tribunes du Parc des Princes entre les supporters du PSG et les forces de l'ordre le 28 août 1993, les mesures répressives figurant dans le code pénal ont fait l'objet d'un dispositif spécifique plus sévère figurant dans le code du sport et consacré au supportérisme.

La loi Alliot-Marie du 6 décembre 1993 relative à la sécurité des manifestations sportives, complétée par la loi du 18 mars 2003 pour la sécurité intérieure et codifiée par l'ordonnance du 26 mai 2006 a structuré un cadre préventif et répressif relatif au supportérisme. La LOPPSI 2, entrée en vigueur le 11 mars 2011 relative à la sécurité des manifestations sportives a apporté une autre pierre à l'édifice.

16. La loi du 29 juillet 1881, amendée plusieurs fois, sur la liberté de la presse, intègre des dispositions contre le racisme et la discrimination; la loi du 1er juillet 1972, qui crée les délits de diffamation et d'injures à caractère raciste et xénophobe; la loi du 16 juillet 1984, qui cible la lutte contre les discriminations dans la pratique du sport, notamment au sein des fédérations et du milieu scolaire; la loi du 6 décembre 1993 concerne les insignes, les signes ou les symboles rappelant une idéologie raciste ou xénophobe à l'intérieur d'une enceinte sportive et prévoit une interdiction de stade à titre de sanction complémentaire; la loi sur le sport du 6 juillet 2000 permet aux associations antiracistes de se porter partie civile pour les infractions commises dans les enceintes sportives à l'occasion de manifestations sportives; les lois du 3 février 2003 et 9 mars 2004 déterminent les circonstances aggravantes pour les infractions à connotation raciste, et la prescription passe à un an.

Les lois du 18 mars 2003 et du 30 décembre 2004 intègrent aux dispositifs sur les délits de provocation à la discrimination, diffamation, injure ou comme circonstance aggravante les motifs de l'homophobie et du sexisme; la loi du 23 janvier 2006 permet aux préfets d'interdire de stade les supporters violents ou racistes; la loi du 27 mai 2008 étend la lutte contre les discriminations relatives aux orientations sexuelles au milieu associatif et aux manifestations sportives.

17. Loi visant à préserver l'éthique du sport, à renforcer la régulation et la transparence du sport professionnel et à améliorer la compétitivité des clubs.

18. Article 21 de la loi du 1er mars 1917.

19. L'ordonnance du 19 décembre 2018, relative aux mesures relevant de la loi pour transposer dans notre droit interne les principes du code mondial et celle du 11 juillet relative à la procédure disciplinaire mise en œuvre par l'AFLD (l'Agence Française de Lutte contre le Dopage), accréditée par l'AMA (Agence Mondiale antidopage), et qui crée deux instances distinctes pour les poursuites et pour le jugement des affaires.

Le Conseil de l'Europe, quant à lui, attaché à l'éradication de la corruption dans le sport depuis les années 2000, prend une Recommandation en 2018 sur la promotion de la bonne gouvernance dans le sport, qui met l'accent sur la nécessité de programmes de conformité et les incitations destinées aux acteurs du mouvement sportif ainsi que sur l'obligation d'une législation nationale sans concession quant aux poursuites à engager en cas de manquement.

L'article 165 du Traité sur le fonctionnement de l'Union européenne qui est un plaidoyer pour le sport, dont est reconnue la fonction sociale et éducative, la communication de la Commission européenne en 2011 qui identifiait trois secteurs prioritaires d'évolution du sport, sur son rôle sociétal, sa dimension économique et son organisation, ou encore les conclusions du Conseil européen des 30 et 31 mai 2016 sur le «renforcement de l'intégrité, de la transparence et de la bonne gouvernance dans le cadre des grandes manifestations sportives», vont dans le même sens.

Notes

Première partie
Le sexisme

1
Une femme chez les hommes

20. Entretien du 6 juillet 2019.
21. Entretien du 16 juillet 2019.
22. Depuis, les équipes universitaires de filles sont passées de 8 à 10.
23. Entretien du 9 juillet 2019.
24. La FFF délivre aux écoles de football un label École féminine de football valable sur deux saisons, qui vise à « récompenser les clubs qui ont investi sur une véritable politique d'accueil et de formation des jeunes footballeuses » (Source : FFF.fr).
25. Entretien du 4 juillet 2019.
26. Entretien du 6 novembre 2019.
27. Entretien du 15 juillet 2019.
28. Contacté, le président de la fédération de triathlon tient à souligner « les actions [qu'il a] pu conduire depuis de très nombreuses années au sein de la fédération [qu'il] préside pour développer la place et le rôle des femmes à tous les niveaux [...], les différents axes du plan de féminisation de [leur] fédération qui a reçu de nombreux témoignages de reconnaissance tant ministérielle que de la part de partenaires privés [...] et le nombre de dispositions concrètes déjà mises en œuvre en faveur de la mixité [...] et le soutien [qu'il a] constamment apporté à la seule femme présidente d'une fédération internationale et membre du CIO. [Il] attache à titre personnel, une importance toute particulière à cette évolution et l'ensemble de [son] action de responsable associatif peut en témoigner. »

2
Sexisme d'hier et d'aujourd'hui

29. Marinette Pichon, *Ne jamais rien lâcher*, FIRST éditions, 2018.
30. Source Femix'Sports, association qui accompagne le développement et la promotion du sport au féminin et en mixité.
31. Thèse « Les carrières équestres de compétition des cavalières et des cavaliers, l'exemple des concours de saut d'obstacles », 2008, sous la direction de Vérème Chevalier et Catherine Marry, Paris, EHESS.
32. Florence carpentier, *Le sport est-il éducatif?*, Rouen, 2004.
33. Régine Pernoud, *La Femme au temps des Croisades*, Stock, 1990.
34. Yvon Tranvouez, 1999.
35. (33 %).
36. (42,7 % dans les 26 commissions du CIO, soit une augmentation de 98 % depuis 2013).
37. (30,8 % de femmes en 2018).
38. www.unwomen.com (2016).
39. S'agissant de son personnel, le CIO a engagé en 2017 un programme relatif à l'égalité des sexes et à la diversité, « Gestion du personnel du CIO à l'horizon 2020 », qui produit ses effets. Mais alors que les cadres administratifs du CIO sont majoritairement des femmes, presque deux fois plus nombreuses que les hommes, le rapport est inversé pour les cadres supérieurs et encore plus pour les directeurs qui sont à 71 % des hommes en 2018.
40. L'enquête menée par le CIO en 2015 et à laquelle avaient répondu 135 comités nationaux a montré que 27 d'entre eux comptaient plus de 30 % de femmes au sein de leur conseil exécutif et 62 moins de 20 %. Dix CNO n'avaient pour leur part intégré aucune femme dans leur conseil exécutif. S'agissant des fédérations internationales, 4 (sports d'été et d'hiver) ont une femme présidente et 18 des femmes secrétaires générales en 2018. En 2015,

23 fédérations internationales comportaient plus de 20 % de femmes au sein du conseil exécutif quand 13 n'en avaient aucune.

41. Le 17 avril 2017, à 70 ans – cinquante ans après sa première participation –, elle court pour la neuvième fois le marathon de Boston, avec le même numéro de dossard qu'en 1967, et achève sa course en 4 heures 44 minutes et 31 secondes !

3
Le corps au centre du jeu

42. Socio-historienne, cette professeure des universités à l'UFR STAPS de l'université de Paris-Sud publie des articles et ouvrages scientifiques sur le corps, le sport et le genre, auteure de *Le Test de féminité dans les compétitions sportives : une histoire classée X?*, Éditions iXe, juin 2012, 192 pages.
43. Règlement pris par l'IAA en avril 2018.
44. Les basketteuses australiennes ont obtenu une médaille de bronze.
45. Les footballeuses japonaises qui ont décroché la médaille d'argent, au contraire de l'équipe masculine rentrée bredouille, ont pu bénéficier de la classe business pour le vol retour.
46. Slate.fr, « Les femmes vont aux JO en seconde, les hommes en classe affaire », 20 juillet 2012. rendezvous.blog.newyorktimes.com, « Japanese Women Fly Coach to the Olympics; the Men Go Business Class », 19 juillet 2012. *Sydney Morning Herald*, « Second-class Olympians fume over team gender bias », 19 juillet 2012.
47. Slate.fr, Cécile Dehesdin, « Les JO de Londres ont-ils vraiment été les jeux des femmes ? Pas encore mais on s'en approche », 13 août 2012.
48. Slate.fr, 13 août 2012.
49. *Idem*.
50. Entretien du 4 juillet 2019.
51. Éditions Anamosa, 2016.

4
La marche est longue, mais des pas sont franchis

52. Soit 5 176 femmes sur 11 444 athlètes.
53. Sur le plan européen, le réseau informel lié à la conférence sportive européenne « Femmes et sports » qui rassemble les représentants de 43 États et des mouvements sportifs européens dans une démarche partenariale va jouer le rôle d'aiguillon.
54. Le décret du 13 février 1985, abrogé par le dispositif actuel, était plus précis, bien que moins ambitieux. Il imposait la désignation dans les comités directeurs des fédérations d'au moins une femme par tranche de 10 % de licenciées féminines.
55. Cet article prévoit que « les fédérations sportives qui sollicitent l'agrément prévu à l'article L. 131-8 doivent : 1° avoir adapté des statuts comportant des dispositions qui garantissent [...] l'égal accès des femmes et des hommes à leurs instances dirigeantes, et qui comprennent les dispositions obligatoires prévues à l'annexe I-5.
56. L'article 22 du décret du 7 janvier 2004 précise que cette représentation doit être opérante dès le renouvellement qui suit les Jeux olympiques de 2008.
57. Françoise Sauvageot, la présidente de la Fédération française d'éducation physique et de gymnastique volontaire (FFEPGV) a dû demander une dérogation à la règle de proportionnalité qui aurait abouti à laisser un seul homme au comité directeur. Elle a obtenu du ministère de pouvoir appliquer les recommandations du CIO de laisser 20 % des sièges au genre le moins représenté : soit 5 hommes dans le cas de sa fédération.

Notes

5
L'impact des politiques

58. Entretien du 22 novembre 2019.
59. Elle participe au réseau international EWS et au réseau européen IWG.
60. Entretien du 22 novembre 2019.
61. Avant même ce courrier qui concerne uniquement la thématique des femmes, le public féminin faisait déjà partie des publics prioritaires du ministère chargé des Sports, de ses services déconcentrés et du CNDS. Au-delà des mots, un indicateur des priorités de l'action publique est les moyens financiers affectés par l'État aux actions de féminisation.

S'agissant des actions 1, 2 et 4 relatives au programme 219 «sports», dans les conventions d'objectifs signées avec les fédérations, la part spécifique «Femmes et Sports» comme les actions d'accompagnement des dirigeantes et entraîneures, l'accès des jeunes filles à la performance, les actions de sensibilisation et de promotion représente, en 2011, 7 % du montant total soit 6,7 millions d'euros (5,38 millions en 2010). Pour mémoire en 2004, cette part s'élevait à 0,4 million d'euros.

S'agissant de l'évolution de la proportion des crédits de la part territoriale du CNDS affectée aux publics prioritaires (programme 219) et notamment des jeunes filles et des femmes : ces moyens ne représentent en réalisation que 5,2 % du budget total en 2010 (soit 6,358 millions d'euros), 5,3 % en 2011, 5,4 % en 2012 et la prévision pour 2013 est de 5,6 % avec une cible de 6 % pour 2015. Ces chiffres ne témoignent pas d'une volonté politique accrue qui se serait matérialisée par des moyens financiers plus conséquents. Même si par rapport à 2004 l'augmentation est sensible (3,219 millions d'euros).

62. Le décret d'application du 10 mai 2017 indique que «La conférence permanente du sport féminin inscrit à son programme de travail les thèmes d'observation et d'étude relatifs à la place du public féminin dans le sport. Elle propose toute recommandation visant à contribuer à la structuration du sport professionnel féminin, à une meilleure médiatisation des épreuves sportives féminines et à un égal accès des femmes aux pratiques sportives, à leur gestion, à leur gouvernance et aux fonctions d'encadrement».

6
Des pratiques et représentations encore trop différentes

63. INSEE, enquête «Participation culturelle et sportive», mai 2003, in *Les Chiffres clés du sport*, publiés par le ministère de la Santé et des Sports.
64. *Les Chiffres clés du sport*, ministère des Sports et ministère de l'Éducation nationale, de la Jeunesse et de la Vie associative, 2010.
65. INSEE, fiches thématiques, Culture et Loisirs 5.5, *Regards sur la parité*, édition 2012.
66. S'agissant des filles de 12 à 17 ans, 60 % pratiquent au moins une activité sportive en dehors des cours d'EPS. Ce chiffre tombe à 50 % après 15 ans (Stat'Info octobre 2002).
67. Étude Kantar TNS réalisée par Internet pour FDJ auprès d'un échantillon représentatif de 1 501 femmes et de 500 hommes âgés de 16 à 65 ans. Elle a été menée deux ans après la première sur des échantillons similaires.
68. *Pratiques physiques et sportives des femmes et des hommes*, INSEE Première n° 1675, novembre 2017.
69. Sénat, rapport d'activité «Femmes et Sports».
70. Éditions du Conseil de l'Europe, 2010.
71. La marche concerne trois quarts des femmes et 61 % des hommes.
72. 20 % de pratiquantes pour ces deux activités.
73. 53 % en 1996, 59 % en 2000 et 2004.
74. Aux JO de Barcelone en 1992, on compte 29,41 % de femmes ; à Atlanta en 1996 : 33,98 % ; à Sydney en 2000 : 37,31 % ; à Athènes en 2004 : 36,69 % ; à Beijing en 2008 : 39,35 %. À Londres, on compte 146 femmes pour 187 hommes.

Notes

75. Selon l'Institut national de la jeunesse et de l'éducation populaire (INJEP).
76. Chiffres «Femmes et Sports», mai 2011.
77. «Répartition sexuée des dirigeant(e)s au sein des organisations sportives françaises», Caroline Chimot, déjà citée.
78. Le rapport sénatorial de Michèle André pointe les disparités en 2009 : dans l'administration centrale, les femmes représentaient un tiers des sous-directeurs et des adjoints aux directeurs; aucune n'occupait la fonction de directeur. Dans les services déconcentrés, elles sont 12 % directrices et 19 % directrices adjointes. La situation est identique pour les CREPS puisque seules 10 % occupaient les fonctions de directrice et 29 % celles de directrice adjointe. Elles occupent 20 % des postes d'inspection, 16,5 % des conseillers techniques sportifs (CTS), 27 % des conseillers d'animation sportive, un quart des formateurs. Mais elles sont légèrement majoritaires dans les postes de conseillers d'éducation populaire et de jeunesse (CEPJ). S'agissant des diplômes (selon les chiffres du rapport MEOS, 2010 qui concerne l'année 2009) : le BEES (Brevet d'État d'Éducateur Sportif) : recrute 19,3 % de femmes dans sa version 1er degré et 12,1 % pour le 2e degré; le BJEPS «sport» recrute 44,6 % de femmes et dans sa version «animation» 65 % de femmes. S'agissant de la filière STAPS, les femmes sont dans le tiers inférieur au niveau licence et master et dans le tiers supérieur pour le doctorat.
79. Le rapport sénatorial apporte des précisions : les femmes sont 15 % des cadres fédéraux, 15,5 % des CTR, 18,3 % des CTN, 11,1 % des entraîneurs nationaux et 5 % des DTN.
80. Selon le rapport du Groupe national Femmes et Sports, direction des sports, décembre 2011, il y a eu une progression de la représentation des femmes à l'issue du renouvellement des instances dirigeantes de l'ensemble des fédérations agréées en 2009 : 11 femmes sur 117, soit 9,4 % (contre 6 femmes soit 6,3 % en 2005) président une fédération sportive (aucune olympique). Elles sont 24,6 % des élus dans les comités directeurs des fédérations, soit une progression de 30 % par rapport à la période précédente et 21,4 % des élus au sein des bureaux directeurs, soit une progression de 27,2 %.
81. Selon le rapport sénatorial, en 2009, dans les 30 fédérations françaises olympiques, on compte 7 femmes trésorières (23,3 %) et 5 femmes secrétaires générales (16,6 %). Selon le rapport du Groupe national Femmes et Sports, décembre 2011, les femmes représentent 17,8 % (11 femmes) des élus du conseil d'administration du CNOSF dont 1 au bureau exécutif (contre 8,8 % en 2005, soit 4 élues). Quant au CIO, le comité d'organisation des JO de Londres (COJO) ne compte qu'une femme (la princesse Anne d'Angleterre) parmi ses 19 membres.
82. Rapport du Groupe national Femmes et Sports, décembre 2011.
83. La future grande loi sur le sport pourrait étendre cette obligation de représentation aux instances territoriales des fédérations.
84. À la Fédération française de natation, alors que le taux de licenciées éligibles (plus de 18 ans en 2011) est de 59,83 %, le taux de féminisation des instances dirigeantes n'atteint même pas les 50 % : celui du comité directeur est de 44,74 % (17 femmes comme en 2009 mais le nombre d'élus a baissé, ce qui a entraîné une progression mécanique) et celui du bureau a chuté à 26,67 % soit 4 femmes (baisse par rapport à la période précédente : 35,71 %, 5 femmes). Pour respecter les règles de proportionnalité, il lui faudrait 5 élues au bureau et 6 élues au comité directeur.
À la Fédération française d'équitation, pour un taux de licenciées éligibles (+ 18 ans) de 73,35 % le taux de féminisation du bureau est de 25 % des effectifs. Pour être en conformité avec les règles imposées, il lui manque 6 élues au bureau et 7 au comité directeur.
Quant aux fédérations dont la part de licenciées est supérieure à la moyenne des fédérations olympiques, elles ne remplissent pas toujours leurs obligations : comme la FF de volley-ball qui avec ses 39,75 % de licenciées éligibles est défaillante aussi bien pour le comité directeur (en baisse avec 35,71 %) que pour le bureau (27,27 %).
C'est aussi le cas pour la Fédération française des sociétés d'aviron qui avec 35,60 % de licenciées éligibles affiche un taux de féminisation en baisse à 28,57 % pour son comité directeur (29,17 % précédemment) et aucune femme siégeant au bureau alors qu'avec 2 élues en 2009, elles étaient un quart.

Notes

Le tennis se trouve dans la même situation, tout en ayant produit des efforts : 30,61 % des licenciées éligibles, 28,89 % de son comité directeur (24,44 % en 2009) et 26,32 % pour son bureau (13,33 % en 2009).

Quant à la Fédération française de taekwondo, elle affiche un taux de licenciées éligibles en progression à 32,56 %, un taux de féminisation du comité directeur en baisse à 13,33 % (16,67 %) et du bureau à 25 % à l'identique de la période précédente.

Quelques fédérations ont fait des efforts. Ainsi la Fédération française d'athlétisme a respecté les objectifs souhaités pour le bureau en mettant aux commandes 7 femmes sur les 14 élus (5 pour la période précédente) et 15 femmes au comité directeur (40,54 % du total des élus) ce qui est certes inférieur au taux de licences féminines en 2011 (43,34 %) mais bien au-delà du seul seuil retenu qui est celui du taux de licenciées éligibles de plus de 18 ans : 38,12 %.

Certaines proportions sont plutôt respectées, comme la Fédération française de tir à l'arc qui compte un gros quart de femmes à la fois dans son taux de licenciées éligibles (26,15 %), son taux de féminisation du comité directeur (26,09 % en recul par rapport aux 28 % de la période précédente) et celui du bureau (28,57 % en progrès).

La Fédération française de badminton qui a progressé : 38,79 % de licenciées éligibles, 39,39 % de son comité directeur (contre 29,41 % en 2009), 38,46 % pour son bureau (0 en 2009). Si la Fédération française de basket-ball qui affiche un taux de licenciées éligibles de 36,42 % remplit son contrat pour le comité directeur (37,14 %), en revanche son bureau demeure inchangé avec 26,67 % de femmes.

85. Compte rendu de la réunion du 8 février 2013, Femix'Sports, intervention du directeur des sports.
86. Avant elle, Jacqueline Reverdy a été présidente de la Fédération française d'équitation de 1998 à 2004.
87. En 2004, on compte 13,7 % de femmes ; en 2005 : 15 % comme en 2006 ; en 2007 : 15,9 % ; en 2008 : 19,3 % ; en 2009 : 21 % (rapport du Groupe national Femmes et Sports, Direction des sports, décembre 2011).
88. Le rapport sénatorial relève que les femmes sont 2,7 % à avoir une licence de football et sont 25 % d'arbitres de haut niveau ; elles constituent 80,6 % des licenciées de l'équitation et 22,73 % des arbitres et, pour la natation : respectivement 56,1 % des licenciées et 21,43 % des arbitres de haut niveau.

Le rapport du Groupe national Femmes et Sports de décembre 2011 relève que la Fédération française de cyclisme a été la première à se doter d'un plan de développement de l'encadrement, et en 2011, on compte 588 femmes arbitres au sein de la FFC, ce qui représente 20 % du corps arbitral alors que les femmes licenciées sont moitié moins (10,3 %).

89. Pierre Bourdieu, *La Domination masculine*, Liber/Seuil, 1998.
90. Pascal Chantelat, Emmanuel Bayle, Claude Ferrand, «Les représentations de l'activité des femmes dirigeantes dans les fédérations sportives françaises : effets de contexte et ambivalences», dans *Staps* 2004/4 (n° 66).

7
Un public acquis aux féminines…

91. Étude Havas Sport/ Toluna QuickSurvey, 1 000 Français représentatifs des Français de 18 ans et plus.
92. Magazine *Women Sports*, n° 6, 2017, «Pourquoi faut-il miser sur le sport féminin».
93. Lancé à l'origine sous le nom de «Les 24 heures du sport féminin».
94. 168,3 millions d'euros.
95. Étude réalisée par la plateforme Pressedd pour Forbes.
96. Trois titres nationaux, *L'Équipe*, *France Football* et *So Foot*, et 7 titres de la presse quotidienne régionale.
97. Slate.fr, 7 août 2012.

8
Et des revenus plus faibles, en plus !

98. Fabienne Broucaret, *Le Sport féminin. Le sport, dernier bastion du sexisme!*, Michalon Éditions, 2012.

99. La mobilisation en 2000 des 60 meilleures joueuses mondiales de tennis réclamant les mêmes primes que les hommes a marqué les esprits. On se souvient que le différentiel était de 5 % pour le tournoi de Roland-Garros et 10 % pour le tournoi de Wimbledon. Il a fallu quelques années pour atteindre cette égalité de dotation financière pour les quatre tournois du Grand Chelem organisés sous l'égide de la Fédération internationale de tennis (en 2007 pour Roland-Garros).

100. En 1999, le tribunal administratif de Châlons-en-Champagne, saisi d'une plainte liée au différentiel de primes perçues par les hommes et les femmes, rejette la demande en arguant que « les athlètes féminins ne se trouvent pas, quelle que soit l'intensité des efforts fournis, dans la même situation que les masculins… Les classements distincts faisaient que les hommes et les femmes n'étaient pas en compétition les uns avec les autres… De plus, les primes n'étant pas des salaires, elles ne sauraient être regardées […] comme les rémunérations respectives d'un travail égal d'hommes et de femmes ».

101. Enquête annuelle réalisée par Sporting Intelligence.

102. *Le Parisien*, 7 juin 2013.

103. En France, les compétitions amateures ont été ouvertes aux femmes en 1998.

104. Europe 1, 30 août 2018.

105. *Huffington Post*, 17 avril 2018.

106. *Ouest-France*, 14 février 2020.

107. Porte-parole Nike au *New York Times*.

DEUXIÈME PARTIE
LES VIOLENCES SEXUELLES

9
« Ça reste entre nous »

108. L'enquête, qui a été conduite sur la base de milliers de dossiers judiciaires, d'articles de journaux et d'innombrables visites de tribunaux, relève qu'à la date du 25 janvier 2019 34 dossiers étaient encore pendants devant les tribunaux.

109. *Un si long silence*, Plon 2020.

110. *Ouest-France*, 9 mars 2020.

111. Les annonces s'appuient en grande partie sur un rapport détaillé de l'Inspection générale de l'éducation, du sport et de la recherche de janvier 2020.

112. Déjà en phase de test avec la FFF dans la région Val-de-Loire depuis 2019.

113. Entretien du 20 février 2019.

114. AFP, 7 octobre 2019.

115. S'agissant du viol, crime puni de quinze ans de prison et plus en cas de circonstance aggravante, il est défini comme tout acte de pénétration sexuelle, de quelque nature que ce soit par le sexe ou dans le sexe commis par violence, contrainte, menace ou surprise.

L'agression sexuelle qui couvre les attouchements de nature sexuelle sur les seins, le sexe ou les parties intimes basés sur l'utilisation de la force, menace, contrainte ou surprise est un délit puni de cinq ans de prison et de 75 000 euros d'amende.

L'atteinte sexuelle est un conditionnement qui suit un processus de mise en confiance de la victime et qui entraîne une perte de repères. Nul besoin d'usage de la force, de la menace, de la contrainte ou de la surprise. Lorsqu'il se produit sur mineur de moins de 15 ans, c'est un délit puni par sept ans de prison et 100 000 euros d'amende.

Le harcèlement sexuel est une violence qui n'engage pas l'intégrité physique de la victime et peut être défini comme la répétition d'actes destinés à affaiblir psychologiquement la victime pour obtenir des faveurs de nature sexuelle (chantage, invectives, humiliations répétées à caractère sexuel, exhibition, voyeurisme…) : il est puni de deux ans de prison et de 30 000 euros d'amende.

116. L'étude américaine menée par Volkwein, Schnell, Sherwood, Livezey, 1997 et l'étude danoise est de Toftegaard, 2001.

117. Sciences et techniques des activités physiques et sportives.

118. L'article 434-3 du code pénal prévoit une peine de trois ans de prison et 45 000 euros d'amende en cas de non dénonciation de crime sur mineur et cinq ans et 75 000 euros d'amende lorsque la victime a moins de 15 ans.

119. A. Jolly et G. Descamps : «Les agressions sexuelles en milieu sportif : une enquête exploratoire», *Sciences et motricité*, n° 57-2006/1, p. 105 et suivantes.

10
Témoigner

120. Entretien du 9 mars 2019.

121. Le prénom a été changé.

122. Entretien du 11 mars 2019.

123. *Note des auteurs* : à la demande du haut cadre sportif qui nous confie ce témoignage, son nom, l'identification de sa discipline sportive, la précision du lieu du récit et de son poste sont modifiés. Toujours actif dans les hautes sphères du monde sportif, François (prénom modifié) nous exprime cette impuissance à gérer les situations de violences sexuelles dont il a été témoin, malgré les responsabilités qu'il exerce, dans le champ disciplinaire des arts martiaux. «Je suis père de famille, vous savez. J'ai des enfants. Ce n'est pas seulement pour eux que je suis ulcéré par ces affaires, cela concerne tous les jeunes, tous les sports. Je suis sidéré par l'inaction de certains qui préfèrent ne rien voir et ne rien entendre. C'est insupportable.» Son récit, ici incarné, est un appel à la prise de conscience collective des hauts cadres sportifs.

124. Entretien du 24 juillet 2019.

125. *Note des auteurs* : les prénoms des victimes ont été modifiés, à leur demande, celle de leurs conseils et de leurs médecins ; le champ de certaines disciplines ne sera pas ici, à dessein, précisé. Les victimes, des années après les faits, sont encore prisonnières de cette parole qu'elles ont pourtant osé dévoiler, jamais entière, par bribes, et sous condition formelle de ne pas être mises à nu, une nouvelle fois. Nous respectons leur volonté. Parce que ces témoignages rapportés aux auteurs sont douloureux. Pénibles. Méfiants, nous avons choisi de ne pas relayer l'autopsie abrupte de ces abus. Mais d'incarner le récit, comme une photographie, d'un certain moment de ces épreuves, rigoureusement fidèle aux récits vécus, et rapportés aux auteurs.

126. Entretien du 19 février 2019.

127. Entretien du 24 mai 2019.

128. Entretien du 23 février 2019.

129. Entretien du 11 juillet 2019.

130. *Note des auteurs* : le prénom du témoin a été modifié et la localité de son ancien club de sport volontairement non détaillée, à sa demande. Il n'a pas porté plainte. Il y a quelques mois, il a consigné son agression sur les réseaux sociaux, anonymement. Il a demandé à sa mère de lire ce qu'il avait écrit. Il ne lui avait jamais rien dit.

131. Entretien du 20 août 2019.

11
Partie émergée de l'iceberg

132. Philippe Liotard, «L'Entraîneur, l'emprise», in Frédéric Baillette et Philippe Liotard (avec la collaboration de Marie-Victoire Louis et Richard Montaignac), *Sport et virilisme*, Montpellier, Édition Quasimodo et fils, 1999, p. 125-140.

Notes

12
Pourquoi « cela reste-t-il entre nous » ?

133. Laboratoire de psychologie appliquée « Stress et Société », université de Reims Champagne-Ardenne.

134. « Études sur les violences sexuelles dans le sport en France : contextes de survenue et incidences psychologiques », menées par ces trois auteurs et par deux laboratoires de recherche en psychologie des universités de Reims-Champagne-Ardenne et de Bordeaux.

135. Le basket-ball (12 %), le football (11,7 %), le handball (10,7 %) et le rugby (9,7 %) concentrent près de la moitié des sportifs interrogés.

136. Sébastien Boueilh, le responsable de Colosse aux pieds d'argile, association luttant contre les violences sexuelles en milieu sportif, estime ce chiffre à 30 %, en intégrant les contraintes sexuelles, sur la base de ses différentes interventions (*La Nouvelle République*, 27 septembre 2019).

137. France Inter, 11 avril 2018.

138. Pour le grand public et les formateurs-éducateurs : « Le petit guide juridique » est à disposition des acteurs du sport pour bénéficier d'informations juridiques sommaires sur les incivilités, les violences, les discriminations, dans la définition et la sanction, notamment pénale. Des focus sont développés sur les conséquences des comportements à caractère raciste, anti-LGBT ou encore sexiste.

Pour les professionnels du sport : « Le guide juridique », qui reprend les mêmes thématiques que « Le petit guide juridique », mais met à disposition des professionnels : services déconcentrés, les collectivités territoriales, les fédérations sportives, les clubs sportifs, les établissements sportifs une information exhaustive et à jour, aussi bien dans la législation et la réglementation que la jurisprudence sur chacun des sujets traités.

Pour l'ensemble des acteurs du supportérisme ; « Supporters : que change pour vous la loi du 10 mai 2016 », guide organisé autour de 8 questions/réponses pour comprendre la loi du 10 mai 2016 et ses implications.

Pour les professionnels du sport : « Acteurs de citoyenneté dans les secteurs du sport et de l'animation », le guide est destiné aux formateurs aux diplômes professionnels ou non du sport et de l'animation afin de leur donner des clés pour répondre aux questions liées aux enjeux de la citoyenneté.

Pour le grand public : « Le C.O.D.E. du supporter » pour sensibiliser l'ensemble des acteurs, y compris le grand public à la culture et aux valeurs des supporters et pour changer l'image des supporters : la campagne Ex AEquo pour prévenir et lutter contre les incivilités, les violences et les discriminations dans le sport en sensibilisant l'ensemble des acteurs du sport sur la prévention afin qu'ils soient vigilants quant aux dérives possibles.

139. Éditions Michel Lafont, 2007.

140. Institut national d'aide aux victimes et des médiations.

141. Organisme interministériel qui relève du Premier ministre et qui est rattaché à l'Institut national des hautes études de la sécurité et de la justice.

142. Bertrand Cosnay – INHESJ/ONDRP, focus n° 8.

143. Sur 163 plaintes qui concernent les mineurs, 146 sont relatives à des violences sexuelles.

144. Étude réalisée en ligne par Runner's World auprès de 4 670 pratiquants, (2 533 femmes et 2 137 hommes) auprès de la communauté des runners entre septembre et octobre 2016 pour étudier le quotidien des pratiquantes de course à pied.

145. *Op. cit.*

13
Quand le système freine

146. *20 minutes*, 27 septembre 2019.

147. *Le Parisien*, 24 mai 2019.

Notes

14
Quand l'impuissance enrage

148. Ils couvrent sept disciplines pour la saison 2018-2019 : football : 35 ; volley-ball : 19 ; handball : 28 (dont 13 féminins) ; basket : 42 dont 10 féminins ; rugby à XV : 32 ; rugby à XIII : 3 ; hockey sur glace : 4.

TROISIÈME PARTIE
L'HOMOPHOBIE

15
« On n'en a pas ici »

149. Enquête sur la sexualité en France, Nathalie Bajos, Michel Bozon, 2006.

16
Oser être soi ! Ils témoignent

150. Entretien du 13 septembre 2019.
151. Entretien du 21 août 2019.
152. *Note des auteurs :* le prénom a été modifié à la demande de l'auteur du récit. La discipline et le lieu du récit sont fidèles aux faits.
153. Entretien du 29 août 2019.
154. Entretien du 19 août 2019.
155. Entretien août 2019.
156. Entretien du 4 juillet 2019.
157. Entretien du 6 juillet 2019.
158. Entretien du 22 août 2019.
159. Entretien du 27 novembre 2019.
160. 26 août 2019, le pape utile le mot « psychiatrie » en évoquant la manière dont les parents d'un enfant pourraient réagir quand leur enfant manifeste une tendance homosexuelle ; il reviendra sur sa pensée plus tard en retirant le mot – qui avait suscité un tollé mondial – de la retranscription de la conférence de presse où il l'avait prononcé.
161. Entretien du 20 février 2019.

17
Le déni de l'homophobie

162. Cette charte prévoit que les instances françaises du sport, fédérations, ligues professionnelles, les clubs, associations... « s'engagent à prendre en compte et reconnaître de manière explicite l'homophobie en tant que discrimination ; dénoncer et prendre les sanctions adéquates contre toute attitude homophobe, qu'elle se manifeste par un comportement discriminant, par des agressions verbales ou physiques, ou par des propos insultants en raison de l'orientation sexuelle réelle ou supposée ; promouvoir la diversité dans le milieu du football et assurer la diffusion de messages sur la tolérance, le respect et la dignité, en incluant systématiquement l'orientation sexuelle et la lutte contre l'homophobie ; apporter aide et soutien aux victimes évoluant dans le sport et qui pourraient être harcelées, insultées, ou mises à l'écart en raison de leur orientation sexuelle réelle ou supposée ; mettre en place un module éducatif destiné à tous les acteurs du sport amateur ou professionnel, un éducateur ou un entraîneur se doit d'empêcher ou de faire empêcher toute forme de discrimination et doit par

conséquent y être préparé ; recenser les actes d'homophobie et en référer régulièrement au ministère des Sports… ».

163. « Enquête sur la réalité de l'homophobie dans le sport », réalisée par Anthony Mette, Grégoire Besnard, Émilie Laporte, Lucile Lafont, Greg Décamps et André Lecigne. Ce rapport étudie les comportements de 427 acteurs sportifs interrogés à l'aune de l'homophobie.

164. Ce comité absorbera le groupe d'experts créé en février 2011 et piloté par un organe d'expertise sous tutelle du ministère des Sports, le Pôle ressources national Sports, éducation, mixités, citoyenneté, pour mettre en place un module de formation contre les discriminations destiné aux agents de l'État.

165. Le Qatar, pour obtenir l'organisation du Mondial de football, a toiletté à la marge sa législation et s'est engagé à garantir la sécurité des supporters étrangers LGBT, à cesser la censure de la presse et à hisser les couleurs arc-en-ciel en signe de bonne foi.

166. Entretien du 25 octobre 2019.

167. Tohu-Bohu Éds, 2017.

168. *La Découverte*, 2013.

169. *Le Monde*, « Pourquoi certaines insultes restent homophobes malgré leur banalisation ».

170. *Le Parisien*, 16 septembre 2019.

18
Un contexte conflictuel entre l'État et les supporters

171. Entretien du 16 octobre 2019.

172. Entretien du 20 septembre 2019.

19
Dire ou taire ?

173. Éditions First, 2018.

174. Entretien du 30 août 2019.

175. Entretien du 22 août 2019.

176. « État des lieux de l'homophobie dans le sport aquitain », enquête réalisée en 2010-2011 à la demande de la **DRJSCS** d'Aquitaine par Anthony Mette, psychologue du sport, Cabinet MB, Annie Durrieu et Nicolas Fruchet, DRJSCS Aquitaine.

177. Entretien du vendredi 20 septembre 2019.

178. Entretien du 19 août 2019.

179. Calmann-Lévy, 2009.

180. Voir témoignage « Éviter les vestiaires », p. 165.

20
Le football professionnel ou l'homophobie sans filtre

181. Entretien du 19 octobre 2019.

182. Entretien du 11 avril 2019.

183. Considéré comme la plus grave crise que l'équipe de France de football ait connue dans son histoire, le « fiasco » se produit dans la ville sud-africaine de Knysna où se trouve le centre d'entraînement de la sélection française. Les Bleus, vissés sur les sièges du bus qui les conduit aux terrains, refusent de s'entraîner, en soutien à Nicolas Anelka, exclu de la compétition par la FFF, après avoir insulté l'entraîneur de l'équipe de France Raymond Domenech à la mi-temps du match perdu contre le Mexique. La « grève » de Knysna provoque un tollé dans l'opinion publique française et dans la presse mondiale.

184. Entretien du 22 août 2019.

Notes

21
Un traitement différencié des discriminations?

185. Entretien du 29 août 2019.
186. Entretien du 29 octobre 2019.
187. Site Rugbynistère, 20 avril 2019.

23
Lutter encore et toujours

188. Entretien du 5 avril 2019.
189. Entretien du 20 septembre 2019.
190. Entretien du 20 octobre 2019.
191. D'autres formes de radicalisation dans le sport existent notamment portée par des mouvances identitaires. les auteurs ont fait le choix de traiter de la radicalisation islamiste en raison de son impact grandissant dans l'actualité.

24
Le sport contre la radicalisation

192. Colloque organisé par le conseil régional d'Île-de-France, le 30 novembre 2017.
193. Le FSPRT est un fichier classifié qui recense les noms, prénoms, adresse, comptes des réseaux sociaux, téléphone, profession… des personnes signalées et à surveiller (décret du 4 mars 2015).
La fiche S, Sûreté de l'État, est temporaire et peut être renouvelée, et permet un suivi des personnes qui y figurent.
194. Colloque de la région Île-de-France, le 30 novembre 2017.
195. Rapport parlementaire du 27 juin 2019 sur les services publics face à la radicalisation.
196. Cinq conditions sont énumérées : le turban «doit être de la même couleur que le maillot», «en accord avec l'apparence professionnelle de l'équipement du joueur», «ne doit pas être attaché au maillot» et «ne doit pas constituer un danger ni pour le joueur qui le porte ni pour autrui».
197. *L'Équipe*, 24 juillet 2012.
198. *France Football*, 23 mars 2012.

25
«Espace interdit aux filles»

199. Entretien du 6 août 2019. Son prénom est modifié.
200. Entretien du 6 juillet 2019.
201. Entretien du 11 juillet 2019.
202. Entretien du 7 août 2019. Les noms sont modifiés.
203. Le nom de la championne française a été modifié. Le récit nous en a été fait par trois sources différentes, qui ont toutes, à un moment donné, croisé la trajectoire de la jeune fille et son entourage. Entretiens des 2 juillet 2019, 5 août 2019, 11 août 2019, 12 août 2019.

26
La religion normalisée

204. Entretien du 6 juillet 2019. Le prénom est modifié.
205. Entretien du 6 juillet 2019.

206. Entretien du 5 novembre 2019.
207. Entretien du 2 juillet 2019.
208. Entretien du 5 novembre 2019.
209. Entretien du 5 juillet 2019.

27
Le prosélytisme

210. À la demande de nos sources, en raison de leurs statuts, les noms sont modifiés, et le champ disciplinaire du sport volontairement non renseigné.
211. Entretien du 10 avril 2019. Les prénoms sont modifiés.
212. Entretien du 8 août 2019. À la demande de notre témoin, son nom et le lieu de sa salle de sport ne sont pas précisés.

28
La radicalisation

213. Entretien du 5 novembre 2019.
214. Entretien du 1er août 2019.
215. Formation sur la laïcité et les valeurs de la République ainsi que sur la prévention de la radicalisation conçue et mise en place par le conseil régional d'Île-de-France à destination des ligues et comités régionaux afin d'établir un réseau de veille et d'alerte.
216. Entretien du 3 juin 2019.
217. M. Merah pratiquait le football, son frère la boxe. Les frères Kouachi la boxe et le football, A. Coulibaly la boxe thaïlandaise, Y. Salhi, le tueur de Saint-Quentin-Fallavier en juin 2015, la boxe thaïlandaise et le MMA. Les terroristes de l'attaque de Paris, en novembre 2015, les frères Abdeslam et Mosterlai pratiquaient la boxe thaïlandaise et la boxe, Amimour et Aggag le tir sportif, le futsal et le football. L'auteur de l'attentat de Nice en juillet 2016, M. Bouhel, pratiquait la boxe thaïlandaise et le MMA, les meurtriers à Saint-Étienne-du-Rouvray faisaient, le premier, A. Petitjean, de la boxe thaïlandaise et de la boxe, l'autre, Kermiche, du football, celui du Thalis, El Khazzani, pratiquait le foot et R. Kassim (mort en 2017) le karaté.
218. De 2017 à février 2020.
219. Entretien du 24 juin 2019. Le nom est modifié.
220. *Ouest-France*, article du 29 décembre 2017.
221. Entretien du 11 janvier 2019.
222. «*How to survive in the West*», source inconnue.
223. 33. Deux circulaires vont préciser les contours de ce plan. La circulaire du 8 novembre 2018, du ministre de l'Intérieur et de la ministre des Sports, relative aux phénomènes de radicalisation violente dans le sport : plan national de prévention de la radicalité ; actions de contrôle coordonnées. Puis la circulaire du 27 novembre 2019 qui demande aux préfets de département de «combattre avec détermination ces tentatives de sécession et de fracture républicaines […] par les structures qui y contribuent (lieux de culte, lieux d'enseignement, lieux culturels et sportifs)».
224. RTL, 15 octobre 2015.
225. *Metronews*, 16 octobre 2015.
226. *Libération*, 26 janvier 2016, Patrick Kanner, ministre de la Ville, de la Jeunesse et Sports.
227. Novembre 2018, Unité de coordination de la lutte antiterroriste.
228. Entretien du 2 juin 2019.
229. Entretien du 16 octobre 2019.
230. Entretien du 25 juin 2019.

Notes

231. Entretien du 5 novembre 2019.
232. Entretien du 15 octobre 2019.
233. Le krav maga est, à l'origine, une méthode d'autodéfense d'origine juive et israélienne. Elle est devenue une technique de base de l'armée israélienne.
234. Entretien du 3 juillet 2019.
235. Entretien du 17 octobre 2019.

CINQUIÈME PARTIE
VIOLENCE, RACISME ET DÉNI

29
Tant de récits terrifiants

236. Entretien du 10 décembre 2019.
237. Rapport du 4 janvier 2018.
238. Entretien du 15 novembre 2019.
239. Entretien du 6 décembre 2019.
240. Communiqué de presse du 20 décembre 2017.
241. Des plaintes sont déposées par les deux parties. Une enquête est en cours. Devant les enquêteurs, le joueur d'Agde est revenu sur le déroulement du match.
242. Entretien du 14 décembre 2019.
243. Entretien du 18 décembre 2019.
244. Coupe Ulysse-Fabre, le 8 décembre 2019.
245. Entretien du 10 novembre 2019.

30
Racisme et sport : l'autre match perdu

246. Dont la Convention européenne de sauvegarde des droits de l'homme et des libertés fondamentales en date du 4 novembre 1950.
247. Cette convention comprend 17 articles d'origine auxquels se greffent par la suite une trentaine de recommandations du Comité des ministres aux États membres intervenues par la suite, visant à compléter ou préciser les dispositions existantes.
248. À l'article 3 paragraphes 4 et 5.
249. Cette convention couvre toutes les disciplines sportives comme l'indique son article 1er, dès lors que «des débordements sont à craindre».
250. Après les violents affrontements dans les tribunes du Parc des Princes entre les supporters du PSG et les forces de l'ordre le 28 août 1993, les mesures répressives figurant dans le code pénal ont fait l'objet d'un dispositif spécifique plus sévère figurant dans le code du sport et consacré au supportérisme.
La loi Alliot-Marie du 6 décembre 1993 relative à la sécurité des manifestations sportives complétée par la loi du 18 mars 2003 pour la sécurité intérieure et codifiée par l'ordonnance du 26 mai 2006 a structuré un cadre préventif et répressif relatif au supportérisme.
251. C'est donc la recommandation (2001) 6 du 18 juillet 2001 du Comité des ministres aux États membres, rattachée à la Convention européenne de 1985, qui aborde les problématiques de la lutte contre les discriminations, en particulier raciales et ethniques.
252. Et à son Protocole n° 12, article 1, sur l'interdiction générale de la discrimination.
253. La loi du 29 juillet 1881, amendée plusieurs fois, sur la liberté de la presse intègre des dispositions contre le racisme et la discrimination ; la loi du 1er juillet 1972 qui crée les délits de diffamation et d'injures à caractère raciste et xénophobe ; la loi du 16 juillet 1984 qui cible la lutte contre les discriminations dans la pratique du sport, notamment au sein des fédérations et du milieu scolaire ; la loi du 6 décembre 1993 concerne les insignes, les signes ou les

symboles rappelant une idéologie raciste ou xénophobe à l'intérieur dans une enceinte sportive et prévoit une interdiction de stade à titre de sanction complémentaire ; la loi sur le sport du 6 juillet 2000 permet aux associations antiracistes de se porter partie civile pour les infractions commises dans les enceintes sportives à l'occasion de manifestations sportives ; les lois du 3 février 2003 et 9 mars 2004 déterminent les circonstances aggravantes pour les infractions à connotation raciste, et la prescription passe à un an. Les lois du 18 mars 2003 et du 30 décembre 2004 intègrent aux dispositifs sur les délits de provocation à la discrimination, diffamation, injure ou comme circonstance aggravante les motifs de l'homophobie et du sexisme ; la loi du 23 janvier 2006 permet aux préfets d'interdire de stade les supporters violents ou racistes ; la loi du 27 mai 2008 étend la lutte contre les discriminations relatives aux orientations sexuelles au milieu associatif et aux manifestations sportives.

254. La DRJSCS d'Aquitaine mène la première enquête en 2007 auprès des 85 comités départementaux de Gironde et des 470 associations sportives girondines et réalise également une enquête spécifique sur les attitudes homophobes dans le sport en Aquitaine.

255. Qui a élaboré un plan départemental quinquennal 2007-2012, présenté comme modèle de lutte contre le racisme et les discriminations dans le sport.

256. Ce plan prévoit un comité de pilotage placé sous l'égide de la direction départementale de la cohésion sociale, réunissant la direction départementale de la sécurité publique, le groupement départemental de gendarmerie, les districts de Seine-et-Marne nord et sud de football, le comité départemental olympique et sportif et le conseil général. Outre le suivi des matchs ayant donné lieu à incidents par le comité de pilotage, ont été « mis en place et diffusé[s] des outils pour la gestion des matchs signalés à risque et ayant donné lieu à des incidents : livrets d'information sur le fonctionnement de la cellule de veille, mise en ligne d'information sur les sites Internet, 4 000 fiches de gestion de matchs à risque diffusées aux clubs de sports collectifs, 1 000 clés USB comprenant les outils de la cellule de veille aux clubs de sports collectifs, élaboration d'une application relative à la prévention et à la lutte contre les incivilités et la violence dans le sport, permettant de procéder à la saisie en ligne des matchs à risque, d'automatiser des tâches et procédures, de disposer sur une fiche unique du suivi des actions initiées par les clubs concernés et les membres de la cellule de veille et de réaliser les statistiques ». Différentes campagnes d'affichage ont été réalisées : respect des arbitres (9 000 affiches dans 514 communes), sensibilisation des spectateurs au respect des comportements citoyen (9 000 affiches dans 514 communes), l'accompagnement individualisé de clubs impliqués pour la mise en œuvre des « Terrains de la Paix » ; deux formations par le CDOS de dirigeants sportifs sur la prévention des incivilités et de la violence ; équipement de tous les clubs de football en chasubles pour identifier les arbitres bénévoles, challenge départemental du fair-play et accompagnement de l'opération « Football Franc Jeu » menée par l'Amicale des éducateurs du district sud de football pour récompenser les meilleurs comportements d'éducateurs.

257. Les membres du comité sont issus du ministère des Sports (Direction des sports et du Pôle ressources national – Sports, éducation, mixités, citoyenneté), du ministère de l'Intérieur (secrétariat général, cabinet, Mission égalité des chances), du ministère de la Justice (Direction des affaires criminelles et des grâces), des Services déconcentrés de l'État (la Gironde, le Loiret), du Centre national pour le développement du sport (CNDS), de l'INSEP (Institut National du Sport, de l'Expertise et de la Performance), et de l'ACSE (Agence nationale pour la Cohésion Sociale et l'Égalité des chances), du Défenseur des droits, de l'AFCAM (Association Française du Corps Arbitral Multisports, de la CNES (Confédération Nationale des Éducateurs Sportifs), du CNOSF (Comité National Olympique Sportif Français), de Femix (Femmes Mixité Sports), de la FFC (Fédération Française de Cyclisme), de la FFN (Fédération Française de Natation), de la FFR (Fédération Française de Rugby), de la FSGL (Fédération Sportive Gaie et Lesbienne), de l'USEP (Union Sportive de l'Enseignement du Premier degré), du comité IDAHO (France) (Comité International Day Against Homophobia and Transphobia), de la LICRA (Ligue Internationale Contre le Racisme et l'Antisémitisme), du Refuge, du Trimaran (compagnie théâtrale), de SOS Homophobie, de SOS Racisme, de Bibaï (communication), CDES (Centre de Droit et d'Économie du Sport de Limoges, juridique), du Cabinet MB (psychologie du sport à Bordeaux), du CRIS (Centre de Recherche et d'Innovation

Notes

sur le Sport – Université Lyon I – sociologique), FFF (Fédération Française de Football – Observatoire des comportements pour les statistiques), Commission sport sans violence dans le Limousin, du Comité régional olympique du Limousin), et d'un journaliste indépendant.

258. Les clips et les interviews ont été tournés à l'été et à l'automne 2011. Les huit clips tournés dans Limoges ou ses environs durent entre 2 minutes 30 et 4 minutes. Ils traitent du racisme, de l'homophobie ou encore du sexisme dans le sport. Les mises en situation se font dans des disciplines très diverses comme le football, la pétanque, le hand-ball, le water-polo.

259. Les interviews de différentes personnalités comme l'arbitre Clément Turpin, l'ancien footballeur et consultant sportif sur Canal+ Olivier Rouyer, la championne de boxe Myriam Chomaz et la championne de natation Malia Metella durent entre 5 minutes 30 et 10 minutes 30 sur un mode participatif de questions-réponses.

260. Les auteurs de cette proposition de loi (Frédéric Reiss, Franck Gilard, Monique Boulestin, Pascal Brindeau, Marie-Christine Dalloz et Anny Poursinoff)) ont repris une proposition faite par le Parlement des enfants en 2011.

261. Article 3.

262. Le projet d'extension de la charte de l'homophobie connaît une phase expérimentale dès septembre 2012 après une concertation sur la base du volontariat. Une évaluation préalable devrait ensuite permettre de généraliser le dispositif.

263. La loi du 1er février 2012 crée l'article L. 31-8-1 du code du sport impose aux fédérations agréées et donc aussi délégataires, d'établir « une charte éthique et de veiller à son application ». Le décret qui devait définir les modalités d'entrée en vigueur et les conditions d'application de cette charte, après avis du Comité national olympique et sportif français », n'a jamais été pris.

264. Ce projet collectif qui associe des membres du comité est placé sous le pilotage de la Direction des sports. La fiche 1 sur les discriminations a été réalisée par le défenseur des droits. Le guide a été conçu pour accompagner tous ces acteurs actifs dans le champ sportif et de la jeunesse au sens large du terme : les ministères de l'Intérieur, de la Justice, de la Jeunesse, des Sports, de l'Éducation populaire et de la Vie associative, les services déconcentrés et territoriaux de l'État, les établissements nationaux, les centres de recherche, le Mouvement sportif (CNOSF – CROS – CDOS, fédérations sportives, ligues, comités et clubs), le Mouvement associatif spécialisé, les collectivités locales, les entreprises du sport.

265. Les douze fiches thématiques et pédagogiques (sous forme de questions-réponses) réactualisent la première version du guide de 2004 et abordent des problématiques nouvelles comme les supporters (individuellement ou dans le cadre d'un groupement), les arbitres ou encore les discriminations dans le sport. Les six premières fiches qui composent la Partie 1 dressent une typologie des « différents comportements contraires au respect de l'autre et leur prise en compte par les institutions publiques et sportives ». Chaque fiche décline un comportement répréhensible et la sanction afférente (pénale, civile ou disciplinaire) qui varie suivant les cas et les auteurs : les discriminations *stricto sensu*, les incivilités, les menaces de violences, les violences physiques, les violences sexuelles, les autres formes de violences (verbales et psychologiques). La Partie 2 recense six catégories d'acteurs, une par fiche : les sportifs et éducateurs, les supporters, les clubs, dirigeants et organisateurs de rencontres sportives, les associations de supporters, les arbitres, les victimes.

266. Il siège auprès du ministre chargé des Sports et réunit l'ensemble des parties du secteur sportif, aussi bien le ministère des Sports que les autres ministères concernés, les collectivités territoriales, les composantes du mouvement sportif, les entreprises et les acteurs sociaux par branche, les institutions concernées comme le Parlement, les autorités administratives indépendantes... Il est consulté sur les textes législatifs et réglementaires dans le champ des activités sportives.

267. Les voies de recours sont pénales mais aussi civiles et administratives.

a) Le code pénal prévoit une peine d'amende de 45 000 euros et trois ans d'emprisonnement pour discrimination. La sanction est aggravée pour les lieux accueillant le public, comme les clubs sportifs (article 225-2 du code pénal), y compris lorsqu'on en interdit l'accès : 75 000 euros et cinq ans d'emprisonnement.

La difficulté de la procédure pénale tient à l'obligation pour la victime d'établir la preuve des faits et surtout l'intention de discriminer. La preuve de l'élément intentionnel est difficile à établir.
b) Les recours devant les juridictions civiles et administratives :
* dans le domaine de l'emploi, le jugement peut annuler l'acte discriminatoire, décider de dommages et intérêts et, en cas de licenciement, la réintégration du salarié dans l'entreprise.
* Les victimes d'un refus d'accès à une activité sportive en raison d'un critère prohibé peuvent aussi ester en justice devant ces deux juridictions.
L'intérêt d'une procédure non pénale pour la victime est qu'elle inverse la charge de la preuve. Il suffit de lui demander de montrer «des éléments de fait laissant supposer l'existence d'une discrimination». C'est alors à l'employeur ou au prestataire de prouver que «sa décision est justifiée par des éléments objectifs étrangers à toute discrimination» (article 1134-1 du code du travail, article 8 de la loi n° 2008-496 du 27 mai 2008).

31
Un déficit de représentation

268. Voir les récits incarnés par nos témoins victimes d'actes racistes en début de chapitre.
269. Patrick Mignon, Muriel Paupardin, «La vie dans le sport après le sport – les épreuves des minoritaires : être deux fois plus fort», Documentation INSEP, 2012, dernière modification 2019.
270. Les joueurs du Pacifique sont aussi intégrés dans le décompte total des minorités mais à part.
271. Étude réalisée en janvier 2012.
272. Voir Patrick Mignon, Muriel Paupardin, «La vie dans le sport après le sport – les épreuves des minoritaires : être deux fois plus fort», *op. cit.*
273. Ces auteurs estiment d'ailleurs que les entraîneurs potentiels issus des minorités représentent 12% des entraîneurs potentiels ou en place, or ils sont entre 21 et 31% de la liste des entraîneurs libres ou au chômage.
274. Patrick Mignon, Muriel Paupardin, «La vie dans le sport après le sport – les épreuves des minoritaires : être deux fois plus fort», *op. cit.*

32
Présupposés, clichés et mots racistes

275. Daniel Riolo : *Racaille Football Club*, Hugo et Cie, 2013.
276. Il sera réintégré un mois plus tard.
277. L'ancien coéquipier de Laurent Blanc avait dénoncé dans Mediapart : «Là nous sommes dans une situation claire et nette de discrimination. Il faut dire stop. Que Laurent Blanc soit d'accord pour discriminer des enfants de 12 ans, est-ce acceptable?» Il faut noter que les deux hommes s'étaient déjà affrontés publiquement par le passé sur la composition de l'équipe de France.
278. Entretien du 16 janvier 2020.
279. Ouvrage collectif *Football and Racism. A Inventors of Problems and Solutions*, Mullier Institut, Arko, 2005.
280. *Le Match de football. Ethnographie d'une passion*, Éditions de la Maison des Sciences de l'Homme, 1995.
281. Rapport de 2018.

33
De quels types de violences parle-t-on ?

282. Vingt-cinq cas de sexisme, 10 cas dits de radicalisation, 4 cas d'antisémitisme, 1 cas de prosélytisme.
283. Deux actions de prévention, 1 suspension de licence, 1 sanction sportive de la ligue à l'encontre du club, 1 amende, 1 dépôt de plainte…
284. « Le racisme dans le sport professionnel, dérives observées », LICRA, 14-15 mars 2012.
285. Le Nord-Est est le territoire où les communes ont le plus répondu avec 31 % des réponses, tandis que l'Île-de-France et le quart sud-est sont à égalité avec 20 % des réponses.
286. La FFF a fait de cet outil statistique l'une de ses priorités et lui a consacré une ligne budgétaire spécifique qui figure dans les conventions d'objectifs qui lient la Ligue du football amateur à ses ligues régionales : lutte contre les violences et les incivilités.
287. Entretien du 22 janvier 2020.
288. Source interne FFF.
289. Entretien du 7 novembre 2019.

34
L'arbitrage en question

290. Entretien du 9 décembre 2019.
291. À propos de l'objet de la loi dite « Humbert » du 23 octobre 2006.
292. Sur le site du Sénat.
293. France 3 Occitanie, le 25 avril 2019.
294. www.rugbyamateur.fr, le 22 décembre 2019. Match de première série opposant Cazaux à Biganos.
295. Entretien du 6 décembre 2019.

35
Le foot, hélas, en première ligne

296. Entretien du 13 décembre 2019.
297. Entretien du 4 octobre 2019.
298. RMC, 18 décembre 2019.
299. L'intitulé exact est : Observatoire de la sécurité, des affluences et recettes du football professionnel.
300. Bilan de la mi-saison 2018-2019, Clairefontaine, janvier 2019.

36
L'engagement des fédérations

301. Sondage Ipsos, fait par l'UCPF et la LICRA, le 9 février 2009 « L'opinion des Français à l'égard du racisme dans le football professionnel ».
302. « Prévention des violences dans le football – regards croisés France-Allemagne », OFAJ, 2015.
303. Entretien du 8 décembre 2019.
304. La Fondation du Football a été créée en février 2008. Voulue comme une structure indépendante pour travailler sur des thématiques citoyennes, elle comporte dans son conseil d'administration des personnalités qui ne sont pas toutes issues du monde du sport. Les premières années, elle a axé son travail surtout sur le football amateur avant de l'étendre aux

clubs professionnels. Il s'agit de lutter contre toutes les formes de discrimination sous un angle positif.

305. Trophées Philippe-Séguin, appels à projet, « charte de développement durable du football français » et programmes éducatifs pour les bénévoles.

37
Les supporters entre la carotte et le bâton

306. Le ministère des Sports réfléchissait, par le biais des travaux du Comité du supportérisme, à la mise en place d'un cadre formel et conventionnel régissant les relations entre les groupes de supporters et les clubs.

307. Elles ont été prévues en 2011 par la Loi d'orientation et de programmation pour la performance de la sécurité intérieure, LOPPSI 2.

308. Dépêche AFP, 5 décembre 2013.

38
Les sanctions

309. Le Conseil d'État a confirmé le caractère obligatoire des recours internes avant tout recours juridictionnel en annulant la décision de l'Association Football Club de Lucciana de la CAA (Cour Administrative d'Appel) de Marseille (décision en date du 26 juillet 2011, n° 341199).

310. La possibilité de faire appel d'une décision disciplinaire provient d'un règlement-type imposé par le ministère chargé des Sports.

311. CE, SSR, 21 octobre 2013, n° 367107, M. Occansey.

312. Article 8 : « La loi ne doit établir que des peines strictement et évidemment nécessaires, et nul ne peut être puni qu'en vertu d'une Loi établie et promulguée antérieurement au délit et légalement appliquée. »

313. Voici la procédure détaillée sur le site Internet de l'UEFA (UEFA. com) :

Instructions officielles

Les instructions s'articulent autour de trois phases. Si l'arbitre s'aperçoit d'un grave comportement raciste ou s'il en est informé par le quatrième arbitre, il doit, dans un premier temps, en application de la Loi 5 des Lois du Jeu, interrompre la rencontre et demander qu'une annonce soit faite grâce au système de sonorisation du stade demandant au public de mettre un terme à ce comportement. Dans un deuxième temps, si le comportement en question continue une fois que le match a repris, l'arbitre doit suspendre la rencontre pour un temps raisonnable, par exemple de cinq à dix minutes, et demander aux équipes de rentrer au vestiaire. Une autre annonce sera alors faite dans le stade.

Décision ultime

Dans un troisième et dernier temps, si le comportement raciste perdure, l'arbitre peut définitivement mettre un terme à la rencontre. Le délégué de l'UEFA épaulera l'arbitre à travers le quatrième arbitre en déterminant si le comportement raciste a cessé. L'arrêt définitif du match ne sera prononcé que si tous les autres recours sont épuisés et lorsque les conséquences de l'arrêt du match auront été pesées en termes de sécurité des équipes, des arbitres et du public.

Autorités

La situation sera subséquemment confiée aux autorités disciplinaires de l'UEFA.

314. Réunis au Congrès de la FIFA à l'île Maurice, les délégués, venus du monde entier, ont voté la « résolution sur la lutte contre le racisme et la discrimination » avec 204 pour et 1 contre.

315. *L'Équipe*, 28 mai 2013.

316. « Pour une première infraction ou une infraction mineure, l'avertissement, l'amende et/ou le huis clos doivent être prononcés. Pour une récidive ou une infraction grave, la

déduction de points, l'exclusion d'une compétition ou la relégation devraient être prononcées. En outre, toute personne (joueur, officiel, arbitre, etc.) commettant pareille infraction doit se voir infliger une suspension d'au moins cinq matchs assortie d'une interdiction de stade. »

317. « Sauf circonstances exceptionnelles, si un match est définitivement arrêté par l'arbitre à cause de comportements racistes et/ou discriminatoires, il sera déclaré perdu sur tapis vert », prévoit ce texte.

318. *Aujourd'hui en France*, 9 août 2012.

319. Selon l'article L. 332-17 du code du sport, les fédérations et associations sportives agréées ou délégataires peuvent déclencher une action publique et se porter partie civile pour les infractions mentionnées aux articles L. 332-3 à L. 332-10 du code du sport. Comme les associations antiracistes, elles bénéficient d'une situation plus favorable puisqu'elles n'ont à justifier que trois années d'existence au lieu des cinq ans de droit commun.

320. Ministère des Sports, « 5 questions-réponses sur les discriminations », sports.gouv.fr

321. Cf. *supra*.

322. En ces termes : « sale nègre », « sale singe ».

323. *Le Monde*, 25 septembre 2009. Il s'agit en effet d'une rencontre de deuxième division de district Lagnieu contre Rossillon.

324. *Le Parisien*, 15 décembre 2012.

325. Selon le tribunal, la commission « qui n'établit pas que les désordres ayant eu lieu sont imputables à des supporters bastiais », ne pouvait en effet faire valoir que « des injures de même nature de la part de supporters bastiais ont déjà été constatées par le passé », et que le club corse avait finalement remporté le match (2-4) après l'exclusion de Kébé à la 85ᵉ minute alors que les deux équipes étaient à égalité à ce moment-là. La commissaire du gouvernement avait considéré que les éléments de preuve, qui indiquaient que les insultes racistes entendues par Kébé le 14 septembre 2007 provenaient bien de la tribune où se trouvaient les supporters corses, n'étaient pas suffisants.

326. À la sortie du stade Mezzavia, le 10 mai 2012, une altercation verbale a eu lieu entre le capitaine de l'équipe parisienne Ibrahima Faye et un responsable bastiais. Le bus des joueurs parisiens est ensuite suivi par plusieurs scooters durant le trajet.
Voici ce que décrit le journal *20 minutes* du 15 mai 2012 : « La scène se serait déroulée au retour de l'équipe à son hôtel à Ajaccio. Le capitaine parisien, Ibrahima Faye, aurait été pris à partie par [...] un dirigeant du club corse. Il aurait ensuite invectivé M'Boma : « Il est où l'autre avec ses nattes, là, il n'est pas courageux, il ne descend pas [...] Je vais l'enculer, ce négro-là. » Plaqué au sol, Alain M'Boma décrit ensuite une scène d'effroi : « Je reçois aussi des coups de pied par-derrière. Je ne sais pas d'où ça provient. Ça a duré quinze secondes. Je me relève. Je suis repris par mon entraîneur adjoint. La police arrive, [X] a disparu. Il ne reste que trois, quatre stadiers. La police demande ce qui se passe. Un dirigeant [du PFC] répond en expliquant qu'[X] était là. Le temps qu'il dise ça, il se fait attraper par un stadier, qui lui dit devant la police – ça m'a marqué parce que c'était devant des policiers : "Tu fermes ta gueule, il n'y a personne qui parle, sinon vous ne quittez pas la Corse demain." La police n'a rien fait. Un peu plus tard, des joueurs assistant à la scène rapportent à M'Boma que celui-ci a été menacé avec des armes sans qu'il s'en rende compte. »

327. Entretien du 9 novembre 2019.

328. Les injures racistes sont énoncées en ces termes : « Relève-toi, Bamboula », « Relève-toi, sale Noir ».

329. Kébé porte plainte à la Ligue de football professionnel qui sanctionne Bastia. Au match retour, le 22 février 2008 : deux banderoles à l'intention de Kébé : « On n'est pas des racistes » portait l'une, et l'autre « La preuve, on t'encule ».

39
Le PSG, de l'enfer à l'action

330. Entretien du 4 janvier 2020.
331. L'affaire Julien Quemener, jeune supporter décédé à la suite d'une intervention d'un policier au cours du match PSG-Tel-Aviv, le 23 novembre 2007.
332. Entretien du 6 novembre 2019.
333. Plan Leproux pour Robin Leproux, ancien président du PSG. Suite au décès de Yann Laurence, le président de l'époque, Robin Leproux, met en place le projet «Tous au PSG», plus connu sous le nom de Plan Leproux. Les abonnements d'Auteuil, de Boulogne et de la tribune G sont supprimés, au total 13 000 supporters sont renvoyés du stade.

40
La violence et le racisme toujours au menu des rencontres!

334. Entretien du 6 novembre 2019.

SIXIÈME PARTIE
LES MANIPULATIONS DES COMPÉTITIONS SPORTIVES

41
La mafia des paris en ligne

335. *L'Équipe*, le 25 avril 2018.
336. Les paris sur les sites étrangers ne peuvent être qualifiés de «paris illégaux» car, bien que n'ayant aucun agrément français, ces opérateurs exercent légalement dans les pays où ils sont hébergés.
337. www.coe.int
338. Dont la rédaction a été coordonnée par la France.
339. France Inter le 16 janvier 2019.
340. *Die Welt*, «Wettskandal im Tennis weitet sich aus – Deutscher Spieler involviert», le 15 décembre 2019.

42
La France aussi

341. Entretien du 17 mai 2019.
342. La loi n° 2012-158 du 1er février 2012 visant à renforcer l'éthique du sport et les droits des sportifs (JO 2 février) a instauré un délit de corruption sportive lié aux manifestations sportives faisant l'objet de paris (code pénal, art. 445-1-1 et 445-2-1).
343. Corruption passive (code pénal, art. 445-2-1).
344. Corruption active (code pénal, art. 445-1-1).
345. *20 minutes*, 13 mai 2012.

43
Un Fréjus-Colomiers ahurissant

346. Entretien du 17 mai 2019.
347. Entretien du 8 novembre 2019.
348. www.sofoot.com, 13 février 2020.

Notes

44
Aucune coopération internationale

349. Entretien du 5 avril 2019.
350. Entretien du 20 novembre 2019.
351. L'Autorité de régulation des jeux en ligne est une autorité administrative indépendante, chargée de superviser et de contrôler l'activité des opérateurs agréés qui proposent une offre de jeux et paris en ligne aux joueurs français. Elle a été créée à la suite à la loi n° 2010-476 du 12 mai 2010 qui ouvre à la concurrence le secteur des jeux d'argent et de hasard en ligne.

45
Dans les filets du Maestro

352. Le prénom est modifié.
353. Entretien du 12 novembre 2019.
354. Une cote, toujours affichée en nombre décimal et supérieur à 1 (ici 1.60) représente le gain potentiel que le parieur peut toucher si son pari est gagnant, mais aussi les chances qu'il peut avoir de gagner. Plus les cotes sont élevées, plus les gains pour les parieurs victorieux sont importants parce que le pari est jugé risqué, voire improbable.
355. Entretien du 5 avril 2019.
356. Entretien du 5 février 2020.
357. Entretien du 5 avril 2019.

46
Les tournois Futures : une cible

358. Entretien du 12 novembre 2019.
359. *Idem.*

47
Quid de l'affaire belge ?

360. Match truqué.
361. *L'Équipe,* 17 janvier 2019.
362. *Challenge,* 18 janvier 2019.

48
Caen-Nîmes : « Respect, monsieur le président »

363. *L'Équipe,* 29 janvier 2020.
364. Entretien du 3 février 2020.

49
Dès le plus jeune âge

365. Entretien du 5 avril 2019.
366. Institut national du sport, de l'expertise et de la performance.
367. Entretien du 12 novembre 2019.
368. Entretien du 17 novembre 2019.

Notes

369. Corentin faisait un match contre le favori local.
370. «J'ai un marché à vous proposer, contactez-moi sur la messagerie cryptée de Telegram.»
371. Entretien du 8 novembre 2019.
372. Littéralement «au bord du terrain».
373. Entretien du 17 mai 2019.

50
La loi des courtsiders

374. Entretien du 20 novembre 2019.

51
La corruption, un enjeu enfin admis

375. *Le Point*, 16 avril 2015.
376. *Le Point*, 16 avril 2015.

Épilogue
Le sport, irremplaçable levier éducatif

377. «Les équipements sportifs dans les zones urbaines sensibles», rapport ONZUS, secrétariat général du Comité interministériel des villes, 2009.

Annexes

378. Chiffres de 2018.
379. Le Figaro.fr, 15 juin 2013.
380. Entretien du 8 janvier 2020.
381. Entretien du 11 décembre 2019.

Remerciements

À Thierry Billard pour sa confiance et ses relectures assidues !
À Cécile Kilburg, Marie-Laure Nolet.
À celles et ceux qui se sont confiés.
Aux autres qui n'ont pas osé.

Patrick Karam :
À ma famille.

Magali Lacroze :
À mon père.
Pour ma mère et pour ma sœur.
Bruno Gaston et les équipes de Maximal Productions.

Table

Prologue 7

Première partie
LE SEXISME

1. « Une femme chez les hommes » 25
2. Sexisme d'hier et d'aujourd'hui 46
3. Le corps au centre du jeu 56
4. La marche est longue, mais des pas sont franchis 63
5. L'impact des politiques 67
6. Des pratiques et représentations encore trop différentes 71
7. Un public acquis aux féminines, des médias en berne et des discriminations méconnues 84
8. Et des revenus plus faibles, en plus ! 90

Deuxième partie
LES VIOLENCES SEXUELLES

9. « Ça reste entre nous » 101
10. Témoigner 110
11. Partie émergée de l'iceberg 130
12. Pourquoi cela « reste-t-il entre nous » ? 133
13. Quand le système freine 142
14. Quand l'impuissance enrage 148

Troisième partie
L'HOMOPHOBIE

15. « On n'en a pas, ici » 155
16. Oser être soi ! Ils témoignent.. 160
17. Le déni de l'homophobie 186
18. Un contexte conflictuel entre l'État et les supporters.......... 197
19. Dire ou taire ?... 201
20. Le football professionnel ou l'homophobie sans filtre........ 211
21. Un traitement différencié des discriminations ? 216
22. Une visibilité en hausse, mais encore rare 220
23. Lutter, encore et toujours... 225

Quatrième partie
QUAND LA RELIGION GAGNE LE SPORT

24. Le sport contre la radicalisation islamiste 231
25. « Espace interdit aux filles ».. 242
26. La religion normalisée... 253
27. Le prosélytisme : « Il pensait bien faire, tu sais » 258
28. La radicalisation : « On avait atteint la phase 3 »............... 262

Cinquième partie
VIOLENCE, RACISME ET DÉNI

29. Tant de récits terrifiants... 291
30. Racisme et sport : l'autre match perdu 311
31. Un déficit de représentation... 320
32. Présupposés, clichés et mots racistes 324
33. De quels types de violences parle-t-on ?............................. 330
34. L'arbitrage en question 335
35. Le foot, hélas, en première ligne 339
36. L'engagement des fédérations... 343
37. Les supporters entre la carotte et le bâton 347
38. Les sanctions 351
39. Le PSG, de l'enfer à l'action 364
40. La violence et le racisme toujours au menu des rencontres !..... 370

Table

Sixième partie
LES MANIPULATIONS DES COMPÉTITIONS SPORTIVES

41. La mafia des paris en ligne	375
42. La France aussi	379
43. Un Fréjus-Colomiers ahurissant	382
44. Aucune coopération internationale	387
45. Dans les filets du Maestro	391
46. Les tournois Futures : une cible	395
47. *Quid* de l'affaire belge	397
48. Caen-Nîmes : «Respect, monsieur le président»	400
49. Dès le plus jeune âge	406
50. La loi des courtsiders	412
51. La corruption, un enjeu enfin admis	415
Épilogue : Le sport, irremplaçable levier éducatif	419

ANNEXES

Annexe 1 : Lutter contre le sexisme, quelques pistes pour avancer	429
Annexe 2 : Lutter contre les violences sexuelles, quelques pistes pour avancer	432
Annexe 3 : Lutter contre l'homophobie, quelques pistes pour avancer	434
Annexe 4 : Lutter contre la radicalisation, quelques pistes pour avancer	438
Annexe 5 : Lutter contre la violence, le racisme, le déni, quelques pistes pour avancer	442
Notes	445
Remerciements	469

Pour en savoir plus
sur les Éditions Plon
(catalogue, auteurs, vidéos, actualités…),
vous pouvez consulter
www.plon.fr
www.lisez.com

et nous suivre sur les réseaux sociaux

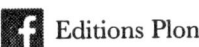 Editions Plon

 @EditionsPlon

@editionsplon

L'éditeur de cet ouvrage s'engage
pour la préservation de l'environnement
et utilise du papier issu de forêts gérées
de manière responsable.

Imprimé en France par CPI
en septembre 2020

pour le compte des Éditions Plon
12, Avenue d'Italie 75013 Paris

N° d'impression : 159982
P27846/01